HORN · GORR

Grundwissen Sozialrecht

Grundwissen Sozialrecht

Wegweiser für die Praxis

Dr. Robert Horn
Ständiger Vertreter des Direktors
Sozialgericht Gießen

Angelina Gorr B. A.
Verwaltungsbeamtin
Hessisches Landesamt für Gesundheit und Pflege

BOORBERG

Bibliografische Information der Deutschen Nationalbibliothek | Die Deutsche Nationalbibliothek verzeichnet diese Publikation in der Deutschen Nationalbibliografie; detaillierte bibliografische Daten sind im Internet über www.dnb.de abrufbar.

ISBN 978-3-415-07747-8

Titelfoto: © Redshinestudio – stock.adobe.com | Satz: abavo GmbH, Nebelhornstraße 8, 86807 Buchloe | Druck und Bindung: CPI books GmbH, Birkstraße 10, 25917 Leck

Richard Boorberg Verlag GmbH & Co KG | Scharrstraße 2 | 70563 Stuttgart
Stuttgart | München | Hannover | Berlin | Weimar | Dresden
www.boorberg.de

Inhaltsverzeichnis

Geleitwort von Professor Henning Müller

1973 eröffnete Rechtsanwalt Konrad Redeker den 37. Deutschen Anwaltstag mit dem Referat „Bürger und Anwalt im Spannungsfeld von Sozialstaat und Rechtsstaat". Dabei kam er zu folgendem Befund:

„Es muss für den Rat suchenden Bürger selbstverständlich werden, dass er gerade im Spannungsbereich von Sozialstaat und Rechtsstaat, dann wenn er zwischen alle Stühle zu geraten droht, den Anwalt als einen geborenen Ratgeber aufsucht. Dass dies heute nicht der Fall ist, weiß jeder, der die Situation kennt. [...] Ich erinnere etwa an das Sozialrecht, für das selbst in Großstädten anwaltliche Fachkenner kaum zu finden sind." (Redeker, AnwBl. 1973, 225, 229).

Über 50 Jahre später ist der Befund nicht anders. Das Sozialrecht ist in der juristischen Ausbildung weiterhin ein Exot und in der anwaltlichen Beratung eine Nische. Gerade einmal 1,00 % der gesamten Rechtsanwaltschaft ist als Fachanwalt für Sozialrecht tätig. Dreimal mehr Rechtsanwälte beschäftigen sich mit dem Steuerrecht, sogar fünfmal so viele mit dem Familienrecht. Das Sozialrecht leidet zu Unrecht unter gleich mehreren Vorurteilen.

Vorurteil Nr. 1: Das Sozialrecht betrifft als unbedeutendes Nebengebiet nur wenige Menschen.
Tatsächlich kann ganz im Gegenteil jeder und in jeder Lebenslage mit dem Sozialrecht in Berührung kommen. Fast 90,00 % der Bevölkerung sind gesetzlich krankenversichert. Konjunkturelle Dellen der wirtschaftlichen Entwicklung erzeugen Fragen der Arbeitslosenversicherung oder der Grundsicherung. Die Politik diskutiert über Krankenhausreformen, die Vergütung von Vertragsärzten, den Pflegenotstand im Fachkräftemangel und die Bekämpfung von Altersarmut. Sozialrecht betrifft letztlich jeden.

Vorurteil Nr. 2: Sozialrecht ist das Recht der armen Leute.
Tatsächlich nimmt die Grundsicherung, die Gewährleistung des soziokulturellen Existenzminimums, einen besonderen Raum in der Betrachtung des Sozialrechts ein. Der finanzielle Anteil der Leistungen, die vor allem aus der Sozialversicherung entnommen werden, ist aber in allen Einkommensstufen nahezu identisch. Gerade im Sozialversicherungsrecht ist es weniger die wirtschaftliche Not, die zur Inanspruchnahme

von Sozialleistungen zwingt, sondern es sind medizinische Notlagen, die jeden treffen können.

Vorurteil Nr. 3: Im Sozialrecht geht es nicht um viel.
Wenn das Sozialrecht nicht nur das Recht der armen Leute ist, ist klar, dass auch die Streitwerte nicht gering sein müssen. Krankengeld, Beitragsrückstände, Betriebsprüfungen, Krankenhausvergütungen, Erstattungsstreitigkeiten zwischen verschiedenen Trägern – auch im Sozialrecht können schwindelerregende Geldsummen im Streit stehen. Das Sozialbudget des Staates beträgt rund ein Drittel des Bruttosozialprodukts und über ein Drittel des Bundeshaushalts – mit Abstand der größte Posten der staatlichen Ausgaben und Investitionen. Nicht nur wirtschaftlich geht es aber um viel. Sozialrechtsschutz bedeutet fast immer auch Grundrechtsschutz. Nicht nur ist das Sozialstaatsprinzip ein prägendes Staatsprinzip des Grundgesetzes. Gerade im Grundsicherungsrecht, aber bspw. auch im Krankenversicherungsrecht spielen auch weitere Grundrechte eine Rolle: Das Recht auf Leben und körperliche Unversehrtheit, die Gleichheitsrechte, das Recht auf informationelle Selbstbestimmung, sogar die Menschenwürde. Die Rechtsprechung hat aus Art. 20 Abs. 1, Art. 1 Abs. 1 GG ein Grundrecht auf Gewährleistung eines soziokulturellen Existenzminimums hergeleitet, das der Staat zu gewährleisten hat. Es geht im Sozialrecht also um nicht weniger als um die Grundfesten unseres Zusammenlebens, unseres Entwurfs einer gerechten, gedeihlichen Gesellschaft. Am Ende geht es damit auch darum, Polarisierungen und die damit einhergehende Spaltung der Gesellschaft zu bekämpfen und hierdurch die Demokratie zu bewahren. Steht der Sozialstaat infrage, gerät die ganze Gesellschaft aus den Fugen.

Vorurteil Nr. 4: Sozialrecht ist langweilig.
Der Ruf des Sozialrechts im Studium ist mindestens angestaubt. Umfangreiche (zusätzliche) Gesetzesbücher, lange Paragrafen mit vielen Absätzen prägen den ersten Eindruck. Dabei ist die politische Brisanz des Sozialrechts enorm. Es bietet spannende Schnittstellen, etwa zum Medizinrecht, zum Wirtschafts- und Gesellschaftsrecht, zum Arbeitsrecht, selbstredend zum Staatsrecht, über die Opferentschädigung sogar zum Strafrecht. Praktischer Bedarf besteht in zahlreichen Berufsgruppen auch außerhalb der Anwaltschaft; in der Kommunal-, Landes- und Bundesverwaltung, in Verbänden und Gewerkschaften und natürlich auch in der besonders jungen und modernen Sozialgerichtsbarkeit. Die Fallgestaltungen sind vielfältig, teils alltäglich, teils spektakulär.

Dieses Werk zeigt eindrucksvoll die Vielfalt des Sozialrechts auf, es weist auf einen praxisorientierten Zugang zum Sozialrecht hin – sowohl für Studierende und Referendarinnen und Referendare, aber auch für Praktiker –, vor allem aber bietet es wertvolle Hinweise zur Falllösung in der Ausbildung und für die berufliche Anwendung. Theorie und Praxis werden prägnant miteinander verbunden. Es zeigt deshalb, dass all die geschilderten Vorurteile falsch sind. Sozialrecht ist zentral für unsere Gesellschaft und ein wichtiger Kernbereich des öffentlichen Rechts.

Professor Dr. Henning Müller
Präsident des Sozialgerichts Frankfurt am Main

A. Vorbemerkung

Wer sich mit dem Sozialrecht befasst, wird sich in einem ersten Schritt anhand eines Einführungswerks mit den Grundstrukturen dieses in der Praxis äußerst wichtigen Rechtsgebiets vertraut machen. Seit ca. 20 Jahren erfreut sich das Sozialrecht aufgrund der Einführung der Hartz-IV-Reformen zunehmender Aufmerksamkeit. Durch die damit verbundene Gewichtsverlagerung hat die Sozialgerichtsbarkeit die verwandte Verwaltungsgerichtsbarkeit mittlerweile deutlich überholt; sie nimmt aber im akademischen Unterricht nach wie vor eine untergeordnete Rolle ein.

Der Rechtsanwender[1] wird schnell feststellen, dass das Sozialrecht, wie jede andere Rechtsmaterie auch, am konkreten Fall die notwendige Fassbarkeit und Lebensnähe gewinnt. Das Sozialrecht wird, trotz des großen Umfangs an positiv geregelten Normen und Vorschriften, in hohem Maße von der sozialgerichtlichen Rechtsprechung und insbesondere der des Bundessozialgerichts (BSG) geprägt. Demzufolge ist auch die Kenntnis der Judikatur unverzichtbar. Der Umfang, die Vielfältigkeit und die auf den ersten Blick schwer zu durchschauende Verflechtung von Grundsatz- und Spezialproblemen machen eine Behandlung in der Ausbildung kompliziert.

Diese Tatsache im Sinne einer Zusammenfassung der sozialrechtlichen Bestimmungen in einem Sozialgesetzbuch (SGB) zu ändern, kommt bereits im Kabinettsbeschluss vom 19.03.1970 zum Ausdruck.

In der Erklärung heißt es, dass „die Kodifizierung eines Sozialgesetzbuches auf der Grundlage der sozialen Wertentscheidungen des Grundgesetzes mit dem Ziel angestrebt wird, das Sozialrecht für die Bevölkerung überschaubarer zu machen und seine Durchführung für die Verwaltung zu vereinfachen" und „dieses Ziel dadurch erreicht werden soll, dass jene Bereiche des Sozialrechts, die sozial- und rechtspolitische Gemeinsamkeiten aufweisen und sich für eine Einordnung in ein Gesetzgebungswerk eignen, nach einheitlichen Grundsätzen und unter Anpassung an strukturelle Veränderungen überarbeitet, in einem Gesetzbuch zusammenge-

1 Im Interesse der besseren Lesbarkeit wird nicht ausdrücklich nach geschlechtsspezifischen Personenbezeichnungen differenziert. Die gewählte Form schließt alle anderen Formen gleichberechtigt ein.

fasst und dabei grundsätzlich alle gemeinsamen Tatbestände in einem allgemeinen Teil dieses Gesetzbuches geregelt werden".[2]

Die Kodifizierung des SGB beabsichtigt, die gesamte Materie des Sozialrechts aufzuarbeiten, ohne eine strukturelle Änderung vorzunehmen. Darunter ist zu verstehen, dass das SGB eine Kodifikation bei „begrenzter Sachreform" darstellen soll.[3]

Das SGB gliedert sich nunmehr in einen **Allgemeinen Teil** und **dreizehn weitere Bücher**, deren Vorschriften jeweils mit der Zählung der Paragrafen von vorne beginnen und die demzufolge als eigenständige Gesetze gelten. Trotzdem bildet das SGB eine Einheit und ist damit als Ganzes anzuwenden sowie zu interpretieren.[4] *Tabelle 1* zeigt die Gliederung der Sozialgesetzbücher in ihrer historischen Entwicklung auf.

Tab. 1 Gliederung der Sozialgesetzbücher und deren historische Entwicklung

SGB	Inkrafttreten	Inhalt
SGB I	1976	Allgemeiner Teil
SGB II	2005	Grundsicherung für Arbeitsuchende
SGB III	1998	Arbeitsförderung
SGB IV	1977	Gemeinsame Vorschriften für die Sozialversicherung
SGB V	1989	Gesetzliche Krankenversicherung
SGB VI	1992	Gesetzliche Rentenversicherung
SGB VII	1997	Gesetzliche Unfallversicherung
SGB VIII	1991	Kinder- und Jugendhilfe
SGB IX	2001	Rehabilitation und Teilhabe behinderter Menschen
SGB X	1981/1983	Sozialverwaltungsverfahren und Sozialdatenschutz
SGB XI	1995	Soziale Pflegeversicherung
SGB XII	2005	Sozialhilfe
SGB XIV	2024	Soziale Entschädigung
Weitere besondere Teile: Fiktion des § 68 SGB I (bspw. BAföG, WoGG)		

Ein SGB XIII sollte es aufgrund der als Unglückszahl eingeschätzten „13" sowie entsprechender Interventionen von Betroffenenverbänden nicht ge-

2 Vgl. die Wiedergabe von *Hauck*, in: Schrift 252 der Schriften des Deutschen Vereins für öffentliche und private Fürsorge, 1973, S. 2. Siehe auch die Begründung der Bundesregierung zum Entwurf des SGB-AT, BT-Drs. 7/868.

3 *Eichenhofer*, Sozialrecht, 10. Aufl. 2017, Rn. 168ff.

4 *Eichenhofer* (Fn. 3), Rn. 168ff.

ben.[5] Daher wurde das Soziale Entschädigungsrecht zum 01.01.2024 im neuen SGB XIV geregelt.

Als besondere Teile des SGB gelten nach § 68 SGB I – außer den nunmehr in das SGB eingegliederten Teilen – mehrere spezielle Gesetze, wie in *Tabelle 2* dargestellt ist, die langfristig in dieses eingeordnet werden sollen.

Tab. 2 Spezialgesetze, die in das SGB einzugliedern sind

Abkürzung	Inkrafttreten	Inhalt
BAföG	1971	Ausbildungsförderung
WoGG	1971	Wohngeld
AdVermiG	1977	Adoptionsvermittlung
UVG	1980	Unterhaltsvorschuss
ALG	1995	Alterssicherung der Landwirte
BKGG	1996	Kindergeld
AltTZG	1996	Altersteilzeit
BEEG	2007	Elterngeld und Elternzeit

Das vorliegende Werk dient sowohl der Einführung in die Grundlagen des Sozialrechts als auch der generellen Orientierung in diesem umfangreichen Rechtsgebiet. Noch immer nimmt das Gebiet des Sozialrechts eine Nischenposition in der theoretischen Lehre ein. Der Sozialrechtskompass verzahnt aus diesem Grund Theorie und Praxis miteinander, um von Referendaren sowie Studierenden an Fachhochschulen der Allgemeinen und Sozialen Verwaltung wie Universitäten für einen ersten Einstieg in die Materie des Sozialrechts ebenso genutzt zu werden wie für die konkrete Prüfungsvorbereitung. Zugleich finden Beschäftigte von Sozialhilfe- und anderen Sozialleistungsträgern in diesem bündigen Werk eine alltagstaugliche Lektüre zur Auffrischung des Grundlagenwissens; Auszubildenden und Praktikanten dieser Institutionen offeriert dieser Wegweiser eine Einführung in die Grundlagen des Sozialrechts mit einem verständlichen Gesamtüberblick über die Grundstrukturen.

5 Abergläubisch – Bundesminister Heil will auf Zahl 13 verzichten, Augsburger Allgemeine (Hrsg.), 15.01.2019.

B. Begriff und Funktion des Sozialrechts

Üblicherweise wird eine Unterscheidung zwischen dem formellen und materiellen Sozialrechtsbegriff vorgenommen.[6] Demnach umfasst das **Sozialrecht formell verstanden** das gesamte im SGB geregelte Recht und beinhaltet dessen einzelne Bücher sowie die Regelungen, welche über § 68 Abs. 1 SGB I bis zur Einordnung in das SGB als dessen besondere Teile gelten.

Demgegenüber bestimmt der **materielle Sozialrechtsbegriff** das Sozialrecht inhaltlich. Vom Sozialrecht umfasst sind nach diesem Verständnis alle Normen, die zur Herstellung sozialer Gerechtigkeit und sozialer Sicherheit dienen.

I. Verfassungsrechtliche Grundlagen

Wenn besondere Bedarfslagen vorliegen, muss der Gesetzgeber entscheiden, ob es sich hierbei noch um Belastungen handelt, die dem allgemeinen Lebensrisiko und damit der persönlichen Eigenfürsorge zuzuordnen sind oder ob bereits der Einzelne durch Maßnahmen der sozialen Sicherung entlastet werden muss. Die vorzunehmende Abwägung hat sich am **Grundgesetz (GG)** zu orientieren. *Abbildung 1* grenzt die im Grundgesetz enthaltenen Bürgerrechte, welche nur für die deutschen Bürger gelten, von den für alle Menschen geltenden Menschenrechten ab. Grundrechte auf soziale Leistungen finden sich im Grundgesetz lediglich in Ansätzen und nur in Form staatlicher Pflichten, nicht aber als subjektive öffentliche Rechte des Einzelnen ausgestaltet.[7] Gleichwohl verfügt die Bundesrepublik Deutschland über ein sehr umfassendes, kleinteilig geregeltes Sozialrecht.

Auch wenn das Grundgesetz keine ausdrücklich formulierten sozialen Grundrechte aufweist, die einen unmittelbar normierten verfassungsrechtlichen Anspruch der Bürger gegen den Staat statuieren, enthält die Verfassung gleichwohl eine Reihe von Anhaltspunkten dafür, dass der Gesetzgeber zur Konkretisierung subjektiver Anspruchsrechte aufgerufen ist.

---

6 BeckOK/*Scholz*, 01.11.2023, SGG § 1 Rn. 15.

7 Eine Ausnahme stellt Art. 6 Abs. 4 GG dar, wonach alle Mütter – auch werdende – unabhängig von ihrer Staatsangehörigkeit einen Anspruch auf Schutz und Fürsorge der Gemeinschaft haben.

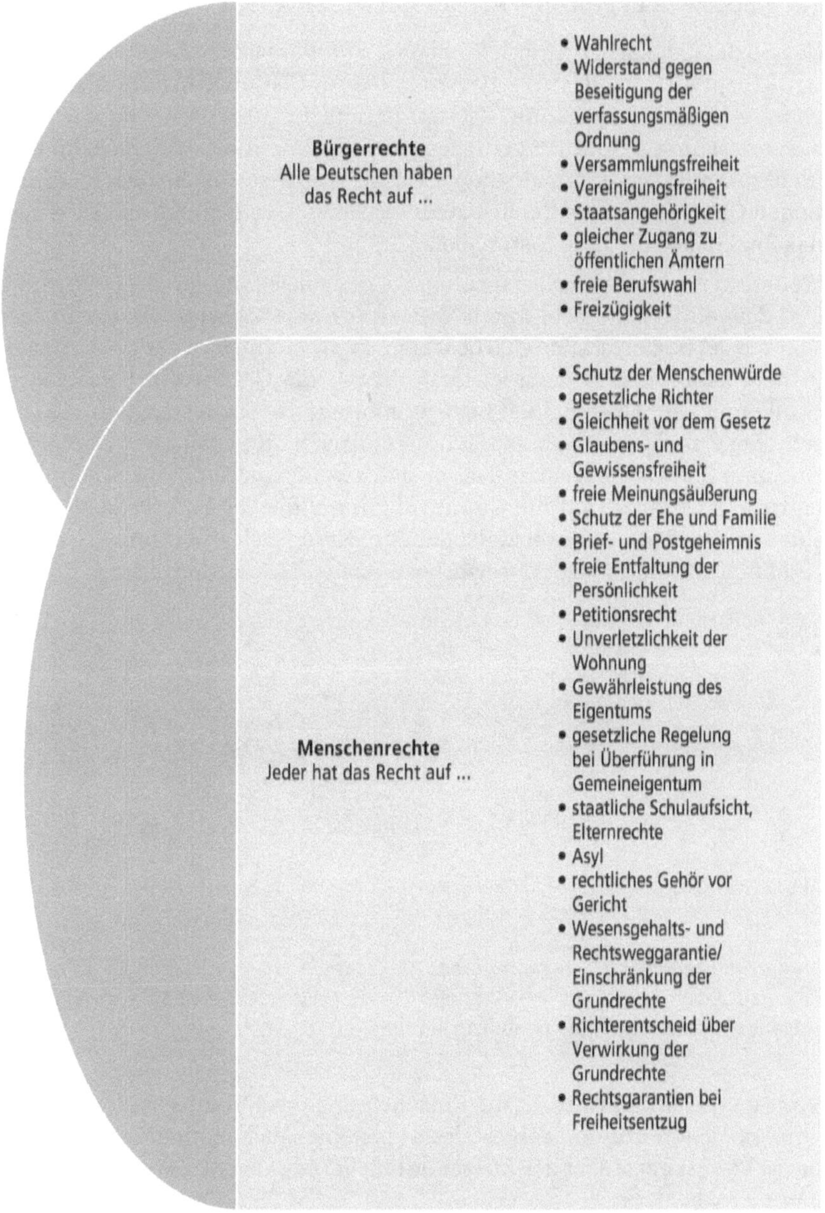

Abb. 1 Abgrenzung der Grund- von den Bürgerrechten im Grundgesetz

1. Sozialstaatsprinzip – Art. 20 Abs. 1, 28 Abs. 1 GG

Das Sozialstaatsprinzip zählt zu den in *Abbildung 2* dargestellten **Staatsstrukturprinzipien** des Art. 20 Abs. 1 GG und ist über Art. 79 Abs. 3 GG von der **„Ewigkeitsgarantie“** erfasst. Bereits am 19.12.1951[8] hat das Bundesverfassungsgericht (BVerfG) festgestellt, dass die Sozialstaatsklausel nicht nur eine programmatisch-politische These ist, sondern den **verbindlichen Charakter eines Rechtssatzes** aufweist. Damit sind Verstöße gegen das Sozialstaatsprinzip justiziabel.

Weiterhin ist das Sozialstaatsprinzip bei der Auslegung von der Verfassung und dem einfachen Recht durch Verwaltung und Rechtsprechung – insbesondere der Sozialgerichte – zu beachten. Insoweit fungiert das Sozialstaatsprinzip auch als Interpretationsmaßstab für die Grundrechte. Rechtsprechung und Lehre haben unter Bezugnahme auf das Sozialstaatsprinzip verschiedene sozialstaatlich geprägte Grundrechtsdimensionen entwickelt. Aus dem Sozialstaatsprinzip lassen sich zwar grundsätzlich keine unmittelbaren Ansprüche auf die Gewährung individueller sozialer Leistungen ableiten. Dennoch ist ein sozialstaatlicher Kerngehalt verfassungsrechtlich geschützt und damit dem Gesetzgeber in seiner Disposition entzogen.

Abb. 2 Staatsstrukturprinzipien in Deutschland

> Aus der Menschenwürdegarantie des Art. 1 Abs. 1 GG in Verbindung mit dem Sozialstaatsprinzip ergibt sich ein subjektives Recht des Einzelnen auf Gewährung eines menschenwürdigen Existenzminimums.

Vor diesem Hintergrund ist die Entscheidung des BVerfG vom 09.02.2010[9] zum Existenzminimum dergestalt zu verstehen, dass erstmals ein **einklagbares Verfassungsrecht der Bürger auf Sicherung ihrer Existenz** anerkannt

8 BVerfG vom 19.12.1951 – 1 BvR 220/51.

9 BVerfG vom 09.02.2010 – 1 BvL 1/09, 1 BvL 3/09 und 1 BvL 4/09.

wird. Diese in der öffentlichen Diskussion viel beachtete Entscheidung des BVerfG hat sowohl für das Verfassungsrecht als auch für das Recht der Grundsicherung erhebliche Bedeutung. Das Gericht hat praktisch ein neues Grundrecht auf **Gewährleistung eines menschenwürdigen Existenzminimums** geschaffen, und einige offene Fragen zu dessen Herleitung beantwortet.

Bereits in früheren Entscheidungen hob das BVerfG die **Bedeutung der Menschenwürde für das Sozialrecht** hervor. Mit der Entscheidung vom 09.02.2010 stellt es das „Grundrecht auf Gewährleistung eines menschenwürdigen Existenzminimums" auf Grundlage von Art. 1 Abs. 1 i.V.m. Art. 20 Abs. 1 GG heraus. Die Ausführungen des Gerichts legen nahe, dass es ein eigenständiges – ungeschriebenes – Grundrecht über den besonderen Gehalt der Menschenwürde verfassungsrechtlich abgesichert sieht. Der Tatsache zufolge, dass das Grundgesetz den sich aus ihm ergebenden verfassungsrechtlichen Anspruch nicht selbst beziffern kann, fällt diese Aufgabe dem Gesetzgeber zu. Dessen Spielraum ist zwar weit, er muss seine Entscheidung jedoch „folgerichtig" und in einem „transparenten und sachgerechten" Verfahren treffen, was konkret nicht der Fall war. Das BVerfG übt den Grundrechtsschutz durch Verfahrenskontrolle aus.

2. Menschenwürde – Art. 1 Abs. 1 GG

Art. 1 Abs. 1 GG erklärt die Menschenwürde für unantastbar und verpflichtet alle staatliche Gewalt, sie zu achten und zu schützen. Als **„Schlüsselgrundrecht"** ist Art. 1 Abs. 1 GG nicht nur ein Abwehrrecht gegen Eingriffe des Staates, sondern der Staat hat hieraus auch die Pflicht, die Menschenwürde positiv zu schützen – und zwar dahingehend, dem mittellosen Bürger durch Sozialleistungen die **materiellen Mindestvoraussetzungen eines menschenwürdigen Daseins** zu sichern.[10] Dieser grundsätzlich „unmittelbar verfassungsrechtliche Leistungsanspruch auf Gewährleistung eines menschenwürdigen Existenzminimums" wird im Rahmen der Vorschriften des Sozialhilferechts eingelöst, welche so ausgestaltet sein müssen, dass sie stets den gesamten existenznotwendigen Bedarf eines jeden individuellen Grundrechtsträgers decken.[11]

Der Gesetzgeber hat „alle existenznotwendigen Aufwendungen folgerichtig in einem transparenten und sachgerechten Verfahren nach dem tatsächlichen Bedarf, also realitätsgerecht, zu bemessen" und das so gefundene Er-

---

10 BeckOK GG/*Hillgruber*, 56 Ed. 15.08.2023, GG Art. 1 Rn. 51.1 unter Hinweis auf die Entscheidung des BVerfG vom 09.02.2010.

11 BVerfG vom 09.02.2010 – 1 BvL 1/09.

gebnis „fortwährend zu überprüfen und weiterzuentwickeln".[12] Jenseits dieser Vorschriften bestehen keine unmittelbar aus Art. 1 Abs. 1 GG abzuleitenden Ansprüche auf konkrete Leistungen.[13] Der Umfang des Leistungsanspruchs kann damit nicht direkt aus der Verfassung abgeleitet werden.[14]

3. Gleichheitsgrundsatz – Art. 3 GG

Der Gleichheitsgrundsatz hat für das Sozialrecht in unterschiedlichen Ausprägungen Bedeutung.

Im Sozialversicherungsrecht hat der Gesetzgeber im Hinblick auf Art. 3 Abs. 1 GG einen weiten Spielraum,[15] etwa bei der Finanzierung sozialer Sicherungssysteme.[16] So sind unterschiedliche Konzepte für verschiedene Bereiche möglich, Typisierungen aber nicht unbegrenzt zulässig.[17] Deutlichere Beschränkungen des Spielraumes gelten, wenn Regelungen Auswirkungen auf Freiheitsrechte aufweisen. Werden staatliche Sozialleistungen aus bestimmten Gründen gezahlt, so hängt die Zulässigkeit von Ausnahmen im Wesentlichen von der Zweckbestimmung der Leistung ab.[18] Das in der Sozialversicherung maßgebende **Versicherungsprinzip** muss grundsätzlich eine **Äquivalenz zwischen Beiträgen und Leistungen** aufweisen. Hierbei erlaubt das Solidaritätsprinzip Abweichungen. Eine Schlechterbehandlung von freiwillig Versicherten kann aufgrund der weniger sicheren Gegenleistung und der möglichen Missbrauchsgefahr zwar zulässig sein,[19] unzulässig ist aber die Beitragspflichtigkeit bestimmter Einkünfte, ohne dass dies auf der Leistungsseite berücksichtigt wird.[20] Einer besonderen Rechtfertigung bedarf die Heranziehung zu Sozialversicherungsabgaben zugunsten Dritter (bspw. bei der Künstlersozialabgabe), die in einer Solidaritäts- und Verantwortlichkeitsbeziehung liegen kann. Dabei dürfen Sozialversicherungsbeiträge nur für Aufgaben der Sozialversicherung eingesetzt werden.[21]

---

12 BVerfG vom 09.02.2010 – 1 BvL 1/09.
13 BVerfG vom 18.07.2012 – 1 BvL 10/10, 1 BvL 2/11.
14 BVerfG vom 23.03.2015 – 2 BvR 1304/12.
15 BVerfG vom 18.07.2005 – 2 BvF 2/01.
16 Dazu bereits BSG vom 18.12.1984 – 12 RK 36/84.
17 BVerfG vom 08.02.1983 – 1 BvL 28/79.
18 BVerfG vom 08.06.2004 – 2 BvL 5/00.
19 BVerfG vom 01.02.1978 – 1 BvR 411/75.
20 BVerfG vom 24.05.2000 – 1 BvL 1/98, 1 BvL 4/98, 1 BvL 15/99.
21 BVerfG vom 22.05.2018 – 1 BvR 1728/12, 1 BvR 1756/12.

Folgende Aspekte und Situationen in der **gesetzlichen Rentenversicherung** verstießen gegen Art. 3 Abs. 1 GG:

- die Anrechnung von Kindererziehungszeiten,
- die Rentenversicherung von Ehegatten-Arbeitnehmern,
- die undifferenzierte oder sachlich unzureichend fundierte Kappung von Renten, welche auf DDR-Arbeitseinkommen zurückgehen,
- die Anrechnung von Pflichtbeiträgen,
- die Behandlung von Angehörigen in der Knappschaftsversicherung,
- das Überwechseln von der berufsständischen Versorgung in die Angestelltenversicherung,
- die Benachteiligung nach Rückkehr in den Beruf und die Berechnung von Startgutschriften.

Unzulässig ist auch die Verweigerung der Rentenzahlung an Ausländer im Ausland unter Ausschluss einer Beitragserstattung. Dies gilt nicht für die Kürzung von Leistungen an derartige Personen. Teilzeitarbeit darf lediglich quantitativ, nicht jedoch qualitativ anders als Vollzeitarbeit behandelt werden. Eine unterschiedliche Behandlung von Ehen und Lebenspartnerschaften bei der Rente ist nur bei Vorliegen eines ausreichenden Sachgrunds zulässig.[22]

Bei der **Berufsunfähigkeits- und Unfallversicherung** ergaben sich Verstöße bei Witwen von Berufsunfähigen hinsichtlich der Berufsunfähigkeitsrente, beim Schutz der Leibesfrucht in Bezug auf Berufskrankheiten und bei der Ungleichbehandlung von Dienstbeschädigungsteilrenten sowie Unfallrenten in Ostdeutschland. Soweit anderweitige Leistungen mit gleicher Zweckbestimmung gewährt werden, kann das Ruhen von Leistungen der Unfallversicherung angeordnet werden.

Im Bereich der **gesetzlichen Arbeitslosenversicherung** ergaben sich die folgenden drei Verstöße:

- bei Abgrenzung der Bezieher von Arbeitslosengeld hinsichtlich des Ausschlusses der bei ihren Eltern beschäftigten Arbeitnehmer und von Landwirtskindern,
- bei der Benachteiligung der Doppelverdiener-Ehe in der Arbeitslosenhilfe,
- die unzulässig hohe Pauschale für Versicherungsbeiträge im Bereich der Arbeitslosenhilfe.[23]

---

22 *Jarass/Pieroth/Jarass*, GG, 17. Aufl. 2022, Art. 3 Rn. 72 m. w. N. auf die Rechtsprechung des BVerfG.

23 *Jarass/Pieroth/Jarass* (Fn. 22), Art. 3 Rn. 75.

Im **sonstigen Sozialrecht** kommt dem Gesetzgeber die bereits erwähnte weite Gestaltungsfreiheit zu.

Verstöße gegen Art. 3 Abs. 1 GG stellte das BVerfG folgendermaßen fest:

- beim Kindergeld für verheiratete Kinder,
- beim Kindergeld für unverheiratete Eltern,
- beim Ausschluss des Kindergelds sowie des Erziehungsgeldes bei Ausländern, welche lediglich über eine Aufenthaltserlaubnis verfügen,
- bei der Grenze der Kindeseinkünfte für die Gewährung von Kindergeld.

Bei der **Ausbildungsförderung** zeigten sich Verstöße hinsichtlich der Anrechnung von Einkünften und Vermögen des dauernd getrenntlebenden Ehegatten sowie der Eltern, im Hinblick auf die unterschiedliche Bewertung von Grundbesitz und sonstigem Vermögen sowie bei der Gewährung eines Teilerlasses.

In Bezug auf die Hinterbliebenenrente war die Beschränkung bei Opfern von Gewalttaten auf verheiratete Eltern unzulässig, ebenso wie der spätere Leistungsbeginn bei militärischen Dienstleistungen und die Ungleichbehandlung von Ehen sowie eingetragenen Lebenspartnerschaften. Verstöße traten ebenfalls bei der Anrechnung von Schmerzensgeldleistungen auf Leistungen nach dem Asylbewerberleistungsgesetz (AsylbLG) sowie bei der Abgrenzung der Empfänger von Wohngeld und von Blindenhilfe auf.[24]

4. Eigentumsgarantie – Art. 14 GG

Während lange Zeit die Frage umstritten war, ob der verfassungsrechtliche Begriff des Eigentums nicht nur subjektive Rechte des Privatrechts, sondern auch Leistungsansprüche des öffentlichen Rechts umfasst, vertritt das BVerfG seit 1980[25] die Auffassung, **rentenversicherungsrechtliche Positionen** seien von der Eigentumsgarantie (Art. 14 Abs. 1 GG) umfasst. Demzufolge kommt der Eigentumsgarantie „die Aufgabe zu, dem Träger der Grundrechte einen Freiheitsraum im vermögensrechtlichen Bereich zu sichern und ihm dadurch eine eigenverantwortliche Gestaltung seines Lebens zu ermöglichen."

In der modernen Gesellschaft erlangt der Großteil der Bevölkerung seine wirtschaftliche Existenzsicherung weniger durch privates Sachvermögen

24 *Jarass/Pieroth/Jarass* (Fn. 22), Art. 3 Rn. 77, m. w. N. auf die Rechtsprechung des BVerfG.
25 BVerfG vom 28.02.1980 – 1 BvL 17/77.

als durch den Arbeitsvertrag und die daran anknüpfende, solidarisch getragene Altersversorgung, die historisch von je her eng mit dem Eigentumsgedanken verknüpft ist. Insoweit sind die Anrechte des Einzelnen auf Leistungen der Rentenversicherung an die Stelle privater Vorsorge sowie Sicherung getreten und verlangen daher denselben **Grundrechtsschutz,** der dieser zukommt. Rentenansprüche und -anwartschaften tragen als vermögenswerte Güter auch die wesentlichen Merkmale verfassungsrechtlich geschützten Eigentums.

Sie sind ausschließlich dem privaten Rechtsträger zugeordnet und zu seinem persönlichen Nutzen bestimmt. Der Versicherte kann i.R.d. rechtlichen Ausgestaltung wie ein Eigentümer darüber verfügen. Ihr Umfang wird durch die persönliche Leistung des Versicherten mitbestimmt, wie dies v.a. in den Beitragszahlungen zum Ausdruck kommt. Die Berechtigung steht folglich im Zusammenhang mit der eigenen Leistung, welche als besonderer Schutzgrund für die Eigentumsgarantie anerkannt ist. Sie beruht daher nicht allein auf einem Anspruch, den der Staat in Erfüllung seiner Fürsorgepflicht einräumt und der mangels einer Leistung nicht am Eigentumsschutz teilnimmt. Schließlich dient sie ebenso zur Sicherung seiner Existenz. Interessant ist, dass Art. 14 Abs. 1 GG ursprünglich nur ein Abwehrrecht war.[26] Der Sozialversicherte, der sich auf Grundlage von Art. 14 Abs. 1 GG gegen Beschränkungen seines Rechts wendet, macht dagegen ein Teilhaberecht geltend.

Im Ergebnis hat das BVerfG mit seiner Rechtsprechung im Wege verfassungsrichterlicher Rechtsfortbildung eine Lücke geschlossen, die das Grundgesetz bewusst hinterlassen hat. Soweit es sozialversicherungsrechtliche Anrechte unter den Eigentumsschutz stellt, bezweckt das BVerfG, der sozialen Vorsorge verfassungsrechtlich dieselbe Garantie wie der privaten Vorsorge zu verschaffen.

II. Historischer Hintergrund des Sozialrechts

Um den Begriff und die Funktionen des Sozialrechts ganzheitlich nachvollziehen zu können, ist ein Verständnis vom historischen Bezug dieses vergleichsweise jungen Rechtsgebiets erforderlich. Seit jeher sind die **Absicherung gegen bestimmte Lebensrisiken und das Treffen entsprechender Vorsorgevorkehrungen** ein menschliches Grundbedürfnis. Aufgegan-

26 *Jarass/Pieroth/Jarass* (Fn. 22), Art. 14 Rn. 24–29.

gen im heutigen Verständnis einer sozialstaatlichen Verpflichtung, reicht die Geschichte des Sozialrechts zurück bis in die Zeiten der Industrialisierung im 19. Jahrhundert.[27] Eng hiermit verbunden sind die **Geschichte der sozialen Sicherung und die des Arbeitsrechts,** wobei Letzteres im internationalen Kontext sogar dem Sozialrecht zugerechnet wird.[28] *Abbildung 3* stellt die entscheidendsten Entwicklungspunkte der sozialen Sicherung dar.

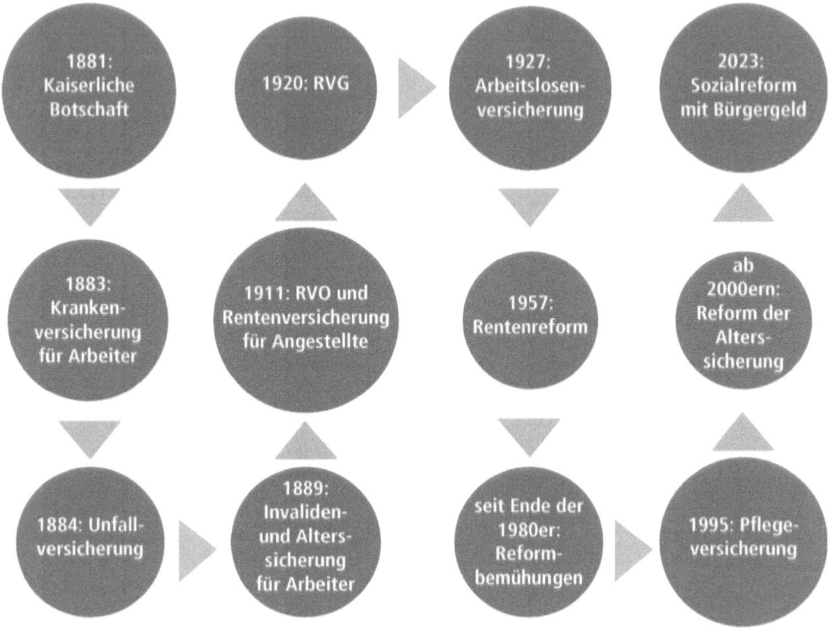

Abb. 3 Meilensteine in der Entwicklung der sozialen Sicherung in Deutschland

1. Frühzeit und Mittelalter

Die Wurzeln des Sozialrechts ragen zurück bis in die **griechische sowie römische Antike** mit ersten Ansätzen einer Armenfürsorge. Hintergrund der als Dienst- oder Sachleistung erbrachten Hilfestellungen war keine rechtliche, sondern eine religiöse oder moralische Verpflichtung den Menschen gegenüber. Diese mündete in eine gesellschaftlich anerkannte Aufgabenerfüllung durch die Familie oder Sippe.[29] Deren Bedeutung weitete sich im

27 *Kokemoor*, Sozialrecht, 10. Aufl. 2022, Rn. 9.
28 *Wörlen/Kokemoor*, Arbeitsrecht, 14. Aufl. 2023, Rn. 10ff.
29 *Eichenhofer*, Sozialrecht, 12. Aufl. 2021, Rn. 16.

Mittelalter durch die Übernahme der Kirche von Tätigkeiten der Wohlfahrt hin zu einer Armenpflege aus. Im Spätmittelalter gesellten sich hierzu eigene Unterstützungseinrichtungen der Knappschaften sowie Zünfte (örtliche Handwerkervereinigungen) und Gilden (Zusammenschlüsse von Kaufleuten und Händlern aus wirtschaftlichem Interesse). Mit den Wanderungsbewegungen der Menschen vom Land in die Stadt – im Zuge der Neuzeit – wurde die Armenpflege rationalisiert sowie säkularisiert, um nach der Reformation Teil der städtischen Aktivitäten zu werden.[30] Die im **18. sowie 19. Jahrhundert** entstehenden eigenen städtischen Armenverwaltungen waren Folge der vorausgehenden Zentralisierung und Differenzierung der Armenpflege.[31] Diese beschränkte sich allerdings auf die Hilfegewährung an arbeitsunfähige Personen sowie die Aktivierung arbeitsfähiger Personen.[32]

2. Industrialisierung

Ein System der umfassenden öffentlichen Vorsorge entwickelte sich erst mit **Schaffung der Sozialversicherung.** Diese ist Produkt der sich zu Beginn des Industriezeitalters wandelnden gesellschaftlichen Verhältnisse im Rahmen der fortschreitenden technischen Entwicklung und der damit verbundenen rechtlichen Bedingungen.[33] Armut, Verelendung und soziale Missstände, hervorgerufen durch niedrige Löhne, Kinderarbeit, unzureichenden Unfallschutz sowie fehlende Absicherungen bei Krankheit und Invalidität, die sog. soziale Frage, gingen mit der **fortschreitenden Industrialisierung** einher. Als neue soziale Schicht kristallisierte sich die industrielle Arbeitergesellschaft heraus. Erste Gegenmaßnahmen, wie die Preußische Gewerbeordnung von 1845 mit der Entstehung der Hilfskassen im Krankheitsfall sowie das Reichshaftpflichtgesetz von 1871 als Vorgänger der Unfallversicherung, schafften in Verbindung mit der aufkommenden Arbeiterbewegung, den Gewerkschaften und der staatlichen Arbeitsschutzgesetzgebung erste Verbesserungen.

3. Geburtsstunde der heutigen Sozialversicherung

Als direkter Vorläufer der heutigen Kranken-, Unfall- und Rentenversicherung in ihren Grundzügen ist die **Bismarcksche Sozialgesetzgebung** zu sehen, welche mit der Kaiserlichen Botschaft von 1881 als Sozialreform zur

30 *Eichenhofer* (Fn. 29), Rn. 20 f.
31 *Eichenhofer* (Fn. 29), Rn. 22.
32 *Eichenhofer* (Fn. 29), Rn. 24.
33 *Kokemoor* (Fn. 27), Rn. 10 f.

Absicherung der arbeitenden Bevölkerung initiiert wurde. Für die **Krankenversicherung**, die im Jahr 1883 entstand, konnte auf die bestehenden Hilfskassen zurückgegriffen werden. Anschließend löste 1884 die **Unfallversicherung** die nach dem Haftpflichtgesetz vorgeschriebene Unternehmerhaftung ab. Eine neue Struktur musste lediglich für die im Jahre 1889 eingeführte **Alters- und Invalidenversicherung** geschaffen werden. Deutschland war damit das erste Land der Welt, welches eine Sozialversicherung auf nationaler Ebene einführte. Die drei Versicherungszweige wurden 1911 in der Reichsversicherungsordnung (RVO) zusammengefasst, wobei mit dem Versicherungsgesetz aus dem gleichen Jahr erstmals eine Invaliden- und Hinterbliebenenversicherung für Angestellte ab 1913 in Kraft trat.[34]

4. Übergangszeitalter

Der Ausbruch des Ersten Weltkriegs 1914 sowie die spätere Nachkriegszeit bedingten aufgrund der sozialen Folgen weiteren sozialrechtlichen Regelungsbedarf in der Weimarer Republik.[35]

Durch die Inflation sowie den enormen Anstieg der Zahl von Invaliden- und Hinterbliebenenrenten konnten die Rentenversicherungsträger Millionen ihrer Versicherten keine Renten mehr ausbezahlen. Um das Rentensystem zu stabilisieren, wurde das sog. Umlageverfahren eingeführt. Hiernach kommt die arbeitende Generation ohne die Bildung von großen Rücklagen für die Renten der vorangegangenen Generation auf.

Kriegsopfer und deren Hinterbliebene erhielten 1920 eine eigenständige Absicherung mit dem Reichsversorgungsgesetz (RVG).[36] Die Massenarbeitslosigkeit infolge des Ersten Weltkriegs führte zu einer Ausweitung der Erwerbslosenfürsorge, wobei das Risiko der Arbeitslosigkeit erst im Jahr 1927 als vierter Zweig der Sozialversicherung in den der **Arbeitsvermittlung und Arbeitslosenversicherung** mündete. Die im Zuge der Weltwirtschaftskrise finanziell angeschlagene Rentenversicherung erfuhr im Jahr 1933 mit dem Gesetz zur Erhaltung der Leistungsfähigkeit der Invaliden-, Angestellten- und knappschaftlichen Versicherung eine Sanierung. Während der Zeit des Nationalsozialismus ist die Sozialversicherung zwar weitergeführt worden, deren Selbstverwaltung wurde jedoch mit dem Gesetz über den

34 *Kokemoor* (Fn. 27), Rn. 12.
35 *Eichenhofer* (Fn. 29), Rn. 45 f.
36 *Kokemoor* (Fn. 27), Rn. 12.

Aufbau der Sozialversicherung 1934 abgeschafft.[37] Dem Dach des Reichsversicherungsamts wurden die zusammengelegten Sozialversicherungszweige unterstellt, währenddessen ein Ausschluss der Juden sowie eine Diskriminierung von Oppositionellen erfolgte. Die Gesetze zur sozialen Sicherheit blieben nach dem Zusammenbruch des Dritten Reichs 1945 weiterhin in Kraft, allerdings unter starkem Einfluss der jeweiligen Besatzungsmacht. Die sowjetische Besatzungszone schlug ab 1947 mit dem Aufbau einer Einheitsversicherung und der Verstaatlichung des Gesundheitssystems einen stark abweichenden Sonderweg zu den übrigen drei Besatzungsmächten ein. Um den veränderten politischen, wirtschaftlichen und sozialen Verhältnissen gerecht zu werden, wurden in der neu zu errichtenden BRD entsprechende Gesetze erlassen.

Mit dem Selbstverwaltungsgesetz von 1951 erfolgte die Wiederherstellung der Selbstverwaltung und mit dem Sozialgerichtsgesetz im Jahr 1953 die Einführung einer eigenen Gerichtsbarkeit für das Gebiet des Sozialrechts mit dem Aufbau von selbstständigen Sozialgerichten.

5. Zeitalter der Reformen

Die Sozialgesetzgebung weitete sich – durch den wirtschaftlichen Aufschwung der Nachkriegsjahre bestärkt – bis Ende der 1980er-Jahre erheblich aus.[38] Sowohl der Versicherten- als auch der anspruchsberechtigte Personenkreis auf dem Gebiet des Sozialrechts fand zeitgleich mit den Leistungen seine Erweiterung. Die **Rentenversicherung** wurde im Jahr 1957 **grundlegend reformiert.** Das zuvor bestehende Kapitaldeckungsverfahren, wonach die Renten der jeweiligen Generation individuell angespart werden, wurde auf ein Umlageverfahren umgestellt, welches auf dem **Generationenvertrag** beruht. Mit diesem dynamischen System war die Teilhabe von Rentenbeziehern an der allgemeinen Wirtschaftsentwicklung durch jährliche Rentenanpassungen sowie ein vollständiger Lohnersatz für Arbeiter und Angestellte beabsichtigt.[39] In demselben Jahr fand mit dem **Gesetz über die Altershilfe für Landwirte** erstmals ein Einbezug von diesen in die Sozialversicherung statt. Daneben erfolgten der Ausbau des Sozialen Entschädigungsrechts, die Umwandlung des Fürsorgerechts in das Sozialrecht durch das Bundes-

37 *Eichenhofer* (Fn. 29), Rn. 47.
38 *Kokemoor* (Fn. 27), Rn. 13.
39 *Eichenhofer* (Fn. 29), Rn. 48 und 51.

sozialhilfegesetz von 1961 und die Entwicklung des Rechts der sozialen Förderung wie Kindergeld sowie Ausbildungs- und Arbeitsförderung.[40] Die Unfallversicherung wurde 1963 neu geordnet, während die Vorschrift einer Versicherungspflicht für alle Angestellten im Jahr 1968 Einzug in die Sozialgesetzgebung hielt.

Die zahlreichen Einzelgesetze des Sozialrechts wurden 1976 im Sozialgesetzbuch zusammengeführt.

Das ostdeutsche Sozialrecht, welches nach der deutschen Teilung 1949 eine andere Entwicklung erfuhr, wurde mit der deutschen Wiedervereinigung 1990 an das westdeutsche Sozialrecht angeglichen, woraufhin das bundesdeutsche Sozialrecht in Kraft trat.[41]

Die letzte Säule der Sozialversicherung trat mit Schaffung der sozialen Pflegeversicherung im Jahr 1995 zu den bereits bestehenden vier Säulen hinzu.

6. Neues Jahrtausend und Gegenwart

Infolge der steigenden öffentlichen Verschuldung mit erhöhten Steuer- und Beitragszahlungen fand in den 2000er-Jahren eine **Reformierung der Alterssicherung** statt.[42]

Mit dem „Drei-Säulen-Modell“ sollte die Alterssicherung nicht mehr nur auf die gesetzliche Rentenversicherung fußen, sondern auch auf eine betriebliche und private Altersvorsorge.

Unter dem Leitprinzip des § 2 SGB II **„Fördern und Fordern“** zur Stärkung von Eigenverantwortung und Eigeninitiative reformierten die vier umstrittenen Hartz-Gesetze den deutschen Arbeitsmarkt. Die bisherige Arbeitslosen- und Sozialhilfe wurde im Jahr 2005 als **Grundsicherung für Arbeitsuchende** zum Arbeitslosengeld II zusammengelegt, welches lediglich dem Niveau der vormaligen Sozialhilfe entsprach und nicht mehr dem des früheren Erwerbseinkommens. Zudem erfolgte eine Überführung der Bundesanstalt für Arbeit in die Bundesagentur für Arbeit, wobei Arbeitsuchende fortan von den Jobcentern betreut wurden.

---

40 *Kokemoor* (Fn. 27), Rn. 13.
41 *Eichenhofer* (Fn. 29), Rn. 49 f. und 52.
42 *Eichenhofer* (Fn. 29), Rn. 52 f.

Die von der **COVID-19-Pandemie** bedingten Herausforderungen zogen ab 2020 zahlreiche Anpassungen des Sozialrechts, wie im Bereich der Gesundheitsversorgung und Pflege, aber auch hinsichtlich des Existenzsicherungs- und Unfallversicherungsrechts, nach sich. Zum 01.01.2023 löste das **„Bürgergeld"** die Leistungen nach dem SGB II im Zuge einer großen Sozialreform ab. Hiermit sind der Ausbau des sozialen Schutzes bei Arbeitslosigkeit und eine Verbesserung der Fördermaßnahmen mit einer Stärkung der Rechte von Langzeitbeziehern anvisiert.

Zum 01.01.2023 trat mit dem sog. **„Wohngeld Plus"** die größte Wohngeldreform in der deutschen Geschichte in Kraft. Während vor der Reform rund 600.000 Haushalte Wohngeld erhielten, sind seit der Reform etwa 2 Mio. Haushalte wohngeldberechtigt.

Mit dem **neuen SGB XIV** fand zum 01.01.2024 eine Modernisierung des Sozialrechts in Form einer Bündelung und **Neuregelung der Sozialen Entschädigung** statt. Die bisherigen Regelungen wurden dafür zusammengefasst. Ziel der Neuregelung ist, dass Entschädigungsleistungen künftig einfacher und schneller in Anspruch genommen werden können und höher ausfallen sollen. Opfer sexueller Gewalt sollen ferner bessergestellt werden. Zudem gilt künftig das Wohnort- und nicht mehr das Tatortprinzip.

Das Scheitern der Ampel-Koalition im November 2024 bedeutete auch ein Aus für die Regierungspläne zu einer **Kindergrundsicherung.** Diese sollte insbesondere einkommensschwachen Haushalten zugutekommen und neben einem Kindergarantiebetrag in Höhe von 250,00 € (vergleichbar mit dem aktuellen Kindergeld) einen flexiblen, einkommensabhängigen Kinderzusatzbeitrag gewähren.

Offen bleibt, wie sich das Gebiet des Sozialrechts in Deutschland weiterentwickeln wird. Dies gilt gerade im Hinblick auf die im Februar 2025 stattgefundenen Bundestagswahlen, die Bestrebungen um eine Reformierung der gesetzlichen Rente, die Krankenhausreform und Verschärfung der Migrationspolitik.

Die Zukunft des Sozialstaats – und damit auch des Sozialrechts – hängt allerdings nicht allein von diesen politischen Entwicklungen, sondern von weiteren Herausforderungen, wie dem demografischen, kulturellen und gesellschaftlichen Wandel, der Digitalisierung und künstlichen Intelligenz, einer immer größer werdenden Kluft zwischen Arm und Reich sowie den Umbrüchen in der Arbeitswelt, ab. Es wird sich zeigen, wie dem künftig begegnet werden wird.

III. Grundprinzipien und Aufgaben des Sozialrechts

Eine Beschreibung der vom Sozialrecht zu übernehmenden Aufgaben findet sich in § 1 Abs. 1 SGB I. Hiernach soll das Sozialrecht Sozialleistungen einschließlich sozialer und erzieherischer Hilfen zur Verwirklichung von **sozialer Gerechtigkeit und sozialer Sicherheit** gestalten. Die damit bezweckten Ziele liegen in

- der Sicherung eines menschenwürdigen Daseins,
- der Schaffung von gleichen Voraussetzungen für die freie Entfaltung der Persönlichkeit, insbesondere für junge Menschen,
- dem Schutz und der Förderung von Familien,
- der Ermöglichung zum Erwerb des Lebensunterhalts durch eine frei gewählte Tätigkeit,
- der Abwendung und dem Ausgleich von besonderen Belastungen des Lebens durch Hilfe zur Selbsthilfe oder von außen.

Als zentrale Begriffe dieser Zielbestimmung stehen die „soziale Gerechtigkeit" und „soziale Sicherheit" in sich ergänzender Wechselwirkung zueinander.[43] Schließlich besteht ein enger Zusammenhang der Aufgabenzuweisungen des § 1 Abs. 1 SGB zum GG, welche als Zielvorgaben das allgemein formulierte Sozialstaatsprinzip des Art. 20 Abs. 1 GG konkretisieren sollen. Bei der „sozialen Gerechtigkeit" und „sozialen Sicherheit" handelt es sich um unbestimmte Rechtsbegriffe, die einer näheren Auslegung hinsichtlich Inhalt und Bedeutung bedürfen. Sie sind hierbei im Lichte der §§ 3 bis 10 SGB I zu werten.

1. Soziale Gerechtigkeit

Über den Inhalt dieses Begriffs besteht grundsätzlich keine gleiche Vorstellung in der staats- und sozialrechtlichen Literatur.[44] Als Mindestinhalt lässt sich jedoch der Konsens bestimmen, dass Kennzeichen von sozialer Gerechtigkeit die **Möglichkeit eines jeden Menschen ist, eine seinen individuellen Kräften und Fähigkeiten entsprechende soziale Stellung in Staat und Gesellschaft** zu erlangen.[45] Im weitesten Sinne geht es

43 *Schaumberg*, Sozialrecht, 3. Aufl. 2020, Rn. 10ff.

44 Vgl. nur *Zippelius/Würtenberger*, Deutsches Staatsrecht, 32. Aufl. 2008, § 13 Abs. 2, S. 132f. und *Stern*, Das Staatsrecht der Bundesrepublik Deutschland, Bd. 1, 1977, § 21 Abs. 2 Satz 4, 711 (m.w.N.).

45 So bspw. *Kokemoor* (Fn. 27), Rn. 7 und *Igl/Welti*, Sozialrecht, 8. Aufl. 2010, § 1 Rn. 5.

folglich um die Herstellung von Chancengleichheit oder Chancengerechtigkeit, die ihre Erfüllung durch die unterschiedlichsten sozialrechtlichen Vorschriften findet. Mit § 2 Abs. 1 Satz 2 SGB I wird jedoch herausgehoben, dass sozialrechtliche Ansprüche erst aus den besonderen Teilen des SGB erwachsen können.

Beispiele für soziale Gerechtigkeit:

- Chancengleichheit von Menschen mit Behinderung (SGB IX),
- Chancengleichheit von Menschen mit Kindern (BKGG, BEEG) oder
- Chancengleichheit von Opfern von Straftaten (OEG).

2. Soziale Sicherheit

Über diesen Begriff besteht grundsätzlich Konsens darüber, dass er weiter gefasst ist als der der Sozialversicherung und enger als derjenige des Sozialstaatsprinzips.[46] Die Einzelheiten wiederum sind nicht einheitlich definiert. Soziale Sicherheit kann erst im Zusammenspiel mit der **Sicherstellung des menschenwürdigen Daseins aus § 1 Abs. 1 Satz 2 SGB I** gewährleistet werden. Mit dem aus Art. 1 Abs. 1 i. V. m. Art. 20 Abs. 1 GG abzuleitenden Grundrecht auf Gewährleistung eines menschenwürdigen Existenzminimums ist eine wirtschaftliche Grundsicherung verfassungsrechtlich verbürgt.[47] Diese ist sowohl für die physische Existenz als auch für ein Mindestmaß an gesellschaftlicher, kultureller und politischer Teilhabe der Menschen vonnöten. Darüber hinaus umfasst die soziale Sicherheit die Möglichkeit eines jeden einzelnen Menschen, sein Leben auf verlässlicher Grundlage in einer der Menschenwürde entsprechenden Weise zu gestalten.

Um dies zu verwirklichen, wird im weitesten Sinne durch die Arbeitslosenversicherung (SGB III) aus dem Recht auf Arbeitsförderung (§ 4 SGB II i. V. m. § 1 Abs. 1 SGB IV), aber auch durch die Grundsicherung für Arbeitsuchende (SGB II) und Sozialhilfe (SGB XII) die materielle Existenz der Menschen gesichert. Zusätzlich hierzu leisten die einzelnen Zweige der Sozialversicherung, bestehend aus gesetzlicher Kranken-, Renten- und Unfallversicherung sowie sozialer Pflegeversicherung, eine Absicherung gegen bestimmte Lebensrisiken.[48] *Abbildung 4* stellt die fünf Zweige der Sozialversicherung in

46 *Schaumberg* (Fn. 43), Rn. 14.
47 *Kokemoor* (Fn. 27), Rn. 6.
48 *Schaumberg* (Fn. 43), Rn. 14.

Deutschland dar. Entnommen aus *Kokemoor*, Sozialrecht, 10. Aufl. 2022, Übersicht 3, S. 5.

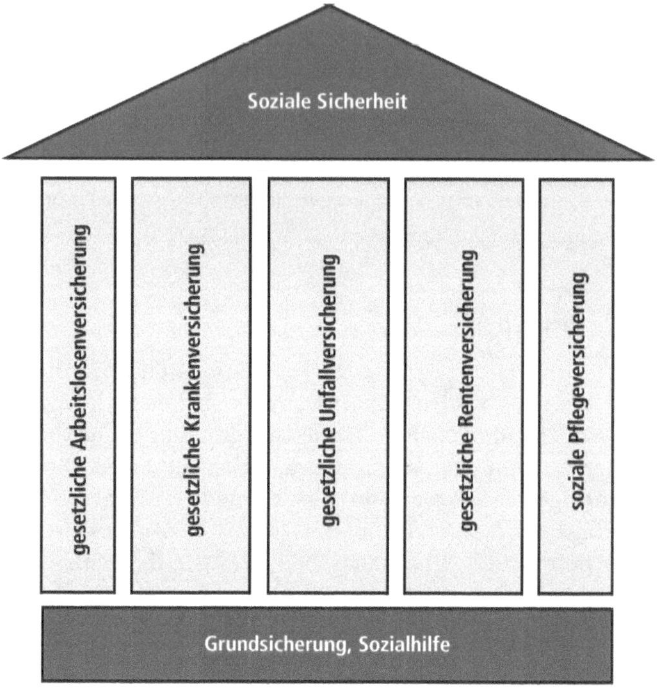

Abb. 4 Die fünf Zweige der Sozialversicherung im System der sozialen Sicherheit

C. Gliederung des Sozialrechts

Wie mit der Darstellung des historischen Hintergrunds des Sozialrechts aufgezeigt wird, handelt es sich hierbei um eine längerfristige Entwicklung, die einzelne Gesetze ohne ein in sich geschlossenes Konzept hervorbrachte. Hinsichtlich ihrer inhaltlichen Unterschiede besteht **keine gesetzliche Systematisierung** der diversen Sozialleistungen.[49] Um dennoch einen besseren Überblick auf das große Gebiet von Gesetzestexten, Richtlinien und Verordnungen zu erlangen, kann eine gewisse Strukturierung vorgenommen werden. Hierfür existieren unterschiedliche Gliederungsansätze, wobei im Folgenden zwei wesentliche Systematisierungslehren eine nähere Betrachtung erfahren. *Tabelle 3* gibt einen Überblick zu der Kategorisierung in Form der **klassischen und weiterentwickelten Dreiteilung des Sozialrechts.**

Tab. 3 Übersicht zur Gliederung des Sozialrechts

	Sozialversicherung ↕ **Vorsorgesysteme**	**Versorgung** ↕ **Entschädigungssysteme**	**Fürsorge** ↕ **Soziale Hilfen**
Kennzeichen	▪ Absicherung von allgemeinen Lebensrisiken ▪ Kollektivsystem der Sozialversicherung ▪ Versicherungs- und Solidaritätsprinzip ▪ Leistungserbringung ohne vorausgesetzte wirtschaftliche Bedürftigkeit ▪ beitragsfinanziert	▪ (Nachteils-)Ausgleich bzw. Entschädigung von gesundheitlichen Sonderopfern, die in der Verantwortung der Allgemeinheit stehen ▪ Leistungserbringung ohne vorausgesetzte wirtschaftliche Bedürftigkeit ▪ steuerfinanziert	▪ Gewährleistung eines Existenzminimums ▪ Leistungserbringung setzt in der Regel wirtschaftliche Bedürftigkeit voraus ▪ steuerfinanziert Neue Sozialleistungen mit der „Sozialen Förderung“: ▪ Sicherstellung von Chancengleichheit und Entfaltungsfreiheit ▪ Leistungserbringung unter teilweiser Berücksichtigung individueller Bedürftigkeit (Ausnahmen: Kinder- und Elterngeld) ▪ steuerfinanziert

49 *Schaumberg* (Fn. 43), Rn. 76.

	Sozialversicherung ↕ Vorsorgesysteme	Versorgung ↕ Entschädigungssysteme	Fürsorge ↕ Soziale Hilfen
Beispiele	▪ SGB V ▪ SGB VI ▪ SGB VII ▪ SGB III ▪ SGB XI	▪ BVG ▪ IfSG ▪ OEG ▪ SVG ▪ ZDG	▪ BAföG ▪ BEEG/BKGG ▪ SGB II ▪ SGB XII ▪ WoGG

Klassische Dreiteilung

Nach der herkömmlichen Kategorisierung wird das Sozialrecht in die drei Bereiche

1. *Sozialversicherung,*
2. *Versorgung* (v. a. Kriegsopferversorgung) *und*
3. *Förderung* (Sozialhilfe und Grundsicherung) aufgespalten.[50]

Diese traditionelle Dreiteilung geht auf Art. 74 Nr. 7, 10 und 12 GG im Zusammenspiel mit der geschichtlichen Entwicklung des Sozialrechts und den Unterschieden bei der Finanzierung – durch Steuern oder Beiträge – zurück.

Die Absicherung bestimmter sozialer Lebensrisiken sowie der des Alters ist Kennzeichen des ersten Bereichs der *Sozialversicherung.*[51] Unabhängig von der individuellen wirtschaftlichen Bedürftigkeit eines Versicherten erwachsen mit dem Eintritt eines Versicherungsfalls Ansprüche auf Sozialleistungen gegen Beitragszahlungen. Der zweite Bereich der *Versorgung* umfasst die einseitig vom Staat erbrachten Sozialleistungen aufgrund eines besonderen Opfers des Einzelnen, die aus Steuern finanziert werden.[52] Die individuelle wirtschaftliche Bedürftigkeit der Versicherten ist hierbei irrelevant. Innerhalb der Versorgungsleistungen ist zwischen der Allgemein- und Sonderversorgung zu differenzieren. Letztere wird nur in den Fällen erbracht, denen ein Sonderopfer (bspw. Kriegs- oder Impfschaden) des Einzelnen vorausgeht.[53] Ein veralteter Begriff für die Absicherung des Existenzminimums als dritter Bereich lautet *„Fürsorge"*. In der heutigen Zeit setzen an dieser Stelle Leistungen der Grundsicherung für Arbeitsuchende sowie der Sozialhilfe ein. Nur in Fällen, in denen tatsächlich eine individuelle wirtschaftliche Bedürftigkeit der Versicherten vorliegt, werden subsidiär zu

50 *Kokemoor* (Fn. 27), Rn. 15.
51 *Schaumberg* (Fn. 43), Rn. 79.
52 *Kokemoor* (Fn. 27), Rn. 15.
53 *Schaumberg* (Fn. 43), Rn. 80.

jeglichen anderen privaten oder öffentlichen Hilfearten die aus Steuern finanzierten Sozialleistungen erbracht.

In Bezug auf neuere Gesetze, wie das Bundesausbildungsförderungsgesetz (BAföG) oder das Wohngeldgesetz (WoGG), ist diese klassische dreigeteilte Systematisierung nicht mehr geeignet. Es mangelt in diesen Konstellationen an einem Gegenseitigkeitsverhältnis der Beteiligten, wobei in der Regel auch keine auf das Existenzminimum bezogene subsidiäre soziale Absicherung der Versicherten bezweckt wird.[54] Eine Zuordnung zum Sozialversicherungs- und Fürsorgebereich scheidet insofern aus. Daher müsste eine weitergehende Ausweitung des Begriffs *„Versorgung"* vorgenommen werden. Hierbei entsteht jedoch das Risiko, dass ein nicht i. S. d. Grundgesetzes stehender Auffangbegriff entstünde.[55] Zudem wird in der heutigen Zeit der Begriff *„Fürsorge"*, welcher einer Degradierung des Fürsorgeempfängers zum „Objekt" gleichkommt, als überwiegend rückständig und nicht mehr dem Menschenbild des Grundgesetzes entsprechend empfunden.

Weiterentwickelte Einteilung

Aus diesen Gründen wird mit der auf *Hans Zacher* zurückgehenden Systematisierung eine neue Einteilung des Sozialrechts vorgenommen. Demzufolge findet eine Einteilung anhand der Funktionen in die Bereiche

1. *Vorsorgesysteme,*
2. *Entschädigungssysteme* sowie Systeme des Ausgleichs durch
3. *soziale Hilfe und Förderung* statt.[56]

Das heutige SGB greift überwiegend auf diese flexible weiterentwickelte Einteilung zurück. Sowohl die sozialen Hilfen als auch die soziale Förderung werden durch Steuern finanziert.

Der Bereich der sozialen *Vorsorgesysteme* entspricht im Wesentlichen dem des kollektiven Systems der Sozialversicherung nach klassischer Einteilung – auf der Grundlage des Versicherungs- und Solidaritätsprinzips – über die Finanzierung durch Versichertenbeiträge.[57]

Der steuerfinanzierte (Nachteils-)Ausgleich von Schäden, für den eine Vorsorge nicht möglich oder nicht zumutbar ist und für deren Verursachung die Allgemeinheit Verantwortung trägt, wird als gesundheitliches Sonderopfer i. R. v. sozialen *Entschädigungssystemen* vorgenommen. Beispiele hier-

54 *Kokemoor* (Fn. 27), Rn. 17.
55 *Schaumberg* (Fn. 43), Rn. 82.
56 *Kokemoor* (Fn. 27), Rn. 16 f.
57 *Schaumberg* (Fn. 43), Rn. 84 f.

für sind das Soldatenversorgungsgesetz (SVG) oder das Opferentschädigungsgesetz (OEG).

Sozialleistungen, welche den Ausgleich besonderer Leistungsschwächen oder Belastungen bzw. die Absicherung des Existenzminimums betreffen, wie die Grundsicherung für Arbeitsuchende und Sozialhilfe, werden dem Bereich der *sozialen Hilfe* zugerechnet.[58] Die *soziale Förderung* hat dagegen solche Leistungen zum Gegenstand, mit denen Chancengleichheit und die Herstellung von gleichen sozialen Entfaltungsmöglichkeiten bezweckt werden sollen. Als Beispiele dienen die Ausbildungs- und Berufsförderung nach dem BAföG sowie das SGB II und III sowie das WoGG.[59] Sowohl die sozialen Hilfen als auch die soziale Förderung werden durch Steuern finanziert.

58 *Schaumberg* (Fn. 43), Rn. 86.
59 *Kokemoor* (Fn. 27), Rn. 16.

D. Das soziale Vorsorgesystem

Wer bereits heute – mit vorausschauendem Blick in die Zukunft – Maßnahmen ergreift, um morgen Gefahren, Schäden oder Mangellagen besser zu bewältigen, betreibt *Vorsorge.*[60] Hiervon abzugrenzen ist die sog. *Daseinsvorsorge,* worunter als öffentliche Aufgabe die Verantwortung für die Gewährleistung von Leistungen und Infrastrukturen, welche durch eigenverantwortliches Wirtschaften der Individuen nicht zu sichern sind, zu verstehen ist. Für die Daseinsvorsorge ist es folglich weniger charakteristisch, vorausschauende Sorge für die Zukunft zu betreiben.

Gerade dieses Element der **vorausschauenden,** somit an der Zukunft ausgerichteten, **Risikobewältigung ist Kennzeichen der „Vorsorge"** im sozialrechtlichen Kontext.

Der Sozialstaat trägt eine Verantwortung für Bedarfslagen der modernen Gesellschaft, welche in der heutigen Zeit weniger als früher durch eigenverantwortliches Wirtschaften abgedeckt werden können.[61] Diese Verantwortung des deutschen Staates ist im Sinne einer verfassungsrechtlichen Vorgabe für jegliche Thematisierung der sozialen Vorsorge zu verstehen. Im Hinblick auf deren Umfang und dessen Begrenzung durch die Eigenverantwortung der Betroffenen handelt es sich jedoch um eine Frage der Sozialpolitik. Prinzipiell umfasst ist jedoch das Gebot eines *Vorsorgeschutzes*, der über die ebenfalls verfassungsrechtliche Gewährleistung der Mindestvoraussetzungen einer menschenwürdigen Existenz hinausgeht. Daher wird im Verfassungsrecht eine *Unterscheidung von sozialer Vorsorge und sozialer Hilfe* getroffen.

Mit der **Sozialversicherung als Kern der sozialen Vorsorge** soll eine Absicherung künftiger Risiken bezweckt werden. Relevant hierbei sind die folgenden **vier Merkmale** der Sozialversicherung:[62]

1. der inhaltliche Bezug zu sozialen Risiken,
2. die Beitragsfinanzierung,

---

60 *Ebsen*, Soziale Vorsorge als Funktion, in: Ulrich Becker (Hrsg.), Rechtsdogmatik und Rechtsvergleichung im Sozialrecht I, 2010, S. 109.

61 *Ebsen* (Fn. 60), S. 110.

62 *Ebsen* (Fn. 60), S. 114.

3. der in der Sozialversicherung stattfindende soziale Ausgleich in Form unterschiedlicher Beitrags-Risiko-Relationen sowie
4. der Zwangscharakter (im Kern) als gesetzliche Pflichtversicherung.

Die öffentlich-rechtliche Ausgestaltung von der Rechtsform der Träger als juristische Personen des öffentlichen Rechts sowie der Rechtsbeziehungen zu den Versicherten und Beitragszahlern ist in funktionaler Hinsicht eher sekundär; für den Verfassungsbegriff der Sozialversicherung ist dieses Merkmal dagegen als wesentlich zu betrachten.

Nachfolgend werden die einzelnen Bücher der Sozialversicherung dargestellt, um in Form eines kompakten Einstiegs in die jeweilige Rechtsmaterie einen groben Überblick über deren umfangreiche sowie differenzierte Regelungen zu bieten.

I. SGB IV – Gemeinsame Vorschriften für die Sozialversicherung

Vom sozialen Vorsorgesystem ist die in *Abbildung 5* dargestellte Sozialversicherung mit ihren Pfeilern der

- Krankenversicherung,
- Unfallversicherung,
- Rentenversicherung und
- Pflegeversicherung

umfasst.[63]

Die *Arbeitsförderung* wurde zum 01.01.1998 in das SGB III integriert; gleichwohl gehört die *Arbeitslosenversicherung* als Teil des Rechts der Arbeitsförderung nicht zur Sozialversicherung im Sinne der gemeinsamen Vorschriften. Die Vorschriften gelten aber auch für das Recht der Arbeitsförderung; abgesehen von den Regelungen des Teil 1 und 2 des Vierten sowie Fünften Abschnitts (§ 1 Abs. 1 Satz 2 SGB IV).

63 Hierzu sei auch auf *B. Begriff und Funktion des Sozialrechts, III. Grundprinzipien und Aufgaben des Sozialrechts* sowie *C. Gliederung des Sozialrechts* verwiesen.

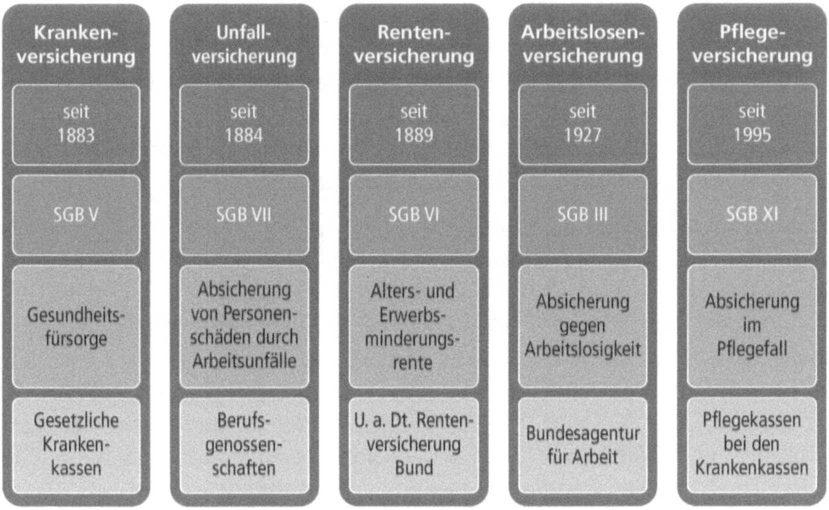

Abb. 5 Die fünf Pfeiler des sozialen Vorsorgesystems

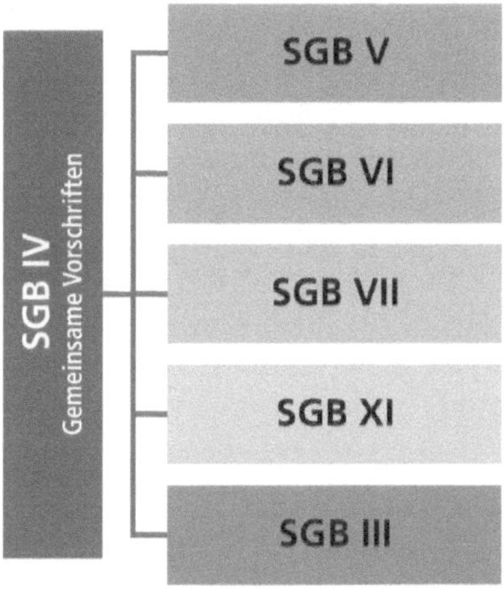

Abb. 6 Gemeinsame Vorschriften des SGB IV für die gesamten Sozialversicherungszweige

Das SGB IV enthält *Grundsätze und Begriffsbestimmungen*, welche für die gesamte Sozialversicherung gelten, wie *Abbildung 6* aufzeigt. Hohe Bedeutung haben die §§ 7 ff. SGB IV. In diesen wird der Begriff „Beschäftigung" definiert und zur selbstständigen Tätigkeit abgegrenzt. § 8 SGB IV regelt die geringfügige Beschäftigung, die in allen Versicherungszweigen – außer der Unfallversicherung – versicherungsfrei ist. §§ 14 und 15 SGB IV enthalten die Definitionen der Begriffe „Arbeitsentgelt“ und „Arbeitseinkommen“. § 18 SGB IV behandelt die sog. *Bezugsgröße*, bei der es sich um einen jährlich aktualisierten Wert handelt, auf den an zahlreichen anderen Stellen des SGB verwiesen wird.

Beispielhaft sind die Vorschriften in § 10 Abs. 1 Nr. 5 SGB V, § 25 Abs. 1 Nr. 5 SGB XI, § 240 Abs. 4 SGB V und § 85 Abs. 1 SGB VII anzuführen.

Entsprechende Aktualisierungen dieser Bezug nehmenden Bestimmungen sind demzufolge entbehrlich. Die schwierigen Bestimmungen der §§ 18 ff. SGB IV sind für die Anrechnung von eigenem Einkommen bei Bezug von Renten aus der Unfall- und Rentenversicherung von Bedeutung.

Die §§ 20 ff. SGB IV enthalten Bestimmungen über die Beiträge, etwa über Verzinsung oder Verjährung. In diesem Zusammenhang sind auch die §§ 28 d ff. SGB IV zu sehen. Diese betreffen „Verfahren und Haftung bei der Beitragszahlung“ und regeln, wie der sog. *Gesamtsozialversicherungsbeitrag* (die Beiträge zur Kranken-, Renten-, Pflege- und Arbeitslosenversicherung) durch die Krankenkassen von den sog. Einzugsstellen eingezogen und weitergeleitet wird. In den §§ 28 a ff. und 95 ff. SGB IV ist das in der Praxis relevante Meldewesen einschließlich des Sozialversicherungsausweises geregelt.

Auch die Träger der Sozialversicherung und ihre Rechtsstellung sowie Aufgaben sind im SGB IV normiert (§§ 29 ff. SGB IV). Bei den Trägern der Kranken-, Pflege-, Unfall- und Rentenversicherung handelt es sich um rechtsfähige Körperschaften des öffentlichen Rechts mit Selbstverwaltung (§ 29 Abs. 1 SGB IV). Damit sind sie Bestandteil der mittelbaren Staatsverwaltung und unterliegen insoweit nach §§ 87 ff. SGB IV der staatlichen Aufsicht.

II. SGB V – Gesetzliche Krankenversicherung

Im SGB V ist die gesetzliche Krankenversicherung geregelt, die das **Risiko der Krankheit** abdeckt.

Hier gilt regelmäßig das sog. **Sach- und Dienstleistungsprinzip**, worunter zu verstehen ist, dass der Versicherte einen Anspruch gegen seine Krankenkasse auf die Verschaffung und Bereitstellung von medizinischer Versorgung hat.

Im Gegensatz zum Privatversicherten hat der gesetzlich Krankenversicherte grundsätzlich **keinen Anspruch auf Erstattung von etwa Behandlungskosten oder Aufwendungen für Medikamente.**

Die gesetzliche Krankenkasse erbringt die Sach- und Dienstleistungen regelmäßig durch ihre vertraglichen Leistungserbringer, wie bspw. Ärzte, Krankenhäuser und Apotheken. Wichtigste Leistung für den Versicherten ist das *Krankengeld*, welches eine Entgeltersatzfunktion aufweist, und nur dem (Stamm-)Versicherten zusteht. Voraussetzung für die Zahlung ist, dass die Krankheit zur Arbeitsunfähigkeit des Versicherten führt. Die Aufgabe der Krankenversicherung ist in § 1 SGB V erläutert.

Danach kommt der Krankenversicherung als *Solidargemeinschaft* die Aufgabe zu, die Gesundheit der Versicherten zu erhalten, wiederherzustellen oder ihren Gesundheitszustand zu bessern. Dies umfasst auch die Eigenverantwortung der Versicherten.

1. Versicherungspflichtiger Personenkreis

Ursprünglich knüpfte die Sozialversicherungspflicht an die Beschäftigung und Arbeiter- oder Arbeitnehmereigenschaft an.[64] Mittlerweile steht die Krankenversicherung jedoch nahezu *allen Bevölkerungsgruppen* offen.[65]

Die **gesetzliche Krankenversicherung** kennt:

a) die Versicherung **kraft Gesetzes** nach § 5 SGB V – Versicherungspflicht, hierunter fallen in erster Linie
   - die gegen Arbeitsentgelt Beschäftigten,
   - Personen, die Arbeitslosengeld nach dem SGB III oder II erhalten,
   - Studierende, die an staatlichen oder staatlich anerkannten Hochschulen eingeschrieben sind,
   - aber auch versicherungspflichtige Rückkehrer nach § 5 Abs. 1 Nr. 13 SGB V,

b) die **freiwillige Versicherung** nach dem § 9 SGB V sowie

c) die **Familienversicherung** nach dem § 10 SGB V, wonach Ehegatte, Lebenspartner und die Kinder von Mitgliedern sowie die Kinder von familienversicherten Kindern in der gesetzlichen Krankenversicherung mitversichert sind.

Nach §§ 6ff. SGB V ist eine Reihe von Personengruppen **nicht versicherungspflichtig**, etwa solche,

- die eine bestimmte Jahresarbeitsentgeltgrenze überschreiten (§ 6 Abs. 1 Nr. 1 SGB V),

64 Vgl. BeckOGK/*Beck*, SGB V, 15.05.2023, § 5 Rn. 3.
65 *Becker/Kingreen/Just*, SGB V, 8. Aufl. 2022, § 5 Rn. 3.

- Beamte sowie Richter (§ 6 Abs. 1 Nr. 2 SGB V) und
- Personen, die eine geringfügige Beschäftigung nach §§ 8, 8 a SGB IV ausüben (§ 7 Abs. 1 Nr. 1 SGB V).

2. Aufgaben und Leistungen nach dem SGB V

Die Leistungsansprüche i. R. d. gesetzlichen Krankenversicherung sind in den §§ 11 ff. SGB V geregelt. Im Vordergrund stehen die *Gesundheitsleistungen*. Betont wird das *Wirtschaftlichkeitsgebot* (§ 12 SGB V). Die §§ 13 ff. SGB V regeln einige Abweichungen vom bereits erwähnten Sachleistungsprinzip. Die Inanspruchnahme von Leistungen im Ausland ist unter den Voraussetzungen des § 18 SGB V möglich.

Die **Leistungen zur Verhütung von Krankheiten,** der **betrieblichen Gesundheitsförderung** und der **Prävention arbeitsbedingter Gesundheitsgefahren** sind in den §§ 20 bis 24, 25, 26 SGB V geregelt.

Die Leistungen bei Krankheit umfassen die Krankenbehandlung nach §§ 27 ff. SGB V sowie das Krankengeld nach §§ 44 ff. SGB V. Geschuldet werden alle Leistungen, die notwendig sind, um eine Krankheit zu erkennen, zu heilen, ihre Verschlimmerung zu verhüten oder Krankheitsbeschwerden zu lindern. Dazu gehören:

- die ärztliche und auch psychotherapeutische sowie zahnärztliche Behandlung (§ 28 SGB V),
- die Versorgung mit Zahnersatz, Arznei-, Verbands-, Heil- und Hilfsmitteln (§§ 31–36 SGB V),
- die häusliche Krankenpflege, Soziotherapie, spezialisierte ambulante Palliativversorgung und Haushaltshilfe (§§ 37 ff. SGB V),
- die Krankenhausbehandlung (§ 39 SGB V),
- stationäre und ambulante Hospizleistungen (§ 39 a SGB V),
- Leistungen zur medizinischen Rehabilitation und ergänzende Leistungen (§§ 40, 41 SGB V) sowie
- nicht ärztliche sozialpädiatrische Leistungen (§ 43 a SGB V).

Nach § 27 Abs. 1 Satz 1 SGB V haben Versicherte *Anspruch* auf eine Krankenbehandlung, wenn sie *notwendig ist, um eine Krankheit zu erkennen, zu heilen, ihre Verschlimmerung zu verhüten oder Krankheitsbeschwerden zu lindern.* Eine Definition des Krankheitsbegriffs enthält das SGB V nicht.

Nach der ständigen Rechtsprechung des Bundessozialgerichts (BSG) handelt es sich bei **Krankheit** im Sinne der gesetzlichen Krankenversicherung um einen **regelwidrigen körperlichen oder geistigen Zustand**, der entweder **Behandlungsbedürftigkeit oder Arbeitsunfähigkeit oder beides zur Folge** hat.[66] Zur Regelwidrigkeit hinzukommen muss eine **Beeinträchtigung der Körperfunktionen** oder eine **entstellende Wirkung der anatomischen Abweichung.**[67]

Besonders betont wird das Wirtschaftlichkeitsgebot nach § 12 SGB V, demzufolge die Leistungen **ausreichend, zweckmäßig** sowie **wirtschaftlich** sein müssen und das **Maß des Notwendigen nicht überschreiten** dürfen.

Der Leistungskatalog ist im Einzelnen nicht statisch, sondern wird entsprechend dem medizinischen Fortschritt und der medizinischen Entwicklung angepasst (§ 91 SGB V). Der Gemeinsame Bundesausschuss bezieht Untersuchungs- und Behandlungsmethoden i. R. v. Richtlinien in die vertragsärztliche Versorgung mit ein.

Die §§ 40 ff. SGB V statuieren die Leistungen zur *medizinischen Rehabilitation*, wonach – wenn ambulante Leistungen nicht ausreichen – stationäre Leistungen gewährt werden. Gesonderte Vorschriften zur medizinischen Rehabilitation für Mütter und Väter finden sich in § 41 SGB V.

Bei § 40 SGB V handelt es sich um die Einleitungsnorm für den *Krankengeldanspruch* (§§ 44–51 SGB V). Sie regelt die tatbestandlichen Voraussetzungen der qualifizierten Versicherungseigenschaft (Abs. 1 und 2) sowie der Versicherungsfälle der Arbeitsunfähigkeit und Unzumutbarkeit der Erwerbstätigkeit während stationärer Behandlung. Weitere Versicherungsfälle sind in

- § 24 b Abs. 2 Satz 2 SGB V (Krankengeld wegen einer durch Krankheit erforderlichen Sterilisation oder wegen eines nicht rechtswidrigen Schwangerschaftsabbruchs),
- § 44 a SGB V (Krankengeld bei Spende von Organen und Geweben) und
- § 45 SGB V (Krankengeld bei Erkrankung des Kindes)

geregelt.

Beim Krankengeld handelt es sich um eine *finanzielle Ausgleichszahlung*, die nach der Entgeltfortzahlung durch den Arbeitgeber (laut § 3 Abs. 1 Entgelt-

66 BSG, Urteil vom 19.10.2004 – B 1 KR 3/03 R.

67 *Becker/Kingreen/Lang*, SGB V, 8. Aufl. 2022, § 27 Rn. 19.

fortzahlungsgesetz für sechs Wochen) einsetzt. Nach § 47 Abs. 1 Satz 1 SGB V beträgt das Krankengeld 70,00 % des erzielten regelmäßigen Arbeitsentgelts.

Von einer **ursprünglichen Vollversicherung** hat sich die gesetzliche Krankenversicherung während der letzten ca. 30 Jahre zu einer **Versicherung mit Zuzahlungen und Leistungsausschlüssen** entwickelt.

Abbildung 7 stellt beispielhaft diverse zusätzliche Leistungen oder ergänzende Versicherungen dar. Die Leistungsausschlüsse finden sich z. B. im Arzneimittelbereich (§ 34 SGB V); die Zuzahlungen dagegen in anderen Leistungsbereichen, wie etwa bei Krankenhausaufenthalten (§ 39 Abs. 4 Satz 1 SGB V). Mit § 61 SGB V ist die Höhe der Zuzahlungen vorgeschrieben. § 62 SGB V setzt eine Belastungsgrenze fest, wonach Zuzahlungen nicht mehr geleistet werden müssen.

Abb. 7 SGB V – Zusätzliche Leistungen und ergänzende Versicherungen

3. Das Leistungserbringerrecht

Da die Leistungen nach dem SGB V regelmäßig als sog. Sachleistungen gewährt werden, müssen die gesetzlichen Krankenkassen sie ihren Versicherten verschaffen. Hierzu schließen sie Verträge mit sog. Leistungserbringern ab, bspw. Ärzten, Apothekern, Krankenhäusern usw. Die §§ 69ff. SGB V stellen das Leistungserbringungsrecht dar, in dessen *Zentrum das Vertragsarztrecht* steht. Nur zugelassene Vertragsärzte sind zur Leistungserbringung berechtigt.

Organisiert sind sie in den Kassenärztlichen Vereinigungen, den Vertragspartnern der Krankenkassen oder in ihren Verbänden (§§ 82ff. SGB V). Unter den Vertragsärzten haben die Versicherten freie Wahl (§ 76 SGB V). Hier entsteht ein klassisches Dreiecksverhältnis zwischen Krankenkasse, Leistungserbringer und Leistungsberechtigten.[68]

4. Organisation und Finanzierung

Die Träger der gesetzlichen Krankenversicherung sind die Krankenkassen als Körperschaften des öffentlichen Rechts (§ 4 SGB V). Sie gliedern sich nach § 4 Abs. 2 SGB V in die

- Allgemeinen Ortskrankenkassen,
- Betriebskrankenkassen,
- Innungskrankenkassen,
- Landwirtschaftlichen Krankenkassen,
- Deutsche Rentenversicherung Knappschaft-Bahn-See als Träger der knappschaftlichen Krankenversicherung sowie
- Ersatzkassen.

Weiterhin bestehen Landesverbände (§ 207 Abs. 1 SGB V) und Bundesverbände der Krankenkassen (§ 212 Abs. 1 SGB V).

Die gesetzliche Krankenversicherung wird über Beiträge finanziert. § 249 Abs. 1 Satz 1 SGB V regelt die Verteilung der Beitragslast für versicherungspflichtige Beschäftigte. Sie wird zwischen Arbeitgeber und Beschäftigten hälftig aufgeteilt. Die Aufteilung gilt jedoch nur für das versicherungspflichtige Arbeitsentgelt.

---

68 Hierzu *Krauskopf/Weiß*, SGB V, 120. EL November 2023, § 69 Rn. 2.

Das nachfolgende Schema dient der Prüfung von Leistungsansprüchen, welche aus Versicherungsverhältnissen der Sozialversicherung resultieren.

Prüfungsschema für Leistungsansprüche

I. Anspruchsgrundlage

II. Versicherungsverhältnis

1. Versicherungspflicht
2. Versicherungsfreiheit
   a. kraft Gesetzes
   b. auf Antrag
3. Versicherungsberechtigung

III. Eintreten eines Versicherungsfalls

Im Krankenversicherungsrecht handelt es sich hierbei bspw. um Krankheit, im Rentenversicherungsrecht u. a. um Alter, verminderte Erwerbsfähigkeit und Tod, im Unfallversicherungsrecht um einen Arbeitsunfall oder eine Berufskrankheit.

IV. Kein Vorrang anderer Sozialversicherungszweige

Dies ist ausschließlich im Verhältnis der Unfallversicherung zur Krankenversicherung nach § 11 Abs. 4 SGB V relevant.

V. Spezielle Voraussetzung der einzelnen Leistungen

Hierbei sind bspw. die Erfüllung von Versicherungs-, Anwartschafts- und Wartezeiten zu beachten.

VI. Art und Umfang der Leistung

VII. Zuständiger Leistungsträger oder Bestimmung des Anspruchsgegners

Der zuständige Leistungsträger ist zu ermitteln, wenn dies allein mit dem Gesetz und Sachverhalt möglich ist.

III. SGB XI – Soziale Pflegeversicherung

Die soziale Pflegeversicherung ist im SGB XI geregelt. Bei ihr handelt es sich vielmehr um eine „Teilkaskoversicherung“, da sie nicht den vollständigen Versicherungsfall der Pflegebedürftigkeit abdeckt, sondern nur ergänzend zur familiären oder auch nachbarschaftlichen Pflege hinzutritt. Dementsprechend sind die Leistungen auch bzgl. der Höhe konzipiert. Das Erste Kapitel des SGB XI verdeutlicht die gesetzgeberische Vorstellung, wonach die *pflegerische Versorgung der Bevölkerung eine gesamtgesellschaftliche Aufgabe ist* (§ 8 Abs. 1 SGB XI). Daneben wird u. a. der Vorrang der häuslichen Pflege, der Vorrang von Prävention und Rehabilitation und die Pflicht der Pflegekassen zur Aufklärung und Beratung festgelegt.

1. Versicherungspflichtiger Personenkreis

Die §§ 20ff. SGB XI regeln den versicherungspflichtigen Personenkreis. Die Versicherungspflicht ist dabei *eng an die Versicherung in der gesetzlichen Krankenversicherung gebunden.* Soweit Personen dort pflicht- oder freiwillig versichert sind, besteht für sie auch in der sozialen Pflegeversicherung eine Versicherungspflicht. Eine Besonderheit weist § 23 SGB XI auf, wonach für Privatkrankenversicherte die Pflicht besteht, bei ihrem Krankenversicherungsunternehmen gleichzeitig eine private Pflegeversicherung abzuschließen.

2. Versicherungsfall der Pflegebedürftigkeit

In § 14 SGB XI wird der Begriff der Pflegebedürftigkeit beschrieben; in § 15 SGB XI die in *Abbildung 8* dargestellten Grade. § 18 SGB XI regelt das Verfahren zur Feststellung der Pflegebedürftigkeit unter Einschaltung des medizinischen Dienstes der Krankenversicherung. § 14 Abs. 1 SGB XI definiert, wer pflegebedürftig im Sinne der Pflegeversicherung ist. Maßgebend hierfür sind sechs Lebensbereiche, für die jeweils in § 14 Abs. 2 SGB XI pflegefachliche Kriterien abschließend festgelegt werden. § 14 Abs. 3 SGB XI bestimmt, dass ein Hilfebedarf bei der Haushaltsführung nicht zusätzlich, sondern bei den jeweiligen Kriterien des § 14 Abs. 2 SGB XI berücksichtigt wird.

Abb. 8 Pflegegrade 1 bis 5

Insgesamt ist festzustellen, dass die mit dem *Pflegestärkungsgesetz II*[69] beschlossenen Neuregelungen zwar eine größere Zahl an Abstufungen der Pflegebedürftigkeit vorsehen als das bis Ende 2016 maßgebende System. Die neuen Pflegegrade sind im Hinblick auf die vielfältigen Veränderungen beim Pflegebedürftigkeitsbegriff und beim neuen Begutachtungsinstrument mit den bis Ende 2016 geltenden Pflegestufen jedoch kaum vergleichbar.[70] Dies liegt nicht nur an der größeren Zahl von Abstufungen, sondern an den völlig veränderten Voraussetzungen für die einzelnen Stufen. An die Stelle des früher maßgebenden Umfangs des Hilfebedarfs ist nach Zeit und Rhythmus eine Analyse der Ausprägungen von der Selbstständigkeit des Betroffenen getreten. Die Frage, welche Ansatzpunkte das neue Bewertungssystem für Überprüfungen und Korrekturen bietet, kann nur dahingehend beantwortet werden, dass es schwierig ist. Denn der Bewertungsfaktor Zeit mag zwar unzulänglich gewesen sein, er war aber jedenfalls mit eigenem Sachverstand nachvollziehbar. Das neue System mit Punktbewertungen nach dem Grad der Selbstständigkeit, wie in *Abbildung 9* zu finden, lässt nur einen Austausch der Ergebnisse von Sachverständigengutachten und Plausibilitätskontrollen zu. Sofern nur die Zuordnung zu den Kategorien einzelner Kriterien (Einzelpunkte) angegriffen wird, ist schon das Rechtsschutzbedürfnis fraglich, da ein höherer Pflegegrad ja nur erreicht werden kann, wenn im Geflecht der 66 Einzelkriterien höher gewichtete Punkte in den Modulen und damit eine höhere Gesamtpunktzahl erreicht werden kann. Die pflegerische Versorgung der Bevölkerung ist eine gesamtgesellschaftliche Aufgabe.

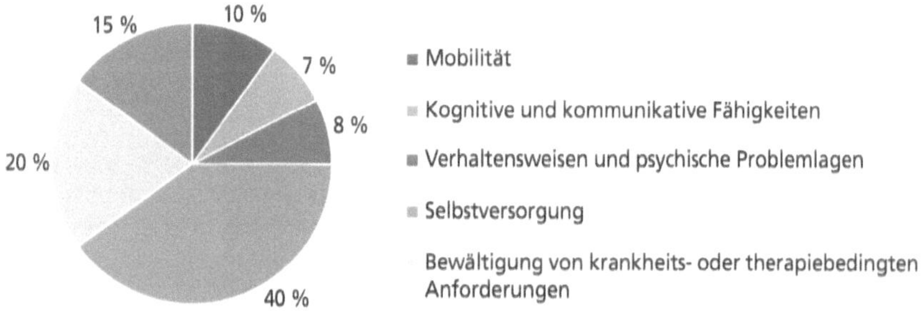

Abb. 9 Kriterien für die Pflegebegutachtung anhand von Punktbewertungen

69 PSG II vom 21.12.2015, BGBl. I 2015, 2424.
70 BT-Drs. 18/5926, S. 113.

3. Aufgaben und Leistungen nach dem SGB XI

Auch wenn nicht der gesamte pflegerische Bedarf über die soziale Pflegeversicherung gedeckt sein soll, bietet das SGB XI in § 28 einen *breiten Leistungskatalog* an. Die Leistungen untergliedern sich in

- Leistungen bei häuslicher Pflege (§§ 36 ff. SGB XI),
- Leistungen bei teilstationärer und Kurzzeitpflege (§§ 41 f. SGB XI) und
- Leistungen bei vollstationärer Pflege (§§ 43 f. SGB XI).

In §§ 45 a ff. SGB XI sind die Leistungen für Menschen mit erheblichem allgemeinem Betreuungsbedarf geregelt. Das SGB XI sieht zudem mit den §§ 44 f. SGB XI *Leistungen für Pflegepersonen* nach § 19 SGB XI, insbesondere Angehörige, vor. Laut § 45 SGB XI werden Pflegekurse für Angehörige und ehrenamtliche Pflegepersonen angeboten.

4. Organisation und Finanzierung

Die soziale Pflegeversicherung ist zwar ein eigenständiger Zweig der Sozialversicherung, *organisatorisch jedoch bei den Krankenkassen angebunden.* Bei jeder Krankenkasse wird nach § 46 Abs. 1 Satz 2 SGB XI eine Pflegekasse errichtet. Gem. § 54 SGB XI erfolgt die Finanzierung der Pflegeversicherung über Beiträge. Ab § 58 Abs. 1 Satz 1 SGB XI bedeutet dies die hälftige Tragung der Beiträge von Arbeitnehmern und Arbeitgebern bei den versicherungspflichtigen Beschäftigten. Allerdings ist der Arbeitgeberanteil durch die Streichung eines Feiertages kompensiert worden (§ 58 Abs. 2 SGB XI), sodass die Beitragslast überwiegend von den Arbeitnehmern getragen wird.

IV. SGB VI – Gesetzliche Rentenversicherung

Die gesetzliche Rentenversicherung ist im SGB VI geregelt. Anders als das SGB V enthält das SGB VI keine einleitenden allgemeinen Grundsätze, sondern beginnt im Ersten Kapitel mit den Regelungen zum versicherten Personenkreis (§§ 1 ff. SGB VI).

Die Aufgabe der Sozialversicherung und damit der Rentenversicherung ist in § 4 SGB I beschrieben:

- die **Gesundheit und Leistungsfähigkeit wiederherzustellen** (§ 4 Abs. 2 Nr. 1 SGB I) sowie
- die **wirtschaftliche Sicherung bei Minderung der Erwerbsfähigkeit und im Alter** zu gewähren (§ 4 Abs. 2 Nr. 2 SGB I).

Das SGB VI selbst legt keine Beschreibung seiner Aufgaben und Ziele normativ fest; allenfalls ist ihr Sinn und Zweck bei einzelnen Leistungen näher beschrieben (vgl. § 9 SGB VI).

Aufgrund des demografischen Wandels ist die gesetzliche Rentenversicherung Reformdiskussionen um ein möglichst spätes Renteneintrittsalter unterworfen.

Im Unterschied zu den vom Schutz der Sozialversicherung aufgefangenen Bedarfssituationen

- Krankheit,
- Arbeitsunfall,
- Arbeitslosigkeit und
- Pflegebedürftigkeit,

welche in ihrem Eintritt für die Versicherten typischerweise ungewiss und insofern echte Risiken sind, ist der *Prozess des Alterns* ein natürlicher, für jeden unausweichlicher und damit unaufhaltbarer Lebensvorgang. Das Erreichen bestimmter Lebensalter – den vorzeitigen Tod außer Acht gelassen – stellt daher keine bloße *„Gefahr“*, sondern eine unumstößliche, im Voraus auf den Tag genau berechenbare Gewissheit dar.

Veränderungen der Lebensverhältnisse, die sich nach Herkommen, Erfahrung oder rechtlicher Regelung mit der Vollendung einzelner Lebensjahre regelmäßig ergeben, sind dementsprechend mit an Sicherheit grenzender Wahrscheinlichkeit eintretende neue Lagen.

Charakteristischer Fall eines solchen – an den schlichten Zeitablauf gebundenen, fest zu erwartenden – Einschnitts ist das *Ausscheiden eines Versicherten aus der Erwerbstätigkeit*. Die Auflösung des Arbeitsverhältnisses hat nach dem Grundsatz *„ohne Arbeit kein Lohn“* zur Folge, dass der Arbeitnehmer kein Einkommen mehr von seinem Arbeitgeber bezieht. Er muss seinen Lebensunterhalt jetzt, da er das bisherige Arbeitsentgelt, jedenfalls als Durchschnittsarbeitnehmer, regelmäßig zur Sicherung seiner privaten Haushaltsführung benötigte, aus anderen Finanzquellen bestreiten. Insoweit steht er vor derselben Notwendigkeit eines *„Ersatzeinkommens“* wie ein Selbstständiger, der seine freiberufliche Arbeit aufgibt.[71]

Die Absicherung im Alter erfolgt in der gesetzlichen Rentenversicherung im Rahmen des Generationenvertrags.[72] Naturgemäß funktioniert dieses

71 Alle Diskussionen um einen weiter zurückliegenden Ruhestandsbeginn haben allerdings auf die Feststellung der Unterhaltslücke als eine Bedarfssituation, für die es rechtzeitig vorzusorgen gilt, keinen Einfluss.

72 Hierzu sei auch auf *Kapitel B Ziff. 2 – Historischer Hintergrund des Sozialrechts* – verwiesen.

System nur, wenn ausreichend aktuelle Beitragszahler vorhanden sind; das System steht infrage, wenn durch die Zunahme älterer Menschen immer weniger Beitragszahler gegenüberstehen.

1. Versicherungspflichtiger Personenkreis

Vorschriften hierzu finden sich in den §§ 1 ff. SGB VI. Die Versicherung kraft Gesetzes betrifft in erster Linie Beschäftigte, aber auch behinderte Menschen (§ 1 Satz 1 Nr. 1 und 2 SGB VI). Deutlich wird an dieser Stelle, dass die Sozialversicherung der Absicherung *abhängig Beschäftigter* dienen soll(te). Auch ein *Teil der selbstständig Tätigen* ist nach § 2 SGB VI in die gesetzliche Rentenversicherung einbezogen worden.

Bestimmten Personengruppen soll es ermöglicht werden, eine eigenständige Alterssicherung zu erwerben: etwa Personen, die Kinder erziehen (§ 3 Satz 1 Nr. 1 SGB VI) oder einen Pflegebedürftigen nicht erwerbsmäßig pflegen (§ 3 Satz 1 Nr. 2 SGB VI).

Die Möglichkeit einer *Versicherungspflicht auf Antrag* besteht für Personen, die nicht schon in den Kreis der Versicherungspflichtigen aufgenommen sind. Interessant ist dies gem. § 4 Abs. 2 SGB VI für Selbstständige, die nicht nach § 2 SGB VI versicherungspflichtig sind.

§ 6 SGB VI regelt die Möglichkeit für Versicherte, sich *auf Antrag von der Versicherungspflicht befreien* zu lassen. Es bleibt ein Wahlrecht, ob die Versicherungspflicht beibehalten werden soll oder ob auf sie verzichtet wird. Das Wahlrecht besteht, wenn eine andere Versorgung anstelle der gesetzlichen Rentenversicherung gewährleistet ist oder nennenswerte Anwartschaften in dieser nicht zu erwarten sind.

Versicherungsfreiheit besteht nach § 5 SGB VI für die dort genannten Personengruppen: Beamte und Richter, aber auch geringfügig Beschäftigte nach § 8 SGB IV.

2. Aufgaben und Leistungen nach dem SGB VI

Die gesetzliche Rentenversicherung kennt die in *Abbildung 10* dargestellten *Versicherungsfälle*

- Alter,
- Erwerbsminderung und
- Tod,

welche es abzusichern gilt. Dies soll allerdings nicht nur die gesetzliche Rentenversicherung leisten, sondern die betriebliche und private Vorsorge müssen hinzutreten.

Rentenarten nach Versicherungsfällen		
Renten wegen Alters • Regelaltersrente (§ 35 SGB VI) • Altersrente für langjährig Versicherte (§ 36 SGB VI) • Altersrente für schwerbehinderte Menschen (§ 37 SGB VI) • Altersrente für besonders langjährig Versicherte (§ 38 SGB VI)	**Renten wegen verminderter Erwerbsfähigkeit** • Rente wegen voller Erwerbsminderung (§ 43 Abs. 2 SGB VI) • Rente wegen teilweiser Erwerbsminderung (§ 43 Abs. 1 SGB VI) • Rente wegen teilweiser Erwerbsminderung bei Berufsunfähigkeit (§ 240 SGB VI) • Rente für Bergleute (§ 45 SGB VI)	**Renten wegen Todes** • Große Witwen- bzw. Witwerrente (§ 46 Abs. 2 SGB VI) • Kleine Witwen- bzw. Witwerrente (§ 46 Abs. 1 SGB VI) • Erziehungsrente (§ 47 SGB VI) • (Voll-/Halb-)Waisenrente (§ 48 SGB VI)

Abb. 10 Rentenarten nach Versicherungsfällen

Die §§ 35 ff. SGB VI regeln die *Renten wegen Alters*, die üblicherweise bei Eintritt des Leistungsfalls „Alter" gezahlt werden. Der Anspruch entsteht, wenn *Versicherte das 65. Lebensjahr vollendet und die Mindestversicherungszeit von fünf Jahren* erfüllt haben. Satz 2 definiert den Begriff der Regelaltersgrenze gesetzlich. Bei der Mindestversicherungszeit von fünf Jahren handelt es sich um die allgemeine Wartezeit. Die §§ 50 ff. SGB VI befassen sich mit den Wartezeiten.

Der Versicherungsfall *„Erwerbsminderung"* richtet sich – zweistufig ausgestaltet – nach dem gesundheitlichen Leistungsvermögen des Versicherten. Der Rentenanspruch ist abhängig von den folgenden persönlichen Voraussetzungen:

- der gesundheitliche Zustand,
- die Erfüllung besonderer versicherungsrechtlicher Voraussetzungen (bestimmte Anzahl von Beitragsleistungen) und
- das Vorhandensein einer Wartezeit.

Renten wegen verminderter Erwerbsfähigkeit werden **nur bis zum Erreichen der Regelaltersrente gewährt**, danach erfolgt die Umwandlung in eine Regelaltersrente.

Die §§ 46 ff. SGB VI regeln Rentenansprüche von *Hinterbliebenen* aus der Versicherung des *verstorbenen Ehegatten oder Lebenspartners.*[73] In § 46 Abs. 1 SGB VI werden die Anspruchsvoraussetzungen für die kleine Witwen- und Witwerrente geregelt; für die große Witwen- und Witwerrente in § 46 Abs. 2 SGB VI. Der Anspruch ist u. a. von der Kindererziehung abhängig, sodass die Vorschrift zusätzlich festlegt, wer als Kind im Sinne dieser Vorschrift zu berücksichtigen ist. Die sog. Versorgungsehe ist ausgeschlossen, indem eine Mindestdauer der Ehe gefordert wird (§ 46 Abs. 2 a SGB VI).

3. Organisation und Finanzierung

Rentenversicherungsträger sind gem. §§ 125 ff., 132 SGB VI die Deutsche Rentenversicherung Bund, Deutsche Rentenversicherung Knappschaft-Bahn-See sowie weitere Regionalträger.

Die gesetzliche Rentenversicherung wird laut § 153 SGB VI aus den Beiträgen und Zuschüssen des Bundes finanziert. Nach § 168 Abs. 1 Nr. 1 SGB VI werden die Beiträge von Versicherten und Arbeitgebern je zur Hälfte getragen. Der Bund leistet einen Zuschuss zu den Gesamtausgaben, da die Rentenversicherung auch versicherungsfremde Leistungen erbringt.[74] Das Einkommen wird mithilfe einer Beitragsbemessungsgrenze für die Beitragsbestimmung nur bis zu einer bestimmten Höhe berücksichtigt (§ 159 SGB VI).

V. SGB VII – Gesetzliche Unfallversicherung

Die Aufgaben der gesetzlichen Unfallversicherung sind ebenfalls in § 4 SGB I festgelegt.[75]

Die Versicherten haben **Anspruch auf die notwendigen Maßnahmen zur Erhaltung, Besserung und Wiederherstellung der Gesundheit und Leistungsfähigkeit sowie auf angemessene wirtschaftliche Versorgung.** Gleiches gilt für Hinterbliebene.

---

73 Eine Unterscheidung zwischen Witwe und Witwer wird nicht mehr getroffen.

74 Bspw. Renten, die auf beitragslosen Zeiten beruhen, jedoch politisch gewollt sind.

75 Von allen Zweigen der Sozialversicherung weist die gesetzliche Unfallversicherung die größte Kontinuität und Stabilität auf. Sie blieb sozialpolitisch von größeren Auseinandersetzungen verschont, woran sich zukünftig sicherlich auch nichts ändern wird.

In § 1 SGB VII ist die Aufgabe der Unfallversicherung vorgeschrieben. Diese hat die Pflicht, mit allen geeigneten Mitteln *Arbeitsunfälle und Berufskrankheiten sowie arbeitsbedingte Gesundheitsgefahren zu verhüten* und nach deren Eintritt die Gesundheit und Leistungsfähigkeit der Versicherten mit allen geeigneten Mitteln wiederherzustellen und sie oder ihre Hinterbliebenen durch Geldleistungen zu entschädigen.

1. Versicherungspflichtiger Personenkreis

Die §§ 2 ff. bestimmen den versicherten Personenkreis des SGB VII. Wie in den übrigen Sozialversicherungszweigen sind dies auch hier v. a. die *Beschäftigten* (§ 2 Abs. 1 Nr. 1 SGB VII). In den Schutzbereich des SGB VII zählen zudem Personen, die nach § 2 Abs. 1 Nr. 1 SGB VII wie Versicherte tätig werden. Eine Besonderheit der gesetzlichen Unfallversicherung liegt in der sog. *unechten Unfallversicherung*, in der Personen versichert sind, die Tätigkeiten durchführen, die gesellschaftlich besonders erwünscht sind (§ 2 Abs. 1 Nr. 9, 10, 12, 13 SGB VII). Versichert sind nach § 2 Abs. 1a Satz 1 ebenso Personen, welche am Freiwilligendienst teilnehmen.

Darüber hinaus ermächtigt § 3 SGB VII die Unfallversicherungsträger dazu, bestimmte Personengruppen im Wege von Satzungsbestimmungen in die Versicherungspflicht einzubeziehen. Hier geht es v. a. um *Unternehmer und Personen, die sich auf Unternehmensstätten aufhalten.*

§ 4 SGB VII enthält Regelungen zur Versicherungsfreiheit und normiert dadurch Ausnahmen zur Grundsatzregelung des § 2 SGB VII über die Versicherungspflicht.

> Die **Versicherungsfreiheit** gilt insbesondere für **Beamte** und andere – anderweitig gegen das Risiko von Unfällen im Zusammenhang mit ihrer beruflichen Tätigkeit abgesicherte – Personen.

2. Versicherungsfälle

Die gesetzliche Unfallversicherung regelt § 7 SGB VII zufolge zwei Versicherungsfälle, die in *Abbildung 11* aufgezeigt werden: den Arbeitsunfall und die Berufskrankheit. Der Wegeunfall nach § 8 Abs. 2 SGB VII stellt bestimmte Wege (Nr. 1 bis 4) einer nach Abs. 1 versicherten Tätigkeit gleich.[76]

---

76 Die Versicherungsfälle der unechten Unfallversicherung ähneln dem Arbeitsunfall.

In der Unfallversicherung ist die **Ursache für den Eintritt des Versicherungsfalls** von hoher Bedeutung. Anders als in der gesetzlichen Krankenversicherung ist die Ursache **entscheidend für die Leistungsgewährung**.

Es handelt sich hier um kausale Sozialleistungen, wobei die Leistung an eine Bedarfsursache anknüpft. Sie wird durch die Entstehung und Ursache des Bedarfs ausgelöst. Dagegen stellen finale Sozialleistungen, etwa nach dem Krankenversicherungsrecht, auf die Bedarfssituation als solche ab.[77]

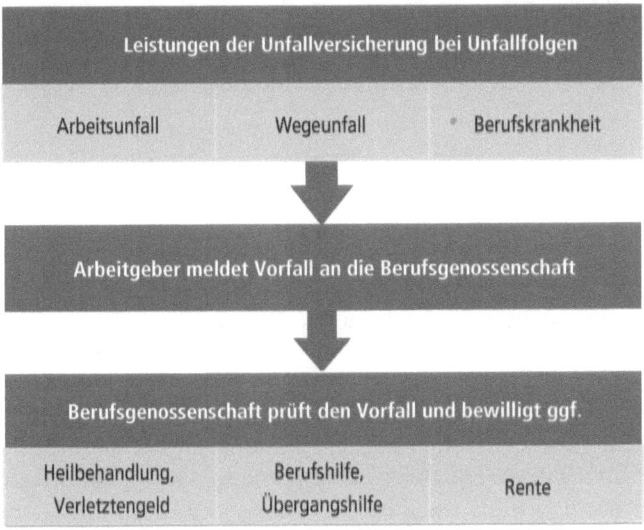

Abb. 11 Leistungen der Unfallversicherung bei Unfallfolgen

2.1 Arbeitsunfälle

Nach § 8 Abs. 1 SGB VII sind Arbeitsunfälle solche, die infolge einer versicherten Tätigkeit auftreten. Unfälle sind zeitlich begrenzte, von außen auf den Körper einwirkende Ereignisse, welche zu einem Gesundheitsschaden oder dem Tod führen (§ 8 Abs. 1 Satz 2 SGB VII). Durch diese Formulierung, die im Gegensatz zu § 548 Abs. 1 Satz 1 RVO das Merkmal des Primärschadens aufnimmt, wird eine *doppelte Kausalbeziehung* begründet. Einerseits muss durch eine versicherte Tätigkeit ein schädigendes Ereignis verursacht worden sein *(haftungsbegründende Kausalität)*.

77 *Waltermann*, in: Ruland/Becker/Axer, Sozialrechtshandbuch (SRH), 7. Aufl. 2022, § 7 Rn. 3.

Andererseits muss das schädigende Ereignis einen Gesundheitsschaden oder den Tod zur Folge haben *(haftungsausfüllende Kausalität).* Zur Beurteilung des Ursachenzusammenhangs hat sich in der Rechtsprechung und Literatur zum Unfallversicherungsrecht sowie im übrigen Sozialrecht ein eigener Kausalitätsbegriff herausgebildet.[78]

Ursächlich ist nach der **Theorie der wesentlich mitwirkenden Bedingung** vielmehr die Bedingung, welche nach der **„Auffassung des praktischen Lebens"** wegen ihrer besonderen Beziehung zum Erfolg bei dessen Eintritt wesentlich mitgewirkt hat.

Es können auch mehrere Bedingungen annähernd gleich wesentlich und damit ursächlich für den Erfolg sein.[79]

2.2 Berufskrankheiten

Näher definiert ist die Berufskrankheit in § 9 SGB VII als solche,

- die die Bundesregierung durch Rechtsverordnung mit Zustimmung des Bundesrats als Berufskrankheiten bezeichnet und
- die Versicherte infolge einer den Versicherungsschutz nach §§ 2, 3 oder 6 begründenden Tätigkeit erleiden.

2.3 Versicherungsfall der unechten Unfallversicherung

Dieser Versicherungsfall ist ähnlich einzuordnen wie derjenige der *„echten"* Unfallversicherung. Bei ihrer Entstehung war die Unfallversicherung allein auf Unfälle im *Zusammenhang mit einem Arbeitsverhältnis* ausgerichtet. Über dieses System hinaus hat sich ergänzend der Bereich der unechten Unfallversicherung entwickelt. Hiermit werden – *ohne das Vorliegen eines Arbeitsverhältnisses* – bestimmte Personengruppen in das System der gesetzlichen Unfallversicherung einbezogen, die ebenfalls ein Bedürfnis nach Schadensausgleich haben. Beispielfälle solcher Personengruppen sind Nothelfer, Blutspender oder Kinder, Schüler und Studierende beim Besuch ihrer Bildungseinrichtungen.

---

78 BeckOK SozR/*Wietfeld*, SGB VII, 71. Ed. 01.12.2023, § 8 Rn. 111 ff. Anders als nach der im Strafrecht vorherrschenden Äquivalenztheorie wird ein Ursachenzusammenhang nicht durch jede Bedingung begründet, die nicht hinweggedacht werden kann, ohne dass der konkrete Erfolg entfiele. Genauso wenig ist darauf abzustellen, ob die Bedingung mit dem eingetretenen Erfolg in einem adäquaten Zusammenhang steht.

79 Im Einzelnen dazu *Knickrehm/Roßbach/Waltermann/Hollstraeter*, SGB VII, 8. Aufl. 2023, § 8 Rn. 76–78.

3. Aufgaben und Leistungen nach dem SGB VII

Die Aufgaben und Leistungen der gesetzlichen Unfallversicherung sind im SGB VII breit angelegt:

- Leistungen zum **Arbeitsschutz** und zur **Prävention** (§§ 14–25),
- Leistungen zur **Heilbehandlung** (§§ 27 ff.),
- Leistungen zur **Teilhabe am Arbeitsleben** (§ 35),
- Leistungen zur **sozialen Teilhabe und ergänzende Leistungen** (§§ 39 ff.),
- Leistungen bei **Pflegebedürftigkeit** (§ 44),
- **Geldleistungen** während der Heilbehandlung und Leistungen zur Teilhabe am Arbeitsleben (§§ 45 ff.), insbesondere Verletztengeld,
- **Renten** an Versicherte (§§ 56 ff.),
- Leistungen an **Hinterbliebene** (§§ 63 ff.), insbesondere Witwen- und Witwerrente,
- **Abfindungen** (§§ 75 ff.).

4. Organisation und Finanzierung

§ 114 SGB VII bestimmt die Träger der gesetzlichen Unfallversicherung, die üblicherweise in die Bereiche:

- gewerbliche Berufsgenossenschaften,
- die landwirtschaftliche Berufsgenossenschaft und
- Unfallversicherungsträger der öffentlichen Hand

gegliedert werden.

Der Kreis der *beitragspflichtigen Personen* ist in § 150 SGB VII geregelt. Hier besteht die Besonderheit, dass die Beiträge als Ausfluss des Prinzips der Haftungsersetzung (§§ 104 ff. SGB VII) allein vom Unternehmen, für welches Versicherte tätig sind oder zu denen diese in einer besonderen, die Versicherung begründenden Beziehung stehen, getragen werden.

Die Kosten für die unechte Unfallversicherung, bspw. § 2 Abs. 1 Nr. 13 SGB VII, werden aus Steuermitteln finanziert.

VI. SGB III – Arbeitsförderung

Das SGB III betrifft die Regelungen zur Arbeitsförderung. Hierbei handelt es sich um einen *besonderen Zweig der Sozialversicherung, für den das SGB IV nur begrenzt anwendbar ist* (§ 1 Abs. 1 Satz 2 SGB I). Die Aufgaben der Arbeitsförderung sind in § 3 Abs. 2 SGB I festgehalten.

Danach hat, wer am Arbeitsleben teilnimmt oder teilnehmen möchte, ein **Recht auf**

- Beratung bei der Wahl des Bildungsweges und Berufes,
- individuelle Förderung seiner beruflichen Weiterbildung,
- Hilfe zur Erlangung und Erhaltung eines angemessenen Arbeitsplatzes und
- wirtschaftliche Sicherung bei Arbeitslosigkeit sowie Zahlungsunfähigkeit des Arbeitgebers.

Die Vorschrift hebt den hohen Stellenwert der Erwerbstätigkeit hervor. Auch die Ziele der Arbeitsförderung in § 1 SGB III machen deutlich, dass Langzeitarbeitslosigkeit vermieden und ein hoher Beschäftigungsstand erreicht werden soll.

1. Leistungsberechtigte und versicherungspflichtiger Personenkreis

Die Arbeitsförderung kennt nur das *Versicherungspflichtverhältnis* des § 24 SGB III. Im Übrigen weist das SGB III die Besonderheit auf, dass auch Nichtversicherte Leistungen nach diesem Gesetz erhalten können. Dies betrifft zum einen den Personenkreis derer, die tatsächlich nicht Teil der Arbeitslosenversicherung sind. So kann jeder junge Mensch oder Erwachsene, der am Arbeitsleben teilnimmt oder teilnehmen möchte, Berufsberatung in Anspruch nehmen (§ 29 Abs. 1 SGB III). Mit § 35 Abs. 1 SGB III ist ein durchsetzbarer Anspruch gegen die Bundesagentur für Arbeit auf die Gewährung ihrer Vermittlungstätigkeit normiert. Anspruchsberechtigt sind Ausbildungssuchende, Arbeitsuchende und Arbeitgeber.

§ 88 SGB III enthält die Rechtsgrundlage für die Gewährung von Eingliederungszuschüssen an Arbeitgeber für *Arbeitnehmer mit Vermittlungshemmnissen* und beschreibt zugleich deren Leistungszweck.

Leistungsberechtigt sind ebenfalls die *Träger von Maßnahmen der beruflichen Ausbildung*. § 74 SGB III regelt grundlegend die Förderung der Berufsausbildung förderungsbedürftiger junger Menschen. Die Leistungsberechtigten sind mit §§ 74, 80 a SGB II geregelt.

Zum versicherungspflichtigen Personenkreis zählen die in den §§ 24ff. SGB III genannten Personengruppen. § 24 SGB III bestimmt, wer versicherungspflichtig ist. Dies sind laut § 25 und § 7 SGB IV v.a. Beschäftigte. § 26 SGB III bestimmt, wer daneben versicherungspflichtig ist.

§ 27 SGB III regelt die Tatbestände der Versicherungsfreiheit, die dem SGB V nachgebildet sind. Allerdings besteht nach § 27 SGB III nur eine Versicherungsfreiheit für die dort genannten Tätigkeiten *(„in einer Beschäftigung als“)*. Die vollständige Versicherungsfreiheit in allen Tätigkeiten ist mit § 28 SGB III geregelt. Ist ein Tatbestand des Abs. 1 oder 3 erfüllt, so ist der Betreffende in jeder Tätigkeit versicherungsfrei. Mit § 28 a SGB III ist die Möglichkeit geschaffen worden, sich auf Antrag im SGB III zu versichern.

2. Aufgaben und Leistungen nach dem SGB III

Bezüglich der *Leistungen für Versicherte und Nichtversicherte* kann auf die §§ 29ff., 35ff., 44ff., 81ff. und 83ff. SGB III verwiesen werden. Gemeinsam ist diesen Leistungen, dass sie im Wesentlichen der Aufnahme einer versicherungspflichtigen Tätigkeit dienen und diese bestmöglich unterstützen sollen. Für die Versicherten sind die Entgeltersatzleistungen von besonderer Bedeutung.

§ 296 SGB III beseitigt das frühere Vergütungsverbot und enthält die zentrale Regelung zum Vermittlungsvertrag zwischen *Arbeitsvermittlern* und Arbeitsuchenden hinsichtlich des Vertragsabschlusses und der Vergütung. Hierfür besteht eine Höchstgrenze von 2.000,00 € mit Ausnahmeregelungen in Abs. 3.

Um sämtliche Möglichkeiten auszunutzen, Arbeitslosigkeit zu beenden, sieht das SGB III auch die *Förderung der Aufnahme einer selbstständigen Tätigkeit* vor. Der Gründungszuschuss nach § 93 SGB III will den Lebensunterhalt für die erste Zeit nach Existenzgründung sichern. Die Förderung bedarf eines vor Beginn der selbstständigen Tätigkeit gestellten Antrags (§§ 323ff. SGB III). Förderungsberechtigt sind Arbeitnehmer, die durch Aufnahme einer selbstständigen hauptberuflichen Tätigkeit ihre Arbeitslosigkeit beenden (§ 53 Abs. 1 SGB III).[80]

Besondere Bedeutung unter den Leistungen der aktiven Arbeitsförderung hat § 56 SGB III, da die Arbeitslosigkeit in der Gruppe ungelernter Arbeitnehmer überdurchschnittlich hoch ist. Die Vorschrift ist grundlegende Anspruchsnorm für die *individuelle Förderung der Auszubildenden.*

80 Wesentliche Voraussetzung ist jedoch die Prüfung der Tragfähigkeit der Existenzgründung durch eine fachkundige Stelle, wie etwa die IHK (§ 93 Abs. 2 Satz 2 SGB III).

Zu den Entgeltersatzleistungen des SGB III zählen das
- **Arbeitslosengeld** (§§ 136ff.),
- **Teilarbeitslosengeld** (§ 162),
- **Übergangsgeld** (§§ 119ff.),
- **Kurzarbeitergeld** (§§ 95ff.) und
- **Insolvenzgeld** (§§ 165ff.).

Diese Leistungen haben gemeinsam, dass sie dem Ersatz des Arbeitsentgelts dienen, welches etwa aus Gründen der Arbeitslosigkeit oder Insolvenz des Arbeitgebers nicht mehr gezahlt wird.

Wichtigste Entgeltersatzleistung ist das Arbeitslosengeld, das in Zeiten der Arbeitslosigkeit zur Sicherung der Lebensgrundlage dient. Dadurch, dass es in der Höhe von den zuvor gezahlten Beiträgen abhängt, soll es auch den Lebensstandard sichern. Es wird bei *Arbeitslosigkeit* (§ 136 Abs. 1 Nr. 1 SGB III) oder *beruflicher Weiterbildung* (§ 136 Abs. 1 Nr. 2 SGB III) gezahlt. Die Leistungsvoraussetzungen sind in §§ 136ff. SGB III, zu denen *Abbildung 12* einen Überblick bietet, festgelegt. Nach § 137 SGB III muss ein Arbeitnehmer
- arbeitslos sein,
- sich bei der Agentur für Arbeit arbeitslos gemeldet und
- die Anwartschaftszeit erfüllt haben.

Arbeitnehmer sind Personen, die beabsichtigen, eine Beschäftigung aufzunehmen.[81]

Arbeitslos ist nach § 138 Abs. 1 SGB III:
1. wer nicht in einem Beschäftigungsverhältnis steht *(Beschäftigungslosigkeit)*,
2. sich bemüht, die Beschäftigungslosigkeit zu beenden *(Eigenbemühungen)*, und
3. den Vermittlungsbemühungen der Agentur für Arbeit zur Verfügung steht *(Verfügbarkeit)*.

Die Voraussetzungen der Verfügbarkeit sind in § 138 Abs. 5 SGB III aufgeführt und müssen **kumulativ** sowie **täglich während der Dauer des** geltend gemachten **Anspruchs** gegeben sein.

Dazu gehören die objektive Verfügbarkeit, Erreichbarkeit und Bereitschaft zur Beschäftigungsaufnahme oder Teilnahme an Maßnahmen zur beruflichen Ein-

81 BeckOGK/*Baldschun*, SGB III, 01.09.2020, § 136 Rn. 18.

gliederung, soweit nicht Sonderregelungen (§§ 139, 145, 146 SGB III) zu beachten sind. § 140 SGB III enthält die maßgeblichen Kriterien für die Frage, ob und wann Beschäftigungen zumutbar sind, sodass Arbeitslose diese annehmen müssen, um die Leistung *„Arbeitslosengeld“* überhaupt erhalten zu können.

Schließlich ist das *Erfüllen der Anwartschaftszeit* eine Voraussetzung für die Zahlung von Arbeitslosengeld. Erforderlich ist, dass der Arbeitslose durch eine beitragspflichtige Beschäftigung oder ein sonstiges Versicherungspflichtverhältnis von gewisser Dauer innerhalb einer bestimmten Zeit vor der Arbeitslosigkeit in Verbindung mit der Versichertengemeinschaft gestanden hat. § 142 SGB III setzt voraus, dass der Arbeitslose innerhalb der Rahmenfrist (§ 143 SGB III) mindestens zwölf Monate in einem Versicherungspflichtverhältnis stand.

Die *Dauer des Anspruchs* auf Arbeitslosengeld richtet sich gem. § 147 Abs. 1 SGB III nach der Dauer der Versicherungspflichtverhältnisse innerhalb der Rahmenfrist und dem Lebensalter, das der Arbeitslose bei der Anspruchsentstehung vollendet hat. Die Anspruchsdauer beträgt unabhängig vom Lebensalter des Versicherten *zwischen sechs und zwölf Monaten.* Darüber hinaus kann ein Anspruch nur bestehen, wenn der Arbeitslose Versicherungspflichtverhältnisse von mindestens 30 Monaten zurückgelegt und die Altersgrenze von 50 Jahren überschritten hat.

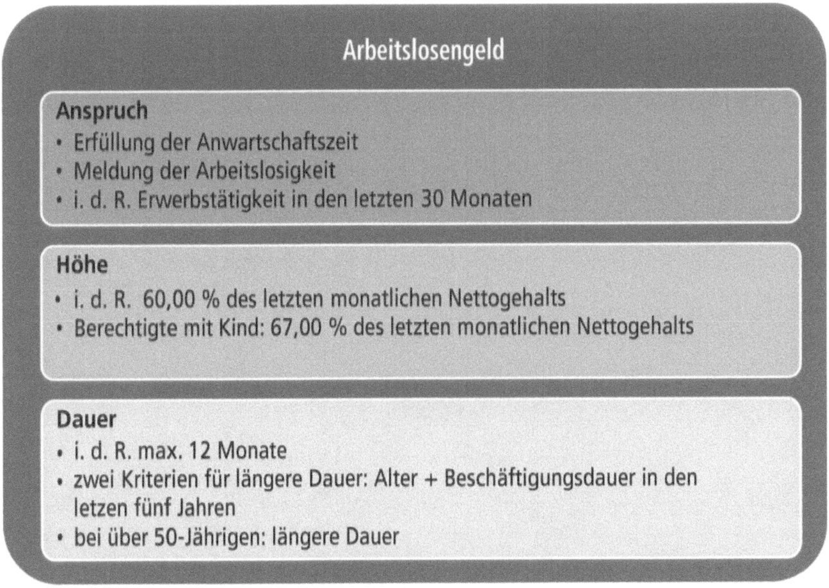

Abb. 12 Arbeitslosengeld – Anspruch, Höhe und Dauer

Da Menschen mit Behinderungen besondere Schwierigkeiten auf dem Arbeitsmarkt haben, ist zur **Förderung der Teilhabe von Menschen mit Behinderungen** ein eigener Abschnitt (§§ 112 ff. SGB III) geschaffen worden.

3. Organisation und Finanzierung

§ 367 SGB III stellt die Grundsatznorm für die Organisation der **Bundesagentur für Arbeit** dar, welche eine rechtsfähige bundesunmittelbare Körperschaft des öffentlichen Rechts i. S. d. Art. 87 Abs. 2 GG ist.

Deren Gesamtfinanzierung wird mit § 340 SGB III geregelt. Danach stehen die **Beiträge** an erster Stelle.

Weitere Einnahmequellen sind *Umlagen und Mittel des Bundes*, wobei noch sonstige Einnahmen genannt werden, d. h. grundsätzlich weitere Einnahmequellen erschlossen werden können. § 341 SGB III regelt Beitragssatz und Beitragshöhe.

E. Soziale Hilfe- und Fördersysteme

Mit der Strukturierung des Sozialrechts[82] wird ersichtlich, dass die steuerfinanzierten Leistungen der sozialen Hilfe von denen der sozialen Förderung zu unterscheiden sind. *Abbildung 13* stellt die Systeme der sozialen Hilfe und Förderung dar. Umfangbedingt werden nur die wichtigsten Gesetze aus den beiden Bereichen vorgestellt, wobei auf die durch die Flüchtlingskrise von 2015/2016 hohe praktische Relevanz des Asylbewerberleistungsgesetzes (AsylbLG) – hierfür ist ein Rückgriff auf weitere ausländer- und asylrechtliche Gesetze erforderlich – zumindest hingewiesen wird.

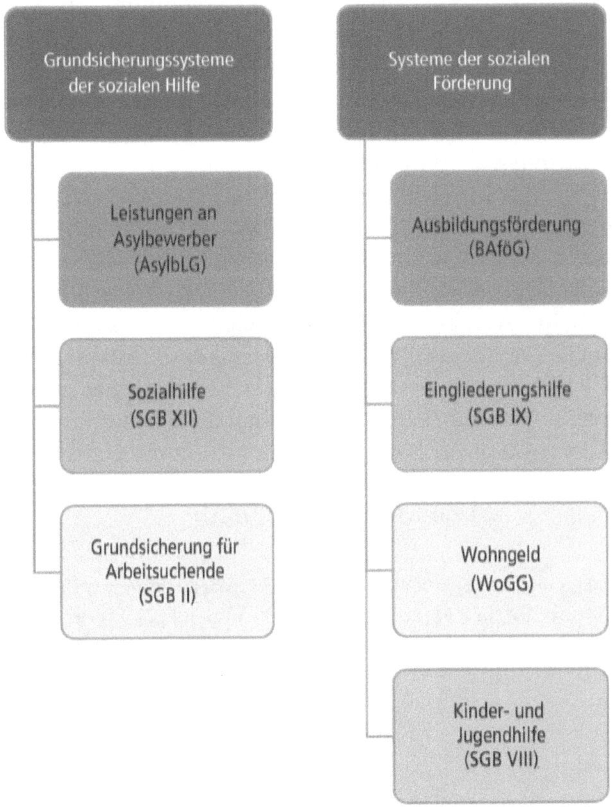

Abb. 13 Systeme der sozialen Hilfe und der sozialen Förderung

82 Die Gliederung des Sozialrechts ist in Kapitel B aufzufinden.

I. SGB II – Bürgergeld, Grundsicherung für Arbeitsuchende

Das **heutige Grundsicherungssystem** aus SGB II sowie SGB XII wurde mit Wirkung vom 01.01.2005 durch die **Zusammenfassung sowie Neuregelung der vorherigen Arbeitslosenhilfe und Sozialhilfe** geschaffen.[83]

Die Arbeitslosenhilfe diente der Fürsorge für Erwerbsfähige, die ihren Anspruch auf Arbeitslosengeld ausgeschöpft hatten, während die Sozialhilfe die Fürsorge für sonstige Hilfebedürftige sicherstellte und damit dem Bereich der Armenfürsorge zugeordnet war. Umgangssprachlich als „Hartz IV"[84] bezeichnet, soll mit der *„Grundsicherung für Arbeitsuchende"* eine Stärkung der Eigenverantwortung von erwerbsfähigen Hilfebedürftigen und deren Angehörigen sowie – unabhängig von der Grundsicherung – ein Beitrag zur Bestreitung des Lebensunterhalts aus eigenen Mitteln und Kräften bezweckt werden (§ 1 Abs. 2 Satz 1 SGB II). Ziel ist nach § 1 Abs. 1 SGB II, den Leistungsberechtigten ein menschenwürdiges Leben zu ermöglichen. Hierfür müssen alle Möglichkeiten zur Beendigung oder Verringerung ihrer Hilfebedürftigkeit ausgeschöpft und es muss aktiv an allen Maßnahmen zur Eingliederung in Arbeit mitgewirkt werden. Um den Lebensunterhalt aus eigenen Mitteln und Kräften zu bestreiten, besteht nach dem Grundsatz des *„Förderns und Forderns"* (§ 2 Abs. 1 Satz 1 und Abs. 2 SGB II) die Verpflichtung, hierfür alle Möglichkeiten zu nutzen sowie insbesondere die eigene Arbeitskraft zur Beschaffung des Lebensunterhalts einzusetzen. Neben der Annahme oder Weiterführung einer zumutbaren Erwerbstätigkeit – § 10 Abs. 2 SGB II schreibt nahezu jeder ihre Zumutbarkeit zu – trägt hierzu auch die Nachrangigkeit von Grundsicherungsleistungen gegenüber anderen Sozialsystemen sowie eigenem Einkommen oder Vermögen bei (§§ 5 Abs. 1 und 12 a Satz 1 SGB II).

Grundsätzlich **enthält das SGB II Hilfe- und Förderleistungen für erwerbsfähige und hilfebedürftige Personen.** Leistungen nach SGB XII erhalten dagegen diejenigen, die nicht zu diesem Personenkreis gehören, aber dennoch hilfebedürftig sind.

83 *Schaumberg* (Fn. 43), Rn. 353.

84 Bei „Hartz IV" handelt es sich um keine amtliche Bezeichnung, sondern der Begriff ist ein Resultat daraus, dass die Grundsicherung mit dem Vierten Gesetz für moderne Dienstleistungen am Arbeitsmarkt eingeführt wurde. An dessen Entwicklung war federführend die Kommission für moderne Dienstleistungen am Arbeitsmarkt mit dem Vorsitzenden Peter Hartz beteiligt.

Auch wenn beide Gesetze im persönlichen Geltungsbereich verschieden sind, sind ihre rechtlichen Grundprinzipien identisch: **Steuerfinanzierte Leistungen** gleichen Niveaus werden nur im Fall von Bedürftigkeit ab Antragseingang oder ab Kenntnis des Sozialhilfeträgers vom Vorliegen der Leistungsvoraussetzungen, und nicht für zurückliegende Zeiträume gewährt. [85]

Hierbei wird an keinerlei Beitragszahlungen oder bestehende/ehemalige Sozialversicherungsverhältnisse angeknüpft. Sofern ein **Anspruch auf Bürgergeld** besteht, ist ein **solcher auf Sozialhilfe** nach § 5 Abs. 2 Satz 1 SGB II und § 21 SGB XII **ausgeschlossen.**

Durch den zum 01.06.2022 vollzogenen Rechtskreiswechsel erhalten Hilfebedürftige, welche aus der Ukraine geflüchtet sind, Leistungen nach dem SGB II bzw. SGB XII.[86] Dieser Personenkreis hat folglich Anspruch auf reguläre Sozialleistungen und erfährt eine Besserstellung gegenüber den reduzierten Leistungen nach dem AsylbLG. Neben dem Zugang zur gesetzlichen Krankenversicherung, dem Kindergeld oder BAföG ist ein verbesserter Arbeitsmarktzugang angestrebt. Das Arbeitslosengeld II wurde mit einer Sozialrechtsreform zum 01.01.2023 vom Bürgergeld abgelöst. Die *Abbildungen 14 und 15* zeigen die Anspruchsprüfung i.R.d. Grundsicherungssysteme der sozialen Hilfe auf.

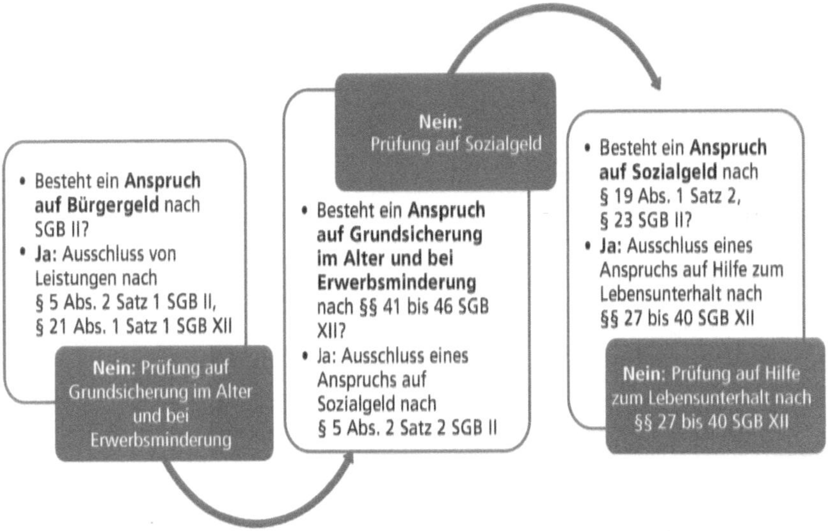

Abb. 14 Anspruchsprüfung i. R. d. Grundsicherungssysteme der sozialen Hilfen

85 *Schaumberg* (Fn. 43), Rn. 355.
86 *Janda*, ZAR 2023, 12.

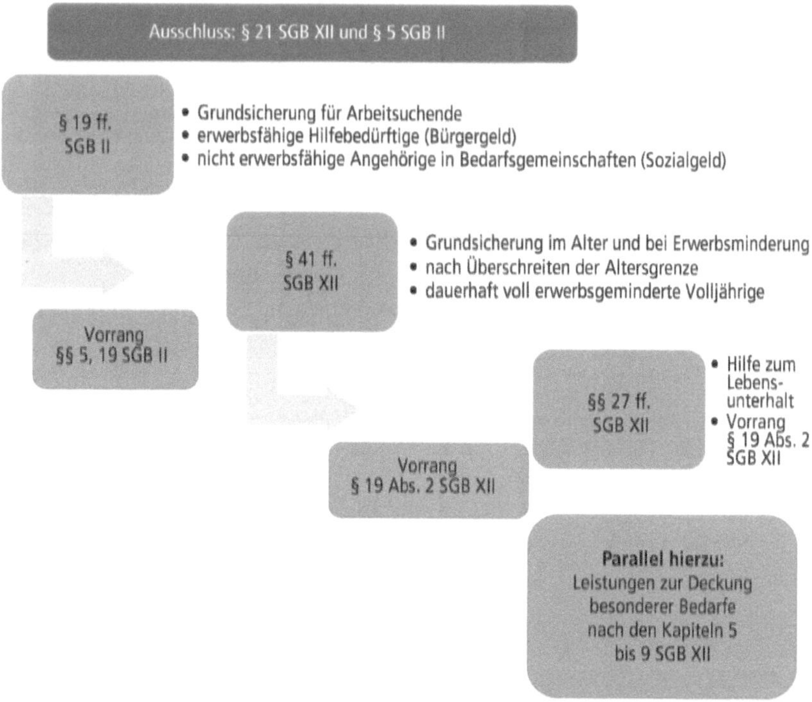

Abb. 15 Reihenfolge der Anspruchsprüfung i. R. d. Grundsicherungssysteme der sozialen Hilfen

1. Leistungsberechtigte

Nach § 7 Abs. 1 SGB II sind Personen leistungsberechtigt, welche

1. das 15. Lebensjahr vollendet und die Altersgrenze des § 7 a SGB II noch nicht erreicht haben,
2. erwerbsfähig sowie
3. hilfebedürftig sind und
4. ihren gewöhnlichen Aufenthalt in der Bundesrepublik Deutschland haben.

Erwerbsfähig ist nach § 8 Abs. 1 SGB II, wer nicht wegen Krankheit oder Behinderung auf absehbare Zeit außerstande ist, unter den üblichen Bedingungen des allgemeinen Arbeitsmarkts mindestens drei Stunden täglich erwerbstätig zu sein.

Die *Hilfebedürftigkeit* bestimmt sich nach § 9 Abs. 1 SGB II. Hierunter fallen alle Personen, die ihren Lebensunterhalt nicht oder nicht ausreichend aus dem zu berücksichtigenden Einkommen oder Vermögen sichern können und die erforderliche Hilfe auch nicht von anderen (bspw. Angehörigen oder Trägern anderer Sozialleistungen) erhalten. Die Hilfebedürftigkeit ergibt sich aus der Prüfung, ob dem Betroffenen genug eigenes Einkommen oder Vermögen zur Sicherung des Lebensunterhalts zur Verfügung steht. Nähere Regelungen hierzu, insbesondere zum Schonvermögen und zu den Freibeträgen, finden sich in §§ 11, 11 a, 12 SGB II sowie der Bürgergeld-Verordnung (Bürgergeld-V).

Exkurs: Einsatz von eigenem Einkommen sowie Vermögen im SGB II, SGB XII und SGB IX

Es gilt die Verpflichtung zur **Selbsthilfe** – Einkommen und Vermögen müssen aber nicht komplett eingesetzt werden. Unterschiede gibt es insbesondere bei der Beantragung von Leistungen zum Lebensunterhalt einerseits und beeinträchtigungsbezogenen Zusatzleistungen andererseits.

Mit dem Nachranggrundsatz, welcher für die Sozialhilfe (SGB XII) wie das Bürgergeld/die Grundsicherung für Arbeitsuchende (SGB II) und auch die Eingliederungshilfe (SGB IX) gilt, geht einher, dass Sozialleistungen *nicht* beansprucht werden können, wenn

- Selbsthilfe durch Einsatz des eigenen Vermögens oder Einkommens möglich ist (§ 9 SGB II/§ 2 SGB XII/§ 91 SGB IX) oder
- Angehörige bzw. andere Leistungsträger vorrangig zur Unterstützung verpflichtet sind.

Das gilt auch für den Fall, dass Ansprüche auf ergänzende nicht-ausbildungsgeprägte, beeinträchtigungsbedingt erforderliche Leistungen zum Lebensunterhalt nach SGB II bzw. SGB XII geltend gemacht werden.

Grundsätzlich ist verwertbares Vermögen zu veräußern, bevor Sozialleistungen nach dem SGB II, SGB XII oder SGB IX verlangt werden können. Allerdings muss nicht das gesamte Vermögen eingesetzt werden, sondern es gibt bestimmte Vermögensteile, sog. **„Schonvermögen"**, welches von der Verwertungspflicht ausgenommen ist. Die diesbezüglichen Regelungen im SGB II, SGB XII und SGB IX sind ähnlich, jedoch nicht gleich.

Von der **Verwertung ausgenommen** sind insbesondere

- ein angemessener Hausrat
- ein angemessenes selbst genutztes Hausgrundstück bzw. eine entsprechende Eigentumswohnung oder

- ein Vermögen, das der Beschaffung oder Erhaltung eines angemessenen Hausgrundstücks für wesentlich behinderte oder pflegebedürftige Menschen dienen soll und dieser Zweck durch Einsatz des Vermögens ansonsten gefährdet wäre,
- im SGB II – und seit 01.01.2023 auch im SGB XII – ein angemessenes Kraftfahrzeug.

Der Einsatz des Vermögens darf nur insofern verlangt werden, wie es dadurch nicht zu einer besonderen Härtefallsituation für den Antragsteller und dessen Angehörigen kommt. Die Liste ist nicht abschließend (vgl. § 12 Abs. 1 SGB II, § 90 Abs. 2 SGB XII, § 139 SGB IX).

Daneben gibt es Regelungen dazu, was zusätzlich als Vermögen, sog. **Vermögensfreibetrag,** geschützt bleibt. **Bezieher von Leistungen zum Lebensunterhalt nach dem SGB II** profitieren nach Einführung des Bürgergelds seit 01.01.2023 von neuen Regeln zum Schonvermögen (§ 12 SGB II):

- Karenzzeit für höheres Vermögen bei Erstbeantragung (§ 12 Abs. 3 SGB II): Vermögensfreibetrag im ersten Jahr 40.000,00 € (+ 15.000,00 € für jede weitere Person in der Bedarfsgemeinschaft), nach einem Jahr: 15.000 € (+ 15.000,00 € für jede weitere Person in der Bedarfsgemeinschaft)
- außerdem in dieser Zeit: keine Prüfung der Angemessenheit einer selbstbewohnten Immobilie, keine Prüfung der Angemessenheit eines Kfz
- Karenzzeit für höhere Mietkosten bei Erstbeantragung: im ersten Jahr Übernahme der tatsächlich anfallenden Mietkosten, erst nach einem Jahr wird die Angemessenheit geprüft
- aber: keine Karenzzeit für erhöhte Heizkosten; Übernahme von Anfang an nur in „angemessener" Höhe

Für *Bezieher von Darlehensleistungen* nach dem SGB II gelten verschärfte Verwertungsregeln. Dies betrifft bspw. auch Studierende, welche in Härtefallsituationen Darlehensleistungen gem. § 27 Abs. 3 SGB II geltend machen. Die oben beschriebenen *Vermögensfreigrenzen gelten für Darlehensnehmer* nämlich *nicht:* Verwertbares Vermögen ist einzusetzen. Darlehen werden laut § 42 a Abs. 1 Satz 1 SGB II nur erbracht, wenn ein Bedarf weder durch Vermögen nach § 12 Abs. 2 und 4 Satz 1 SGB II noch auf andere Weise gedeckt werden kann.

Bezieher von Leistungen nach dem SGB XII profitieren von den Neuregelungen des Bürgergelds, da parallel zum SGB II Änderungen im SGB XII vorgenommen worden sind:

- Bei Leistungen nach dem SGB XII (bspw. Hilfe zur Pflege oder Hilfe zum Lebensunterhalt) liegt die Schonvermögensgrenze bei 10.000,00 €

zzgl. 10.000,00 € für den Ehe-/Lebenspartner (vgl. § 1 DV zu § 90 Abs. 2 Nr. 9 SGB XII).

- Wie auch im SGB II gilt für Erstbezieher eine Karenzzeit von einem Jahr, in welchem die tatsächlichen Kosten für die Unterkunft ohne Angemessenheitsüberprüfung übernommen werden (§ 35 Abs. 1 SGB XII). Die Karenzzeit bezieht sich allerdings nicht auf die Heizkosten, die von Anfang an nur in „angemessener" Höhe finanziert werden.
- Die Angemessenheit der Unterkunft ist im Zuständigkeitsbereich des SGB XII in besonderem Maße vom Einzelfall abhängig. Im Interesse der Antragsteller wird bspw. geprüft, ob bei Bezug von „Hilfe zur Gesundheit" oder „Hilfe zur Pflege" nach dem SGB XII durch die Verwertung des Vermögens eine angemessene Lebensführung und die Alterssicherung erschwert werden würden.
- Zudem gilt für all jene, die als Studierende sowohl „Hilfe zur Pflege" nach dem SGB XII wie auch Eingliederungshilfe nach dem SGB IX beziehen, die höhere Freibetragsgrenze des SGB IX – allerdings nur, wenn nicht gleichzeitig auch noch BAföG bezogen wird. In diesen Fällen ist die Freibetragsgrenze des BAföG maßgeblich.

Die **Grenze des Schonvermögens liegt bei der Eingliederungshilfe** (SGB IX) deutlich höher als bei der Sozialhilfe. Im Jahr 2025 beträgt diese 67.410,00 € (= 150,00 % der jährlichen Bezugsgröße).

Für **BAföG-Bezieher** ist unter Umständen der BAföG-Vermögensfreibetrag der maßgebliche Grenzwert: Seit August 2022 wird unverheirateten und kinderlosen Studierenden unter 30 Jahren ein Freibetrag von 15.000,00 € gewährt (bei einem Alter über 30 Jahren: 45.000,00 €). Anders als im Regelungsbereich von SGB II und SGB XII gehören Kfz zum Vermögen und sind daher *nicht* gesondert geschützt.

Einkommen wirkt sich bei der Prüfung von Sozialleistungsansprüchen auf unterhaltssichernde Maßnahmen grundsätzlich anspruchsmindernd oder anspruchsausschließend aus. Im Bereich der Anrechnung des Einkommens bei der Beantragung von Leistungen zum laufenden Lebensunterhalt entsprechen sich die Anforderungen von SGB II und SGB XII grundsätzlich. Maßgeblich sind §§ 11, 11 a und 11 b im SGB II und §§ 82–84 im SGB XII.

Davon abweichende Regelungen existieren in Bezug auf die Beantragung von Hilfen nach dem 5. bis 9. Kapitel des SGB XII (bspw. Hilfe zur Pflege) und der Eingliederungshilfe nach SGB IX.

Nicht alle Einnahmen gelten als Einkommen im Sinne des SGB II und SGB XII:

- Entschädigungszahlungen, wie Schmerzensgeldzulagen
- Grundrenten nach dem Bundesversorgungsgesetz (BVG)
- Renten und Beihilfen nach dem Bundesentschädigungsgesetz für Gesundheitsgeschädigte bis zur Höhe einer vergleichbaren Grundrente nach dem BVG
- Öffentlich-rechtliche Leistungen, die ausdrücklich einem anderen Zweck als dem der beantragten Sozialleistungen dienen (§ 11 Abs. 3 SGB II/§ 83 Abs. 1 SGB XII). Dazu zählt bspw. das Blindengeld nach den Landesblindengeldgesetzen.
- Zuwendungen der Freien Wohlfahrtspflege, sofern Empfänger dadurch nicht so gestellt werden, dass zusätzliche Sozialleistungen nicht gerechtfertigt werden
- Einnahmen aus Studentenjobs bis zur Minijob-Grenze; Voraussetzung im SGB XII: Studierende sind unter 25 Jahren alt und befinden sich in einem Studiengang, der dem Grunde nach BAföG-förderungsfähig ist (§ 82 Abs. 1 Nr. 7 SGB XII)
- Aufwandsentschädigungen für ehrenamtliches Engagement, solange sie den jährlichen Freibetrag von 3.000,00 € nicht überschreiten

Zusätzlich können Einkommen (teilweise) anrechnungsfrei bleiben. Die Absetzungsbeträge bemessen sich nach § 11 b SGB II/§ 82 Abs. 2, 3, 4 SGB XII.

Bei der Beantragung von „Hilfe zur Gesundheit“ (5. Kap. SGB XII), „Hilfe zur Pflege“ (7. Kap. SGB XII) und anderen **Hilfen nach dem SGB XII sowie der Eingliederungshilfe** für Menschen mit Behinderung nach dem SGB IX gelten andere Regelungen als bei der Prüfung von Ansprüchen auf unterhaltssichernde Leistungen. In diesen Fällen ist zu prüfen, ob das relevante Einkommen eine festgelegte Einkommensgrenze übersteigt, bis zu der es nicht zumutbar erscheint, dass die Kosten für die beantragten Leistungen selbstständig aufgebracht werden können.

Im **SGB XII** wird das gemeinsame Einkommen von Antragstellern und ihren Ehe-/Lebenspartnern zugrunde gelegt. Der maßgebliche Betrag setzt sich für die Hilfen nach dem SGB XII aus

- einem Grundbetrag des Zweifachen der Regelbedarfsstufe 1,
- den tatsächlichen Kosten der Unterkunft (KdU), soweit diese angemessen sind, und

- einem Familienzuschlag von 70,00 % der Regelbedarfsstufe 1 jeweils für den nicht getrenntlebenden Lebenspartner und jedes der zu unterhaltenden Kinder zusammen.

Für alle besonderen Hilfearten nach den Kapiteln 5 bis 9 SGB XII gilt die gleiche Einkommensgrenze des § 85 SGB XII, welche in der nachfolgenden *Tabelle 4* dargestellt ist.

Tab. 4 Einkommensgrenze des § 85 SGB XII

Einkommensgrenze nach § 85 Abs. 1 (gilt nach Abs. 2 Satz 3 auch für unverheiratete Minderjährige, wenn diese nicht bei ihren Eltern leben und die Eltern nicht zusammenleben)	**Einkommensgrenze nach § 85 Abs. 2 (für unverheiratete Minderjährige, außer in den Fällen des Abs. 2 Satz 3)**
Grundbetrag – i. d. R. doppelter Regelbedarf der Stufe 1 – welcher Regelsatz Anwendung findet, regelt Abs. 3 – abweichende Regelung durch Länder möglich (§ 85)	**Grundbetrag** – i. d. R. doppelter Regelbedarf der Stufe 1 – welcher Regelsatz Anwendung findet, regelt Abs. 3 – abweichende Regelung durch Länder möglich (§ 85)
KdU, soweit angemessen – unangemessene Kosten zählen nicht, auch nicht vorübergehend – evtl. Wohngeldabsetzung – keine Berücksichtigung von Tilgung – zzgl. Heiz- und Warmwasserkosten	**KdU, soweit angemessen** – unangemessene Kosten zählen nicht, auch nicht vorübergehend – evtl. Wohngeldabsetzung – keine Berücksichtigung von Tilgung – zzgl. Heiz- und Warmwasserkosten
Familienzuschlag: je 70,00 % des Regelbedarfs der Stufe 1 für – nicht getrenntlebende Ehegatten/Lebenspartner – jede weitere überwiegend unterhaltene Person (insb. Kinder)	**Familienzuschlag: je 70,00 % des Regelbedarfs der Stufe 1 für** – ein Elternteil, wenn die Eltern zusammenleben – die nachfragende Person – jede weitere überwiegend unterhaltene Person (bspw. Geschwister)

Bezüglich der Regelung des § 19 Abs. 3 SGB XII, wonach Hilfen nach dem Fünften bis Neunten Kapitel des SGB XII geleistet werden, soweit den Leistungsberechtigten, ihren nicht getrenntlebenden Ehegatten oder Lebenspartnern und, wenn sie minderjährig und unverheiratet sind, auch ihren Eltern oder einem Elternteil die Aufbringung der Mittel aus dem Einkommen und Vermögen nach den Vorschriften des Elften Kapitels des SGB XII nicht zuzumuten ist, ergeben sich Abweichungen. Diese werden in der nachfolgenden *Tabelle 5* gegenübergestellt.

Tab. 5 Abweichungen von § 19 Abs. 3 SGB XII

§ 19 Abs. 4 SGB XII **Voraussetzungen:**	**§ 19 Abs. 5 SGB XII** **Voraussetzungen:**	*Achtung:* **Keine Haushaltsgemeinschaft nach § 39 SGB XII (diese gibt es nur in Kapitel 3)**
– minderjährige unverheiratete Person – lebt bei Eltern oder Elternteil – ist schwanger oder betreut ein leibliches Kind unter 6 Jahren	– Einkommen/Vermögen ist bei den in § 19 Abs. 3 aufgeführten Personen vorhanden – dessen Einsatz wäre auch zumutbar – dennoch sind Leistungen erbracht worden	
Folgen: – keine Berücksichtigung des Einkommens/Vermögens der Eltern/des Elternteils – kein Unterhaltsregress nach § 94 Abs. 1 Satz 4 SGB XII	Folgen: – Anspruch des Sozialhilfeträgers auf Ersatz der Aufwendungen – kein Unterhaltsregress nach § 94 Abs. 1 Satz 3 Halbsatz 1 Alt. 1 SGB XII	

Soweit das zu berücksichtigende Einkommen die Einkommensgrenze übersteigt, ist das Aufbringen der Mittel in einem angemessenen Umfang zumutbar. Die **Zumutbarkeit** hängt in diesem Fall entscheidend von der Art und Schwere der Behinderung/Pflegebedürftigkeit sowie vom Umfang der Leistungen ab (§ 87 Abs. 1 SGB XII). Auch wenn das Einkommen die Grenze nicht übersteigt, kann das Aufbringen der finanziellen Mittel von den Antragstellern gefordert werden, bspw., wenn zur Deckung des Bedarfs nur geringfügige Mittel erforderlich sind. Den **Einsatz des Einkommens** regeln die §§ 87, 88, 89 SGB XII. Die *Tabellen 6 und 7* geben einen Überblick über den Einkommenseinsatz unter und über der Einkommensgrenze nach §§ 87 und 88 SGB XII, während *Abbildung 16* dies grafisch verdeutlicht.

Tab. 6 Einkommenseinsatz über der Einkommensgrenze (§ 87 SGB XII)

Grundsätzliches zum Einkommenseinsatz über der Einkommensgrenze	**Abweichungen vom Prinzip der Gleichzeitigkeit**
§ 87 Abs. 1 SGB XII: – Berechnungsgrundlage: Monatseinkommen im Bedarfsmonat – Angemessenheit als unbestimmter Rechtsbegriff: Auslegungskriterien in § 87 Abs. 1 Satz 2 SGB XII (Bedarfsart, indiv. Lebenssituation,	§ 87 Abs. 2 SGB XII: Einsatz von Einkommen nach Wegfall des Bedarfs, wenn – Einkommensverlust durch Bedarfsfall (Sachzusammenhang) – kurze Dauer (bis zu ca. ein Monat) – *Achtung: Ermessensvorschrift*

Grundsätzliches zum Einkommenseinsatz über der Einkommensgrenze	**Abweichungen vom Prinzip der Gleichzeitigkeit**
Bedarfsdauer, besondere Belastungen, bspw. Verbindlichkeiten, familiäre Aufwendungen) – Sonderregelungen in § 87 Abs. 1 Satz 3 SGB XII: Einsatz von mindestens 60,00 %; nicht zuzumuten bei Schwerstpflegebedürftigen (§ 64 Abs. 3 SGB XII) und Blinden (§ 72 SGB XII)	§ 87 Abs. 3 SGB XII: Einsatz von Einkommen innerhalb von drei Folgemonaten, wenn: – einmalige Leistung für Gegenstände (z. B. Hilfsmittel) – Gebrauch für mindestens ein Jahr bestimmt

Tab. 7 Einkommenseinsatz unter der Einkommensgrenze (§ 88 SGB XII)

§ 88 Abs. 1 Satz 1 Nr. 1 SGB XII:	**§ 88 Abs. 1 Satz 1 Nr. 2 SGB XII**	**§ 88 Abs. 1 Satz 2 SGB XII**	**§ 88 Abs. 2 SGB XII**
– Leistungen eines Dritten – Zweckidentität mit Sozialhilfe – bspw. Leistungen einer privaten Pflegeversicherung	– Bagatellfallregelung – bezieht sich auf den gesamten zu deckenden Bedarf	– stationäre Einrichtung – voraussichtlich längerfristig (ab 6 Monaten) – begrenzt auf angemessenen Umfang – Sollvorschrift	– stationäre Leistung – stationäre Einrichtung – Einkommensfreibetrag – § 82 Abs. 3 SGB XII wird nicht angewandt

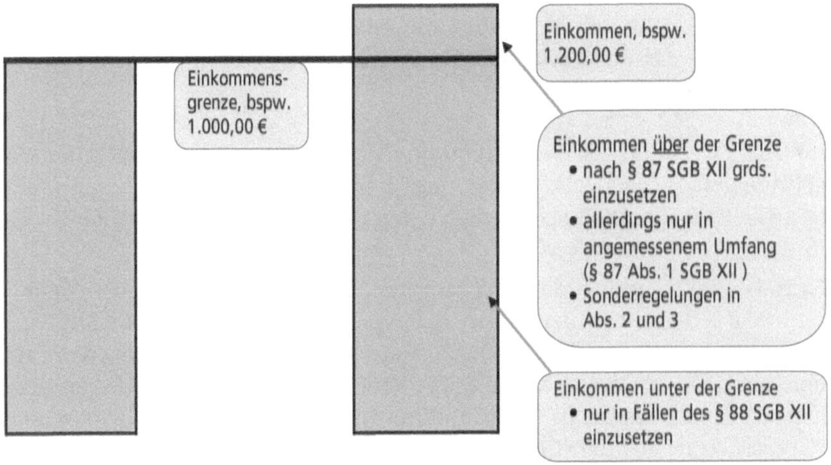

Abb. 16 Einsatz des Einkommens über und unter der Einkommensgrenze

Aufgabe

Einkommenseinsatz bei mehrfachem Bedarf (§ 89 SGB XII)

Herr Schmidt verfügt seit Oktober 2024 über einen Bedarf in Höhe von monatlich 500,00 € für Hilfen zur Gesundheit nach dem Kapitel 5 des SGB XII. Ab Dezember 2024 kommt ein Bedarf von monatlich 400,00 € für die Hilfe zur Pflege hinzu. Sein bereinigtes Einkommen beträgt 1.600,00 €; die für ihn ermittelte Einkommensgrenze liegt bei 1.000,00 €.

Wie ist sein Einkommen auf die Bedarfe anzurechnen, wenn man unterstellt, dass es angemessen ist, das ganze Einkommen über der Grenze zu berücksichtigen?

Lösung

100,00 €	Nach § 89 Abs. 1 SGB XII darf jeder Euro über der Grenze nur einmal berücksichtigt werden.
500,00 €	§ 89 Abs. 2 Satz 1 SGB XII bestimmt, dass der zuerst eingetretene Bedarf Priorität hat. Dies hat dann Bedeutung, wenn verschiedene Träger zuständig sind. Gem. § 89 Abs. 2 Satz 2 SGB XII erfolgt bei gleichzeitigen Bedarfsfällen eine zu gleichen Teilen anteilige Anrechnung.
1.000,00 €	Einkommen unter der Grenze steht für die Deckung der Bedarfe nach den Kapiteln 5 bis 9 des SGB XII nicht zur Verfügung.

Im **SGB IX** wird **allein das Einkommen der volljährigen Antragsteller** zugrunde gelegt. Das Einkommen der Eltern spielt in diesem Zusammenhang keine Rolle. Die Regelungen zu den Einkommensgrenzen finden sich in den §§ 135–138 SGB IX.

Grundsätzlich verlangt der *Nachrang der Sozialleistungen* nach dem SGB II und SGB XII die Prüfung, ob der Antragsteller den begehrten Bedarf zum laufenden Lebensunterhalt nicht ganz oder teilweise durch **Einsatz der eigenen Arbeitskraft** decken kann. Dafür kommen grundsätzlich alle Gelegenheitsarbeiten in Betracht, welche üblicherweise ausgeübt werden können. Voraussetzung ist allerdings, dass die Ausübung einer Arbeit zumutbar ist.

Weitere Leistungs- und Nichtleistungsberechtigte

Personen, die mit erwerbsfähigen Leistungsberechtigten in einer *Bedarfsgemeinschaft* leben, sind laut § 7 Abs. 2 SGB II ebenfalls leistungsberechtigt.

Hierbei handelt es sich in Abgrenzung zu einer reinen Wohngemeinschaft um das Zusammenleben des Leistungsberechtigten mit mindestens einer weiteren (nahestehenden) Person, wobei bestimmte Einstandspflichten und voneinander abgeleitete Rechtsansprüche auftreten können.[87] Die Angehörigen einer Bedarfsgemeinschaft sind in § 7 Abs. 3 SGB II aufzufinden.

Von Grundsicherungsleistungen ausgeschlossen sind:

- Ausländer (§ 7 Abs. 1 Satz 2 Nr. 1, 2 SGB II),
- Asylbewerber (§ 7 Abs. 1 Satz 2 Nr. 3 SGB II),
- Altersrentner (§ 7 Abs. 4 Satz 1 SGB II),
- erwerbsfähige Leistungsberechtigte, die wegen unerlaubter Abwesenheit dem Grundsicherungsträger nicht für die Eingliederung in Arbeit zur Verfügung stehen (§ 7 Abs. 4 a SGB II), sowie
- Auszubildende und Studierende, die nach dem BAföG förderfähig sind (§ 7 Abs. 5 SGB II; Achtung: Mehrbedarfs- sowie Härtefallregelungen nach § 27 Abs. 2 und Abs. 3 SGB II).

2. Leistungen

Die Grundsicherung für Arbeitsuchende umfasst nach § 1 Abs. 3 i. V. m. § 19 a Abs. 1 SGB II

1. Beratungsleistungen,
2. Leistungen zur Beendigung oder Verringerung der Hilfebedürftigkeit, insbesondere durch Eingliederung in Ausbildung oder Arbeit, und
3. Leistungen zur Sicherung des Lebensunterhalts.

Abbildung 17 gliedert die Leistungen zur Eingliederung in Arbeit sowie zur Sicherung des Lebensunterhalts grafisch auf. Hierbei entsprechen *die Leistungen zur Eingliederung in Arbeit* im Wesentlichen denen der aktiven Arbeitsförderung i. S. d. §§ 14–18 SGB III. Um dem Ziel des § 1 Abs. 2 SGB II gerecht zu werden und die Hilfebedürftigkeit zu beenden, sind diese vorrangig zu den unterhaltssichernden Leistungen zu gewähren. Vorschriften zu den Eingliederungsleistungen finden sich in §§ 16 ff. SGB II. Zusätzlich hierzu sind die Grundsicherungsträger gem. § 15 Abs. 1 SGB II zum Abschluss sog. Kooperationspläne (vormalige Eingliederungsvereinbarungen) angehalten, welche als öffentlich-rechtlicher Vertrag verbind-

87 *Schaumberg* (Fn. 43), Rn. 359.

lich die wechselseitigen Leistungen vereinbaren und bei Nichtbeachtung der Pflichten sanktionsbewehrt sind.[88]

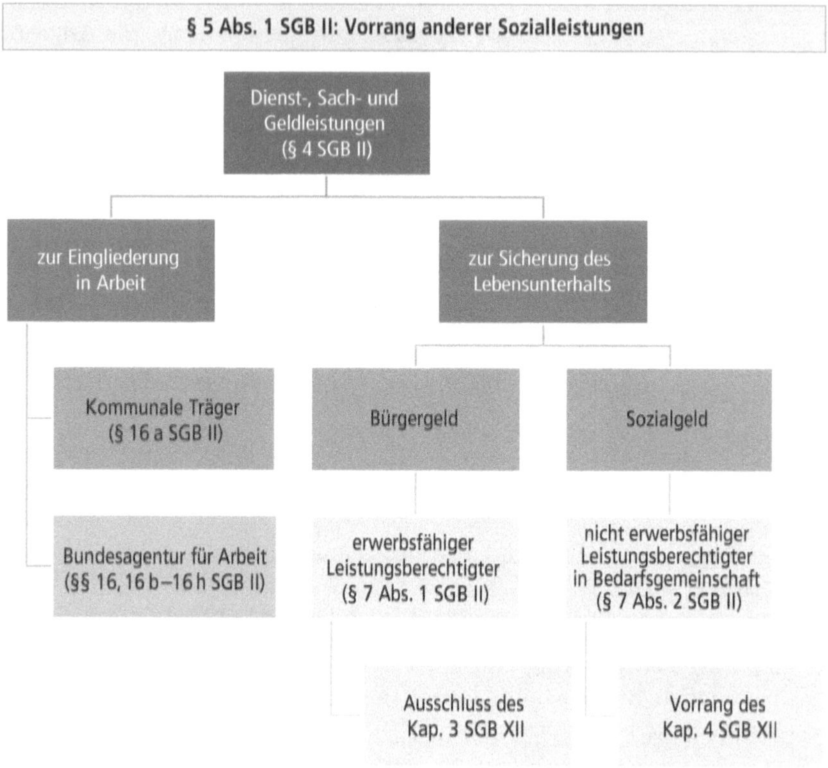

Abb. 17 Leistungen zur Eingliederung in Arbeit und zur Sicherung des Lebensunterhalts nach dem SGB II

Soweit die Hilfebedürftigkeit nicht anderweitig beseitigt werden kann, dürfen nach § 3 Abs. 3 SGB II die in den *Prüfschemata (Abbildungen 14 und 15) aufgezeigten Leistungen zur Sicherung des Lebensunterhalts* erbracht werden. Diese sind in §§ 19–35 SGB II geregelt und setzen sich gem. § 19 SGB II aus dem Bürgergeld für erwerbsfähige Leistungsberechtigte, dem Sozialgeld an ihre zum Haushalt gehörenden nicht erwerbsfähigen Angehörigen (v. a. minderjährige Kinder) und den Leistungen für Bildung und Teilhabe zusammen.

88 *Schaumberg* (Fn. 43), Rn. 362.

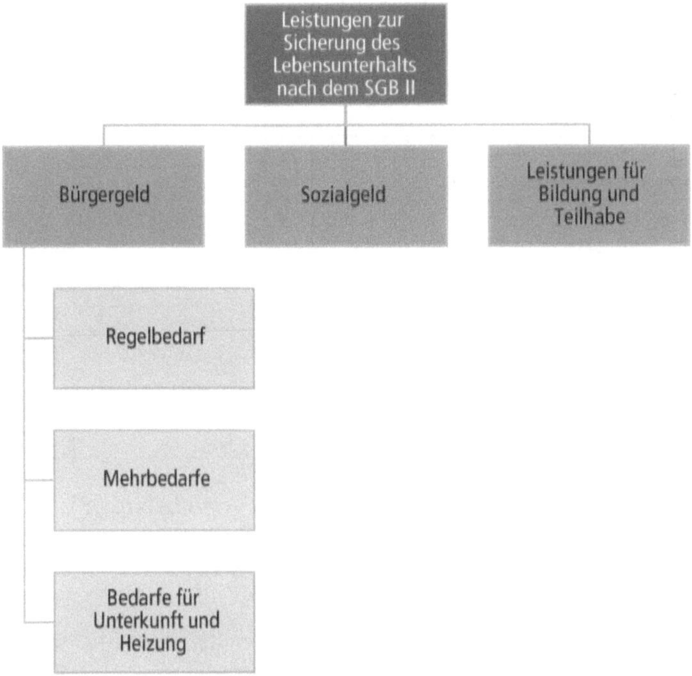

Abb. 18 Leistungen zur Sicherung des Lebensunterhalts nach dem SGB II

Abbildung 18 gibt einen Überblick über diese Leistungen sowie die Zusammensetzung des Bürgergeldes. Dieses besteht aus dem *pauschalierten Regelbedarf* zur Sicherung des Lebensunterhalts – damit auch des soziokulturellen Existenzminimums – (§ 20 SGB II), Leistungen für *Mehrbedarfe* beim Lebensunterhalt (§ 21 SGB II) und den *Bedarfen für Unterkunft und Heizung* (§ 22 SGB II). Hierbei entsprechen die Leistungen des SGB II denen der Hilfe zum Lebensunterhalt nach SGB XII, welches als Referenzsystem fungiert.[89] Die Regelbedarfsstufen des SGB XII werden unmittelbar nach Maßgabe des Regelbedarfsermittlungsgesetzes (RBEG) zur Preis- und Lohnentwicklung übernommen und regelmäßig zu Jahresbeginn unter Berücksichtigung der Inflation angepasst. Die Höhe der Regelbedarfe differenziert, wie *Tabelle 8* aufzeigt, nach verschiedenen Personengruppen und Regelbedarfsstufen. Für das Jahr 2025 bleiben die Regelsätze im Bereich des SGB II und damit auch des SGB XII in ihrer Höhe unverändert.

89 *Kokemoor* (Fn. 27), Rn. 412.

Tab. 8 Regelbedarfsstufen 2023, 2024 und 2025.

	Seit 01.01.2023	Seit 01.01.2024	Erhöhung
Alleinstehende/Alleinerziehende (Regelbedarfsstufe 1)	502,00 €	563,00 €	+ 61,00 €
Volljährige Partner in der Bedarfsgemeinschaft (Regelbedarfsstufe 2)	451,00 €	506,00 €	+ 55,00 €
Volljährige in Einrichtungen nach SGB XII (Regelbedarfsstufe 3)	402,00 €	451,00 €	+ 49,00 €
Jugendliche von 14 bis 17 Jahren (Regelbedarfsstufe 4)	420,00 €	471,00 €	+ 51,00 €
Kinder von 6 bis 13 Jahren (Regelbedarfsstufe 5)	348,00 €	390,00 €	+ 42,00 €
Kinder von 0 bis 5 Jahren (Regelbedarfsstufe 6)	318,00 €	357,00 €	+ 39,00 €

Laut § 19 Abs. 1 Satz 2 SGB II erhalten nicht erwerbsfähige Leistungsberechtigte kein Bürgergeld, sondern das in § 23 SGB geregelte *Sozialgeld*. Dieses deckt neben dem Regelbedarf etwaige Mehrbedarfe und die Kosten für Unterkunft und Heizung ab.

(Mehr-)Bedarfe, die nicht mit dem Regelbedarf abgedeckt sind, werden in Form der in § 21 SGB II geregelten Leistungen als prozentuale Erhöhung des jeweils einschlägigen Regelsatzes berücksichtigt.

Neben dem Auffangtatbestand für Mehrbedarfe des § 21 Abs. 6 SGB II handelt es sich hierbei bspw. um Mehrbedarfe für werdende Mütter nach der zwölften Schwangerschaftswoche, Alleinerziehende oder eine aus medizinischen Gründen erforderliche kostenaufwendige Ernährung.

Nicht vom Regelbedarf gedeckt und daher *zusätzlich zu erbringen* (§ 24 Abs. 3 Satz 2 SGB II) sind die mit § 24 Abs. 3 Satz 1 SGB II vorgesehenen Bedarfe für die Erstausstattung der Wohnung und Bekleidung, die Erstausstattung bei Schwangerschaft und Geburt sowie Anschaffungen und Reparaturen bestimmter, therapeutisch erforderlicher Gegenstände.

Darüber hinaus werden *Bedarfe für Unterkunft und Heizung* nach § 22 Abs. 1 Satz 1 SGB II in tatsächlicher Höhe übernommen, soweit sie *ange-*

messen sind. Dieser unbestimmte Rechtsbegriff bedarf einer Auslegung, für die generell auf Wohnfläche, Wohnstandard (Lage und Ausstattung) sowie das örtliche Preisniveau abgestellt wird.

Zudem können Kinder, Jugendliche und junge Erwachsene laut § 19 Abs. 2 SGB II Anspruch auf Leistungen für *Bildung und Teilhabe* am sozialen und kulturellen Leben in der Gemeinschaft haben. § 28 Abs. 1 SGB II bestimmt, dass Bedarfe für Bildung und Teilhabe neben dem Regelbedarf zu berücksichtigen sind und durch Sach- und Dienstleistungen erbracht werden (§ 29 SGB II). Voraussetzung ist, dass Betroffene das 25. Lebensjahr noch nicht vollendet haben, eine allgemein- oder berufsbildende Schule besuchen und keine Ausbildungsvergütung erhalten. Kommt der Leistungsberechtigte seiner Mitwirkungspflicht nicht nach, kann der Regelsatz nach einem dreistufigen Sanktionssystem gekürzt werden.

Da das Grundsicherungssystem des SGB II nach dem Prinzip des *Förderns und Forderns* der Leistungsberechtigten ausgerichtet ist, unterliegt der Leistungsberechtigte unterschiedlichen (Mitwirkungs-)Pflichten. Wird diesen nicht nachgekommen, sieht das SGB II in den §§ 31–32 ein dreistufiges *Sanktionssystem bei Pflichtverletzungen* in Form von Leistungsminderungen vor, die allerdings nur für den Regelsatz gelten. Die Absenkung des Bürgergeldes ist auf maximal 30,00 % der Regelleistung für drei Monate begrenzt, ebenso wie der Wegfall.

3. Träger

Nach § 19 a Abs. 2 SGB I sind Träger der Grundsicherungsleistungen die *Agenturen für Arbeit und sonstige Dienststellen der Bundesagentur für Arbeit* sowie nach § 6 Abs. 1 Satz 2 SGB II die *kommunalen Träger* (Kreise und kreisfreie Städte, soweit das Landesrecht nicht andere Träger bestimmt). *Abbildung 19* stellt die Träger der Grundsicherung für Arbeitsuchende sowie ihre jeweiligen Zuständigkeiten dar.

Anstelle der Agenturen für Arbeit können gem. § 6 a SGB II **die kommunalen Träger als sog. Optionskommunen** für die Aufgabenwahrnehmung nach dem SGB II zugelassen werden.

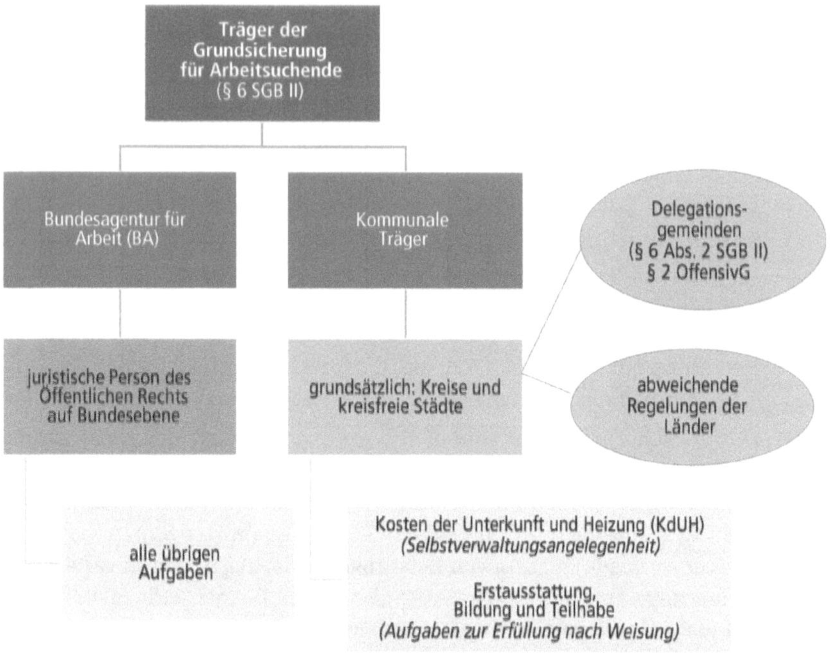

Abb. 19 Träger der Grundsicherung für Arbeitsuchende sowie ihre jeweiligen Zuständigkeiten

Laut § 6 Abs. 1 Satz 1 Nr. 1 SGB II ist die Bundesagentur für Arbeit die *sachlich zuständige* Trägerin für alle Leistungen, die nicht ausdrücklich den kommunalen Trägern zugewiesen sind. Die *örtliche Zuständigkeit* bestimmt sich gem. § 36 SGB II nach dem gewöhnlichen Aufenthalt (§ 30 Abs. 3 Satz 2 SGB I) der Leistungsberechtigten. Lediglich für die in § 6 Abs. 1 Satz 1 Nr. 2 SGB II ausdrücklich bestimmten Aufgaben besteht eine *sachliche Zuständigkeit* der kommunalen Träger. Diese bilden mit den Agenturen für Arbeit eine gemeinsame Einrichtung zur einheitlichen Durchführung der Grundsicherung für Arbeitsuchende (§ 44 b Abs. 1 Satz 1 SGB II). Auch als *„Jobcenter"* nach § 6 d SGB II bezeichnet, zählen hierzu ebenfalls die zugelassenen kommunalen Träger i. S. d. § 6 a SGB II. Jene übernehmen im Rahmen ihrer örtlichen Zuständigkeit nach § 6 b Abs. 1 Satz 1 SGB II die Aufgaben der Bundesagentur für Arbeit. Das Jobcenter wird (außer-)gerichtlich von einem Geschäftsführer vertreten und ist befugt, Verwaltungsakte und Widerspruchsbescheide zu erlassen (§§ 6 d, 44 d Abs. 1 Satz 2 SGB II). *Abbildung 20* gibt einen Überblick über die für die Arbeitsförderung zuständigen Stellen sowie deren Zusammenarbeit.

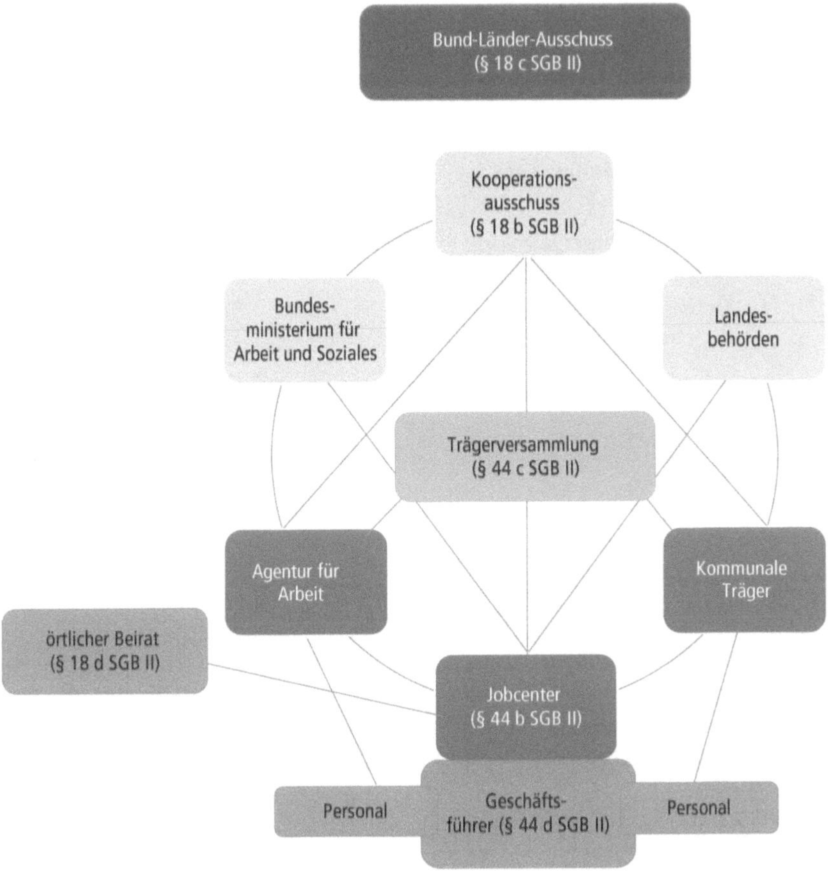

Abb. 20 Für die Arbeitsförderung zuständige Stellen sowie deren Zusammenarbeit

In den nachfolgenden Prüfungsschemata werden die SGB-II-Leistungsvoraussetzungen für die Gewährung von Bürgergeld dem Grunde und der Höhe nach dargestellt.

Leistungsvoraussetzungen für Bürgergeld nach dem SGB II

Anspruchsgrundlage: § 19 Abs. 1 Satz 1, 2 SGB II

Anspruch = Bedarf abzgl. Einkommen/Vermögen

I. Anspruch dem Grunde nach (Leistungsberechtigung)

Anspruch auf Bürgergeld nach § 19 Abs. 1 Satz 1 SGB II für erwerbsfähige Leistungsberechtigte (ELB)

1. Voraussetzungen des ELB nach § 7 Abs. 1 Satz 1 SGB II (für jede Person zu prüfen)
   a. Altersspanne (Vollendung des 15. Lebensjahres und Nichterreichen der Altersgrenze nach § 7 a SGB II > 65 Jahre)
   b. Erwerbsfähigkeit nach § 8 SGB II (vorübergehend, dauernd > 3 Stunden täglich)
   c. Hilfebedürftigkeit nach § 9 SGB II
   d. gewöhnlicher Aufenthalt in Deutschland (§ 30 Abs. 1 und 3 Satz 2 SGB I)
2. keine Ausschlussgründe
   a. § 7 Abs. 1 Satz 2 SGB II
   b. § 7 Abs. 4 und 5 SGB II

Anspruch auf Bürgergeld nach § 19 Abs. 1 Satz 2 SGB II für nicht erwerbsfähige Leistungsberechtigte, welche mit einem ELB in einer Bedarfsgemeinschaft leben

1. **Kein Anspruch auf Leistungen nach dem 4. Kapitel SGB XII** für Grundsicherung im Alter und bei Erwerbsminderung (§ 19 Abs. 2 SGB XII dem Grunde nach)
   a. Altersspanne (Altersgrenze nach § 41 Abs. 2 SGB XII erreicht oder das 18. Lebensjahr vollendet)
   b. voll erwerbsgemindert
   c. auf Dauer
2. **mit einem ELB in einer Bedarfsgemeinschaft lebend;** Bildung nach § 7 Abs. 3 SGB II
   a. ELB nach § 7 Abs. 3 Nr. 1 SGB II
   b. Zuordnung zur Bedarfsgemeinschaft nach § 7 Abs. 3 Nr. 2 bis 4 SGB II
   aa. § 7 Abs. 3 Nr. 2 SGB II: (erwerbsunfähige) Eltern bzw. (erwerbsunfähiger) Elternteil und der im Haushalt lebende Partner eines unverheirateten unter 25-jährigen ELB im Haushalt

bb. § 7 Abs. 3 Nr. 3 SGB II: (erwerbsunfähige) Partner

c. nicht dauernd getrenntlebende Ehegatten

d. nicht dauernd getrenntlebende Lebenspartner nach dem LPartG

e. **Verantwortungs- und Einstehensgemeinschaft;** ggf. Prüfung, ob ein Vermutungstatbestand vorliegt (§ 7 Abs. 3 a Nr. 1–4 SGB II)

- länger als ein Jahr zusammenlebend (Nr. 1)
- mit einem gemeinsamen Kind zusammenlebend (Nr. 2)
- Kinder oder Angehörige im Haushalt versorgend (Nr. 3)
- Befugnis, über Einkommen oder Vermögen verfügen zu dürfen (Nr. 4)
- keine Widerlegung der Vermutung

f. § 7 Abs. 3 Nr. 4 SGB II: Kinder

- dem Haushalt angehörend
- unverheiratet
- Kind der in Nr. 1 bis 3 genannten Personen
- unter 25 Jahren alt
- Lebensunterhalt wird nicht aus eigenem Einkommen oder Vermögen beschafft

§ 38 Abs. 1 SGB II: Vertretung der Bedarfsgemeinschaft (Antragsteller, wenn nichts anderes bekannt)

II. Anspruch der Höhe nach (Leistungshöhe)

Hilfebedürftigkeit (§ 7 Abs. 1 Satz 1 Nr. 3, § 9 Abs. 1 und 2, § 19 Abs. 1 Satz 3 SGB II)

1. (Notwendiger) Lebensunterhalt: Bedarfe nach § 19 Abs. 1 Satz 3, §§ 20 bis 23 SGB II

a. Regelbedarf (§§ 20, 23 Nr. 1 SGB II) einschließlich der Regelbedarfsstufe 1 bis 6

b. Mehrbedarfe (§§ 21, 23 Nr. 2 bis 4 SGB II)

c. Sofortzuschlag (§ 72 SGB II); pro Kind 20,00 €; kein Mehrbedarf i. S. d. § 21 SGB II

d. Bedarfe für eine angemessene Unterkunft (§ 22 SGB II) in Form von Kaltmiete und Nebenkosten

e. Bedarfe für angemessene Heizkosten in der tatsächlichen Höhe

f. Wohnungsbeschaffungskosten, Mietkautionen, Umzugskosten und Erstattungen werden nur bei vorheriger Zustimmung übernommen; Übernahme von Mietkautionen als Darlehen (§ 24 SGB II)

2. **Einsatz der zu berücksichtigenden Mittel** in Form von
   - einmaligen Einnahmen (auf den Zeitraum von 6 Monaten gleichmäßig zu verteilen) oder
   - laufenden Einnahmen (regelmäßig, wiederkehrend, auch mit größeren Abständen)

   im zufließenden Monat

   a. Einkommen nach §§ 11 ff. SGB II

   aa. vorhandenes Einkommen (§ 11 SGB II)

   bb. nicht zu berücksichtigendes Einkommen (§ 11 a SGB II)

   cc. Absetzbeträge vom Einkommen (§ 11 b Abs. 1 SGB II und § 6 Bürgergeld-V)
   - Steuern (Nr. 1)
   - Pflichtbeiträge zur Sozialversicherung (Nr. 2)
   - Versicherungsbeiträge (Nr. 3), bspw. für Hausrat- und Unfallversicherung in Form einer Pauschale für private Versicherungen oder für eine Kfz-Haftpflichtversicherung als gesetzlich vorgeschriebene Versicherung in Höhe der monatlich anfallenden Kosten
   - geförderte Altersvorsorge (Nr. 4), bspw. Riester-Rente (§ 6 Abs. 1 Nr. 4 Bürgergeld-V)
   - Werbungskosten (Nr. 5), wie Fahrtkosten
   - Erwerbstätigenfreibetrag (Nr. 6) nach § 11 b Abs. 3 SGB II
   - Unterhaltsverpflichtungen (Nr. 7 und 8)

   Bei einem Brutto-Erwerbseinkommen unter 400,00 € pro Monat erfolgt anstelle der Absetzung nach § 11 b Abs. 1 Nr. 3 bis 5 SGB II immer die Absetzung des Grundfreibetrags von 100,00 €, egal wie hoch die nachgewiesenen Absetzungen tatsächlich sind.

   Bei einem Brutto-Erwerbseinkommen über 400,00 € pro Monat werden nach § 11 b Abs. 2 Satz 2 SGB II die tatsächlichen Kosten übernommen, wenn diese über 100,00 € liegen.

   b. Vermögen nach § 12 SGB II

   aa. vorhandenes verwertbares Vermögen (§ 12 Abs. 1 Satz 1 SGB II)

   bb. nicht zu berücksichtigendes Vermögen (§ 12 Abs. 1 Satz 2 SGB II)

   cc. Absetzbeträge vom Vermögen (§ 12 Abs. 2 SGB II); allerdings Schonvermögen in Höhe von 15.000,00 € pro Person

   dd. Berücksichtigung der einjährigen Karenzzeit (§ 12 Abs. 3 Satz 1 SGB II), sofern kein erhebliches Vermögen i. S. d. § 12 Abs. 4 SGB II vorhanden ist

   ee. Möglichkeit des sofortigen Verbrauchs oder der Verwertung, sofern keine besondere Härte nach § 9 Abs. 4 SGB II besteht

3. **Leistungshöhe** (ergibt sich aus dem Bedarf abzgl. des Einkommens und Vermögens)

   Bedarfsanteilmethode nach § 9 Abs. 2 Satz 3 und 4 SGB II

   - Ermittlung der individuellen Bedarfe sowie Ermittlung des Gesamtbedarfs abzgl. des bereinigten Einkommens von Kindern ergibt den ungedeckten Gesamtbedarf der Bedarfsgemeinschaft.
   - Das verfügbare Einkommen ist sodann prozentual auf die Mitglieder der Bedarfsgemeinschaft zu verteilen. Hierbei ist das Einkommen nach dem Verhältnis des eigenen Bedarfs am Gesamtbedarf an jede Person zuzuordnen.
   - Der ungedeckte Bedarf abzgl. des zugeordneten Einkommens ergibt den (Gesamt-)Anspruch auf Leistungen zum Lebensunterhalt.

Die nachfolgenden *Tabellen 9, 10 und 11* geben einen Überblick über relevante Fundstellen für die Bedarfsermittlung und die Einkommens- sowie Vermögensanrechnung im SGB II.

Tab. 9 Relevante Fundstellen für die Bedarfsermittlung im SGB II

	Bürgergeld	**Sozialgeld (Besonderheiten)**
Anspruchsgrundlage	§ 19 Abs. 1 Satz 1	§ 19 Abs. 1 Satz 2
Regelbedarf und Höhe des Regelsatzes	§ 20 Abs. 2 bis 4	§ 23 Nr. 1
Mehrbedarfe	§ 21	§ 23 Nr. 2 bis 4
Unterkunft und Heizung	§ 22	
Bildung und Teilhabe	§§ 28, 29	
abweichende Leistungen/ einmalige Bedarfe	§ 24	
Sonstiges	§§ 25 bis 27	

Tab. 10 Relevante Fundstellen zur Einkommensanrechnung im SGB II

	Bürgergeld	**Sozialgeld**
Begriff des Einkommens	§ 11 Abs. 1	§ 11 Abs. 1
nicht zu berücksichtigendes Vermögen	§ 11 a	§ 11 a
abzusetzende Beträge	§ 11 b	§ 11 b
Queranrechnung fremden Einkommens	§ 9 Abs. 2 und 5	§ 9 Abs. 2 und 5

Tab. 11 Relevante Fundstellen zur Vermögensanrechnung im SGB II

	Bürgergeld	Sozialgeld
Begriff des Vermögens	§ 12 Abs. 1	§ 12 Abs. 1
abzusetzende Beträge	§ 12 Abs. 2	§ 12 Abs. 2
nicht zu berücksichtigendes Vermögen	§ 12 Abs. 3	§ 12 Abs. 3

Aufgabe

Tobias Otto ist seit dem Jahr 2016 erwerbslos und lebt mit seiner ebenfalls erwerbslosen Frau Kathrin sowie der gemeinsamen Tochter Maja in einer Drei-Zimmer-Wohnung. Sowohl die Wohnfläche als auch die monatlichen Kosten sind laut dem zuständigen Jobcenter angemessen. Die monatliche Grundmiete beträgt 700,00 € für die Bedarfsgemeinschaft. Hinzu kommen 140,00 € anerkannte Nebenkosten und 160,00 € Heizkosten pro Monat.

Wie hoch ist der Anspruch der Familie Otto auf Leistungen nach dem SGB II?

Lösung

Schritt 1: Ermittlung des Bedarfes

Berechnung der Bedarfe für Unterkunft und Heizung/Verteilung der Bedarfe	
Grundmiete	700,00 €
Nebenkosten (anerkannt)	140,00 €
= tatsächliche Aufwendungen	840,00 €
anerkannte Mietkosten	840,00 €
tatsächliche Heizkosten	160,00 €
anerkannte Heizkosten	160,00 €
Summe der anerkannten Bedarfe für Unterkunft und Heizung: 1.000,00 €	

Ausweis der Nebenkosten und Absetzungen:

	Nachgewiesen	Anerkannt
Betriebskosten	140,00 €	140,00 €
Nebenkosten/Absetzungen	140,00 €	140,00 €

Bedarfsfestsetzung i. S. d. § 19ff. SGB II:

	Tobias Otto, *13.06.1982	Kathrin Otto, *24.08.1985	Maja Otto, *15.10.2008
Regelbedarf nach § 20 SGB II	506,00 €	506,00 €	
Regelbedarf nach § 23 SGB II			451,00 €
Mietanteil	233,34 €	233,33 €	233,33 €
Nebenkostenanteil	46,66 €	46,67 €	46,67 €
Heizkostenanteil	53,34 €	53,33 €	53,33 €
Summe Bedarf	**839,34 €**	**839,33 €**	**784,33 €**

Die Summe der festgestellten Bedarfe für die Bedarfsgemeinschaft Otto beträgt insgesamt 2.463,00 €.

Schritt 2: Ermittlung des anzurechnenden Einkommens

	Tobias Otto, *13.06.1982	Kathrin Otto, *24.08.1985	Maja Otto, *15.10.2008
nichtselbstständige Arbeit	520,00 €		
Grundfreibetrag nach § 11 b Abs. 2 SGB II	-100,00 €		
Freibetrag nach § 11 b Abs. 3 SGB II (Erwerbseinkünfte)	-84,00 €		
Kindergeld 1. Kind			255,00 €
Bereinigtes Einkommen	**336,00 €**	**0,00 €**	**255,00 €**

Die Summe des bereinigten Einkommens beträgt insgesamt 591,00 €.

Schritt 3: Einkommensverteilung

	Tobias Otto, *13.06.1982	Kathrin Otto, *24.08.1985	Maja Otto, *15.10.2008
festgestellter Bedarf (Summe aus Schritt 1)	839,34 €	839,33 €	784,33 €
abzgl. bereinigtes Einkommen der Kinder			255,00 €
ungedeckter Bedarf (Summe der Bedarfsgemeinschaft: 2.208,00 €)	839,34 €	839,33 €	529,33 €
Einkommen, welches zur Verteilung auf die Bedarfsgemeinschaft zur Verfügung steht (Summe 336,00 €)	**336,00 €**	**0,00 €**	**0,00 €**

Schritt 4: Ermittlung des Anspruchs

	Tobias Otto, *13.06.1982	Kathrin Otto, *24.08.1985	Maja Otto, *15.10.2008
Ungedeckter Bedarf	839,34 €	839,33 €	529,33 €
abzgl. zugeordnetes Einkommen (Summe aus Schritt 3)	127,19 €	127,19 €	81,62 €
Anspruch	**712,15 €**	**712,14 €**	**447,71 €**

Der Gesamtanspruch der Familie Otto auf monatliche Leistungen zum Lebensunterhalt nach dem SGB II beträgt 1.872,00 €.

II. SGB XII – Sozialhilfe

Wie der Grundsicherung für Arbeitsuchende kommt der Sozialhilfe laut § 1 Satz 1 SGB XII die Aufgabe zu, Leistungsberechtigten ein Leben zu ermöglichen, das der Würde des Menschen entspricht. Hierbei sollen die Leistungsberechtigten – unter entsprechender Mitwirkung – zur Selbsthilfe befähigt werden, die eigene Hilfebedürftigkeit zu überwinden und unabhängig von der Sozialhilfe leben zu können (§ 9 SGB I i.V.m. § 1 SGB XII). Ob die Hilfebedürftigkeit selbst verursacht oder sogar vorsätzlich/fahrlässig verschuldet worden ist, ist unerheblich für die Gewährung von Sozialhilfe (§§ 26, 41 Abs. 4, 103 Abs. 1 SGB XII).[90] Diese greift als existenzsichernde Grundsicherungsleistung nachrangig ein, wenn Betroffene sich weder selbst helfen können durch Einsatz ihrer Arbeitskraft, mit Einkommen/Vermögen oder die erforderliche Hilfe nicht anderweitig, durch Angehörige oder Träger anderer Sozialleistungen, erhalten (Subsidiaritätsgrundsatz des § 9 SGB I i.V.m. § 2 SGB XII).

90 § 41 Abs. 4 SGB XII bestimmt allerdings, dass kein Anspruch auf Leistungen nach dem Vierten Kapitel des SGB XII besteht, wenn der Leistungsberechtigte die sozialhilferechtliche Bedürftigkeit in den letzten zehn Jahren vorsätzlich oder grob fahrlässig herbeigeführt hat. In diesen Fällen findet § 26 SGB XII Anwendung und damit das Dritte Kapitel SGB XII für die Leistungsgewährung.

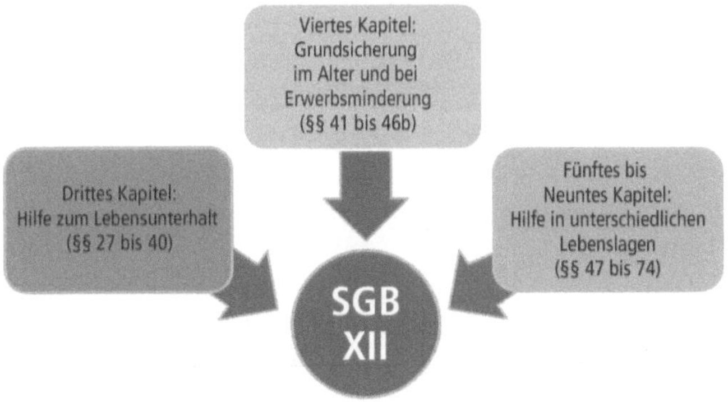

Abb. 21 Leistungen der Sozialhilfe (SGB XII)

Die Leistungen des SGB XII sind, wie in *Abbildung 21* dargestellt, in drei Bereiche mit unterschiedlichen Regelungen abzugrenzen. Das Vierte Kapitel (§§ 41–46 b SGB XII) normiert die *„Grundsicherung im Alter und bei Erwerbsminderung"*. Diese ist gem. § 5 Abs. 2 Satz 2 SGB II gegenüber dem Sozialgeld nach § 19 Abs. 2 Satz 2 SGB II sowie der im Dritten Kapitel (§§ 27–40 SGB XII) des SGB XII geregelten *„Hilfe zum Lebensunterhalt"* vorrangig. Letztere betrifft nur einen eingeschränkten Personenkreis und ist nach § 5 Abs. 2 Satz 1 SGB II i. V. m. § 21 Satz 1 SGB XII ebenso nachrangig zur Grundsicherung für Arbeitsuchende des SGB II und laut § 19 Abs. 2 Satz 2 SGB XII zur Grundsicherung im Alter und bei Erwerbsminderung. Die Kapitel fünf bis neun (§§ 47–74 SGB XII) regeln dagegen die *„Hilfen in unterschiedlichen Lebenslagen"*.

Aufgrund der *Nachrangigkeit der Sozialhilfe* besteht grundsätzlich die Verpflichtung der Leistungsberechtigten, eigenes Einkommen und Vermögen für ihre Bedarfsdeckung einzusetzen.[91] Entsprechende Vorschriften hierzu finden sich in §§ 82–96 SGB XII, wobei ebenfalls Freibeträge (§ 85 SGB XII) und Schonvermögen (§ 90 Abs. 2 SGB XII) zu berücksichtigen sind. Bedingt durch die Nachrangigkeit der Sozialhilfe erfolgen Rückgriffe des Sozialhilfeträgers auf Dritte, wie bei Unterhaltsansprüchen der Leistungsberechtigten gegenüber Angehörigen, die nach §§ 93 ff. SGB XII auf den Träger der Sozialhilfe übergehen und von diesem durchgesetzt werden.

91 *Schaumberg* (Fn. 43), Rn. 375.

1. Leistungsberechtigte

Im Hinblick auf die drei Leistungsbereiche des SGB XII sind auch die Leistungsberechtigten zu differenzieren. § 19 Abs. 1 i.V.m. § 27 SGB XII regelt den leistungsberechtigten Personenkreis für die Hilfe zum Lebensunterhalt, § 19 Abs. 2 i.V.m. § 41 SGB XII für die Grundsicherung im Alter und bei Erwerbsminderung sowie § 19 Abs. 3 SGB XII für die Hilfe in unterschiedlichen Lebenslagen.

Von Leistungen des SGB XII **ausgeschlossen** sind:

- Asylbewerber, da sie Leistungen über das AsylbLG erhalten,
- Auszubildende bzw. Studierende, sofern sie grundsätzlich förderfähig nach dem BAföG sind, und
- erwerbsfähige Leistungsberechtigte.[92]

Hinweis: Vom Leistungsausschluss des § 7 Abs. 2 Satz 2 SGB II betroffene Ausländer gelten als nach dem SGB II Ausgeschlossene und sind bei Hilfebedürftigkeit dem System des SGB XII zugewiesen. Sie können daher Anspruch auf Hilfe zum Lebensunterhalt nach dem Dritten Kapitel des SGB XII haben.[93]

2. Leistungen

2.1 Hilfe zum Lebensunterhalt

§ 19 Abs. 1 SGB XII sichert Personen, die ihren notwendigen Lebensunterhalt nicht oder nicht ausreichend aus eigenen Kräften und Mitteln – insbesondere aus Einkommen und Vermögen – bestreiten können, Hilfe zum Lebensunterhalt zu. Dies betrifft v.a. diejenigen, die *bei Bedürftigkeit keine anderen Leistungsansprüche* haben.[94]

Beispiele

Menschen im erwerbsfähigen Alter, denen vorübergehend keine Erwerbstätigkeit möglich ist, wie Bezieher einer Zeitrente wegen Erwerbsminderung, längerfristig Erkrankte und in Einrichtungen Betreute.

---

92 *Schaumberg* (Fn. 43), Rn. 376.
93 BSG, Urteil vom 03.12.2015 – B 4 AS 44/15 R.
94 *Schaumberg* (Fn. 43), Rn. 378.

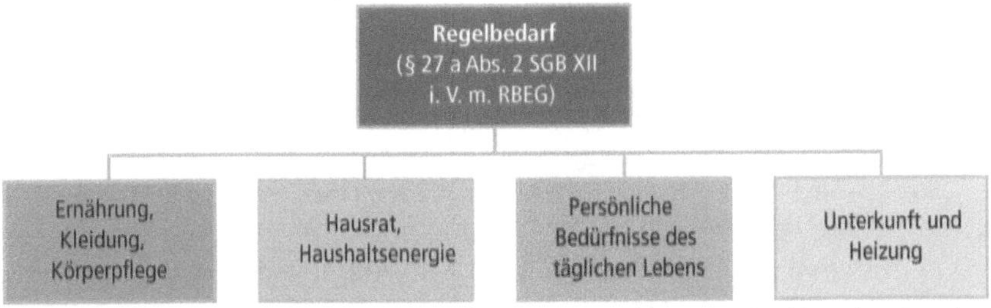

Abb. 22 Zusammensetzung des Regelbedarfs nach § 27 a Abs. 2 SGB XII i. V. m. dem Regelbedarfsgesetz

Wie *Abbildung 22* aufzeigt, sind vom notwendigen Lebensunterhalt nach § 27 a Abs. 1 SGB XII die Ernährung, Kleidung und Körperpflege, der Hausrat und die Haushaltsenergie, die persönlichen Bedürfnisse des täglichen Lebens sowie Unterkunft und Heizung umfasst. Laut § 27 a Abs. 1 Satz 2 SGB XI ist in einem vertretbaren Umfang die Teilhabe am sozialen und kulturellen Leben in der Gemeinschaft eingeschlossen.

Zusammengefasst ergibt dies den *monatlichen Regelbedarf*, zu welchem zusätzlich

- einmalige und mehrmalige Bedarfe (§§ 30–33 SGB XII),
- Bedarfe für Bildung und Teilhabe (§§ 34–34b SGB XII) und
- der Bedarf für Unterkunft und Heizung (§§ 35–36 SGB XII) hinzukommen.

Leistungen in Höhe der tatsächlichen Aufwendungen werden lediglich für den Bedarf für Unterkunft und Heizung erbracht (§ 35 Abs. 1 Satz 1 und Abs. 4 Satz 1 SGB XII).

Bis auf wenige Ausnahmen, bspw. § 27 a Abs. 4 SGB XII, wird der gesamte Bedarf des notwendigen Lebensunterhalts vorrangig als *Geldleistung* in Form von pauschalen Regelsätzen geleistet (§§ 10 Abs. 3 und 27 a Abs. 3 Satz 2 SGB XII). Diese wiederum sind in *Regelbedarfsstufen* unterteilt, welche sich nach § 27 a Abs. 3 SGB XII aus der Anlage zu § 28 SGB XII ergeben.[95] In ihrer Struktur entsprechen die Leistungen der Hilfe zum Lebensunterhalt überwiegend denen des SGB II.

Die Hilfe zum Lebensunterhalt wird jeweils nur hinsichtlich des aktuellen Bedarfs gewährt (§§ 15, 27 a Abs. 4 SGB XII), sodass eine Dauerwirkung nur für den entsprechenden Bewilligungsmonat vorliegt. Durch die Zah-

95 Diese Regelbedarfsstufen müssen laut Urteil des BVerfG vom 09.02.2010 (1 BvL 1/09, BVerfGE 125, 175 ff.) durch Gesetz geregelt und nach den §§ 28 a, 29, 40 SGB XII jährlich fortgeschrieben werden. Die Ermittlung der Regelsatzhöhe richtet sich wie im SGB II nach dem RBEG.

lung im Folgemonat liegt in Form eines Realakts[96] konkludent die Neubewilligung für den Zahlungszeitraum vor.

2.2 Grundsicherung im Alter und bei Erwerbsminderung

Diese Leistungen werden nach § 19 Abs. 2 SGB XII, präzisiert durch § 41 SGB XII, Personen gewährt, die

- ihren **gewöhnlichen Aufenthalt** i. S. d. § 30 Abs. 3 Satz 2 SGB I im **Inland** haben,
- entweder die **(Renten-)Altersgrenze** nach § 41 Abs. 2 SGB XII erreicht haben
- **oder** aber das **18. Lebensjahr vollendet** haben **und** voraussichtlich **dauerhaft,** also länger als neun Jahre (§ 41 Abs. 3 SGB XII i. V. m. § 102 Abs. 3 Satz 5 SGB VI), **voll erwerbsgemindert** i. S. d. § 41 Abs. 3 SGB XII sind und
- ihren **notwendigen Lebensunterhalt nicht oder nicht ausreichend** aus eigenen Kräften und Mitteln, v. a. aus ihrem Einkommen und Vermögen, **bestreiten** können.

Zudem sind gem. § 41 Abs. 3 a SGB XII Volljährige für den Zeitraum leistungsberechtigt, in dem sie das Eingangsverfahren und den Berufsbildungsbereich in einer Werkstatt für behinderte Menschen oder bei einem anderen Leistungsanbieter durchlaufen oder ein Budget für Ausbildung (§ 61 a SGB IX) erhalten.[97]

§ 42 SGB XII regelt den Leistungsumfang der Grundsicherung im Alter und bei Erwerbsminderung, welcher im Wesentlichen den Leistungen der Hilfe zum Lebensunterhalt nach §§ 27 ff. SGB XII entspricht.[98] Sie sind laut § 19 Abs. 2 SGB XII vorrangig. Für einen Bewilligungszeitraum von zwölf Monaten (§ 44 Abs. 1 Satz 1 SGB XII) werden diese Leistungen nach § 18 Abs. 1 SGB XII auf Antrag erbracht. Dies gilt jedoch nur für den Erstantrag; nach Ablauf des Bewilligungszeitraums ist kein Folgeantrag erforderlich.[99]

Das nachfolgende Prüfungsschema stellt die SGB-XII-Leistungsvoraussetzungen dar.

---

96 Als Realakte werden solche Handlungen bezeichnet, die auf einen äußeren Erfolg gerichtet sind, an den Rechtsfolgen vom Gesetz geknüpft werden.

97 *Kokemoor* (Fn. 27), Rn. 405.

98 *Kokemoor* (Fn. 27), Rn. 406.

99 BSG, Urteil vom 29.09.2009 – B 8 SO 13/08 R; BSGE 104, 207 ff.

Leistungsvoraussetzungen für Unterstützung nach dem SGB XII

Träger: Örtliche und überörtliche Träger nach §§ 3, 97, 98 SGB XII

I. Nachrang der öffentlichen Fürsorge

1. *Grundsätze*
   a. Nachrangigkeit gem. § 2 SGB XII,
   b. Einstehensgemeinschaft (§§ 19, 27 Abs. 2, 43 Abs. 1 SGB XII),
   c. Haushaltsgemeinschaft (§ 39 SGB XII)
2. *Eigenmittel*
   a. Einkommen (§ 82 SGB XII) sowie zweckgleiche Leistungen (§ 83 SGB XII)
   b. Vermögen § 90 i. V. m. der VO zur Durchführung des § 90 Abs. 2 Nr. 9 SGB XII
   c. sonstige Instrumente: Einschränkung der Leistung (§ 26 SGB XII), Anspruchsübergang (§§ 93, 94 SGB XII), Kostenersatz (§§ 102 ff. SGB XII)

II. Unterhaltsleistungen

1. *Grundsätzliche Anspruchsberechtigung (§ 17 SGB XII)*
2. *Hilfe zum Lebensunterhalt – Voraussetzungen*
   a. grundsätzlicher Umfang und Festlegung durch Regelsätze (§ 27 a SGB XII)
   b. abweichende Festlegung (§ 27 a Abs. 4 SGB XII)
   c. notwendiger Lebensunterhalt in Einrichtungen (§ 27 b SGB XII)
   d. Festlegung und Fortschreibung von Regelbedarfen (§§ 28, 28 a, 29 SGB XII)
   e. Mehrbedarf (§ 30 SGB XI)
   f. einmalige Bedarfe § 31 (SGB XII)
   g. Beiträge für die private Kranken- und Pflegeversicherung (§ 32 SGB XII) und Vorsorge (§ 33 SGB XII)
   h. Bedarfe für Bildung und Teilhabe
   aa. Ausflüge/Klassenfahrten, Schülerbeförderung, Lernförderung, Mittagessen in der Schule, Kulturpauschale in Höhe von 15,00 € (§ 34 SGB XII)
   bb. Erbringung durch Gutscheine und Direktzahlungen (§ 34 a SGB XII)
   i. Einzelfall – Sonderbedarf (§ 37 SGB XII)
   j. Unterkunft und Heizung (§ 35 SGB XII), Angemessenheit der Kosten auch durch kommunale Satzung bestimmbar (§ 35 b SGB XII)
   k. Übernahme von Mietschulden
3. *Grundsicherung im Alter und bei Erwerbsminderung (§§ 41 ff. SGB XII)*
   a. Voraussetzungen

b. Leistungen (§ 42 SGB XII)

c. Besonderheiten beim Einsatz von Einkommen und Vermögen (§§ 43, 94 Abs. 1 SGB XII)

III. Besondere Leistungen der Kapitel 5 bis 9

1. *Leistungsvoraussetzungen und Leistungen (§§ 47 bis 74 SGB XII)*

2. *Nachrangigkeit (Prüfung hier ausnahmsweise nach den Leistungen; Einkommenseinsatz ist von der einschlägigen Leistung abhängig)*

a. Einkommen (§§ 82, 83 SGB XII)

aa. Einkommensgrenze (§ 85 SGB XII)

bb. Einkommen unter der Einkommensgrenze (§ 88 SGB XII)

cc. Einkommensberechnung bei mehrfachem Bedarf (§ 89 SGB XII)

dd. Sonderregelung zum Einkommenseinsatz bei Leistungen für Hilfebedürftige ohne eigene Wohnung (§ 92 SGB XII)

b. Vermögen (§ 90 SGB XI; *Prüfung siehe Hilfe zum Lebensunterhalt*)

c. Besonderheiten beim Anspruchsübergang (§ 94 Abs. 2 SGB XII)

IV. Beratung/Unterstützung (§§ 10 Abs. 2, 11, 12 SGB XII)

V. Ergänzung des sozialhilferechtlichen Leistungsangebots; Leistungserbringerrecht (§ 5 Abs. 3, §§ 75 bis 81 SGB XII)

Die nachfolgenden *Tabellen 12, 13 und 14* geben einen Überblick über relevante Fundstellen für die Bedarfsermittlung, die Einkommens- sowie Vermögensanrechnung im SGB XII.

Tab. 12 Relevante Fundstellen für die Bedarfsermittlung im SGB XII

	Grundsicherung im Alter und bei Erwerbsminderung	Hilfe zum Lebensunterhalt
Anspruchsgrundlage	§ 41 Abs. 1 und 2 (Alter) § 41 Abs. 1 und 3 (Erwerbsminderung)	§ 27 Abs. 1
Regelbedarf und Höhe des Regelsatzes	§ 42 Nr. 1 i. V. m. der Anlage zu § 28	§ 27 a Abs. 1 und 2 i. V. m. der Anlage zu § 28
Mehrbedarfe	§ 42 Nr. 2 i. V. m. § 30	§ 30
Unterkunft und Heizung	§ 42 Nr. 4 i. V. m. § 35	§ 35
Bildung und Teilhabe	§ 42 Nr. 3 i. V. m. § 34	§ 34
abweichende Leistungen/ einmalige Bedarfe	§ 42 Nr. 2 i. V. m. § 31 § 42 Nr. 5 i. V. m. § 37	§ 31 § 37
Sonstiges	§ 42 Nr. 2 i. V. m. §§ 32 und 33	§§ 32 und 33

Tab. 13 Relevante Fundstellen zur Einkommensanrechnung im SGB XII

	Grundsicherung im Alter und bei Erwerbsminderung	Hilfe zum Lebensunterhalt
Begriff des Einkommens	§ 41 Abs. 1 i. V. m. § 82 Abs. 1	§ 27 i. V. m. § 82 Abs. 1
nicht zu berücksichtigendes Vermögen	§§ 82 Abs. 1, 83 und 84	§§ 82 Abs. 1, 83 und 84
abzusetzende Beträge	§ 82 Abs. 2 und 3	§ 82 Abs. 2 und 3
Queranrechnung fremden Einkommens	§§ 39 und 43	§ 39

Tab. 14 Relevante Fundstellen zur Vermögensanrechnung im SGB XII

	Grundsicherung im Alter und bei Erwerbsminderung	Hilfe zum Lebensunterhalt
Begriff des Vermögens	§ 90 Abs. 1	§ 90 Abs. 1
abzusetzende Beträge	§ 90 Abs. 3	§ 90 Abs. 3
nicht zu berücksichtigendes Vermögen	§ 90 Abs. 2	§ 90 Abs. 2

2.3 Hilfe in unterschiedlichen Lebenslagen

Die Regelungen des Fünften bis Neunten Kapitels des SGB XII (§§ 47–74) beziehen sich auf Hilfen, die in *besonderen Bedarfssituationen des Lebens* zum Tragen kommen und in den nachfolgenden Prüfungsschemata sowohl in Bezug auf die Leistungsvoraussetzungen als auch den Einkommenseinsatz aufgegliedert sind. Hierunter fallen etwa die *Hilfen zur Gesundheit* (§§ 47–52 SGB XII), welche im Wesentlichen den Leistungen der gesetzlichen Krankenversicherung entsprechen (§ 53 Abs. 1 SGB XII), jedoch durch den Auffangtatbestand des § 5 Abs. 1 Nr. 13 SGB V mit der Krankenversicherungspflicht sowie die Übernahme der Krankenbehandlung durch nicht Versicherungspflichtige nach § 264 SGB V eher selten Anwendung finden.[100]

Aufgrund des demografischen Wandels und zunehmender Altersarmut ist die **Hilfe zur Pflege** (§§ 61–66 SGB XII) von praktischer sowie finanzieller Relevanz.

Diese wird **ergänzend** in Fällen gewährt, in denen die Leistungen der sozialen Pflegeversicherung (SGB XI) nicht ausreichen, um den Pflegebedarf vollständig abzudecken oder eine Pflegebedürftigkeit voraussichtlich nicht für mindestens sechs Monate besteht und daher keine Leistungen nach SGB XI gewährt werden können.

100 *Kokemoor* (Fn. 27), Rn. 407.

Auf Personen, die sich in besonderen, mit sozialen Schwierigkeiten verbundenen Lebensverhältnissen befinden und diese nicht aus eigener Kraft überwinden können, finden die *Hilfen zur Überwindung besonderer sozialer Schwierigkeiten* (§§ 67–69 SGB XII) Anwendung. Erforderliche Dienstleistungen werden ohne Berücksichtigung von Einkommen oder Vermögen erbracht.

Beispiele

Obdachlose oder Strafgefangene.

Von der die **atypischen Einzelfälle regelnden Hilfe in anderen Lebenslagen** (§§ 70–74 SGB XII) sind die

- Hilfe zur Weiterführung des Haushalts,
- Alten- und Blindenhilfe sowie
- die Übernahme von Bestattungskosten

umfasst.

Anspruch auf Leistungen nach den Kapiteln 5 bis 9 SGB XII

Anspruchsgrundlage: § 19 Abs. 3 SGB XII

Voraussetzungen:

1. Bedarf nach Kapitel 5 bis 9
   - Kapitel 5: Hilfen zur Gesundheit
   - Kapitel 6: Weggefallen (Eingliederungshilfe für behinderte Menschen = SGB IX)
   - Kapitel 7: Hilfe zur Pflege
   - Kapitel 8: Hilfe zur Überwindung besonderer schwieriger Lebenslagen
   - Kapitel 9: Hilfe in anderen Lebenslagen
2. eigene Aufbringung der Mittel ist nicht zumutbar
3. Einkommen oder Vermögen des Leistungsberechtigten, der nicht getrenntlebenden Ehegatten/Lebenspartner, der eheähnlichen Gemeinschaft (§ 20 SGB XII) sowie der Eltern bei unverheirateten Minderjährigen kommen in Betracht.

Prinzip des Einkommenseinsatzes bei Bedarfen nach Kapitel 5 bis 9 des SGB XII

Schritt 1: Ermittlung des bereinigten Einkommens
- Wessen Einkommen ist einzusetzen?
- Ist Einkommen i. S. d. § 82 Abs. 1 Satz 1 SGB XII vorhanden?
- Ist dieses Einkommen berücksichtigungsfähig (§§ 83 und 84 SGB XII)?
- Sind Absetzungen von diesem Einkommen vorzunehmen (§ 82 Abs. 2 und 3 SGB XII i. V. m. der DV zu § 82 SGB XII)?

Schritt 2: Ermittlung einer Einkommensgrenze (§ 85 SGB XII)

Zusammensetzung aus:
- Grundbetrag
- Kosten der Unterkunft
- Familienzuschlag

Schritt 3: Ermittlung des zumutbar einsatzfähigen Einkommens
- in der Regel nur Einkommen oberhalb der Einkommensgrenze
- dieses Einkommen nur in einem angemessenen Umfang (§ 87 SGB XII)
- unterhalb der Einkommensgrenze nur in den in § 88 SGB XII genannten Fällen

3. Träger

Der örtliche Träger der Sozialhilfe ist für die Erbringung der Sozialhilfe nach § 97 Abs. 1 SGB XII *sachlich zuständig.* Hierbei handelt es sich laut § 3 Abs. 2 SGB XII regelmäßig um die *kreisfreien Städte und Landkreise,* wobei das jeweilige Landesrecht hiervon Ausnahmen vorsehen kann. Ebenfalls bestimmt von den Ländern sind die überörtlichen Träger mit jeweiliger Zuständigkeit, die Zuständigkeit für die Bedarfe der Bildung und Teilhabe sowie die Grundsicherung im Alter und bei Erwerbsminderung (§§ 3 Abs. 3, 97 Abs. 2 und Abs. 3, 34 c, 46 b SGB XII). Die *örtliche Zuständigkeit* richtet sich nach dem *tatsächlichen Aufenthaltsort* der Leistungsberechtigten (§§ 98 Abs. 1 Satz 1 und 46 b Abs. 3 SGB XII).

III. SGB IX – Rehabilitation und Teilhabe von Menschen mit Behinderungen

In einer Vielzahl sozialrechtlicher Gesetze und in allen Zweigen der Sozialversicherung finden sich Vorschriften für Leistungen zur Rehabilitation und Teilhabe von Menschen mit Behinderung oder von Behinderung bedrohten Menschen.[101]

In Abwendung vom Fürsorgegedanken wird mit dem seit 01.07.2001 geltenden **SGB IX** primär die **Zielsetzung** verfolgt, die **Teilhabe und Selbstbestimmung der Menschen mit Behinderungen je nach Bedarf zu unterstützen, zu ermöglichen oder zu fördern.**

Das SGB IX dient als „Allgemeiner Teil des Rehabilitationsrechts"[102] der Angleichung sowie Bündelung der verstreuten Vorschriften und Leistungen der verschiedenen Sozialgesetze. Von der Systematik her handelt es sich beim Rehabilitationsrecht um ein gegliedertes System der sozialen Sicherung, in welchem das SGB IX und die Leistungsgesetze der jeweiligen Rehabilitationsträger zusammenspielen.[103] Durch das Bundesteilhabegesetz (BTHG) wurde der Paradigmenwechsel in der Behindertenpolitik fortgesetzt. Dieses fasste das SGB IX zum 01.01.2018 neu und gliederte es in drei Teile, wie *Abbildung 23* aufzeigt.

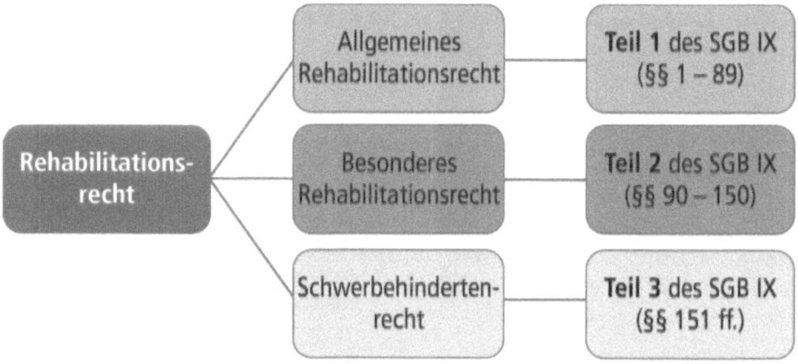

Abb. 23 Gliederung des Rehabilitationsrechts nach den Teilen 1 bis 3 im SGB IX

Im Allgemeinen *Teil 1* des SGB IX (§§ 1–89) finden sich „Regelungen für Menschen mit Behinderung und von Behinderung bedrohten Menschen".

101 *Kokemoor* (Fn. 27), Rn. 433.
102 *Muckel/Ogorek/Rixen*, Sozialrecht, 5. Aufl. 2018, § 15 Rn. 53.
103 *Schaumberg* (Fn. 43), Rn. 390.

Diese Vorschriften gelten für den gesamten Teil des Rehabilitationsrechts, soweit sich aus den für den jeweiligen Rehabilitationsträger geltenden Leistungsgesetzen nichts Abweichendes ergibt (§ 7 Abs. 1 Satz 1 SGB IX). Dieser Teil vermittelt keine Leistungsansprüche. Ein konkreter Anspruch auf konkrete Rehabilitationsleistungen muss sich aus dem SGB ergeben, welches für den zuständigen Rehabilitationsträger gilt.

Eine der wichtigsten **Neuregelungen des BTHG** ist die **Herauslösung der zuvor im SGB XII befindlichen Eingliederungshilfe** – besondere Leistungen zur selbstbestimmten Lebensführung – aus dem Fürsorgesystem des SGB XII.

Seit 01.01.2020 bildet die durch den Rehabilitationsträger erbrachte Eingliederungshilfe *Teil 2* des SGB IX (§§ 9–150). Mit diesem sind eigenständige Leistungsansprüche verbunden, weshalb es insoweit als Leistungsgesetz anzusehen ist (§ 7 Abs. 1 Satz 3 SGB IX). Die §§ 9 bis 24 SGB IX haben Vorrang gegenüber den verschiedenen Leistungsgesetzen (§ 7 Abs. 2 SGB IX) und gelten somit zwingend für alle Träger der Eingliederungshilfe. Diese sind nach § 6 Abs. 1 Nr. 7 SGB IX Rehabilitationsträger, weshalb Leistungsansprüche gegen sie auf der Grundlage des SGB XII geltend zu machen sind.

Die *besonderen Regelungen zur Teilhabe schwerbehinderter Menschen* (Schwerbehindertenrecht) wurden in den neuen *Teil 3* des SGB IX (§§ 151 ff.) überführt.

1. Grundprinzipien

Um **Nachteile, die mit einer Behinderung verbunden sind, zu verringern oder zu verhindern,** wird Betroffenen besondere Unterstützung durch die Gesellschaft zuteil.[104]

Unabhängig von der Ursache haben Menschen mit körperlicher, geistiger oder seelischer Behinderung oder denen eine solche droht, zur Förderung ihrer Selbstbestimmung und gleichberechtigten Teilhabe nach § 10 SGB I, ein Recht auf Hilfe. Diese soll laut § 4 Abs. 1 SGB IX dazu dienen,

1. die Behinderung abzuwenden, zu beseitigen, zu mindern, ihre Verschlimmerung zu verhüten oder ihre Folgen zu mildern,

---

104 *Schaumberg* (Fn. 43), Rn. 389.

2. Einschränkungen der Erwerbsfähigkeit oder Pflegebedürftigkeit zu vermeiden, zu überwinden, zu mindern oder eine Verschlimmerung zu verhüten sowie den vorzeitigen Bezug von Sozialleistungen zu vermeiden oder laufende Sozialleistungen zu mindern,
3. ihnen einen ihren Neigungen und Fähigkeiten entsprechenden Platz im Arbeitsleben zu sichern,
4. ihre Entwicklung zu fördern und ihre Teilhabe am Leben in der Gesellschaft und eine möglichst selbstständige und selbstbestimmte Lebensführung zu ermöglichen oder zu erleichtern sowie
5. Benachteiligungen aufgrund der Behinderung entgegenzuwirken.

2. Begriffsbestimmungen

Das Rehabilitationsrecht kommt beim Vorliegen oder Drohen einer Behinderung zur Anwendung – siehe auch *Abbildung 24.* § 2 Abs. 1 Satz 1 SGB IX bestimmt, dass Menschen mit *Behinderungen „körperliche, seelische, geistige oder Sinnesbeeinträchtigungen haben, die sie in Wechselwirkung mit einstellungs- und umweltbedingten Barrieren an der gleichberechtigten Teilhabe an der Gesellschaft mit hoher Wahrscheinlichkeit länger als sechs Monate hindern können"*.

Dagegen besteht nach § 2 Abs. 1 Satz 2 SGB IX eine *Beeinträchtigung* i. S. d. § 2 Abs. 1 Satz 1 SGB IX, wenn *„der Körper- und Gesundheitszustand von dem für das Lebensalter typischen Zustand abweicht"*. Menschen sind nach § 2 Abs. 1 Satz 3 SGB IX *von einer Behinderung bedroht*, wenn die Beeinträchtigung zu erwarten ist. *Schwerbehindert* sind sie nach § 2 Abs. 2 SGB IX, wenn bei ihnen

1. ein Grad der Behinderung (GdB) von wenigstens 50 vorliegt und
2. sie ihren Wohnsitz, gewöhnlichen Aufenthalt oder Beschäftigung auf einem Arbeitsplatz i. S. d. § 73 SGB IX rechtmäßig im Geltungsbereich des SGB IX haben.

Das Feststellungsverfahren für den GdB richtet sich nach § 152 SGB IX i. V. m. der Verordnung zur Durchführung des § 1 Abs. 1 und 3, des § 30 Abs. 1 und des § 35 Abs. 1 des Bundesversorgungsgesetzes (BVG).

Die Vorschriften des Schwerbehindertenrechts gelten zudem auch für *Gleichgestellte* (§ 151 Abs. 1 SGB IX). Behinderte Menschen mit einem GdB von weniger als 50, aber wenigstens 30, bei denen die übrigen Voraussetzungen des § 2 Abs. 2 SGB IX vorliegen, sollen laut § 2 Abs. 3 SGB IX Schwerbehinderten gleichgestellt werden, wenn sie infolge ihrer Behinderung ohne die

Gleichstellung einen geeigneten Arbeitsplatz i. S. d. § 156 SGB IX nicht erlangen oder behalten können.

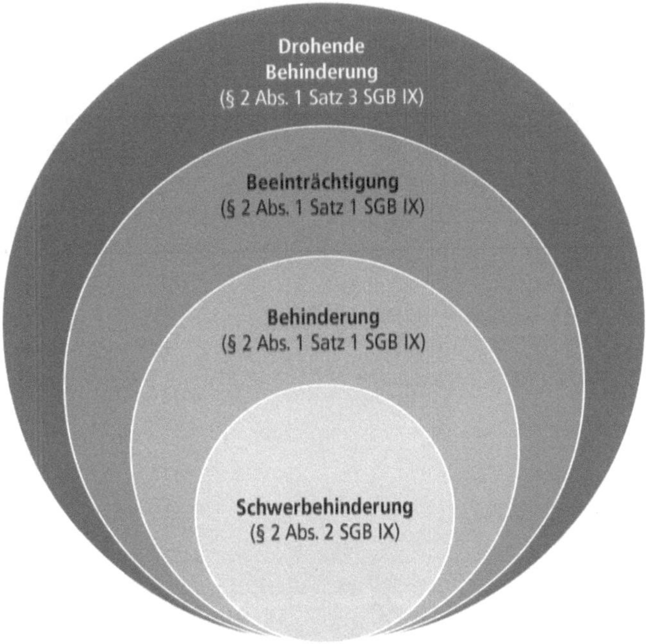

Abb. 24 Begriffsbestimmungen zur Behinderung, Beeinträchtigung, drohenden Behinderung und Schwerbehinderung

3. Leistungen der Rehabilitation und Teilhabe sowie Rehabilitationsträger

§ 29 Abs. 1 SGB I benennt die – wie *Abbildung 25* aufzeigt – Rehabilitations- und Teilhabeleistungen sowie die hierfür zuständigen Stellen. Hierbei handelt es sich um die in den Kapiteln 9 bis 13 des SGB IX wiederzufindenden und nach § 5 unterteilten fünf Gruppen:

1. Leistungen zur **medizinischen Rehabilitation** (§§ 42 ff.) wie Heilbehandlung, Psychotherapie, stufenweise Wiedereingliederung und Frühförderung,
2. Leistungen zur **Teilhabe am Arbeitsleben** (§§ 49 ff.) wie Hilfen zur Erhaltung oder Erlangung eines Arbeitsplatzes, Eingliederungszuschüsse für Arbeitgeber oder Kraftfahrzeughilfe nach der Kraftfahrzeughilfe-Verordnung,

3. **Unterhaltssichernde und andere ergänzende Leistungen** (§§ 64 ff.) wie Krankengeld, Übergangsgeld, Ausbildungsgeld, Haushaltshilfe oder Kinderbetreuungskosten,
4. Leistungen zur **Teilhabe an Bildung** (§ 75) wie Hilfen zur Schulbildung oder hochschulischen beruflichen Weiterbildung,
5. Leistungen zur **sozialen Teilhabe** (§§ 76 ff.) wie heilpädagogische Leistungen für noch nicht eingeschulte Kinder, Hilfen zur Förderung der Verständigung oder Assistenzleistungen für allgemeine Erledigungen des Alltags.

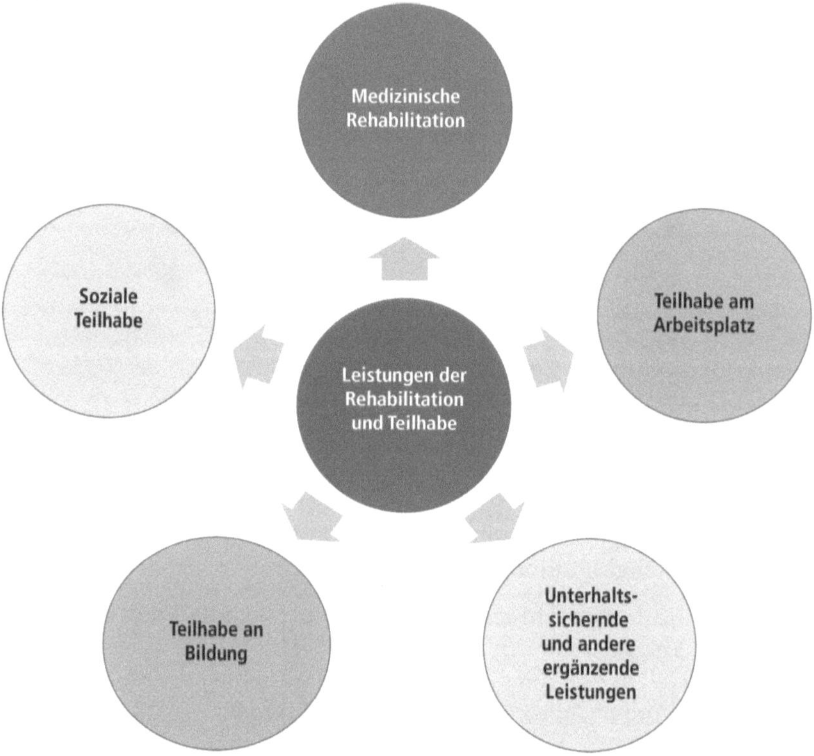

Abb. 25 Leistungen der Rehabilitation und Teilhabe

Die Differenzierung der Rehabilitations- und Teilhabeleistungen ist nicht nur hinsichtlich deren Art, Umfang und Inhalt relevant, sondern auch für die in § 6 SGB IX benannte Zuständigkeit der Rehabilitationsträger. Nach § 5 SGB IX kann diesen die in *Tabelle 15* ersichtliche Zuständigkeit der Leistungsgruppen zugeordnet werden.

Tab. 15 Zuständigkeit der Leistungsgruppen

Rehabilitationsträger	Medizinische Rehabilitation	Teilhabe am Arbeitsleben	Soziale Teilhabe	Unterhaltssichernde und andere ergänzende Leistungen	Teilhabe an Bildung
Gesetzliche Krankenkassen	x			x	
Gesetzliche Rentenversicherung	x	x		x	
Alterssicherung der Landwirte	x			x	
Gesetzliche Unfall-Versicherung	x	x	x	x	x
Bundesagentur für Arbeit		x		x	
Träger der öffentlichen Jugendhilfe	x	x	x		x
Träger der Eingliederungshilfe	x	x	x		x
Träger der Kriegsopferversorgung und Kriegsopferfürsorge	x	x	x	x	x
Integrationsamt als Sozialleistungsträger		x			

Für die Bestimmung des zuständigen Rehabilitationsträgers ist § 14 SGB IX heranzuziehen. Dieser gibt in Abs. 1 vor, dass allen Rehabilitationsträgern die *Pflicht* auferlegt wird, *innerhalb einer zweiwöchigen Frist – nach Antragsstellung – die Zuständigkeit zu klären.* Verstreicht diese Frist ohne Prüfungsergebnis, wird nach § 14 Abs. 2 Satz 1 SGB IX der Träger automatisch – trotz möglicher Unzuständigkeit – für die Leistungserbringung zuständig. Er hat innerhalb von drei Wochen nach Antragseingang über diesen auf der Basis aller Leistungsgesetze der Rehabilitationsträger zu entscheiden (§ 14 Abs. 2 Satz 2 und 3 SGB IX). Wenn der Rehabilitationsträger innerhalb der Prüfungsfrist zu dem Ergebnis kommt, dass er nicht zuständig ist, leitet er den Antrag an den nach seiner Prüfung zuständigen Träger weiter. Dieser erhält nun die Zuständigkeit und muss innerhalb von drei Wochen nach Erhalt des Antrags entscheiden (§ 14 Abs. 2 Satz 4 SGB IX). Sofern er jedoch ebenfalls nach seinem Leistungsgesetz nicht zuständig ist, eröffnet § 14 Abs. 3 SGB IX ausnahmsweise die Möglichkeit, den Antrag an den nach seiner Auffassung zuständigen Träger weiterzuleiten. Vorausgesetzt ist das Einvernehmen mit diesem; eine andere Weiterleitungsmöglichkeit ist nicht vorgesehen.[105]

4. Eingliederungshilfe

Aufgabe der Eingliederungshilfe ist nach § 90 Abs. 1 Satz 1 SGB IX, Leistungsberechtigten eine **individuelle Lebensführung zu ermöglichen**, welche der Würde des Menschen entspricht, und die volle, wirksame und gleichberechtigte Teilhabe am Leben in der Gesellschaft zu fördern.

Durch die Überleitung der Eingliederungshilfe aus dem SGB XII in das SGB IX wurden die Fachleistungen der Eingliederungshilfe nach SGB IX (§§ 90 Abs. 2–5, 102 Abs. 1 SGB IX) von den existenzsichernden Leistungen nach SGB XII getrennt.[106] Damit wird die **Eingliederungshilfe** nun **unabhängig von der Wohnform** gewährt.

Leistungsberechtigt sind gem. § 99 Abs. 1 SGB IX Menschen mit einer *„wesentlichen Behinderung“* und Menschen, die von einer solchen bedroht sind. § 2 Abs. 1 Satz 1 und 2 SGB IX gibt hierbei vor, dass eine Behinderung wesentlich ist, wenn sie Menschen mit Behinderung im Sinne einer gleichberechtigten Teilhabe an der Gesellschaft wesentlich einschränkt.

Leistungen der Eingliederungshilfe werden **nur auf Antrag sowie nachrangig gewährt** (§ 108 Abs. 1 i. V. m. § 91 Abs. 1 SGB IX).

§ 93 SGB IX regelt hierbei das Verhältnis zu den ebenfalls nachrangig gewährten Leistungen nach SGB XII und SGB II. Leistungsberechtigte haben laut § 140 Abs. 1 SGB IX vor der Inanspruchnahme von Leistungen der Eingliederungshilfe das *eigene Vermögen einzusetzen*; Ehe- oder Lebenspartner werden nicht herangezogen. Zudem ist gem. § 137 Abs. 1 SGB IX ein *Beitrag aus dem eigenen Einkommen* aufzubringen, welcher jedoch anhand der finanziellen Leistungsfähigkeit bemessen wird und sich an den Freibetragsgrenzen der jährlichen Bezugsgröße der Sozialversicherung orientiert.

---

105 *Schaumberg* (Fn. 43), Rn. 395.

106 *Kokemoor* (Fn. 27), Rn. 436 a.

5. Schwerbehindertenrecht

Besondere Regelungen zur Teilhabe schwerbehinderter und ihnen gleichgestellten Menschen finden sich mit §§ 151 ff. in Teil 3 des SGB IX. Das Schwerbehindertenrecht ist im Wesentlichen nicht Sozialrecht, sondern **Teil des Arbeitsrechts.**[107]

Bspw. ist Arbeitgebern durch § 164 Abs. 2 SGB IX jegliche Benachteiligung schwerbehinderter Beschäftigter wegen ihrer Behinderung verboten. Daneben kommt dem Sonderkündigungsschutz schwerbehinderter Menschen besondere Bedeutung zu. Grundsätzlich ist nach § 168 SGB IX i. V. m § 134 BGB jede Kündigung des Arbeitsverhältnisses eines Schwerbehinderten nichtig, wenn nicht das Integrationsamt vorher der Kündigung zustimmt. Zudem sind schwerbehinderte Menschen laut § 207 SGB IX auf Wunsch von Mehrarbeit freizustellen und haben nach § 208 Abs. 1 SGB IX einen Anspruch auf fünf Arbeitstage Zusatzurlaub im Jahr. Besondere Pflichten treffen gem. § 165 SGB IX öffentliche Arbeitgeber bei schwerbehinderten Personen.

Beispiel

Die Pflicht, Bewerber, deren Ungeeignetheit nicht offensichtlich ist, zu einem Vorstellungsgespräch einzuladen.

Regelungen zu den besonderen Vertretungen von Schwerbehinderten in Betrieben oder Dienststellen finden sich in den §§ 176 bis 183 SGB IX. Die Pflicht von Arbeitgebern zur Beschäftigung von schwerbehinderten Menschen sowie die Ausgleichsabgabe, die bei Nichterfüllung dieser Pflicht zu zahlen ist, werden in §§ 154 bis 162 SGB IX geregelt. Neben diesen arbeitsrechtlichen Vorschriften enthält der dritte Teil des SGB X auch Regelungen über die Feststellung der Behinderung (§ 152 SGB IX), die unentgeltliche Beförderung im öffentlichen Personennahverkehr (§§ 228–237 SGB IX) und über Werkstätten für behinderte Menschen (§§ 219–227 SGB IX). Im Streitfall entscheiden die Sozialgerichte.

IV. SGB VIII – Kinder- und Jugendhilfe

Mit dem SGB VIII ist das *eigenständige Recht* der Kinder- und Jugendhilfe geregelt, welches soziale Gerechtigkeit als Aufgabe und Ziel des SGB nur verwirklicht sieht, wenn jeder auf die gleichen Voraussetzungen zur freien Entfaltung seiner Persönlichkeit trifft – siehe nachfolgend auch *Abbildung 26.*[108]

---

107 *Eichenhofer* (Fn. 29), Rn. 531.
108 *Schaumberg* (Fn. 43), Rn. 384.

Junge Menschen und Personensorgeberechtigte haben daher laut § 8 SGB I das Recht, Leistungen der öffentlichen Jugendhilfe *beim Auftreten von Erziehungs- bzw. Entwicklungsmangellagen* in Anspruch zu nehmen.

Diese Leistungen sollen nach § 1 SGB VIII die **Entwicklung junger Menschen fördern und die Erziehung in der Familie unterstützen sowie ergänzen**. Beim Jugendhilferecht handelt es sich um **kein typisches Sozialleistungsgesetz,** da in erster Linie keine Geld- oder geldwerten Sach-/Dienstleistungen erbracht werden.[109]

Es handelt sich überwiegend um **monetär schwer zu bewertende persönliche Hilfen und Förderangebote,** die den Erziehungsberechtigten zum Wohle des Kindes oder jungen Menschen unmittelbar angeboten werden (§ 27 Abs. 1 SGB I i. V. m. § 2 Abs. 2 SGB VIII).

Die Pflege und Erziehung der Kinder sind natürliches Recht der Eltern aus Art. 6 Abs. 2 GG, aber auch deren zuerst obliegende Pflicht.[110] Die staatliche Gemeinschaft wacht über deren Betätigung und kann notfalls mit staatlicher Gewalt entsprechende Schutzpflichten des SGB VIII durchsetzen. Über die Jugendarbeit und Jugendsozialarbeit versucht das Jugendhilferecht förderorientiert gleiche Entfaltungsmöglichkeiten zu schaffen (§§ 11, 13 SGB VIII). Diese *Leistungen gehen denen nach SGB II, IX und XII grundsätzlich vor* (§ 10 Abs. 3 Satz 1, Abs. 4 Satz 1 SGB VIII); die Sicherung des Lebensunterhalts junger Menschen wird nach SGB II oder XII erbracht.

Die öffentlichen Träger der Jugendhilfe haben die Aufgabe, eine ausreichende Infrastruktur an Förder- und Hilfsangeboten vorzuhalten.[111] Nur im Ausnahmefall kann eine Übertragung der *„anderen Aufgaben der Jugendhilfe"*, welche nach § 3 Abs. 3 Satz 1 SGB VIII regelmäßig von den Trägern der öffentlichen Jugendhilfe wahrgenommen werden, auf freie Träger stattfinden. Hierzu bedarf es laut § 3 Abs. 3 Satz 2 SGB VIII einer ausdrücklichen gesetzlichen Ermächtigung wie in § 76 SGB VIII oder § 2 Abs. 2 des Adoptionsvermittlungsgesetzes (AdVermiG).

§ 5 SGB VIII spricht den Leistungsberechtigten ein *Wunsch- und Wahlrecht* zwischen Einrichtungen und Diensten verschiedener Träger und bei der Gestaltung der Hilfe zu. Sofern dies nicht mit unverhältnismäßig hohen Mehrkosten verbunden ist, soll der Wahl und den Wünschen der Leistungsberechtigten entsprochen werden.

---

109 *Kokemoor* (Fn. 27), Rn. 416.

110 *Schaumberg* (Fn. 43), Rn. 384.

111 *Schaumberg* (Fn. 43), Rn. 385.

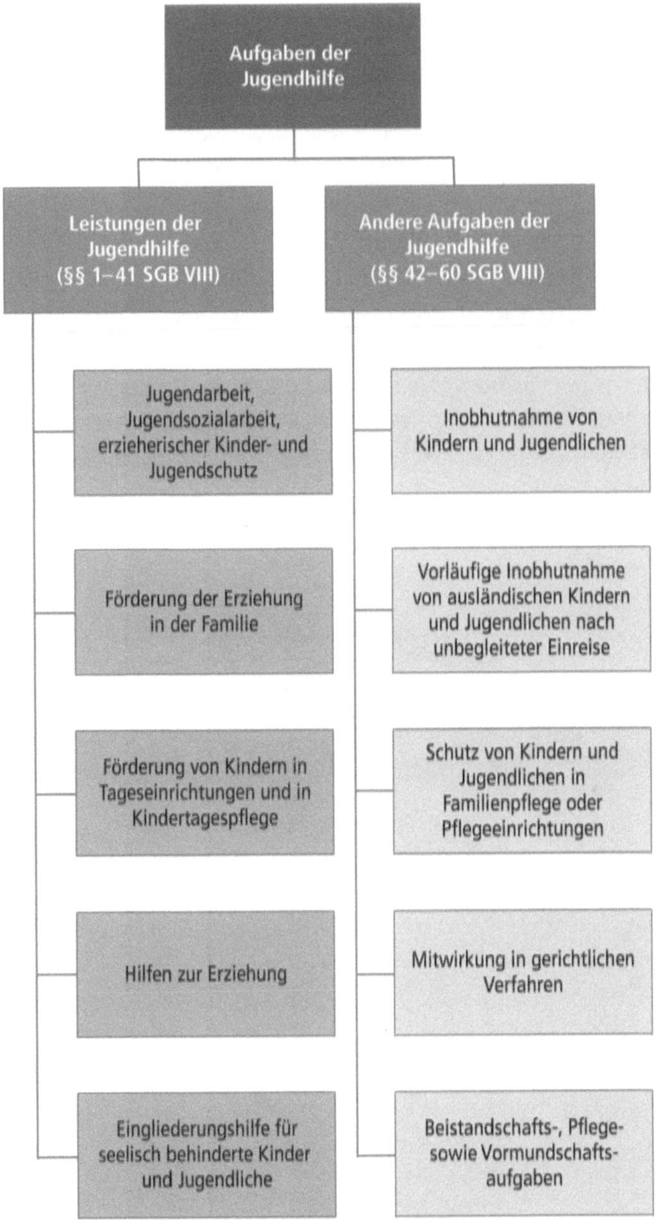

Abb. 26 Aufgaben der Jugendhilfe nach dem SGB VIII

1. Leistungen der Kinder- und Jugendhilfe

§ 6 SGB VIII enthält den Anwendungsbereich des Gesetzes, wozu sich ergänzende Definitionen über die unterschiedlichen Begrifflichkeiten in § 7 SGB VIII finden – wie *Abbildung 27* aufzeigt. Diese stimmen teilweise nicht mit Begriffsdefinitionen anderer Sozialgesetzbücher überein. Nach § 7 Abs. 1 SGB VIII ist:

- **Kind**, wer noch nicht 14 Jahre alt ist,
- **Jugendlicher**, wer 14, aber noch nicht 18 Jahre alt ist,
- **junger Volljähriger**, wer 18, aber noch nicht 27 Jahre alt ist,
- **junger Mensch**, wer noch nicht 27 Jahre alt ist,
- **Personensorgeberechtigter**, wem allein oder gemeinsam mit einer anderen Person nach den Vorschriften des BGB die Personensorge zusteht,
- **Erziehungsberechtigter**, der Personensorgeberechtigte und jede sonstige Person über 18 Jahre, soweit sie aufgrund einer Vereinbarung mit dem Personensorgeberechtigten nicht nur vorübergehend und nicht nur für einzelne Verrichtungen Aufgaben der Personensorge wahrnimmt.

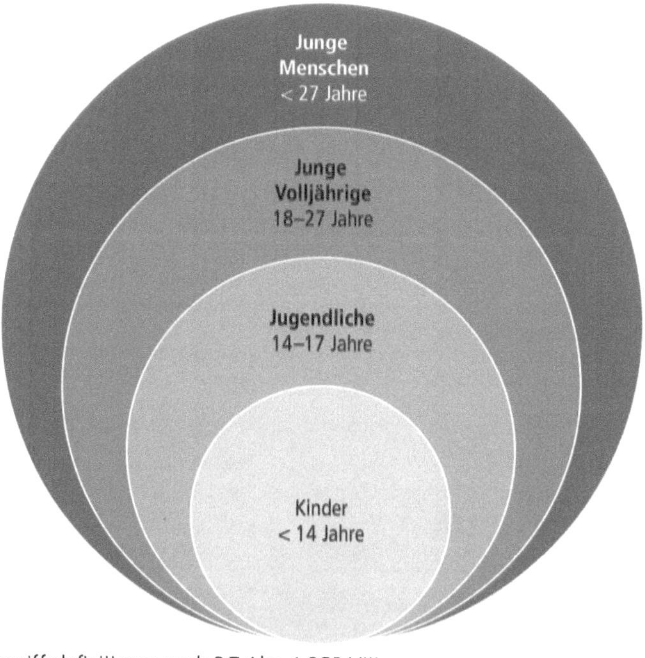

Abb. 27 Begriffsdefinitionen nach § 7 Abs. 1 SGB VIII

Die Leistungen des SGB VIII setzen nicht bei materieller Bedürftigkeit, sondern der Deckung eines strukturellen oder **individuellen Defizits an familiären Erziehungs-, Bildungs- und Betreuungsleistungen** an.[112]

Einen Überblick der Leistungen der Kinder- und Jugendhilfe bietet § 27 SGB I, wobei § 2 SGB VIII diese konkretisiert. Zu den Leistungen, welche sich an alle jungen Menschen richten, zählen u. a. die *Jugendarbeit, Jugendsozialarbeit* (§§ 11–41 SGB VIII) und der *erzieherische Kinder- sowie Jugendschutz* (§§ 11–15 SGB VIII).

Hinzu kommen die Leistungen zur *Förderung der Erziehung in der Familie* (§§ 16–21 SGB VIII) wie Beratungen in Fragen der Partnerschaft, Trennung und Scheidung (§ 17 SGB VIII), die Beratung und Unterstützung bei Ausübung der Personensorge und des Umgangsrechts (§ 18 SGB VIII) oder die Betreuung und Versorgung des Kindes in Notsituationen (§ 20 SGB VIII). Zielgruppen dieser Leistungen sind Mütter, Väter und Personensorgeberechtigte.

Leistungen zur *Förderung von Kindern in Tageseinrichtungen und Kindertagespflege* finden sich in den §§ 22 bis 26 SGB VIII. Hierzu zählt auch der Anspruch auf frühkindliche Förderung in einer solchen Einrichtung für Kinder von Vollendung des ersten bis dritten Lebensjahres.

Anspruch auf diverse erzieherische Hilfen **allein für Personensorgeberechtigte** eröffnen die in den §§ 27 bis 35 SGB VIII geregelten **Hilfen zur Erziehung.**

Gegen den Willen der Personensorgeberechtigten sind erzieherische Hilfen nur i. R. d. §§ 8 a, 42 SGB VIII und §§ 1666, 1666 a BGB möglich. Voraussetzung hierfür ist nach § 27 Abs. 1 SGB VIII das Vorliegen eines Erziehungsbedarfs. § 27 Abs. 2 SGB VIII bestimmt die konkrete Hilfe nach dem erzieherischen Bedarf im Einzelfall.

Beispiele

Erziehungsberatung (§ 28 SGB VIII), sozialpädagogische Familienhilfe (§ 31 SGB VIII) oder Vollzeitpflege (§ 33 SGB VIII).

Die **Eingliederungshilfe für seelisch behinderte Kinder und Jugendliche** nach § 35 a ist ebenfalls eine Leistung des SGB VIII.

112 *Kokemoor* (Fn. 27), Rn. 417.

Hierbei handelt es sich um Leistungen i. S. d. Rehabilitationsrechts.[113] Rehabilitationsträger ist der Träger der öffentlichen Jugendhilfe nach § 6 Abs. 1 Nr. 6 SGB IX. Im Hinblick auf den Leistungsumfang verweist § 35 a Abs. 3 SGB VIII auf § 54 SGB XII, der wiederum auf § 140 SGB XII und auf die §§ 26, 55 SGB IX in der bis zum 31.12.2017 geltenden Fassung verweist. Anspruchsberechtigt sind gem. § 35 a Abs. 1 Satz 1 SGB VIII Kinder und Jugendliche, wobei Voraussetzung für die Bewilligung von Eingliederungshilfe nach § 35 a SGB VI das Vorliegen einer *seelischen* Behinderung ist. Bei Kindern und Jugendlichen, die von einer *geistigen* oder *körperlichen* Behinderung betroffen sind, kommen nach § 10 Abs. 4 Satz 2 SGB VIII die Leistungen der Eingliederungshilfe des SGB IX zum Tragen.

Mit dem in drei Stufen bis zum Jahr 2028 umzusetzenden Kinder- und Jugendstärkungsgesetz (KJSG) wurden die Vorschriften der Kinder- und Jugendhilfe im Jahr 2021 reformiert. Ziel des Gesetzes ist, den Kinder- und Jugendschutz zu verbessern, Kinder und Jugendliche in Pflegefamilien sowie Einrichtungen der Erziehungshilfe zu stärken, Hilfen aus einer Hand für Kinder und Jugendliche mit und ohne Behinderungen zu schaffen, vor Ort mehr Prävention zu betreiben sowie junge Menschen, Eltern und Familien zu beteiligen.[114]

Die Leistungsgewährung ist **nicht vom Einsatz des Einkommens oder Vermögens abhängig**; jedoch können gem. § 90ff. SGB VIII **Teilnahme- oder Kostenbeiträge** erhoben werden.

Die Regelungen über die Kostenbeteiligung wurden im Jahr 2021 ebenfalls reformiert. Seitdem trägt das Jugendamt die Kosten der Hilfe nur noch dann, wenn sie auf der Grundlage seiner eigenen Entscheidung erbracht wurden (§ 36 a SGB VIII).[115]

2. Andere Aufgaben der Jugendhilfe

Kennzeichen der *„anderen Aufgaben der Jugendhilfe“* (§§ 2 Abs. 3, 42–60 SGB VIII) ist, dass sie auch *ordnungsrechtliche Eingriffsbefugnisse* beinhalten. Hiervon umfasst sind die in § 42 SGB VIII geregelten vorläufigen Maßnahmen zum Schutz von Kindern und Jugendlichen in Form der *In-*

113 *Schaumberg* (Fn. 43), Rn. 386.
114 *Kokemoor* (Fn. 27), 417.
115 *Kokemoor* (Fn. 27), Rn. 417 a.

obhutnahme. Laut § 42 Abs. 1 Satz 2 SGB VIII ist hierunter die vorläufige Unterbringung eines Kindes oder Jugendlichen bei einer geeigneten Person, in einer geeigneten Einrichtung oder sonstigen Wohnform zu verstehen. Die Durchführung einer Inobhutnahme ist dem Jugendamt nach § 42 Abs. 1 Satz 1 SGB VIII möglich, wenn

- das Kind/der Jugendliche um Obhut bittet oder
- eine dringende Gefahr für das Wohl des Kindes/Jugendlichen die Inobhutnahme erfordert und
  a) die Personensorgeberechtigten nicht widersprechen oder
  b) eine familiengerichtliche Entscheidung nicht rechtzeitig eingeholt werden kann

  oder
- ein ausländisches Kind/ausländischer Jugendlicher unbegleitet nach Deutschland kommt und sich weder Personensorge- noch Erziehungsberechtigte im Inland aufhalten.

Die Jugendämter unterliegen zur Feststellung einer Kindeswohlgefährdung dem in § 8 a SGB VIII konkretisierten Schutzauftrag, der durch § 4 des Gesetzes zur Kooperation und Information im Kinderschutz ergänzt wird.[116]

Eine weitere Aufgabe der Träger der öffentlichen Jugendhilfe liegt auf der Grundlage der §§ 43 bis 49 SGB VIII im **Schutz von Kindern und Jugendlichen, die sich in Familienpflege oder Pflegeeinrichtungen befinden** (Gesetz zur Kooperation und Information im Kinderschutz – KKG).

Zudem haben die Jugendämter

- in **gerichtlichen Verfahren** vor dem Vormundschafts- und Familiengericht sowie in Verfahren nach dem Jugendgerichtsgesetz (JGG) **mitzuwirken** (§§ 50–52 SGB VIII),
- das **Sorgeregister zu führen,**
- **Beistandschafts-, Pflege- sowie Vormundschaftsaufgaben** wahrzunehmen (§§ 52 a–58 a SGB VIII) und
- **Beurkundungen** vorzunehmen (§§ 59–60 SGB VIII).

116 Hierdurch wird es Berufsgeheimnisträgern unter bestimmten Voraussetzungen ermöglicht, Informationen an das Jugendamt weiterzugeben, ohne sich nach § 203 StGB strafbar zu machen.

3. Träger und Organisation

§ 3 Abs. 2 Satz 1 SGB VIII regelt, dass sowohl Träger der freien als auch öffentlichen Jugendhilfe die Leistungen erbringen. Soweit geeignete Einrichtungen, Dienste und Veranstaltungen von anerkannten *Trägern der freien Jugendhilfe* betrieben oder rechtzeitig geschaffen werden können, soll die öffentliche Jugendhilfe nach § 4 Abs. 2 SGB VIII von eigenen Maßnahmen absehen.

Die durch SGB VIII begründeten Leistungsverpflichtungen richten sich nach § 3 Abs. 2 Satz 2 SGB VIII allein an die *Träger der öffentlichen Jugendhilfe.* Deren Zuständigkeit liegt in der Durchführung des Verwaltungsverfahrens, während die konkrete Leistungserbringung überwiegend durch Träger der freien Jugendhilfe erfolgt. Die öffentlichen Jugendhilfeträger werden gem. § 69 Abs. 1 SGB VIII durch Landesrecht bestimmt, wobei nach § 69 Abs. 3 SGB VIII jeder örtliche Träger ein Jugendamt und jeder überörtliche Träger ein Landesjugendamt einzurichten hat.

Die *sachliche Zuständigkeit* der Jugendhilfeträger richtet sich nach § 85 SGB VIII; ihre *örtliche* nach den §§ 86 bis 88 SGB VIII.

V. Bundeselterngeld- und Elternzeitgesetz, Bundesausbildungsförderungsgesetz, Wohngeldgesetz

Die nähere Betrachtung der sozialen Hilfe- und Fördersysteme wird mit den nachfolgenden Gesetzen – umfangbedingt erfolgt nur ein Bezug auf die praxisrelevantesten – abgeschlossen.

1. Bundeselterngeld- und Elternzeitgesetz (BEEG)

Für das Sozialrecht sind die besonderen *Schutz- und Fürsorgepflichten des Art. 6 GG* bzgl. der Ehe und Familie von Bedeutung. Wer Kindern Unterhalt zu leisten hat oder leistet, hat gem. § 6 SGB I ein Recht auf *Minderung der dadurch entstehenden wirtschaftlichen Belastungen.*

Zum entsprechenden Familienlasten-/leistungsausgleich werden bspw. Kinder in der gesetzlichen Kranken- und Pflegeversicherung beitragsfrei über die *„Familienversicherung“* bei den Eltern gem. § 10 SGB V, § 25 SGB XI mitversichert.[117]

---

117 *Kokemoor* (Fn. 27), Rn. 426.

Daneben haben die Kinder von alleinstehenden oder dauernd getrenntlebenden Müttern und Vätern längstens bis zur Vollendung des 18. Lebensjahres Anspruch auf Unterhaltsvorschüsse oder Unterhaltsausfallleistungen nach § 1 Abs. 1 und Abs. 1 a Unterhaltsvorschussgesetz (UhVorschG). Diese Leistungen werden, wie auch das Kinder- und Elterngeld, unabhängig von der wirtschaftlichen Bedürftigkeit gewährt.

Mit der umstrittenen Kindergrundsicherung war ein Umbau der Familienförderung zum Jahr 2025 anvisiert. Durch die Auflösung der Ampel-Koalition dürften diese Reformpläne allerdings nicht mehr realisiert werden. Ziel der Kindergrundsicherung ist es, die bisherigen finanziellen Unterstützungsleistungen, die sich in unterschiedlichen Leistungssystemen befinden, zu bündeln.[118] Sie soll einen einkommensunabhängigen und für alle Kinder sowie Jugendlichen gleich hohen *Garantiebetrag* (vormaliges Kindergeld), einen vom Elterneinkommen abhängigen *Zusatzbetrag* (Regelbedarf und Wohnkostenpauschale) sowie *Leistungen zur Bildung und Teilhabe* umfassen. An volljährige Leistungsberechtigte war eine direkte Gewährung – nicht mehr über die Eltern – vorgesehen. Als erster Schritt auf dem Weg zur Einführung der Kindergrundsicherung erhalten aber von Armut betroffene Kinder, Jugendliche und junge Erwachsene seit dem 01.07.2022 bereits einen monatlichen Sofortzuschlag i. H. v. 20,00 €, ab 01.01.2025 i. H. v. 25,00 €.

Durch steuerliche Freibeträge oder als monatliche Steuervergünstigungen in Form des Kindergeldes wird der *finanzielle Familienlastenausgleich nach dem Einkommensteuergesetz* (EStG) gewährt.[119] Vom Sozialrecht im formellen Sinne ist die Gewährung von Kindergeld nach dem EStG jedoch ausgenommen; das *Bundeskindergeldgesetz* (BKGG) laut §§ 35 Abs. 1 und 68 Nr. 9 SGB I jedoch nicht. Dieses kann in Anspruch genommen werden, wenn der steuerliche Familienleistungsausgleich keine Anwendung findet. Umfang und Voraussetzungen entsprechen im Wesentlichen den steuerlichen Regelungen. Da die Gewährung von Kindergeld nach dem BKGG nur in etwa 0,3 % der Fälle zum Tragen kommt, wird hinsichtlich weiterer Ausführungen auf entsprechende Literatur verwiesen.

---

118 *Vorholz*, Kindergrundsicherungsgesetz – ein Verwaltungsmolch, ZRP 2023, 240.

119 *Kokemoor* (Fn. 27), Rn. 427.

Basiselterngeld

- bis zu 1.800,00 €
- max. 12 Monate

- Bei Aufteilung zwischen den Eltern: zwei zusätzliche Monate Bezug des Basiselterngeldes

ElterngeldPlus

- bis zu 900,00 €
- max. 24 Monate

- Bei Aufteilung zwischen den Eltern: vier zusätzliche Monate Bezug des ElterngeldesPlus

Abb. 28 Elterngeld – Basiselterngeld und ElterngeldPlus

Eine weitaus höhere Bedeutung hat dagegen das *Elterngeld*, zu welchem *Abbildung 28* einen Überblick bietet. Dieses dient dem Zweck, Eltern die Möglichkeit zu geben, ihre Kinder zu erziehen und zu betreuen. Die entsprechenden Vorschriften hierzu finden sich in den §§ 1 bis 14 BEEG, welches das frühere Bundeserziehungsgeldgesetz (BErzGG) zum 01.01.2007 abgelöst hat. Laut § 68 Nr. 15 SGB I sind nur der Erste und Zweite Abschnitt des Gesetzes zum formellen Sozialrecht zu zählen. Bei der im gleichen Gesetz geregelten *Elternzeit handelt es sich um keine Sozialleistung*, sondern um eine unbezahlte Auszeit vom Berufsleben für Eltern, die ihr Kind selbst erziehen und betreuen. Aus diesem Grund wird im Folgenden nicht näher hierauf eingegangen.

1.1 Leistungsberechtigte

Abb. 29 Voraussetzungen für den Elterngeldanspruch gem. § 1 BEEG

Der Anspruch auf Elterngeld ist in § 1 BEEG geregelt und in *Abbildung 29* mit seinen Voraussetzungen dargestellt.

Das **Elterngeld** ist als **bedarfsunabhängige Lohnersatzleistung** ausgestaltet und soll insbesondere **Normalverdiener unterstützen**, die mit der Geburt eines Kindes verbundenen Einkommenseinbußen auszugleichen (vgl. § 1 Abs. 8 BEEG).[120]

Das vorherige Erziehungsgeld wurde zwar in gleichen Beträgen, jedoch nur bis zu bestimmten Einkommensgrenzen gewährt (vgl. § 4 Abs. 1 Satz 1 BErzGG). Hintergrund war allein, einen (pauschalen) finanziellen Ausgleich für die Belastungen zu schaffen, die mit der Betreuung eines Kleinkindes einhergehen.

Mit dem Elterngeld wollte der Gesetzgeber darüber hinaus auch einen **Anreiz für die Steigerung der Geburtenraten**, eine **verbesserte Vereinbarkeit von Beruf und Familie** sowie **stärkere Einbindung von Vätern in der Kinderbetreuung** auf den Weg bringen.[121]

Leistungsberechtigt für die Gewährung des Basiselterngeldes ist nach § 1 Abs. 1 BEEG, wer

1. seinen Wohnsitz oder gewöhnlichen Aufenthalt in Deutschland hat,
2. mit seinem Kind in einem Haushalt lebt,
3. dieses Kind selbst betreut und erzieht sowie
4. keine oder keine volle Erwerbstätigkeit ausübt.

§ 1 Abs. 6 BEEG bestimmt, dass eine Person nicht voll erwerbstätig ist, wenn ihre Arbeitszeit nicht mehr als 32 Stunden pro Woche beträgt.

Damit erhalten nicht nur Arbeitnehmer, Beamte, Selbstständige sowie Erwerbslose Elterngeld, sondern auch Hausfrauen oder Hausmänner, die vor der Geburt des Kindes nicht gearbeitet haben.

1.2 Ausgestaltung des Elterngeldes

Wenn Eltern gemeinsam ihr Kind betreuen, können diese nach § 4 Abs. 2 Satz 3 BEEG gleichzeitig Basiselterngeld in den ersten 14 Lebensmonaten

120 Das zum 01.08.2013 eingeführte Betreuungsgeld (sog. Herdprämie) wurde vom BVerfG mit Urteil vom 21.07.2015 (1 BvF 2/13) aufgrund der dem Bundesgesetzgeber fehlenden Gesetzgebungskompetenz für unvereinbar mit Art. 72 Abs. 2 GG erklärt. Mit dem Betreuungsgeld sollten einkommensunabhängig 150,00 € für bis zu 22 Monate in der Zeit vom 15. bis zum 36. Lebensmonat des Kindes gewährt werden, wenn für dieses der Rechtsanspruch auf einen Krippenplatz (§§ 24 Abs. 2, 22 und 23 SGB VIII – Kinder- und Jugendhilfe) nicht wahrgenommen wurde.

121 *Kokemoor* (Fn. 27), Rn. 431.

beziehen. Der *Gesamtanspruch auf Elterngeld erhöht sich* gem. § 4 Abs. 3 Satz 1 und 2 BEEG *von zwölf auf 14 Monatsbeträge,* wenn beide Elternteile *gleichzeitig oder nacheinander in Elternzeit* gehen. Diese „Partnermonate" oder „Vätermonate" sollen zu einer gemeinsamen Beteiligung beider Elternteile an der Kinderbetreuung beitragen.[122]

Die *Höhe des Elterngeldes* richtet sich nach § 2 Abs. 1 und 2 BEEG und beträgt grundsätzlich *67,00 %* des durch die Kinderbetreuung ausfallenden Arbeitsentgelts, aber *max. 1.800,00 € pro Monat.* Für Geringverdiener erhöht sich gem. § 2 Abs. 2 Satz 1 BEEG dieser Prozentsatz auf bis zu 100,00 %. Auch wenn vor der Geburt des Kindes kein Einkommen aus einer Erwerbstätigkeit erzielt worden ist, wird laut § 2 Abs. 4 BEEG Elterngeld i. H. v. *mind. 300,00 € pro Monat* gewährt. § 10 BEEG bestimmt das Verhältnis des Elterngeldes zu anderen Sozialleistungen. Hiernach wird dieses auf Leistungen nach dem SGB II, SGB XII, AsylbLG und den Kinderzuschlag gem. § 6 a BKGG vollständig als Einkommen angerechnet, also in Höhe des Mindestbetrages von 300,00 €.

Beispiel

Frau Baumgartner entbindet im Januar 2024. In den letzten 12 Monaten vor dem Monat der Geburt des Kindes erzielte sie ein durchschnittliches Einkommen von 3.500,00 € pro Monat. Im Juli und August 2024 erzielte sie ein monatliches Einkommen von 1.700,00 €.

Als durchschnittliches Einkommen vor der Geburt des Kindes sind monatlich 2.770,00 € zu berücksichtigten. Die Differenz beträgt im Juli und August 1.070 €. Hieraus sind 65,00 % zu zahlen. Für Juli und August 2020 bekommt die Mutter daher nur 695,50 € Elterngeld.

Das ElterngeldPlus, welches besser auf die Bedürfnisse von *in Teilzeit arbeitenden Eltern* abgestimmt ist, kann für Geburten seit dem 01.07.2015 in Anspruch genommen werden. Anstatt des Bezugs von einem Monat Basiselterngeld in voller Höhe kann für zwei Monate das ElterngeldPlus in Höhe des halben Elterngeldes in Anspruch genommen werden (§ 4 Abs. 3 Satz 3 BEEG). Somit kann auch nach dem 14. Lebensmonat des Kindes – bis maximal zum 32. Lebensmonat – für bis zu 24 Monate (plus vier weitere Partnerschaftsmonate) Elterngeld bezogen werden. Mit § 4 Abs. 4 Satz 1 und § 4 b Abs. 2 BEEG wird jedem Elternteil der Anspruch auf einen *Partnerschaftsbonus mit jeweils vier weiteren Monaten ElterngeldPlus* eingeräumt, wenn beide Elternteile in vier aufeinanderfolgenden Monaten gleichzeitig in Teilzeit mit einer Arbeitszeit zwischen 24 und 32 Wochenstunden arbeiten. Zweck hiervon ist, eine partnerschaftliche Aufteilung von familiären und beruflichen Aufgaben zu fördern.

122 *Kokemoor* (Fn. 27), Rn. 432.

Beispiel

Frau Baumgartner bezieht für neun Lebensmonate ihres Kindes Basiselterngeld. Sie beginnt ab dem 10. Lebensmonat in Teilzeit zu arbeiten. Es besteht anschließend noch Anspruch auf Basiselterngeld für drei Lebensmonate. Die Umwandlung von Basiselterngeldmonaten in sechs ElterngeldPlus-Monate ist dann i. d. R. für sie vorteilhaft.

1.3 Verfahren und Zuständigkeit

Die Bewilligung von Elterngeld ist nach § 7 Abs. 1 BEEG von einem *Antrag* abhängig. Leistungen werden rückwirkend für die letzten drei Lebensmonate des Kindes vor Beginn des Lebensmonats an, in dem der Antrag eingegangen ist, geleistet. Über diesen entscheiden in eigener Zuständigkeit gem. § 12 Abs. 1 BEEG die landesrechtlich bestimmten Behörden als *Elterngeldstellen*, wie bspw. die Versorgungsämter oder Jugendämter der Landkreise und kreisfreien Städte.

2. Bundesausbildungsförderungsgesetz (BAföG)

Jungen Menschen, unabhängig von der finanziellen und sozialen Situation ihrer Familien, soll mit dem BAföG die Bildungschance eröffnet werden, an einer Ausbildung teilzunehmen, die ihrer Neigung, Eignung und Leistung entspricht (§ 3 Abs. 1 SGB I, § 1 BAföG). Wenn die hierfür erforderlichen Mittel nicht anderweitig zur Verfügung stehen, besteht für *Schüler und Studierende* ein Recht auf individuelle Förderung. Diese haben entweder Anspruch auf Schüler-BAföG-Leistungen oder reguläre BAföG-Leistungen, wie *Abbildung 30* aufzeigt.

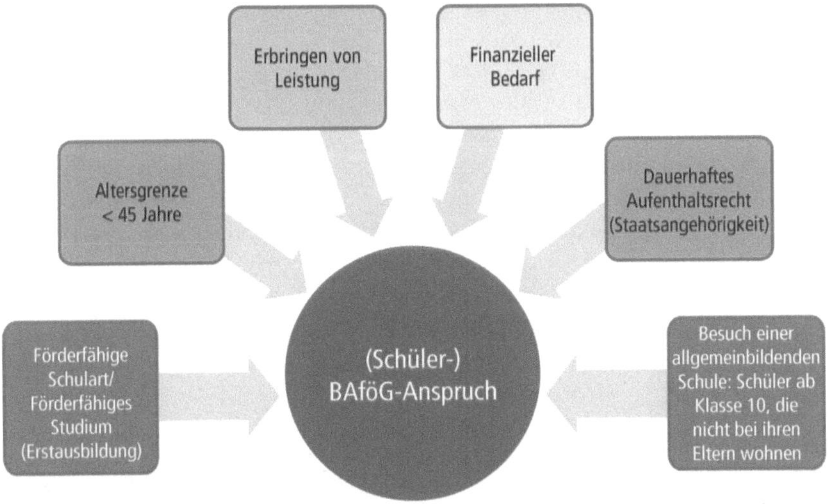

Abb. 30 BAföG: Reguläre BAföG-Leistungen und Schüler-BAföG-Leistungen

Regelungen zur Förderung der *beruflichen Aus- und Weiterbildung* finden sich v.a. in den §§ 59ff., 77ff. des SGB III.[123] Das BAföG enthält dagegen Vorschriften für die Ausbildung an Schulen, Hochschulen sowie Akademien.[124] Zum 01.09.2019 wurde das BAföG reformiert. Neben der Erhöhung der Bedarfssätze und Freibeträge der Eltern ging damit eine Ausweitung der Förderberechtigten sowie Änderungen bei den Rückzahlungsmodalitäten einher. Weitere Anhebungen der Bedarfssätze sowie Freibeträge, aber auch die Erhöhung der Altersgrenze für den spätmöglichsten Ausbildungsbeginn von 30 auf 45 Jahre erfolgten im Jahre 2022. Infolge stark gestiegener Energiekosten wurden zudem zwei einmalige Heizkostenzuschüsse i.H.v. 230,00 € sowie 345,00 € gewährt. Für das Wintersemester 2024/2025 fand eine weitere Reform des BAföG statt.

Inhalte sind u.a. die Anhebung der Grundbedarfssätze um 5,00 % sowie der Wohnkostenpauschale für auswärtswohnende Studierende auf 380,00 €, die Gewährung einer einmaligen Studienstarthilfe i.H.v. 1.000,00 €, die Anhebung der Freibeträge, die Einführung eines Flexibilitätssemesters und die Reduktion des bürokratischen Aufwands bei BAföG-Beantragung sowie -Bewilligung.

2.1 Leistungsberechtigte

Der **leistungsberechtigte Personenkreis des BAföG** ist in den §§ 8ff. vorgeschrieben. Hierzu gehören neben **deutschen Staatsangehörigen** und **EU-Angehörigen** auch **Ausländer,** die langfristig aufenthaltsberechtigt sind.

Laut § 9 Abs. 1 BAföG ist Voraussetzung, dass die **Leistungen des Auszubildenden erwarten lassen, dass das angestrebte Ausbildungsziel erreicht wird.**

Nach § 9 Abs. 2 BAföG wird dies in der Regel angenommen, solange der Auszubildende die Ausbildungsstätte besucht oder an einem Praktikum teilnimmt und beim Besuch einer höheren Fachschule, Akademie oder Hochschule die den jeweiligen Ausbildungs- und Prüfungsordnungen entsprechenden Studienfortschritte erkennen lässt. Daneben ist die *Altersgrenze* des § 10 Abs. 3 BAföG einzuhalten, die ein Höchstalter von 44 Jahren zu Beginn der Ausbildung vorgibt, wobei Ausnahmen für bspw. Studierende mit Kindern bestehen.

Für den *Ausschluss* von Schülern und Studierenden, deren Ausbildung dem Grunde nach mit dem BAföG gefördert werden kann, von Leistungen zum

123 Ausbildungen oder überbetriebliche Ausbildungen (sog. Ausbildungen im dualen System und an Berufsschulen) werden demnach nicht mit dem BAföG gefördert. Gegebenenfalls ist eine Förderung mit der Berufsausbildungsbeihilfe (BAB) i.S.d. §§ 56ff. SGB III möglich.

124 *Kokemoor* (Fn. 27), Rn. 420.

Lebensunterhalt nach § 22 Abs. 1 Satz 1 SGB XII und § 7 Abs. 5 SGB II ist auf *Kapitel 5* zu verweisen.

2.2 Förderfall

Neben der Erfüllung dieser persönlichen Voraussetzungen muss es sich für einen Förderfall um eine *förderungsfähige Ausbildung* i. S. d. §§ 2 Abs. 1, 3 BAföG handeln.

Förderungsfähige Ausbildungsstätten sind staatliche/private Universitäten (Hochschulen), Fachhochschulen und Akademien, Berufsfachschulen und Fach(ober)schulen, Abendhauptschulen, Abendrealschulen, Abendgymnasien, Berufsaufbauschulen und Kollegs.

Grundsätzlich förderfähig ist die *Erstausbildung in Vollzeit* nach § 7 Abs. 1 BAföG, die sich aus der *weiterführenden allgemeinbildenden Schulbildung* und der *zumindest drei Jahre andauernden berufsbildenden Ausbildung* mit einem berufsqualifizierenden Abschluss zusammensetzt.

Die *Kombination* von einem Bachelor-Studium sowie aufbauenden Masterstudiengang ist nach § 7 Abs. 1 a BAföG *einer Gesamtausbildung gleichgestellt*. Unter den Voraussetzungen des § 7 Abs. 2 BAföG kann zusätzlich noch *eine einzige weitere Ausbildung* bis zu deren berufsqualifizierendem Abschluss gefördert werden, z. B. eine Ergänzungsausbildung, die rechtlich erforderlich ist.

BAföG-Leistungen werden nach den §§ 5, 6 auch für eine Ausbildung geleistet, die ganz oder teilweise in einem anderen EU-Staat oder der Schweiz absolviert wird. Für einen Teil des Studiums ist diese Förderung auch in Nicht-EU-Ländern möglich.

Schüler, die eine förderungsfähige Ausbildung absolvieren, erhalten nur dann eine Förderung, wenn sie aus zwingenden Gründen nicht mehr bei ihren Eltern wohnen.

Beispiel

Der Schüler Maximilian

- kann von der Wohnung der Eltern aus eine zumutbare Ausbildungsstätte wegen der Entfernung nicht erreichen.
- führt einen eigenen Haushalt und ist verheiratet oder in eingetragener Lebenspartnerschaft verbunden.
- führt einen eigenen Haushalt und lebt mit mindestens einem Kind zusammen.

§ 11 BAföG schreibt den Umfang der Ausbildungsförderung vor, die sich

1. aus dem Bedarf nach Leistungen für den Lebensunterhalt und die Ausbildung (Abs. 1)
2. abzüglich der Anrechnung von Einkommen und Vermögen des Auszubildenden sowie
3. des Einkommens des Ehegatten, Lebenspartners und der Eltern

ergibt (Abs. 2). Die derzeit gültigen, in §§ 12 und 13 BAföG geregelten Bedarfssätze sind in der nachfolgenden *Tabelle 16* zu finden. Hinsichtlich der Anrechnungsvorschriften ist auf die §§ 21 ff. und 26 ff. BAföG zu verweisen. Die *Förderungs(höchst)dauer* – in der Regel bis zum Ende der Regelstudienzeit – richtet sich nach den §§ 15 ff. BAföG.

Tab. 16 Monatliche BAföG-Bedarfssätze ab dem Wintersemester 2024/2025 – maximaler monatlicher BAföG-Betrag

	bei den Eltern wohnend	**nicht bei den Eltern wohnend**
Grundbedarf	534,00 €	855,00 €
Krankenversicherung	102,00 € 30 Jahre und älter: max. 185,00 €	102,00 € 30 Jahre und älter: max. 185,00 €
Pflegeversicherung	35,00 € 30 Jahre und älter: max. 48,00 €	35,00 € 30 Jahre und älter: max. 48,00 €
Gesamtbedarf	**671,00 €**	**992,00 €**

(ggf. zzgl. Kinderbetreuungszuschlag i. H. v. 160,00 € für jedes eigene Kind unter 14 Jahren)

Die Förderungsarten richten sich nach den §§ 17, 18 BAföG, die als – nicht rückzahlbare – *Zuschüsse oder Darlehen für den Lebensunterhalt und die Ausbildung* geleistet werden. Zusatzleistungen sind für *Härtefälle* gem. § 14 a BAföG und für *Auszubildende mit Kindern* laut § 14 b BAföG vorgesehen.

Schüler erhalten die Leistungen als **Vollzuschuss**, sodass sie die Gelder nicht zurückzubezahlen haben.

Beim **Besuch von höheren Fachschulen, Akademien und Hochschulen** wird der monatliche Förderungsbetrag **grundsätzlich zur Hälfte als Zuschuss** erbracht.

Die andere Hälfte wird als **Darlehen** erbracht, welches zurückzubezahlen ist (§ 17 Abs. 2 Satz 1 BAföG). Die Darlehen sind nach § 18 Abs. 2 Satz 1 BAföG grundsätzlich **nicht zu verzinsen** und in **gleichbleibenden monatlichen Raten von mindestens 130,00 € innerhalb von 20 Jahren** zurückzuzahlen (§ 18 Abs. 3 BAföG).

Fünf Jahre nach dem Ende des zuletzt geförderten Ausbildungsabschnitts beginnt laut § 18 Abs. 4 BAföG die Rückzahlungspflicht. Sofern planmäßig über 77 Monate hinweg die geschuldeten Raten gezahlt worden sind, ist die noch verbleibende *Darlehensschuld* gem. § 18 Abs. 13 BAföG *zu erlassen*; anderenfalls grundsätzlich nach 20 Jahren (§ 18 Abs. 12 BAföG). Ein Teilerlass des Darlehens ist nach § 18 Abs. 10 BAföG bei vorzeitiger Tilgung zu gewähren.[125] Darüber hinaus sieht der § 17 Abs. 3 BAföG die Möglichkeit vor, bspw. bei einer weiteren Ausbildung oder nach Überschreiten der Förderungshöchstdauer, eine Förderung als unverzinsliches Volldarlehen zu gewähren.[126]

Beispiel

Paul ist 19 Jahre alt, studiert im ersten Semester Rechtswissenschaften und wohnt bei seinen Eltern. Bei diesen ist er in der Kranken- und Pflegeversicherung mitversichert. Pauls Vater hatte vor zwei Jahren ein Bruttojahreseinkommen in Höhe von 27.500,00 €; seine Mutter ist selbstständig und hatte Einkünfte in Höhe von 29.000,00 € brutto. Zusammen verfügte Pauls Familie über Bruttoeinkünfte in Höhe von 56.500,00 € im Jahr 2023.

Einkommensberechnung des Vaters

Bruttoeinkommen nicht selbstständige Arbeit: 1/12 des Jahreseinkommens	2.291,67 €
abzgl. Werbungskosten: mind. 1/12 des Arbeitnehmer-Pauschbetrags	- 100,00 €
abzgl. Sozialpauschale	- 488,74 €
abzgl. tatsächlich geleistete Steuern	- 221,79 €
Einkommen des Vaters i.S.d. BAföG	**1.481,14 €**

Einkommensberechnung der Mutter

Bruttoeinkommen nicht selbstständige Arbeit: 1/12 des Jahreseinkommens	2.416,67 €
abzgl. Sozialpauschale	- 937,67 €
abzgl. tatsächlich geleistete Steuern	- 270,75 €
Einkommen der Mutter i.S.d. BAföG	**1.208,25 €**

125 Die Möglichkeit zum Teilerlass bei überdurchschnittlichem Studienerfolg oder vorzeitigem Studienabschluss nach § 18 b BAföG ist Ende 2012 ausgelaufen.

126 *Kokemoor* (Fn. 27), Rn. 423.

Monatliches Einkommen der Eltern

Einkommen der Eltern gesamt	2.689,39 €
abzgl. Grundfreibetrag	- 2.540,00 €
BAföG-Einkommen der Eltern	149,39 €
Zusatzfreibetrag: 50 % für die Eltern	- 74,70 €
Anrechnungsbetrag	**74,70 €**

BAföG-Berechnung für Paul

Grundbedarf Student ohne eigene Wohnung	**534,00 €**
abzgl. Anrechnungsbetrag vom Elterneinkommen	**-74,70 €**
BAföG-Förderung (gerundet)	**459,00 €**

Bei einem gemeinsamen Bruttoeinkommen der Eltern in Höhe von 56.500,00 € hat Paul einen Anspruch auf 459,00 € BAföG im Monat.

2.3 Verfahren und Zuständigkeit

Auf schriftlichen oder elektronischen *Antrag* hin wird die Ausbildungsförderung für den Lebensunterhalt und die Ausbildung gem. § 46 Abs. 1 BAföG geleistet. Nach Maßgabe der §§ 39, 40 und 40 a BAföG sind die Ämter und Landesämter für Ausbildungsförderung (oftmals Studierendenwerke) zuständige Träger. Die örtliche Zuständigkeit richtet sich nach §§ 45 f. BAföG. Laut § 39 Abs. 2 Satz 1 BAföG verwaltet und zieht das Bundesverwaltungsamt (BVA) die Darlehen ein.

3. Wohngeldgesetz (WoGG)

Die Mieten in den deutschen Städten und Gemeinden steigen seit Jahren stark an. Nicht nur energetische Sanierungen und die hohe Nachfrage nach Wohnungen lassen die Mietpreise explodieren. Für viele Menschen wird Wohnen zum Luxus, da das Einkommen oft nicht für eine gute Wohnung ausreicht. Rund ein Drittel hiervon muss im Durchschnitt für die Miete ausgegeben werden; für Neuvermietungen ist mit einer noch höheren Summe zu rechnen. Gerade für Haushalte mit niedrigem Einkommen wird die Belastung durch hohe Wohnkosten zu einem existenziellen Problem.

§ 7 SGB I sieht für diejenigen **Personen, welche für eine angemessene Wohnung unzumutbare Aufwendungen erbringen müssen,** das Recht auf einen **Zuschuss zur Miete oder zu vergleichbaren Aufwendungen** vor.

Dieses Recht wird mit dem Wohngeld verwirklicht. Es dient laut § 1 Abs. 1 WoGG der wirtschaftlichen Sicherung des angemessenen und familiengerechten Wohnens und wird nach § 1 Abs. 2 WoGG als **Zuschuss zur Miete (Mietzuschuss) oder zur Belastung (Lastenzuschuss)** für den selbst genutzten Wohnraum geleistet.

Das WoGG wurde zum 01.01.2020 mit dem Gesetz zur Stärkung des Wohngeldes (WoGStärkG) reformiert. Leistungserhöhungen durch die Anpassung des Wohngeldes an die allgemeine Entwicklung der Mieten sowie Einkommen, eine verbesserte Anpassung an die individuellen Lebensbedingungen sowie mehr wohngeldberechtigte Haushalte waren die Folge.[127]

Die größte Neuerung war allerdings die *künftige Dynamisierung des Wohngeldes* – alle zwei Jahre – mit der automatischen Anpassung an die Miet- und Einkommensentwicklung. Zum 01.01.2021 trat mit dem Gesetz zur Entlastung bei den Heizkosten im Wohngeld eine zweite Wohngeldnovelle, im Kontext mit der CO_2-Bepreisung (WoGCO2BeprEntlG), in Kraft. Infolge der CO_2-Bepreisung des Wärmesektors ab dem Jahr 2021 kam es zu einem enormen Anstieg der Heizkosten. Für eine Entlastung der Wohngeldempfänger wurde daher mit § 12 Abs. 6 WoGG eine nach der Haushaltsgröße gestaffelte CO_2-Komponente eingeführt. Im Rahmen der Flutkatastrophe im Juli 2021 wurden mit der „Fluthilfe 2021" vereinfachte Unterstützungsmöglichkeiten für Menschen, die ihren Wohnraum ganz oder teilweise verloren haben, auf den Weg gebracht.

Im Zuge des russischen Angriffskrieges auf die Ukraine stiegen die Heizkosten weiter an, sodass zwei einmalige Heizkostenzuschüsse i. H. v. mindestens 270,00 € sowie 415,00 € an Wohngeldbeziehende gewährt wurden.[128]

Zum 01.01.2023 folgte die **historische Reform des Wohngeldes durch das Gesetz zur Erhöhung des Wohngeldes** (Wohngeld-Plus-Gesetz).

Hierdurch fand eine **Ausweitung des Berechtigtenkreises der Wohngeldempfänger** auf das Dreifache statt. Zudem wurde die **Höhe des Wohngeldes durchschnittlich auf das Doppelte angehoben**, die nach Personenanzahl gestaffelte Heizkostenkomponente wurde dauerhaft festgeschrieben und eine Klimakomponente für die Dämpfung der Wohnkostenbelastung in energieeffizienten Wohnungen wurde berücksichtigt.[129]

---

127 *Wissenschaftlicher Dienst des Bundestages*, WD 6 – 3000 – 043/22, S. 7 f.

128 *Kokemoor* (Fn. 27), Rn. 425.

129 *Hinrichs*, Wohngeldreform 2023, NZM 2023, 226.

Weiterhin erfolgte die Einführung einer zeitlich befristeten Bagatellgrenze bei Rückforderungen, eine Rechtsgrundlage für die vorläufige Zahlung des Wohngeldes und die Änderung der Rechtsvorschrift über die Bemessung des Bewilligungszeitraums.

3.1 Leistungsberechtigte

Grundsätzlich ist jede Person wohngeldberechtigt. § 3 Abs. 1 WoGG bestimmt vornehmlich die *(Unter-)Mieter von Wohnraum* als anspruchsberechtigt für einen Mietzuschuss. Anspruch auf einen Lastenzuschuss für den Kapitaldienst, die Kosten der Bewirtschaftung von Wohnraum sowie Betriebskosten ohne Heiz- und Verwaltungskosten haben nach § 3 Abs. 2 WoGG die *Eigentümer von selbst genutztem Wohnraum.*

Vom Wohngeld ausgeschlossen sind dagegen die Bezieher der in § 7 Abs. 1 WoGG genannten Leistungen von

- Bürgergeld und Sozialgeld nach dem SGB II,
- Grundsicherung im Alter und bei Erwerbsminderung nach dem SGB XII,
- Hilfe zum Lebensunterhalt nach dem SGB XII,
- Leistungen nach dem SGB XIII,
- Leistungen in besonderen Fällen wie nach dem BAföG oder Berufsausbildungsbeihilfe,
- Grundleistungen nach dem AsylbLG,
- Übergangsgeld nach dem SGB VI und
- Verletztengeld nach dem SGB VII,

sofern bei deren Berechnung bereits Kosten der Unterkunft berücksichtigt worden sind.

Der Ausschluss besteht dagegen gem. § 7 Abs. 2 WoGG (letzter Satz) nicht, wenn diese Leistungen als Darlehen gewährt werden oder bei deren Berechnung die Kosten der Unterkunft nicht beachtet worden sind. Dies muss jedoch nicht zwangsläufig auch für Rentner gelten, die Leistungen der Grundsicherung im Alter nach dem SGB XII beziehen. Hierdurch könnte sich nämlich eine wirtschaftliche Benachteiligung ergeben, da diverse soziale Begünstigungen, die mit dem Bezug von Grundsicherung einhergehen (bspw. GEZ-Befreiung, Sozialticket usw.), beim Wohngeldbezug nicht länger nutzbar sind. Zudem besteht im SGB XII keine Anweisung wie im SGB II, vorrangig andere Sozialleistungen zu beziehen.

Daher besteht **für Rentner**, die aufstockende Sozialleistungen zu ihrer Rente benötigen, ein **Wahlrecht zwischen der Grundsicherung im Alter und Wohngeld**.[130]

Sofern ein Tatbestand der §§ 20 ff. WoGG vorliegt, ist der Wohngeldanspruch ebenfalls ausgeschlossen.

3.2 Leistungsfall

Ein Anspruch auf Wohngeld i. S. d. §§ 4 und 19 WoGG liegt vor, wenn im Hinblick auf

1. das Gesamteinkommen (§§ 13 ff.),
2. die Höhe der Miete oder Belastung (§§ 9 ff.) sowie
3. die Anzahl der zu berücksichtigenden Haushaltsmitglieder (§§ 5 f.)

Bedürftigkeit besteht. *Abbildung 31* bietet hierzu einen Überblick.

Anspruch auf Wohngeld	
Mietzuschuss • (Unter-)**Mieter** von Wohnraum • kein Bezug von **Transferleistungen** • finanzielle **Bedürftigkeit** hinsichtlich - Gesamteinkommen, - Höhe der Miete und - Anzahl der Haushaltsmitglieder	**Lastenzuschuss** • **Eigentümer** von selbst genutztem Wohnraum • kein Bezug von **Transferleistungen** • finanzielle **Bedürfigkeit** hinsichtlich - Gesamteinkommen, - Höhe der Belastung und - Anzahl der Haushaltsmitglieder

Abb. 31 Anspruch auf Wohngeld: Mietzuschuss oder Lastenzuschuss

Insbesondere Rentner mit niedriger Rente, erwerbstätige Familien, aber auch Alleinerziehende und Paare mit niedrigen Einkommen, Arbeitnehmer im Niedriglohnbereich, Studierende – sofern nicht der gesamte Haushalt dem Grunde nach einen BAföG-Anspruch hat – und Pflegeheimbewohner haben Anspruch auf Wohngeld.

Ein Wohngeldanspruch besteht nach § 21 WoGG nicht, wenn das Wohngeld weniger als 10,00 € monatlich betragen würde, alle Haushaltsmitglieder nach den §§ 7 und 8 Abs. 1 vom Wohngeld ausgeschlossen sind oder die Inanspruchnahme missbräuchlich wäre, insbesondere wegen erheblichen Vermögens.

130 LSG Berlin-Brandenburg, Beschluss vom 07.02.2017 – L 15 SO 252/16 B PKH.

3.3 Wohngeldberechnung

Im WoGG wird der **Begriff der Bedürftigkeit nicht definiert.** Daher besteht **keine festgelegte Höhe** für das Wohngeld und auch **keine feste Einkommensgrenze.**

In § 19 WoGG findet sich eine komplizierte Berechnungsformel, die auf

- Miete,
- Haushaltsmitglieder,
- Einkommen
- und Mietstufe

abstellt. Abhängig von der vorgeschriebenen Mietstufe der Stadt oder Gemeinde, in welcher sich die Wohnung des Antragstellers befindet, sind Höchstbeträge für das Wohngeld gestaffelt. Hierbei ist die Anzahl der Haushaltsmitglieder i. S. d. § 5 WoGG, die in der Wohnung leben, zu berücksichtigen.

Beispiel

Das Ehepaar Baldauf lebt mit den beiden Töchtern Katharina und Isabell in München (Mietstufe VII). Christian Baldauf geht einer nicht selbstständigen Beschäftigung nach; seine Frau Melanie ist nur auf einer geringfügigen Basis tätig. Nur Christian entrichtet Beiträge zur gesetzlichen Kranken- und Pflegeversicherung und zur gesetzlichen Rentenversicherung. Steuern vom Einkommen fallen nicht an.

	Christian Baldauf	**Melanie Baldauf**
Monatliches Bruttoeinkommen	1.990,00 €	430,00 €
abzgl. Arbeitnehmer-Pauschbetrag	– 102,50 €	0,00 €
abzgl. Sozialpauschale	– 377,50 €	0,00 €
Summe	1.510,00 €	430,00 €
Monatliches Gesamteinkommen	**1.940,00 €**	
Monatliche Bruttokaltmiete	770,00 €	
Höchstbetrag	1.129,40 € (inkl. 34,40 € Klimakomponente)	
zu berücksichtigende Miete	770,00 €	
Monatlicher Wohngeldanspruch	**518,00 €**	

Hinzu kommen Leistungen aus dem Bildungs- und Teilhabepaket sowie Kindergeld in Höhe von 255,00 € pro Kind. Darüber hinaus kann ein Anspruch auf Kinderzuschlag von bis zu 255,00 € pro Kind bestehen.

3.4 Verfahren und Zuständigkeit

Wohngeld wird gem. § 22 Abs. 1 WoGG nur auf *Antrag* der wohngeldberechtigten Person für einen Bewilligungszeitraum von *zwölf Monaten* (§ 25 WoGG) geleistet; eine rückwirkende Bewilligung ist nicht möglich. Die Zuständigkeit liegt nach § 24 Abs. 1 WoGG bei den durch Landesrecht bestimmten Behörden. In der Regel sind dies die kreisfreien Städte und Landkreise als Wohngeldbehörden.[131]

131 *Kokemoor* (Fn. 27), Rn. 425.

F. Soziales Entschädigungssystem (SGB XIV)

Neben den bereits betrachteten sozialen Vorsorgesystemen sowie denen der sozialen Hilfe und Förderung besteht der neueren Einteilung des Sozialrechts zufolge noch das soziale Entschädigungssystem.

Hierunter fällt eine Vielzahl von Sozialleistungen, welche dem **Ausgleich von Schäden, die nicht im Wege der Vorsorge abgesichert werden können und deren Verursachung im Verantwortungsbereich der Allgemeinheit liegen**, dienen.

Die staatliche Gemeinschaft trägt eine besondere Verantwortung, da die verfassungsrechtlich geschützte körperliche Unversehrtheit des Menschen aus Art. 2 Abs. 2 GG in diesen Fällen nicht gewährleistet werden konnte. Hintergrund für die Schaffung dieses Systems in den 1950er-Jahren war die Notwendigkeit, einen **Rechts- und Entschädigungsrahmen für die Opfer der beiden Weltkriege** zu schaffen.[132]

Zum 01.01.2024 ist das Soziale Entschädigungsrecht modernisiert worden, um den Herausforderungen des 21. Jahrhunderts gerecht zu werden. Während die Zahl der Kriegsbeschädigten kontinuierlich sinkt, steigt die Zahl von Gewaltopfern stetig an. *Abbildung 32* stellt die wichtigsten Fälle der Sozialen Entschädigung dar.

Mit **Inkrafttreten des SGB XIV** ist eine **Zusammenfassung der** zuvor in vielen verschiedenen Gesetzen aufzufindenden **Regelungen der Sozialen Entschädigung** erfolgt.

Hierdurch werden das BVG sowie das Opferentschädigungsgesetz (OEG) aufgehoben, indem Ansprüche nun über das SGB XIV abzuwickeln sind.[133]

---

132 *Tabbara*, Neues Sozialgesetzbuch XIV, NZS 2020, 210.

133 Das Strafrechtliche Rehabilitierungsgesetz (StrRehaG), Verwaltungsrechtliche Rehabilitierungsgesetz (VwRehaG) sowie Häftlingshilfegesetz (HHG) bleiben als eigenständige Gesetze bestehen, verweisen jedoch auf den Leistungsbereich des SGB XIV.

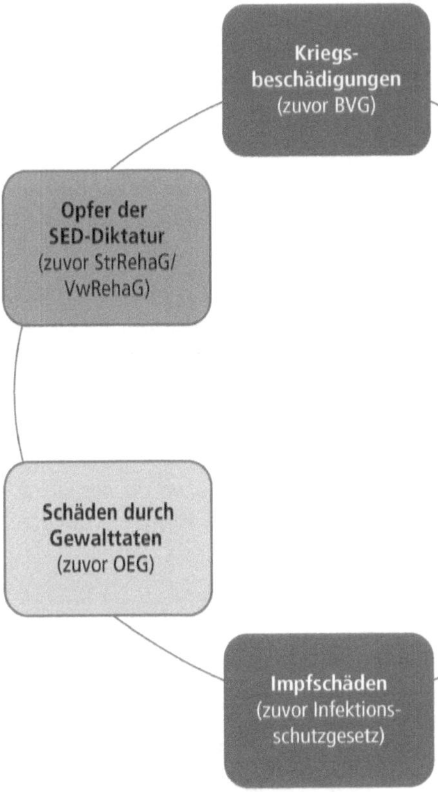

Abb. 32 Wichtigste Fälle zur Sozialen Entschädigung

Ziel dieser Bündelung ist, mehr Transparenz und Rechtsklarheit für die Betroffenen zu schaffen, mehr Menschen zu unterstützen und diesen einen erleichterten sowie zielgerichteten Zugang zu schnell wirksamen – an deren Bedürfnissen orientierten – Leistungen zu ermöglichen, aber auch den Teilhabegedanken zu stärken und Verbesserungen für die Opfer von sexueller Gewalt zu erwirken.[134]

Die Parlamentarische Staatssekretärin *Kerstin Griese* hielt am 08.11.2019 im Plenum des Bundesministeriums für Arbeit und Soziales zum Sozialen Entschädigungsrecht die folgende nachdrückliche Rede.

134 Gesetz zur Regelung des Sozialen Entschädigungsrechts v. 12.12.2019, BGBl. 2019 I 2652.

„Notwendige Grundlage für mehr Vertrauen"

Sehr geehrter Herr Präsident! Liebe Kolleginnen und Kollegen!

Der Deutsche Bundestag berät und beschließt heute das Gesetz zur Regelung des Sozialen Entschädigungsrechts. Meine Damen und Herren, mit diesem Gesetz schreiben wir Sozialgeschichte.

Was mir besonders wichtig ist: Wir werden diese wichtige Reform hoffentlich in einem großen Konsens aller demokratischen Fraktionen im Deutschen Bundestag beschließen.

Daher möchte ich zu Beginn ein Wort des Dankes an die Regierungsfraktionen von CDU/CSU und SPD und an die Oppositionsfraktionen von FDP, Die Linke und Bündnis 90/Die Grünen richten. Denn wir haben gemeinsam sehr konstruktiv und engagiert an dieser wichtigen Sozialreform gearbeitet. Herzlichen Dank dafür!

Der Bundesregierung ist sehr daran gelegen, dass diese wichtige Reform nicht gegen, sondern mit den Betroffenen von Gewalt beschlossen wird. Deshalb auch ein herzlicher Dank an die Verbände, die die Entwicklung dieses Gesetzes intensiv begleitet haben.

Das sei mir an dieser Stelle auch erlaubt: ein besonders herzlicher Dank an die Mitarbeiterinnen und Mitarbeiter des BMAS, die teilweise seit Jahren an dieser wichtigen Aufgabe arbeiten.

Meine Damen und Herren, Opfern von Gewalttaten ist oftmals unermessliches Leid zugefügt worden. Erlittenes Leid lässt sich niemals rückgängig machen. Aber der Staat kann dieses Leid anerkennen, kann Hilfen anbieten und unterstützen und zumindest materiell entschädigen. Unsere geltenden Regelungen basieren aber noch auf der Kriegsopferversorgung für die Opfer beider Weltkriege aus den 50er-Jahren. Jetzt brauchen wir ein neues Recht, bei dem die Betroffenen von Gewalttaten, auch von psychischer und sexualisierter Gewalt, genauso wie ihre Angehörigen und Hinterbliebenen im Mittelpunkt stehen. Ihnen muss schnell und umfassend geholfen werden. Das ist Aufgabe aller staatlichen Stellen.

Das Gesetz, das wir heute beschließen, setzt nach der Ausschussberatung genau hier mit Verbesserungen an. Opfer von Gewalttaten sollen möglichst schnell und einfach alle verfügbaren Hilfen erhalten. Ziel ist es, dass sie die Tat und ihre Folgen überwinden und in ihren Alltag zurückfinden. Eine ganz wichtige Aufgabe kommt dabei den Traumaambulanzen zu; denn hier sollen Betroffene, die eine Gewalttat erlebt haben, schnelle und unbürokratische Hilfe erhalten. Dauerhafte psychische Schäden können so vermieden, zumindest aber gemindert werden. Da vor allem Kinder und Jugendliche eine be-

sondere Unterstützung benötigen, wurde für sie die Anzahl der vorgesehenen Stunden in den Traumaambulanzen im parlamentarischen Verfahren noch einmal von 15 auf 18 Stunden erhöht.

Wir haben das Anliegen der genannten Fraktionen, der Verbände und auch einiger Länder aufgegriffen, dass von Gewalttaten Betroffene die Leistungen der Traumaambulanzen schon früher, bereits ab dem Jahr 2021, erhalten können. Vielen Dank auch dafür.

Noch ein ganz wichtiger Punkt, an dem wir den Gesetzentwurf gemeinsam mit den Regierungsfraktionen und den drei genannten Oppositionsfraktionen noch mal verbessert haben: Sexueller Missbrauch, egal gegen wen, egal von wem er verübt wurde, ist ein schlimmes Verbrechen. Daher haben wir im Gesetzentwurf klargestellt, dass alle Opfer von sexuellem Missbrauch künftig Leistungen nach dem neuen Sozialen Entschädigungsrecht erhalten können.

Wir haben bei Bildungsaufenthalten im Ausland, wenn dort jemand eine Gewalttat erlebt hat, die Zeit, in der das Soziale Entschädigungsrecht greift, auf ein Jahr verlängert. Das bedeutet eine Verbesserung für alle, die z. B. mit Rahmen eines Schüleraustausches, im Studium oder im Freiwilligendienst im Ausland sind, was oft ein Jahr andauert.

Sehr geehrter Herr Präsident, liebe Kolleginnen und Kollegen, das sind nur einige der Änderungen. Insgesamt liegt jetzt mit Ihrer konstruktiven Unterstützung aus dem Parlament ein sehr gutes Gesetz zur Abstimmung vor. Dafür danke ich Ihnen herzlich.

Ich bitte Sie um Zustimmung zu dem neuen Sozialen Entschädigungsrecht, das eine wichtige und notwendige Grundlage ist für mehr Vertrauen und bessere und umfassendere Leistungen für Betroffene von Gewalt und Terror; denn sie verdienen alle unsere Hilfe und Solidarität.

Vielen Dank.

Der *Grundgedanke* der Sozialen Entschädigung lautet nach § 5 SGB I wie folgt:

„Wer einen Gesundheitsschaden erleidet, für dessen Folgen die staatliche Gemeinschaft in Abgeltung eines besonderen Opfers oder aus anderen Gründen nach versorgungsrechtlichen Grundsätzen einsteht, hat ein Recht auf die notwendigen Maßnahmen zur Erhaltung, zur Besserung und zur Wiederherstellung der Gesundheit und der Leistungsfähigkeit und eine angemessene wirtschaftliche Versorgung."

Das SGB XIV regelt die Leistungen für Anträge der Sozialen Entschädigung, die nach dem 01.01.2024 gestellt wurden.

Für Personen, welche **bereits vor dem 01.01.2024 Leistungen** bezogen haben, beinhaltet das SGB XIV **umfassende Regelungen zum Besitzstand,** die sicherstellen, dass keine Leistungsverschlechterungen entstehen.[135]

Die Betroffenen haben ein Wahlrecht, ob sie über den 01.01.2024 hinaus Leistungen nach dem alten oder neuen Recht in Anspruch nehmen. Für Berechtigte, die ausschließlich eine Grundrente bezogen haben, existieren dagegen keine Besitzstandsleistungen.

Von den sozialen Entschädigungssystemen sind nicht nur Fälle umfasst, in denen sich der Einzelne freiwillig einem besonderen – nicht für jeden bestehenden – Gesundheitsrisiko ausgesetzt und dadurch einen Schaden erlitten hat.[136] Es zählen hierzu auch Fälle, in denen der *Staat seine Funktionsfähigkeit nicht sicherstellen konnte* und daher gehalten ist, den Opfern eine Entschädigung zuteilwerden zu lassen.

Leistungen nach dem SGB XIV werden gem. § 10 Abs. 1 *in der Regel nur auf Antrag* erbracht, wobei Abs. 3 zufolge Leistungen auch von Amts wegen geleistet werden können. § 10 Abs. 2 SGB XIV bestimmt, dass bspw. die besonderen Leistungen im Einzelfall ebenfalls von Amts wegen erbracht werden. Für Leistungen in Traumaambulanzen kann der erforderliche Antrag auch noch nach der zweiten Sitzung gestellt werden (§ 10 Abs. 5 SGB XIV).

I. Anspruchsberechtigte

Neben den Geschädigten selbst können laut § 2 SGB XIV auch deren Hinterbliebene, Angehörige und nahestehende Personen Leistungen der Sozialen Entschädigung beziehen. Diese Vorschrift bezeichnet als:

- **Geschädigte**, welche unmittelbar durch ein schädigendes Ereignis betroffen sind, wobei in der Gewaltopferentschädigung auch Personen dazu zählen, die einen sog. Schockschaden i. S. d. § 14 Abs. 2 SGB XIV erlitten haben,
- **Angehörige**, welche Ehegatten, Kinder und Eltern einer noch lebenden geschädigten Person sind,
- **Hinterbliebene,** wozu neben verwitweten Personen, Waisen und Eltern auch Betreuungsunterhaltsberechtigte einer an den Folgen der Schädigung verstorbenen Person zählen und

135 Nach § 144 Abs. 1 SGB XIV werden alle bislang erhaltenen monatlichen Geldleistungen summiert und um 25 v. H. erhöht.

136 *Schaumberg* (Fn. 43), Rn. 347.

- **Nahestehende,** wie Geschwister einer geschädigten oder getöteten Person sowie Personen, die mit dieser in einem eheähnlichen Verhältnis stehen.

Mit dem vertieften Einbezug des persönlichen Umfelds der Geschädigten in den Kreis der Berechtigten soll berücksichtigt werden, dass eine Gewalttat oder ein anderes schädigendes Ereignis auch einen *tiefen Einschnitt im Leben für Nahestehende* darstellt.[137]

Gründe für den *Ausschluss oder die Versagung von Ansprüchen/Leistungen* nach dem SGB XIV finden sich in den §§ 16 ff. Grundsätzlich sollen staatliche Entschädigungsleistungen nicht – auch nicht mittelbar – Personen zugutekommen, die die Schädigung in vorwerfbarer Weise verursacht haben oder bei denen eine Leistungserbringung unbillig erscheint.

Von der Leistungserbringung **nicht ausgeschlossen** sind Opfer von häuslicher Gewalt, die sich entscheiden, in ihr häusliches Umfeld und damit zum Täter zurückzukehren.

II. Entschädigungsfall

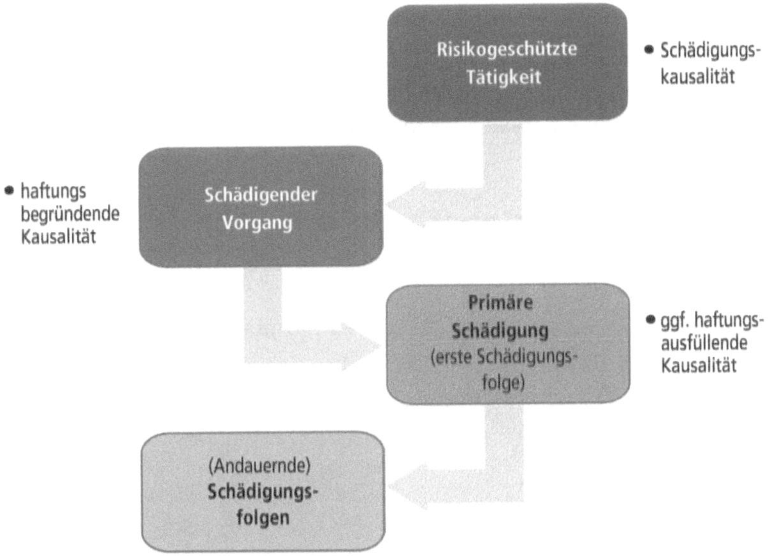

Abb. 33 Kennzeichen eines Entschädigungs- oder Versorgungsfalls nach dem SGB XIV

137 *Tabbara* (Fn. 132), 213.

Kennzeichen eines Entschädigungs- oder Versorgungsfalls nach dem SGB XIV ist, wie *Abbildung 33* aufzeigt, dass eine (durch ein Entschädigungsgesetz) *risikogeschützte Tätigkeit* ausgeübt wird, in deren Rahmen es zu dem *zeitlich begrenzten, wiederkehrenden oder über längere Zeit einwirkenden schädigenden Ereignis* kommt.[138]

Dieses führt zu einem **gesundheitlichen (primären) Schaden,** der ggf. andauernde **gesundheitliche und/oder wirtschaftliche Schädigungsfolgen** verursacht.

Nach § 5 Abs. 1 Satz 1 SGB XIV gelten als körperliche, seelische oder geistige Sinnesbeeinträchtigungen solche, die kausal aus der durch das schädigende Ereignis verursachten Gesundheitsstörung entstanden sind. Strukturell ist ein Fall des Sozialen Entschädigungsrechts daher mit dem eines Arbeitsunfalls vergleichbar. Insofern ist auch im Versorgungsrecht die *Theorie der wesentlichen Bedingung für die Kausalität* relevant. Hiernach sind nur solche Bedingungen als ursächlich anzusehen, welche sowohl in objektiver als auch rechtlicher Hinsicht wesentlich zum Erfolgseintritt beigetragen haben.[139] Bei mehreren Ursachen muss eine annähernd gleichwertige Bedeutung mit anderen Ursachen für den Erfolg vorliegen.

Der Bezug von Leistungen nach dem SGB XIV ist *unabhängig vom aufenthaltsrechtlichen Status* der Betroffenen und steht daher auch gem. § 7 SGB XIV Ausländern zu. Hintergrund ist, dass die Pflicht des deutschen Staates, Personen auf seinem Territorium vor den im Sozialen Entschädigungsrecht genannten Gefahren zu schützen, nicht vom Aufenthaltsstatus abhängig ist.[140]

III. Entschädigungstatbestände

Vom SGB XIV umfasst ist die Entschädigung von

- Opfern einer Gewalttat einschließlich Terroropfern (§§ 13 ff.),
- Personen, die gesundheitliche Schäden durch Einwirkungen der beiden Weltkriege (§§ 21 f.) erlitten haben,
- aber auch Menschen, die durch Ereignisse während der Ableistung des Zivildienstes (§ 23) oder

138 *Kokemoor* (Fn. 27), Rn. 391.
139 *Kokemoor* (Fn. 27), Rn. 272 ff.
140 *Tabbara* (Fn. 132), 213.

- durch eine Schutzimpfung oder sonstige Maßnahme der Prophylaxe geschädigt wurden (§ 24).

Anspruch auf die gleichen Leistungen haben zudem Opfer des SED-Regime. Für eine Reaktion auf künftige Veränderungen sowie Herausforderungen gesteht die Struktur des SGB XIV eine Erweiterung um neue Entschädigungstatbestände zu.[141]

Bei *Opfern von Gewalttaten* handelt es sich um die zahlenmäßig größte Gruppe der Berechtigten, für welche die besonderen Regelungen nach §§ 13 bis 20 SGB XIV gelten. Erstmalig werden mit dem SGB XIV in § 13 nun ausdrücklich auch Personen als Opfer einer Gewalttat erfasst, die durch schwerwiegende psychische Gewalt oder besonders gravierende Taten gegen die sexuelle Selbstbestimmung eine gesundheitliche Schädigung erlitten haben. § 14 SGB XIV bestimmt zudem, dass diverse Fälle, wie schwere Vernachlässigung von Kindern, Handlungen im Bereich der Kinderpornografie und Schockschäden, einer Gewalttat gleichzustellen sind.

IV. Entschädigungsleistungen

Die Leistungen der Sozialen Entschädigung des SGB XIV gliedern sich in die in *Abbildung 34* dargestellten Bereiche:

1. Schnelle Hilfen

Die sog. Schnellen Hilfen sind eine *wesentliche Neuerung* im Sozialen Entschädigungsrecht und im Vierten Kapitel (§§ 29 ff.) des SGB XIV als Leistungen eigener Art geregelt. Neben dem Fallmanagement umfassen diese gem. § 29 Abs. 1 SGB XIV die Leistungen in den Traumaambulanzen. Die Möglichkeit, Kooperationsvereinbarungen für Beratungs- und Begleitangebote zu schließen, wird zwar im selben Kapitel wie die Schnellen Hilfen geregelt, stellt jedoch keine solche dar. Die Vertragsparteien können sich jedoch darauf verständigen, dass die laut Kooperationsvereinbarung zu erbringenden Leistungen im Wege der Schnellen Hilfen erfolgen.[142] Mit diesem Instrument können die Länder die Leistungen der Schnellen Hilfen auch von Stellen außerhalb ihrer Verwaltung erbringen lassen.

---

141 *Tabbara* (Fn. 132), 213.
142 *Tabbara* (Fn. 132), 214.

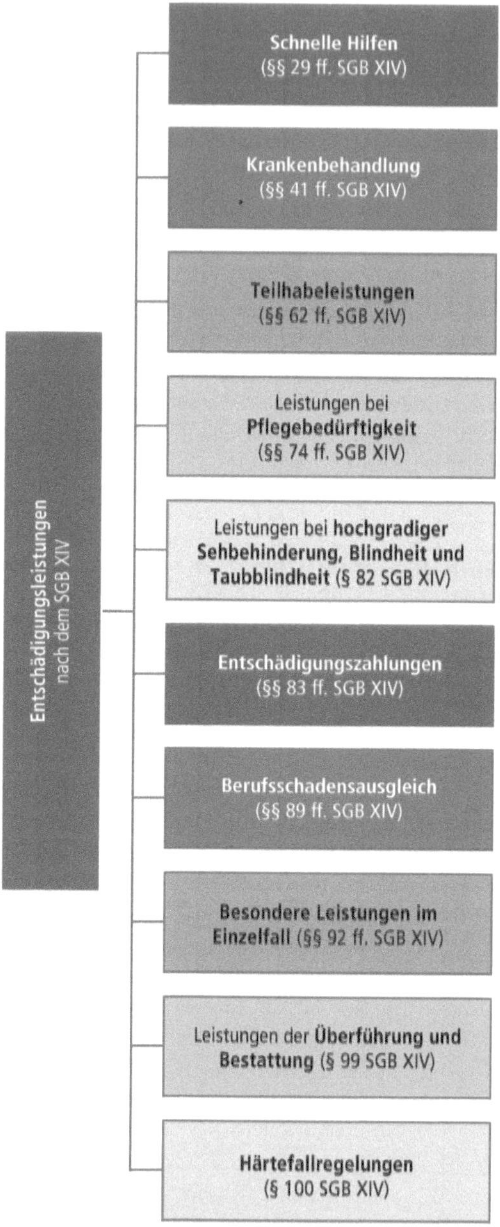

Abb. 34 Leistungen der Sozialen Entschädigung des SGB XIV

Nicht nur Beratungsstellen und andere Einrichtungen sind im Bereich der Opferhilfe tätig, sondern auch Frauenhäuser.

Die *Leistungen des Fallmanagements* sind in § 30 SGB XIV geregelt. Diese sind nicht identisch mit der von dem Sozialleistungsträger nach §§ 13 bis 15 SGB I zu erbringenden Aufklärung, Beratung sowie Auskunft.

Fallmanager **unterstützen und begleiten** auf Wunsch die Berechtigten – hierzu zählen nicht nur die Geschädigten, sondern auch Hinterbliebene, Angehörige und Nahestehende – individuell **durch das gesamte Antrags- und Leistungsverfahren**.

Sie stehen als persönliche Ansprechpartner zur Verfügung, ermitteln den möglichen Hilfebedarf und weisen auf die in Betracht kommenden Sozialleistungen hin. Hierdurch soll eine Verfahrensbeschleunigung und -verkürzung erzielt werden.

Mit den §§ 31 ff. SGB XIV erfolgt *die flächendeckende Einführung von Traumaambulanzen* für Erwachsene sowie Kinder und Jugendliche. Nach § 31 SGB XIV haben Berechtigte sowie Angehörige, Hinterbliebene und Nahestehende *Anspruch auf psychotherapeutische Frühintervention* in einer Traumaambulanz, wenn die erste Sitzung innerhalb von zwölf Monaten nach dem schädigenden Ereignis oder nach Kenntnis der berechtigten Person erfolgt. Für länger zurückliegende Ereignisse, welche zu einer akuten psychischen Belastung bei Betroffenen führen, besteht laut § 33 SGB XIV innerhalb von zwölf Monaten nach Auftreten der akuten Krise Zugang zu den Traumaambulanzen.

Volljährige Berechtigte haben gem. § 34 Abs. 1 SGB XIV *Anspruch auf bis zu 15 Sitzungen; Kinder und Jugendliche auf bis zu 18 Sitzungen.*

Um einen schnellen Zugang zu gewährleisten, ist nach § 34 Abs. 2 SGB XIV für die Inanspruchnahme der ersten fünf Sitzungen (bzw. acht bei Kindern und Jugendlichen) keine Entscheidung der zuständigen Behörde erforderlich. Sofern anschließend weiterer psychotherapeutischer Behandlungsbedarf besteht, werden Betroffene von der Verwaltungsbehörde auf entsprechende Angebote verwiesen. Weitere Vorschriften hierzu finden sich in der Traumaambulanz-Verordnung.

Die Schnellen Hilfen sind **unabhängig und losgelöst von weiteren Verfahren des SGB XIV.**[143] Um den Betroffenen nach einem schädigenden Ereignis diese Leistungen rasch und unbürokratisch zukommen zu lassen, wird hierüber im sog. **erleichterten Verfahren** nach § 115 Abs. 1 SGB XIV entschieden.

Die Prüfung des Antrags auf Ansprüche nach dem Recht der Sozialen Entschädigung, für welchen der zugrunde liegende Sachverhalt als wahr unterstellt wird – sofern dessen Unrichtigkeit nicht offensichtlich ist – erfolgt lediglich summarisch (§ 115 Abs. 2 SGB XIV). Kommt diese Prüfung zu dem Ergebnis, dass Ansprüche bestehen könnten, werden die entsprechenden Leistungen der Schnellen Hilfen erbracht. Eine umfassende Prüfung auf Ansprüche nach dem SGB XIV erfolgt erst nach der Entscheidung im erleichterten Verfahren im *weiteren Verfahren des § 116 SGB XIV.*

2. Krankenbehandlung

Geschädigte haben § 41 Abs. 1 SGB XIV zufolge Anspruch auf Leistungen der Krankenbehandlung für anerkannte Schädigungsfolgen.

Zu diesen Leistungen, welche sich hinsichtlich **Art und Umfang grundsätzlich nach den Vorschriften des SGB V** richten, zählen

- ärztliche und zahnärztliche Behandlung,
- Krankenhausbehandlung,
- Psychotherapie,
- Leistungen der medizinischen Rehabilitation sowie
- Versorgung mit Arznei-, Verbands-, Heil- und Hilfsmitteln.

Um der besonderen Verantwortung des Staates gegenüber den Geschädigten gerecht zu werden, bestehen gegenüber dem Recht der gesetzlichen Krankenversicherung jedoch einige Begünstigungen, wie *Tabelle 17* mit dem *nicht abschließenden Leistungskatalog* aufzeigt.[144]

143 *Tabbara* (Fn. 132), 216.
144 *Tabbara* (Fn. 132), 214.

Tab. 17 Beispiele für Begünstigungen aus dem nicht abschließend geregelten Katalog der Leistungen zur Krankenbehandlung des SGB XIV

Rechtsnormen	Voraussetzungen
§ 43 Abs. 1 SGB XIV	Anspruch auf ergänzende Leistungen über das Leistungsspektrum und den Leistungsumfang der gesetzlichen Krankenversicherung hinaus, wenn diese unter Berücksichtigung der Art und Schwere des Einzelfalls und der besonderen Bedarfe der oder des Geschädigten notwendig sind
§ 43 Abs. 2 SGB XIV	Ergänzende Leistungen, wie ■ besondere psychotherapeutische Leistungen mit Ausweitung des Behandlungsangebots und der Behandlungsfrequenz, ■ besondere zahnärztliche, implantologische, kieferchirurgische und kieferorthopädische Leistungen sowie Mehrleistungen für Zahnersatz, ■ besondere heilpädagogische Leistungen nach Vollendung des 18. Lebensjahres, ■ besondere verschreibungspflichtige Arzneimittel oder besondere nicht verschreibungspflichtige apothekenpflichtige Arzneimittel, ■ besondere, über die allgemeinen Krankenhausleistungen hinausgehende ärztliche oder nicht ärztliche Leistungen i. R. einer stationären Behandlung
§ 44 SGB XIV	Sachleistungen ohne Eigenbeteiligung
§ 47 SGB XIV	Krankengeld der Sozialen Entschädigung, das unter erleichterten Voraussetzungen gewährt wird und gegenüber dem Krankengeld nach dem SGB V erheblich höher ausfällt
§ 52 SGB XIV	Beiträge zur Arbeitsförderung, der gesetzlichen Rentenversicherung und Alterssicherung während dem Bezug von Krankengeld der Sozialen Entschädigung
§ 53 SGB XIV	Übernahme von Reisekosten, die im Zusammenhang mit einer Leistung der Krankenbehandlung der Sozialen Entschädigung anfallen

Für den Bereich der *Hilfsmittelversorgung*, dem durch die schwindenden Zahlen der Kriegsopferversorgung zukünftig eine geringere Bedeutung zukommen wird, gilt nach § 46 SGB XIV das *Recht der gesetzlichen Unfallversicherung* (SGB VII). Zuständig für die Durchführung der Leistungen der Krankenbehandlung sind – abhängig von der Art der Leistung – die Krankenkassen, Unfallkassen der Länder oder Verwaltungsbehörden (§ 57 SGB XIV). Für Geschädigte, welche nicht gesetzlich krankenversichert sind, ist eine Krankenkasse ihrer Wahl zuständig.

3. Teilhabeleistungen

Mit den §§ 62 bis 70 SGB XIV werden Teilhabeleistungen geregelt, die die Möglichkeit zur raschen Teilnahme am gesellschaftlichen und beruflichen Leben der Berechtigten bezwecken sollen. Von den Teilhabeleistungen sind nach § 62 Abs. 1 SGB XIV

- Leistungen zur Teilhabe am Arbeitsleben sowie unterhaltssichernde und andere ergänzende Leistungen,
- Leistungen zur Teilhabe an Bildung,
- Leistungen zur sozialen Teilhabe sowie
- Leistungen zur medizinischen Rehabilitation

umfasst.

Mit Ausnahme der flankierenden unterhaltssichernden und anderen ergänzenden Leistungen werden die Teilhabeleistungen *ohne den Einsatz von Einkommen und Vermögen* erbracht, um dem Leitgedanken der Selbstbestimmung zu entsprechen.[145]

Ein Anspruch auf Leistungen zur Teilhabe besteht gem. §§ 4 Abs. 1, 25 SGB XIV, wenn der *Bedarf schädigungsbedingt*, also kausal auf die Schädigung zurückzuführen ist. Eine Abhängigkeit zum Bezug von Entschädigungszahlungen besteht nicht, da die Feststellung zum Vorliegen der Anspruchsvoraussetzungen i. S. d. § 4 Abs. 1 SGB XIV ausreicht.

4. Leistungen bei Pflegebedürftigkeit

In Fällen, in denen ein schädigendes Ereignis zur Pflegebedürftigkeit der Betroffenen geführt hat, kann laut § 71 SGB XIV Anspruch auf entsprechende Leistungen bestehen. Diese *gehen über die der sozialen Pflegeversicherung z. T. hinaus*, orientieren sich jedoch an dem Verfahren zur Pflegegradermittlung sowie deren generellen Leistungen (§ 72 Abs. 1 SGB XIV). Neben der Übernahme von den zur Pflege erforderlichen Leistungen der Geschädigten können *ergänzende Leistungen*, wie Tages- oder Kurzzeitpflege, nach § 75 SGB XIV erbracht werden. Im Rahmen des § 76 Abs. 1 SGB XIV – dem *sog. Arbeitgebermodell* – ist es zudem möglich, dass Eltern oder Ehegatten, die Leistungen der häuslichen Pflege erbringen, sich vergüten lassen, wenn eine fachgerechte Pflege gewährleistet ist.

Ausnahmsweise können gem. § 73 SGB XIV auch Kosten für Geschädigte übernommen werden, die weniger als sechs Monate eingeschränkt sind

---

145 *Tabbara* (Fn. 132), 210.

und damit die Pflegebedürftigkeit im rechtlichen Sinne nach dem SGB XI nicht gegeben ist. § 77 SGB XIV regelt, dass die Leistungen bei Pflegebedürftigkeit auftragsgemäß von den Verwaltungsbehörden sowie Pflegekassen erbracht werden.

5. Leistungen bei hochgradiger Sehbehinderung, Blindheit und Taubblindheit

Der Anspruch auf Leistungen bei schädigungsbedingter hochgradiger Sehbehinderung, Erblindung oder Taubblindheit ist in § 82 SGB XIV geregelt. Diese *eigenständigen, einkommensunabhängigen Geldleistungen* sind laut § 82 Abs. 4 SGB XIV vorrangig gegenüber landesrechtlichen Leistungen für Aufwendungen bei hochgradiger Sehbehinderung, Blindheit und Taubblindheit.

6. Entschädigungszahlungen

Monatliche Geldzahlungen zur Entschädigung können Geschädigte nach den Vorschriften des § 83 SGB XIV erhalten. Diese sind gem. Abs. 1 in *fünf Stufen nach dem jeweiligen Grad der Schädigungsfolgen (GdS)* aufgegliedert. Mit diesen Zahlungen soll der durch die erlittene Schädigung *verloren gegangenen gesundheitlichen Integrität der Betroffenen ein immaterielles Anerkenntnis* gezollt und ein Ausgleich für die mit dem schädigenden Ereignis verbundenen *Mehrbelastungen* geschaffen werden.[146] Daneben besteht durch § 84 SGB XIV die Möglichkeit für Geschädigte, sofern Anspruch auf eine monatliche Entschädigungszahlung i. S. d. § 83 Abs. 1 SGB XIV besteht, auf Antrag eine Abfindung zu erhalten. § 84 Abs. 3 SGB XIV gibt vor, dass mit Zahlung der Abfindung die Ansprüche auf eine monatliche Entschädigungszahlung für die Dauer von fünf Jahren abgegolten sind.

Daneben haben auch Hinterbliebene Anspruch auf eine monatliche Entschädigungszahlung (§ 85 SGB XIV). Hintergrund ist, eine immaterielle Anerkennung für das erbrachte Opfer zu zollen, welches oftmals auch die Familie von Geschädigten betrifft, sowie einen Beitrag dazu leisten, dass die Hinterbliebenen sich nach dem Tod des Ehepartners oder Elternteils auf die neue Lebenssituation einstellen können.[147] Folgende *Hinterbliebene* können monatliche Entschädigungsleistungen erhalten:

- verwitwete Personen sowie Partner einer eheähnlichen Gemeinschaft (§ 85 Abs. 1 SGB XIV),

146 *Tabbara* (Fn. 132), 210.
147 *Tabbara* (Fn. 132), 210.

- Betreuungsunterhaltsberechtigte, wobei die Leistungen jedoch auf die ersten drei Lebensjahre des gemeinsamen Kindes beschränkt sind (§ 85 Abs. 2 SGB XIV),
- Waisen bis zur Vollendung des 18. Lebensjahres und längstens bis zur Vollendung des 27. Lebensjahres (§ 87 SGB XIV) sowie
- Eltern von schädigungsbedingt verstorbenen Kindern und diesen gleichgestellten Personen (§ 88 SGB XIV).

Abfindungen können nach § 86 SGB XIV ebenfalls Witwen und Witwer erhalten. Mit dieser wären dann allerdings auch alle Ansprüche auf Entschädigungszahlungen abgegolten. Dagegen kann zum Schutz von Waisen die Entschädigungszahlung nicht abgefunden werden.

7. Berufsschadensausgleich

Entsteht durch die Schädigung ein Einkommensverlust des Betroffenen, bspw. durch den schädigungsbedingten Wechsel des Berufs mit einer niedrigeren Vergütung, kann Anspruch auf eine monatliche Geldleistung in Form des Berufsschadensausgleichs nach den §§ 89 ff. SGB XIV bestehen. Hierfür müssen die folgenden Voraussetzungen des Abs. 1 erfüllt sein:

- Kausalität zwischen den Schädigungsfolgen und dem Einkommensverlust,
- der anerkannte GdS beträgt mindestens 30 und
- Leistungen zur medizinischen Rehabilitation und zur Teilhabe am Arbeitsleben sind nicht mehr erfolgversprechende Härtefallregelungen
- oder dem Geschädigten nicht mehr zumutbar.

8. Besondere Leistungen im Einzelfall

Zu den besonderen Leistungen im Einzelfall zählen nach § 92 Abs. 4 SGB XIV

- Leistungen zum **Lebensunterhalt**, um den notwendigen und angemessenen Bedarf des täglichen Lebens sicherzustellen (§ 93 SGB XIV),
- Leistungen zur **Förderung einer Ausbildung** durch Rückzahlung des Darlehens in den Fällen, in welchen Geschädigte und Waisen schädigungsbedingt eine Förderung nach dem BAföG erhalten haben (§ 94 SGB XIV),
- Leistungen zur **Weiterführung des Haushalts** zur Sicherung des Verbleibs im gewohnten Lebensumfeld und der vertrauten Lebensumgebung (§ 95 SGB XIV) und

- Leistungen in **sonstigen Lebenslagen** für atypische schädigungsbedingte Bedarfslagen, wie die Kosten zur Unterbringung in einem Frauenhaus oder präventive Sicherungsmaßnahmen an Haustüren (§ 96 SGB XIV).

Die besonderen Leistungen im Einzelfall dienen der Unterstützung von Personen, welche ihren Lebensunterhalt nicht oder nicht ausreichend durch eigenes Einkommen oder Vermögen sichern können.

Voraussetzung für den Leistungsanspruch ist folglich, dass neben der finanziellen Hilfebedürftigkeit der Bedarf ausschließlich *schädigungsbedingt* ist (§§ 92 Abs. 1, 105 Abs. 3 SGB XIV). Zudem wird eine *wirtschaftliche Kausalität* vorausgesetzt, die bei minderjährigen Geschädigten immer anzunehmen ist (§ 92 Abs. 3 Satz 2 SGB XIV). Bei der Entscheidung über alle besonderen Leistungen im Einzelfall und deren Ausführung gesteht der § 97 SGB XIV ein *Wunsch- und Wahlrecht* zu. In Abweichung zum Grundsatz des SGB XIV, nur schädigungsbedingte Bedarfe abzudecken, können Leistungen zum Lebensunterhalt auch an Hinterbliebene für einen Zeitraum von bis zu fünf Jahren nach dem Tod des Geschädigten erbracht werden.

9. Leistungen bei Überführung und Bestattung

Regelungen zur Kostenübernahme der Überführung und Bestattung eines an der Schädigung verstorbenen Geschädigten finden sich in § 99 SGB XIV. Diese werden laut Abs. 1 und 2, soweit sie erforderlich und angemessen sind, derjenigen Person erstattet, welche die Überführung und Bestattung veranlasst hat. *Ein familiäres oder verwandtschaftliches Verhältnis* ist *nicht erforderlich.*[148]

10. Härtefallregelungen

Zum Härteausgleich schreibt § 100 SGB XIV vor, dass sofern der Ausschluss von einzelnen oder allen Leistungen nach dem SGB XIV eine besondere Härte darstellt, ein Ausgleich erbracht werden kann, dessen Form und Höhe im Ermessen der zuständigen Behörde liegt.

11. Leistungen mit Auslandsbezug

Sonderregelungen nach § 101 SGB XIV gelten für *Berechtigte mit Anspruch auf Leistungen nach dem SGB XIV und Wohnsitz oder gewöhnlichem Aufenthalt im Ausland.* Dies begründet sich damit, dass bestimmte Leistungen

148 *Tabbara* (Fn. 132), 216.

von den zuständigen deutschen Behörden oder Leistungsträgern nicht im Ausland erbracht werden können.[149]

Die Leistungen für Gewalttaten im Ausland sind in § 102 SGB XIV geregelt, wobei grundsätzlich in diesen Fällen eine primäre Verantwortung des Tatlandes gegeben ist. Wenn Geschädigte ihren rechtmäßigen Aufenthalt in Deutschland nur für einen vorübergehenden Zeitraum von sechs Monaten im Ausland i. S. d. § 15 Satz 1 SGB XIV unterbrochen haben, können dennoch Ansprüche auf Leistungen der Sozialen Entschädigung bestehen.[150] Diese Frist wird auf ein Jahr verlängert, wenn der Auslandsaufenthalt dem Besuch einer Schule, Hochschule, der Berufsausbildung oder der Leistung eines freiwilligen Dienstes dient (§ 15 Satz 2 SGB XIV).

12. Träger

Die Länder sind grundsätzlich Träger der Sozialen Entschädigung (§ 111 SGB XIV).

Die **sachliche Zuständigkeit** liegt bei den nach Landesrecht bestimmten Behörden, die wiederum gem. § 112 SGB XIV auf gemeinsame Behörden oder andere Träger, wie die Unfallkassen der Länder, übertragen werden kann.

Um Leistungsverschlechterungen für die Betroffenen und neue Behördenschnittstellen zu vermeiden, ist eine umfassende Aufgabenübertragung nach dem Recht des SGB VII auf die Unfallkassen unterblieben.[151]

Über die **örtliche Zuständigkeit** bestimmen laut § 113 Abs. 1 SGB XIV ebenfalls die Länder. Hinsichtlich der Gewaltopferentschädigung ist gem. § 113 Abs. 2 SGB XIV im Interesse der Berechtigten das Land zuständig, in dem die berechtigte Person ihren Wohnsitz oder gewöhnlichen Aufenthalt hat.

149 *Tabbara* (Fn. 132), 216.

150 Es besteht die Vermutung, dass bei einer Unterbrechung des regelmäßigen Aufenthalts innerhalb dieses Zeitraums noch eine enge Verbindung zu Deutschland gegeben ist, die den Leistungsbezug aus fürsorgerischen Gesichtspunkten rechtfertigt.

151 *Tabbara* (Fn. 132), 216.

G. Sozialverwaltungsverfahren (SGB X)

I. Beginn des Verwaltungsverfahrens

Abbildung 35 bietet einen Überblick über den Ablauf eines Verwaltungsverfahrens. Für dessen Einleitung sieht § 18 Satz 1 SGB X als Grundfall die pflichtgemäße Ausübung des der Behörde zustehenden Ermessens vor **(Opportunitätsprinzip).** Den tatsächlichen Begebenheiten der Sozialverwaltung entspricht dies jedoch nicht, denn den Regelfall der Verfahrenseröffnung stellt vielmehr die Verfahrenseinleitung nach § 18 Satz 2 Nr. 1 Alt. 2 SGB X auf Antrag des Bürgers **(Dispositionsmaxime)** dar.[152] Der Leistungsverwaltung kommt insoweit eine größere Bedeutung als der Eingriffsverwaltung zu.

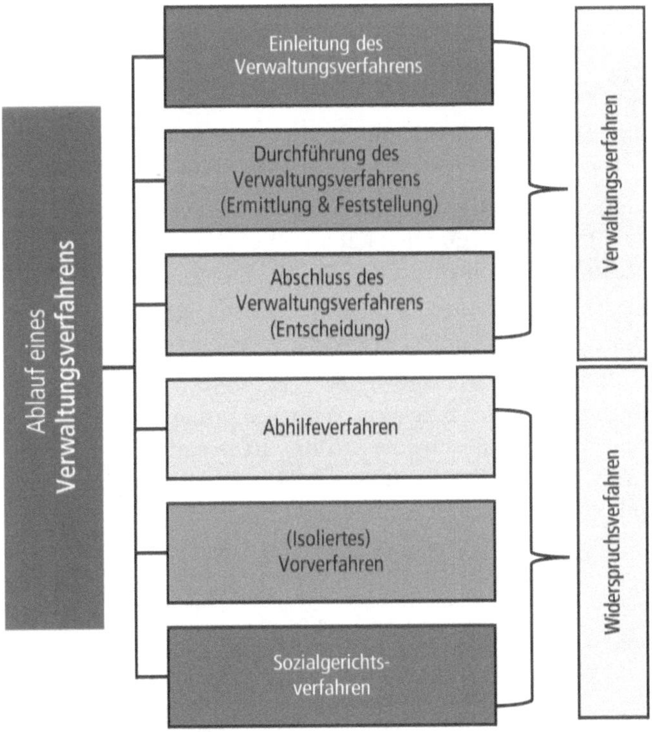

Abb. 35 Ablauf eines Verwaltungsverfahrens

152 *Vogelgesang*, in: Hauck/Noftz SGB X, 3. EL 2023, § 18 Rn. 2.

Obwohl die Behörde bei Vorliegen eines Antrags zur Einleitung eines Verwaltungsverfahrens verpflichtet ist, **dürfen** die dem Berechtigten zustehenden **Sozialleistungen** jedoch **nicht aufgedrängt werden**. Der Berechtigte ist grundsätzlich befugt, seinen Antrag jederzeit zurückzunehmen; hiervon gibt es allerdings wenige Ausnahmen.

Beispiel

Ein Versicherter stellt im Unfallversicherungsrecht (§ 19 Satz 2 SGB IV) einen Antrag auf Gewährung einer Leistung, obwohl die Behörde bereits von Amts wegen zur Verfahrenseröffnung verpflichtet ist. Nimmt er diesen Antrag nun zurück, führt dies nicht zur Verfahrensbeendigung. Etwas anders gilt nur dann, wenn in der Rücknahme gleichzeitig ein Anspruchsverzicht nach § 46 SGB I zu sehen ist.[153] Dies wird durch Auslegung der Erklärung ermittelt.

Die **Rücknahme eines Antrags ist** jedoch dann **ausgeschlossen**, wenn der Versicherte von der Behörde aufgrund einer gesetzlichen Ermächtigungsnorm zur Antragstellung aufgefordert wurde. Klassischer Beispielsfall ist hier § 145 Abs. 2 Satz 1 SGB III. Die Agentur für Arbeit muss ihre Versicherten auffordern, Leistungen zur medizinischen Rehabilitation zu beantragen, wenn

- der Versicherte allein deshalb nicht arbeitslos ist, weil er wegen einer mehr als sechsmonatigen Minderung der Leistungsfähigkeit
- versicherungspflichtige, mindestens 15 Stunden wöchentlich umfassende Beschäftigungen unter den näheren Voraussetzungen des § 145 Abs. 1 Satz 1 SGB III nicht ausüben kann und
- eine verminderte Erwerbsfähigkeit im Sinne der gesetzlichen Rentenversicherung (noch) nicht festgestellt wurde.

Führt die Behörde ein Verwaltungsverfahren durch, für welches die Antragstellung vorgeschrieben ist, und **fehlt es dann an einem** solchen **Antrag**, so kann dieser Mangel durch eine nachträgliche Antragstellung geheilt werden (§ 41 Abs. 1 Nr. 1 SGB X). Andernfalls ist der so erlassene Verwaltungsakt formell rechtswidrig.[154]

---

153 *Vogelgesang*, in: Hauck/Noftz SGB X, 3. EL 2023, § 18 Rn. 13.
154 *Vogelgesang*, in: Hauck/Noftz SGB X, 3. EL 2023, § 18 Rn. 13.

II. Verfahrensgrundsätze

1. Untersuchungsgrundsatz

Im Verwaltungsverfahren sind von der Behörde zahlreiche Prinzipien zu berücksichtigen, welche in *Abbildung 36* grob dargestellt werden. Der in § 20 SGB X normierte **Untersuchungsgrundsatz** legt der Behörde bspw. die Verpflichtung auf, den Sachverhalt von Amts wegen zu ermitteln sowie Art und Umfang der Ermittlungen zu bestimmen. Die Behörde ist dabei weder an das Vorbringen der Beteiligten gebunden, noch auf bestimmte Ermittlungsarten beschränkt. Im Gegensatz zum Sozialgerichtsverfahren, welches (hinsichtlich der materiell-rechtlichen Prüfung) dem **„Strengbeweis"**[155] folgt, und damit dem Gericht nur bestimmte Beweismittel zur Verfügung stehen, ist das Sozialverwaltungsverfahren offener und folgt der Idee des **„Freibeweises"**.[156] Die Behörde kann laut § 21 Abs. 1 Satz 2 SGB X insbesondere

- Auskünfte jeder Art einholen,
- Beteiligte anhören,
- Zeugen und Sachverständige vernehmen oder deren schriftliche Äußerungen einholen,
- Urkunden und Akten beiziehen sowie
- Augenschein einnehmen.

Zu beachten hat die Behörde aber § 23 Abs. 2 Satz 1 SGB X, wonach eine **eidesstattliche Versicherung** nur abgenommen/verlangt werden darf, wenn sie durch Gesetz oder Rechtsvorschrift vorgesehen ist.

Die das Sozialverwaltungsverfahren prägende Ermittlungsverpflichtung der Behörde ist allerdings nicht uferlos. Aus § 21 Abs. 2 SGB X, der durch die Regelungen in §§ 60ff. SGB I für das Leistungsverfahren konkretisiert wird, ergibt sich der allgemeine Grundsatz, dass die Beteiligten bei der Aufklärung des Sachverhalts **mitwirken** – insbesondere ihnen bekannte Tatsachen und Beweismittel angeben – sollen (§ 21 Abs. 2 Satz 2 SGB X). Diese Obliegenheit[157] entbindet die Behörde aber nicht davon, den Sachverhalt von Amts wegen aufzuklären. Das Sozialverwaltungsverfahren kennt insoweit keine „primäre" Beweisführungslast. Eine Weigerung des Beteiligten zur Mitwirkung an der Aufklärung des Sachverhalts darf diesem –

155 *Leopold*, in: BeckOGK/SGG, § 118 Rn. 13 (Stand 01.08.2023).

156 *H. Lang*, in: LPK-SGB X, 6. Aufl. 2023, § 21 Rn. 2.

157 H. M.: *Kopp/Ramsauer*, VwVfG, 24. Aufl. 2023, § 26 Rn. 44; *Vogelgesang*, in: Hauck/Noftz, SGB X, 3. EL 2023, § 21 Rn. 30.

i. R. d. **Beweiswürdigung** – (und nur) dann zum Nachteil gereichen, wenn die Behörde zuvor alle zumutbaren Anstrengungen unternommen hat, den Sachverhalt aufzuklären oder weitere Bemühungen im Verhältnis zum Erfolg nicht mehr zumutbar sind.[158] Die Folgen eines nicht erbrachten Beweises (non liquet) trägt nach allgemeinem Grundsatz dann derjenige, welcher aus dem nicht aufgeklärten Sachverhalt eine für ihn günstige Rechtsfolge herleiten möchte. Bei anspruchsbegründenden Tatsachen ist dies regelmäßig der Antragsteller; bei anspruchsvernichtenden oder -hemmenden Tatsachen in der Regel der Leistungsträger.

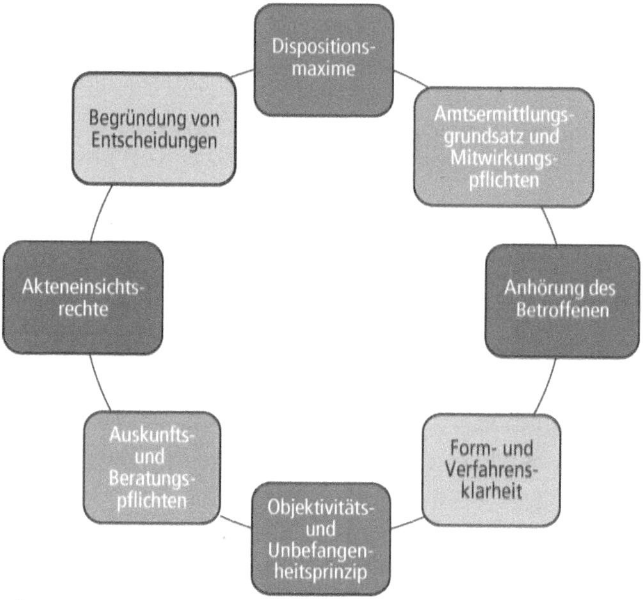

Abb. 36 Wichtige Grundsätze und Pflichten der Behörde für das Verwaltungsverfahren

2. Anhörungspflicht

Bevor die Behörde einen Verwaltungsakt erlässt, der in die Rechte eines Beteiligten eingreift (Eingriffsverwaltung), ist diesem stets Gelegenheit zu geben, sich zu den für die Entscheidung erheblichen Tatsachen zu äußern, wobei eine Anhörung **formfrei** auch telefonisch oder per E-Mail er-

158 H. M., insofern *von Wulffen*, in: von Wulffen/Schütze, SGB X, 9. Aufl. 2020, § 20 Rn. 3; *Vogelgesang*, in: Hauck/Noftz, SGB X, 3. EL 2023, § 20 Rn. 2.

folgen kann (§ 24 Abs. 1 SGB X).[159] Ausnahmen von der Anhörungspflicht sind in § 24 Abs. 2 SGB X geregelt. Mit der Anhörungspflicht korrespondiert das Recht des Einzelnen auf **rechtliches Gehör** im Verwaltungsverfahren.[160] Der Bürger soll vor **Überraschungsentscheidungen** geschützt werden[161] sowie vor Erlass belastender Entscheidungen Einfluss auf diese nehmen können. Gleichsam kommt der Norm weniger praktische Relevanz zu, als dies in Anbetracht ihres Regelungsgehalts vermuten lässt. Eine unterlassene oder fehlerhafte Anhörung kann regelmäßig über eine Nachholung bis zur letzten Tatsacheninstanz geheilt werden (§ 41 Abs. 2 SGB X). Das Gericht hat bei einem solchen Mangel im Verwaltungsverfahren die Möglichkeit, das **Verfahren** auf Antrag gem. § 114 Abs. 2 Satz 2 SGG **auszusetzen**, um der Verwaltung die Möglichkeit der **Heilung** zu eröffnen, soweit eine solche Aussetzung sachdienlich ist. Ist eine notwendige Anhörung nicht erfolgt und wurde auch nicht nachgeholt, so ist der Verwaltungsakt formell rechtswidrig und bereits aus diesem Grunde aufzuheben.

III. Ermessensentscheidungen

Möchte bzw. hat die Behörde eine Entscheidung im Verwaltungsverfahren zu treffen, so ist zunächst entscheidend, ob dem Bürger ein Rechtsanspruch auf die Leistung (gebundene Entscheidung) oder (lediglich) ein **Anspruch auf ermessensfehlerfreie Entscheidung** zusteht. Nach § 38 SGB I besteht auf Sozialleistungen grundsätzlich ein Anspruch, soweit nicht nach den besonderen Teilen dieses Gesetzbuchs die Leistungsträger ermächtigt sind, bei der Entscheidung über die Leistung nach ihrem Ermessen zu handeln.

Möchte der Gesetzgeber der Verwaltung Entscheidungsspielräume auf der Rechtsfolgenseite einer Norm einräumen, so ist dies erkennbar an **Signalwörtern** wie **„kann"**, **„darf"** oder **„ist befugt"**. Im Fall der Formulierung „kann" ist jedoch immer eine Abgrenzung zum sog. **„Kompetenz-Kann"** vorzunehmen, welches lediglich ein bestimmtes hoheitliches Handeln zulässt, ohne gleichzeitig dem Bürger einen subjektiv-rechtlichen Anspruch auf ordnungsgemäße Ermessensausübung zu vermitteln.[162] Ob lediglich ein „Kompetenz-Kann" vorliegt, ist durch **Auslegung** der Norm[163] unter Berück-

159 *Franz*, in: Schlegel/Voelzke, jurisPK-SGB X, 2. Aufl., 24 Rn. 31, m. w. N. (Stand: 15.03.2023).
160 Vgl. hierzu bereits BSG, Urteil vom 28.07.1977 – 2 RU 31/77.
161 Vgl. BSG, Urteil vom 09.11.2010 – B 4 AS 37/09 R.
162 *Groth*, in: Schlegel/Voelzke, jurisPK-SGB I, 3. Aufl., § 38 Rn. 20 (Stand: 15.03.2018).
163 *Groth*, in: Schlegel/Voelzke, jurisPK-SGB I, 3. Aufl., § 39 Rn. 19 (Stand: 15.03.2021).

sichtigung der Gesamtumstände zu ermitteln. *Abbildung 37* zeigt die gebundene Entscheidung im Vergleich zur Ermessensentscheidung grafisch auf.

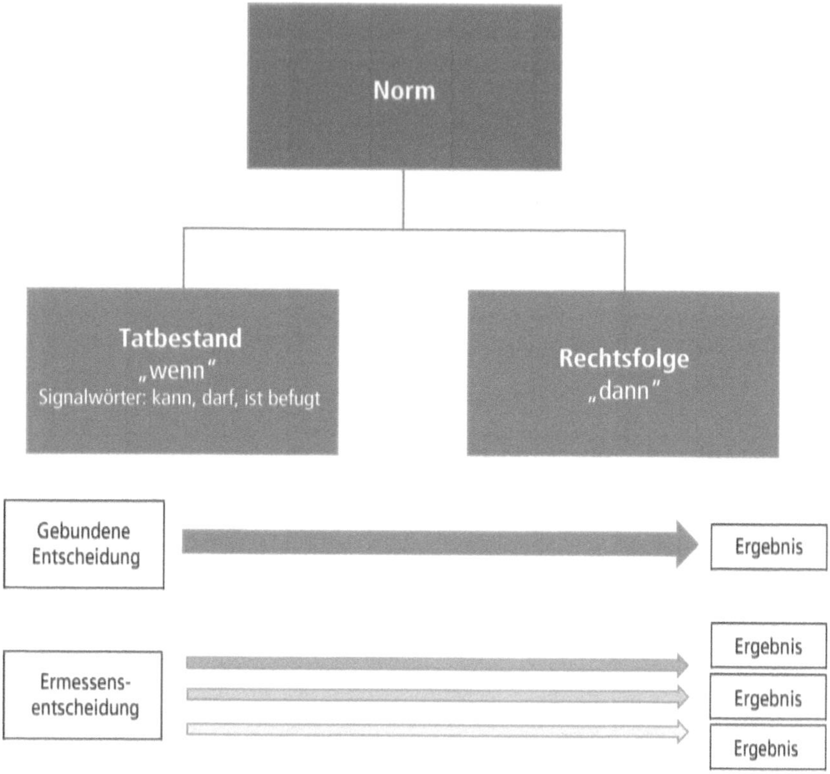

Abb. 37 Unterscheidung von gebundener Entscheidung und Ermessensentscheidung

Wie in *Abbildung 38* dargestellt wird, ist zwischen dem

1. **Entschließungsermessen**, imRahmen dessen die Behörde entscheidet, ob sie überhaupt tätig wird,

   und

2. **Auswahlermessen**, welches der Behörde Ermessen bei der Auswahl verschiedener Maßnahmen einräumt,

zu unterscheiden. Sind die Leistungsträger ermächtigt, nach ihrem Ermessen zu handeln, haben sie allerdings ihr Ermessen entsprechend dem **Zweck der Ermächtigung** auszuüben und die **gesetzlichen Grenzen des Ermessens** einzuhalten (§ 39 Abs. 1 Satz 1 SGB I). Dies ergibt sich nicht zuletzt bereits auch aus der Grundrechtsbindung der Verwaltung (Art. 1 Abs. 3 GG). Nur i.R. dessen und damit auch nur eingeschränkt sind die Sozialgerichte zur Prüfung der Ermessensausübung befugt.[164]

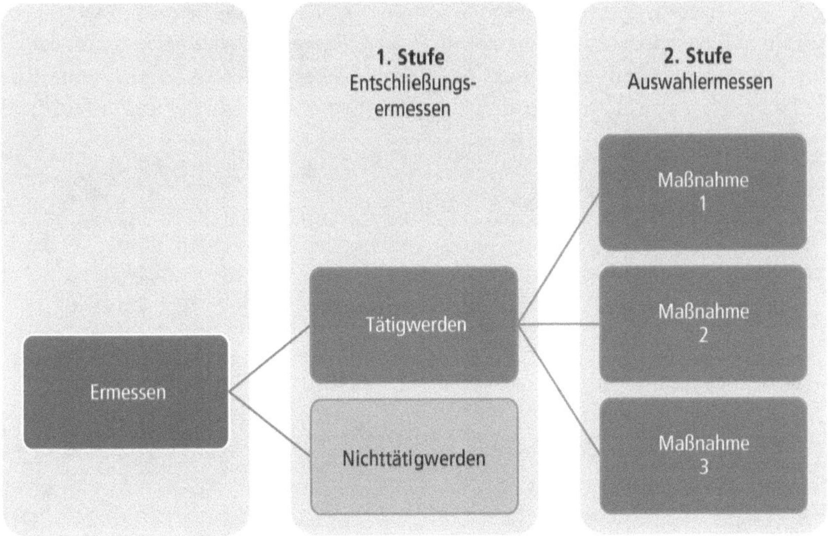

Abb. 38 Zwei Stufen des Ermessens

Rechtsprechung und Literatur unterscheiden zwischen den drei folgenden und in *Abbildung 39* abgebildeten Kategorien von **Ermessensfehlern.**

1. Eine sog. **„Ermessensüberschreitung"** liegt vor, wenn eine Rechtsfolge gesetzt wird, die von der Norm nicht vorgesehen ist.[165] Mit der Ermesseneinräumung besteht gleichzeitig eine Verpflichtung, von der Ermächtigung Gebrauch zu machen.[166]
2. Stellt die Behörde überhaupt keine Ermessenserwägungen an und entscheidet, als ob sie eine gebundene Entscheidung zu treffen hätte, liegt ein Fall des Ermessensnichtgebrauchs vor. Dieser ist als Unterfall der Fallgruppe **„Ermessensunterschreitung"** anzusehen.

---

164 BSG, Urteile vom 23.06.2016 – B 14 AS 46/15 R – und vom 24.06.2020 – B 4 AS 12/20 R.
165 *Hänlein*, in: Kreikebohm/Spellbrink/Waltermann, Kommentar zum Sozialrecht, § 39 SGB I Rn. 9.
166 *Mrozynski*, SGB I, 6. Aufl. 2019, § 39 Rn. 27.

3. Schließlich ist zu prüfen, ob ein **Ermessensfehlgebrauch** vorliegt. Dies ist dann der Fall, wenn die Behörde bei ihrer Entscheidung sachfremde Erwägungen angestellt hat. Bspw. nahmen persönliche Befindlichkeiten des Sachbearbeiters Einfluss auf die Entscheidung.

Ein der Verwaltung zunächst eingeräumter Entscheidungsspielraum kann sich im Einzelfall jedoch auch wieder verringern **(Ermessensreduktion).** Dies reicht bis hin zu der Möglichkeit, dass nach dem festgestellten Sachverhalt nur eine Entscheidung als rechtmäßig anzusehen ist **(Ermessensreduzierung auf null).**[167]

Arten von Ermessensfehlern		
Ermessens-überschreitung	**Ermessens-unterschreitung**	**Ermessens-fehlgebrauch**
– die von der Behörde gewählte Rechtsfolge ist von der Norm nicht vorgesehen	– die Behörde verkennt, dass sie Ermessen hat und entscheidet, als ob eine gebundene Entscheidung zu treffen wäre	– die Behörde stellt bei ihrer Entscheidung sachfremde Erwägungen an

Abb. 39 Drei Arten von Ermessensfehlern

Beispielsweise kann aufgrund einer **Selbstbindung** der Verwaltung eine Ermessensreduzierung auf Null vorliegen. In diesem Fall hat das Gericht den Leistungsträger zu verpflichten, die begehrte Amtshandlung vorzunehmen. In allen anderen Fällen kann das Gericht den Leistungsträger lediglich zur **Neubescheidung** unter Beachtung der Rechtsauffassung des Gerichts verpflichten (§ 54 Abs. 2 i. V. m § 131 Abs. 2 und 3 SGG).

IV. Herstellungsanspruch

Die Sozialleistungsträger haben gegenüber dem Bürger umfassende **Aufklärungs-, Auskunfts- und Beratungspflichten** zu erfüllen (§§ 13 ff. SGB I). Hintergrund hiervon ist, dass der Zugang zu Sozialleistungen durch ausreichende Information in möglichst einfacher Art und Weise gewährleistet werden soll. Die fehleranfällige Beratungspflicht nach § 14 SGB I setzt in Abgren-

167 BSG, Urteil vom 05.11.1997 – 9 RV 20/96.

zung zur Auskunft nach § 14 SGB I grundsätzlich ein konkretes Beratungsverlangen des Bürgers voraus und ist auf die Erlangung von Sozialleistungen gerichtet.[168] Eine fehlerhafte, unvollständige oder unterlassene Beratung, Auskunft oder Aufklärung kann zu materiellen Schäden für den Bürger führen, wenn in der Folge Sozialleistungen nicht, nur teilweise oder zu spät gewährt werden.

In diesem Zusammenhang wurde durch die Rechtsprechung der sog. **sozialrechtliche Herstellungsanspruch** zum Zwecke der Schließung von Gesetzeslücken entwickelt. Um Anwendung finden zu können, fordert dieser im Wesentlichen das Vorliegen dreier Tatbestandsvoraussetzungen:

1. eine **Pflichtverletzung**, die dem zuständigen Sozialleistungsträger zuzurechnen ist,
2. einen dem Betroffenen entstandenen **sozialrechtlichen Nachteil oder Schaden** und
3. die **Ursächlichkeit** zwischen der Pflichtverletzung und dem Nachteil bzw. Schaden.[169]

Liegen diese Voraussetzungen vor, ist der Berechtigte so zu stellen, wie er stünde, wenn der Leistungsträger die ihm obliegende Pflicht rechtmäßig erfüllt hätte.

> **Beispiel**
>
> Beruht der für ein Leistungsbegehren verspätete Antrag des Leistungsberechtigten auf einer fehlerhaften Auskunft des Sozialleistungsträgers, so kann im Wege des Herstellungsanspruchs die rechtzeitige Antragstellung fingiert werden.[170]

Die Fiktion, dass eine Handlung als vorgenommen gilt, greift jedoch nicht in Fällen **außerhalb des Sozialrechtsverhältnisses liegender Tatbestände**, die nach materiellem Recht für das Entstehen des Sozialrechtsanspruchs erforderlich sind. Grund hierfür ist, dass der Anspruch sonst den Leistungsträger zu einer dem Gesetz und Recht widersprechenden Handlung verpflichten würde, was unzulässig wäre (Bsp. Arbeitslosmeldung).[171]

Ein Herstellungsanspruch kommt auch dann nicht in Betracht, wenn die Folgen der Verletzung einer Beratungspflicht nicht bereits im Gesetz geregelt sind oder auf andere Weise Berücksichtigung gefunden haben, z.B. durch **Fiktio-**

---

168 *Öndül*, in: Schlegel/Voelzke, jurisPK-SGB I, 3. Aufl., § 14 SGB I Rn. 33 (Stand: 23.10.2023).

169 Vgl. BSG, Urteil vom 03.04.2014 – B 5 R 5/13 R.

170 BSG, Urteil vom 17.06.2021 – B 3 P 5/19 R.

171 St. Rspr. BSG, stv. Urteil vom 21.03.1990 – 7 RAr 36/88.

nen, Härtefallklauseln oder Wiedereinsetzungsvorschriften.[172] Bei Fristversäumnissen ist daher bspw. zuerst zu prüfen, ob nicht ein **Antrag auf Wiedereinsetzung** nach § 27 Abs. 5 SGB X zulässig ist. Wird allein Schadensersatz begehrt, ist der Bürger darüber hinaus auf den **Amtshaftungsanspruch** aus § 839 BGB, Art. 34 GG zu verweisen.[173]

V. Mitwirkungspflichten des Antragstellers

Damit die Behörde letztlich in die Lage versetzt wird, das Verwaltungsverfahren sachgerecht abzuschließen, ist sie auf die Mitwirkung der Antragsteller, Leistungsempfänger und Versicherten angewiesen. Die **allgemeinen Mitwirkungspflichten** der Leistungsberechtigten sind dabei in den §§ 60 ff. SGB I geregelt und gelten – vorbehaltlich spezialgesetzlicher Regelungen (§ 37 SGB I) – für das gesamte Sozialrecht. Sie dienen der Ermittlung der Tatsachen, die der Leistungsträger für eine Sachentscheidung benötigt. Von der bestehenden **Amtsermittlungspflicht** gem. § 20 SGB X entbinden sie den Leistungsträger allerdings nicht. Lediglich dann, wenn – auch infolge der mangelnden Mitwirkung des Leistungsberechtigten – weitere Ermittlungsmöglichkeiten nicht in Betracht kommen, kann sich dies i. R. d. Beweiswürdigung zulasten des Antragstellers auswirken.[174] Ebenfalls bei Verstößen gegen die Mitwirkungspflichten im Sozialrechtsverhältnis wird den Leistungsträgern Ermessen eingeräumt. Kommt derjenige, der eine Sozialleistung beantragt oder erhält, seinen Mitwirkungspflichten nach den §§ 60–62, 65 SGB I nicht nach und wird hierdurch die Aufklärung des Sachverhalts erheblich erschwert, kann der Leistungsträger ohne weitere Ermittlung die Leistung – nach vorherigem schriftlichem Hinweis (§ 66 Abs. 3 SGB I) – bis zur **Nachholung der Mitwirkung** ganz oder teilweise **versagen** oder **entziehen**, soweit die Voraussetzungen der Leistung nicht nachgewiesen sind. Gleiches gilt entsprechend, wenn der Antragsteller oder Leistungsberechtigte in anderer Weise absichtlich die Aufklärung des Sachverhalts erheblich erschwert (§ 66 Abs. 1 SGB I). Die Versagung oder Entziehung wirkt fort bis zur Nachholung der Mitwirkung. Der Bescheid über die Versagung bzw. Entziehung erledigt sich bei Nachholung jedoch nicht von selbst.[175] Er ist durch den Leistungsträger aufzuheben, da er mit Nachho-

---

172 BSG, Beschluss vom 25.02.2020 – B 13 R 284/18 B.

173 BSG, Urteil vom 27.01.2000 – B 12 KR 10/99 R.

174 *Seewald*, in: Kasseler Kommentar Sozialversicherungsrecht, 88. EL Dezember 2015, vor §§ 60–67 SGB I Rn. 3.

175 *Mrozynski*, SGB I, 6. Aufl. 2019, § 67 SGB I Rn. 10.

lung der Mitwirkung rechtswidrig wird.[176] In jedem Fall ist zu beachten, dass mit der Leistungsversagung **keine Entscheidung** des Leistungsträgers **in der Sache** getroffen wird. Falsch wäre es daher, wenn das Gericht später im Klageverfahren eine Entscheidung über den materiell-rechtlichen Anspruch des Leistungsberechtigten trifft.

Die statthafte Klageart bei der Leistungsversagung ist die **isolierte Anfechtungsklage**; nicht die kombinierte Anfechtungs- und Leistungsklage.[177] Daraus folgt, dass der **maßgebliche Zeitpunkt für die Rechtmäßigkeitsbeurteilung** des Versagungsbescheids dessen Erlasszeitpunkt ist.[178] Nach überwiegender Ansicht in der Rechtsprechung wird auch ein **Ablehnungsbescheid nicht** nach **§ 96 SGG** Streitgegenstand im Verfahren gegen die Versagungsentscheidung; es liegt insoweit keine „Abänderung“ vor.[179]

Anderes gilt – nach Rechtsprechung des BSG – im Fall der **Entziehung** einer bereits zuerkannten Leistung.[180] Das BSG vertritt die Auffassung, dass die Entziehung eine vernichtende Wirkung hat, woraus folgt, dass Ansprüche, die während der Entziehungszeit erloschen waren, nicht wieder aufleben. Wegen der Vertrauenserschütterung des Berechtigten in die Durchsetzbarkeit der zuvor bindend zuerkannten Rechtsposition durch die rechtswidrige Entziehung der Leistung sei es ohnehin geboten, dem Leistungsberechtigten den Zugang zu einem vollstreckbaren Leistungstitel zu eröffnen, sodass mit der Anfechtungsklage eine allgemeine Leistungsklage auf Verurteilung zur Zahlung verbunden werden könne.

VI. Vorschüsse und vorläufige Leistungen

Oftmals nimmt die Entscheidung über das Bestehen von Leistungsansprüchen oder über deren Umfang längere Zeit in Anspruch. Gleichsam kann es vorkommen, dass Streit zwischen mehreren Leistungsträgern darüber besteht, wer für die Leistung zuständig ist.
Das SGB I bietet in diesen Fällen – zur Vermeidung von Nachteilen für die Leistungsberechtigten – die Möglichkeit der **vorläufigen Leistung** und der **Erbringung von Vorschüssen.**

---

176 BSG, Urteil vom 22.02.1995 – 4 RA 44/94.

177 Vgl. BSG, Urteil vom 17.02.2004 – B 1 KR 4/02 R; Bayerisches LSG, Urteil vom 14.11.2017 – L 11 AS 368/17.

178 LSG Berlin-Brandenburg, Urteil vom 23.11.2021 – L 25 AS 1035/19.

179 Bayerisches LSG, Urteil vom 28.09.2021 – L 7 AS 589/20.

180 BSG, Urteil vom 22.02.1995 – 4 RA 44/94.

Zu beachten ist, dass es für die einzelnen Zweige der Sozialversicherung und im Sozialrecht als Ganzes vorrangige **spezialgesetzliche Regelungen** geben kann. Bspw. in § 41 a SGB II für die vorläufige Bewilligung von Geldleistungen nach dem SGB II oder in § 328 SGB III für die vorläufige Bewilligung von Geldleistungen im SGB III. Existieren einschlägige spezialgesetzliche Regelungen nicht, so ist auf die §§ 42, 43 SGB I abzustellen.

Besteht ein **Anspruch auf Geldleistungen dem Grunde nach** und ist zur Feststellung seiner Höhe voraussichtlich längere Zeit erforderlich, kann der zuständige Leistungsträger Vorschüsse zahlen. Deren Höhe bestimmt er nach pflichtgemäßem Ermessen; er hat solche Vorschüsse zu zahlen, wenn der Berechtigte es beantragt (§ 42 Abs. 1 SGB I). Was unter einer **„voraussichtlich längeren Zeit“** zu verstehen ist, bestimmt sich dabei nach den Umständen des Einzelfalles unter Berücksichtigung der Dringlichkeit der beantragten Leistung. Diese wird bei existenzsichernden Leistungen demnach eher vorliegen als bei aufschiebbaren Sozialleistungen. **Vorschüsse** kommen für alle Ansprüche auf Geldleistungen in Betracht, allerdings **nicht für Ansprüche auf Dienst- und Sachleistungen**.

Der **Vorschussbescheid** ist ein **eigenständiger Verwaltungsakt** und als solcher nicht Teil der letztlich beanspruchten Leistung. Durch die Bescheidung des Vorschusses wird daher auch die Entscheidung in der Sache nicht präjudiziert.[181] Stellt sich später heraus, dass der Anspruch nicht bestand, ist der Vorschuss zu **erstatten**. Übersteigt der Vorschuss den endgültig zustehenden Leistungsanspruch, so ist die Überzahlung zu erstatten (§ 42 Abs. 2 Satz 2 SGB I). Einer **vorherigen Aufhebung des Vorschussbescheids** bedarf es nicht, da sich der Vorschussbescheid nach Bescheidung der endgültigen Leistung von selbst erledigt. So bedarf es bspw. auch nicht einer Vertrauensschutzprüfung. Allerdings ist die Geltendmachung der Erstattungsforderung ein Verwaltungsakt, vor dessen Erlass der Vorschussberechtigte nach den allgemeinen Regelungen zuvor anzuhören ist (§ 24 Abs. 1 SGB X).

Vorläufige Leistungen nach § 43 SGB I kommen in Betracht, wenn mehrere Leistungsträger darüber streiten, wer zur Leistung verpflichtet ist. Beantragt der Leistungsempfänger vorläufige Leistungen, so sind diese nach § 43 Abs. 1 Satz 2 SGB I zu erbringen. Zuständig für die Erbringung der vorläufigen Leistung ist grundsätzlich der zuerst angegangene Leistungsträger, also derjenige, der mit dem Leistungsbegehren zunächst befasst

181 Ständige Rechtsprechung, vgl. nur BSG, Urteil vom 31.08.1983 – 2 RU 80/82.

wurde.[182] Auch im Falle der vorläufigen Leistung besteht **keine Bindungswirkung** für die endgültige Entscheidung über den Anspruch; es sei denn, der Leistungsträger hat die Vorläufigkeit der Entscheidung in dem Bescheid nicht hinreichend deutlich gemacht[183].

In beiden Fällen, Vorschuss und vorläufige Leistung, ist eine Klage auf Gewährung des Vorschusses oder der vorläufigen Leistung zwar durchaus denkbar, in der Praxis jedoch wenig sinnvoll. Sie setzt bereits voraus, dass ein Anspruch auf Sozialleistungen dem Grunde nach sicher ist. Zudem wird sich die vorläufige bzw. vorschussweise gewährte Leistung i. d. R. früher oder später **durch endgültige Entscheidung erledigen**. Verweigert der Leistungsträger sowohl eine vorläufige als auch eine endgültige Entscheidung oder die Zahlung eines Vorschusses, bietet sich die Erhebung einer **Untätigkeitsklage** nach § 88 SGG an.[184]

VII. Elektronischer Rechtsverkehr (ERV) im Verwaltungsverfahren

Der ERV im Sozialverwaltungsverfahren wird in § 36 a SGB I geregelt. Diese Norm entspricht dem fast wortgleichen § 3 a (L)VwVfG, welcher für den ERV im Verwaltungsverfahren der allgemeinen Verwaltung gilt. Auch wenn die im Gesetz verwendeten Begrifflichkeiten sowie die Regelungsmaterie dem ERV im gerichtlichen Verfahren ähneln, handelt es sich hierbei um eine gänzlich eigenständige Regelung.

Die Verfahrensweise im Verwaltungsverfahren unterscheidet sich erheblich von der im gerichtlichen Verfahren.

§ 36 a SGB I regelt sowohl den elektronischen **Posteingang** der Verwaltung als auch den elektronischen **Postausgang**. Je nachdem, ob die Behörde sendet oder empfängt, ist § 36 a SGB I unterschiedlich zu lesen.

182 *Groth*, in: Schlegel/Voelzke, jurisPK-SGB I, 3. Aufl., § 43 Rn. 31 (Stand: 15.03.2018).
183 BSG, Urteil vom 07.04.2016 – B 5 R 26/15 R.
184 *Groth*, in: Schlegel/Voelzke, jurisPK-SGB I, 3. Aufl., § 42 Rn. 78 (Stand: 15.03.2018).

1. Geltungsbereich: Erstantrag, Amtsermittlung und Widerspruchsverfahren

§ 36 a SGB I gilt nicht nur für das **Ausgangsverfahren**, sondern auch für das **Widerspruchsverfahren**. Die seit 01.01.2018 geltende Fassung des § 84 Abs. 1 Satz 1 SGG verweist allerdings lediglich auf die Rechtsfolge (der Einführung) der elektronischen Form nach § 36 a Abs. 2 SGB I. Sie verweist nicht auf Abs. 1 des § 36 a SGB I, wonach die Behörde freiwillig entscheiden kann, ob sie einen Zugang zur Einreichung von elektronischen Dokumenten eröffnet oder nicht.

In § 84 Abs. 1 Satz 1 SGG ist keine Rechtsgrundverweisung, sondern nur eine Rechtsfolgenverweisung hinsichtlich der Möglichkeit zur Einreichung von elektronischen Dokumenten enthalten.

Hieraus folgern Teile der Rechtsprechung und Literatur zu Recht, dass der Gesetzgeber nicht (mehr) in das behördliche Ermessen stellen wollte, ob die Behörde einen elektronischen Zugang eröffnet oder nicht. Nach der Vorstellung des Reformgesetzgebers des § 84 SGG hat die Behörde zwingend einen elektronischen Zugang zu eröffnen.[185] Andererseits ist es – jedenfalls faktisch – erforderlich, dass die Behörde den elektronischen Zugang tatsächlich bereitgestellt hat.

Fehlt es an dieser faktischen Bereitstellung, wäre ein Widerspruch bereits aus tatsächlichen Gründen nicht elektronisch zu übermitteln, da der elektronische Empfänger fehlen würde. Hierüber kann die Behörde tatsächlich noch disponieren, obwohl sie es rechtlich nicht dürfte. Eine diesbezügliche Sanktion hat der Gesetzgeber nicht vorgesehen.

Für das **Widerspruchsverfahren** ist das Verhältnis von § 84 Abs. 1 SGG und § 36 a SGB I zu beachten[186]: Nach § 36 a Abs. 1 SGB I hat der Leistungsträger ein Wahlrecht zur Eröffnung eines elektronischen Zugangs. Hingegen ist nach dem Wortlaut des § 84 Abs. 1 SGG die Widerspruchserhebung in elektronischer Form nach § 36 a Abs. 2 SGB I möglich; unabhängig davon, ob der Leistungsträger diesen Weg bereits eröffnet hat. Nach einer Ansicht schließt § 84 Abs. 1 Satz 1 SGG das Wahlrecht deshalb aus und **verpflichtet die Leistungsträger,** den Zugangsweg nach § 36 a Abs. 2 SGB I zur Widerspruchserhebung zu eröffnen. Nach entgegengesetzter An-

185 Vgl. auch *B. Schmidt*, in: Meyer-Ladewig/Leitherer/Schmidt, SGG, § 84 SGG Rn. 3; SG Hildesheim, Urteil vom 03.09.2020 – S 12 AS 13/19 – juris Rn. 52.

186 *Schnitzer*, RDi 2021, 158, 160. Vgl. auch LSG Niedersachsen-Bremen, Beschluss vom 09.09.2021 – L 13 AS 345/21 B ER.

sicht ist das behördliche Wahlrecht vorrangig. Für die erste Ansicht spricht der Wortlaut des § 84 Abs. 1 Satz 1 SGG sowie der Gedanke zur Einheitlichkeit der Form des Widerspruchs. Dieser leitet das Vorverfahren ein, welches wiederum zwingende Voraussetzung für die Mehrheit der sozialgerichtlichen Verfahren ist. Für die zweite Ansicht spricht die zugrunde liegende begrenzte Gesetzgebungskompetenz des Bundes.

2. Formfreiheit des Verwaltungshandelns

Gem. § 37 Abs. 1 SGB X ist ein Verwaltungsakt demjenigen Beteiligten bekannt zu geben, für den er bestimmt ist oder der von ihm betroffen wird. Für die Bekanntgabeform finden sich (kaum) Vorgaben in § 33 Abs. 2 SGB X. Es gilt daher die (weitgehende) Formfreiheit des Verwaltungshandelns.

Nach § 33 Abs. 2 SGB X kann ein Verwaltungsakt **schriftlich, elektronisch, mündlich oder in anderer Weise** erlassen werden.

Die **elektronische Form** des Verwaltungsakts wird im Gesetz also explizit benannt. Jedoch handelt es sich hierbei – zumindest gegenwärtig – um ein Medium der informellen Kommunikation. Dies gilt insbesondere für E-Mails sowie die Kommunikation mit dem Smartphone über Messenger-Apps oder soziale Medien. Die fehlende Förmlichkeit lässt die Empfänger elektronischer Behördenpost möglicherweise an ihrer Ernsthaftigkeit und Verbindlichkeit – rechtlich also am Regelungscharakter des Verwaltungsakts – zweifeln. Erst recht gilt dies, wenn der Bürger mit der Übermittlung von Verwaltungsakten in elektronischer Form nicht rechnet.

Die Rechtsprechung hat dieses Problem bereits aufgegriffen. Sie geht davon aus, dass – sofern der Behörde die E-Mail-Adresse des Bürgers dienstlich bekannt ist –, dies allein bereits als Indiz angesehen werden kann, dass der Bürger gegenüber der Behörde den Zugang eröffnet hat; auch wenn im Übrigen eine eingespielte Kommunikationsbeziehung besteht.

Aus Sicht der Behörde ist darauf zu achten, dass bei elektronisch übermittelten Verwaltungsakten der Regelungscharakter – letztlich die Förmlichkeit, welche vom Bürger allgemein mit elektronischer Kommunikation (noch) nicht verbunden wird – ausreichend deutlich hervortritt. Hierfür bietet es sich an, das elektronische Dokument äußerlich entsprechend zu gestalten, bspw. mit offizieller Behördenkopfzeile sowie unter Angabe des Geschäfts-/Aktenzeichens.[187]

187 VG Berlin, Beschluss vom 12.11.2020 – 3 L 649/20.

3. Schriftformersatz durch die elektronische Form

Obschon das Verwaltungsverfahren durch eine weitgehende Formfreiheit geprägt ist, müssen bestimmte Anträge oder Eingaben bei der Behörde (bspw. der Widerspruch) sowie einzelne behördliche Schreiben oder Bescheide (bspw. die Zusicherung oder der Widerspruchsbescheid) die **Schriftform wahren**.

Regelmäßig sieht das Gesetz die Schriftform vor, wenn ein Dokument für den weiteren Fortgang eines Verfahrens oder langfristig zur Beweisführung besonders wichtig ist.

Für die papiergebundene Form hängt dies letztlich mit dem Urkundenbegriff zusammen; für die elektronische Form mit § 371 a Abs. 3 Zivilprozessordnung (ZPO). Während die **papiergebundene Schriftform** einerseits auf das Trägermedium (regelmäßig also Papier), andererseits auf die handschriftliche Unterschrift abstellt und wie der Urkundenbegriff v.a. die Verkehrsfähigkeit sowie Verkörperung hervorhebt, kennt die elektronische Welt eine Verkörperung in diesem Sinne nicht.

Sollen schriftformbedürftige Dokumente **elektronisch** übermittelt werden, bestimmt § 36 a Abs. 2 SGB I die Form. Dieser sieht derzeit die folgenden und in *Abbildung 40* dargestellten Möglichkeiten für die Schriftformwahrung vor:

- Grundsätzlich erfolgt der Schriftformersatz durch die **qualifizierte elektronische Signatur**, welche die Unterschrift des Dokumentenurhebers ersetzt (§ 36 a Abs. 2 Satz 2 SGB I). Hieraus folgt, dass es sich bei der qualifizierten elektronischen Signatur um die der verantwortenden Person handeln muss. Verantwortende Person ist, wer den Inhalt des Dokuments als eigene Erklärung für und gegen sich gelten lassen will. Bürger verfügen allerdings nur selten über eine qualifizierte elektronische Signatur.[188] Derzeit sind qualifizierte elektronische Signaturen daher faktisch nur bei professionellen Nutzern (bspw. Rechtsanwälte, bei Heilberufen etc.) verfügbar.
- Elektronische Siegel kennt das Gesetz (noch) nicht, weshalb diese – obwohl für Behörden leichter handhabbar – keine alternative Möglichkeit zur Schriftformwahrung darstellen.

188 Insbesondere das auf dem neuen Personalausweis befindliche elektronische Zertifikat ist keine qualifizierte elektronische Signatur.

- Für den elektronischen Posteingang der Behörde können schriftformersetzend **elektronische Formulare,** insbesondere solche im Sinne des Online-Zugangsgesetzes (OZG) Verwendung finden (§ 36 a Abs. 2 Satz 4 Nr. 1 SGB I).[189] Die Programmierung des Formulars besorgt hierbei die Integrität der eingegebenen Daten. Die Identifizierung des Absenders erfolgt bei dieser Übermittlungsform durch einen sicheren elektronischen Identitätsnachweis gem. § 18 PAuswG, § 12 eID-Karte-Gesetz oder § 78 Abs. 5 AufenthG.
- In Betracht kommt ebenfalls die Nutzung der **absenderauthentifizierten De-Mail** (§ 36 a Abs. 2 Satz 4 Nr. 2, 3 SGB I). Bei diesem seit 2012 verfügbaren Kommunikationsdienst handelt es sich um ein Verfahren zum Austausch von Nachrichten, welches auf E-Mail-Protokollen beruht. Im Gegensatz zu klassischen E-Mails wird die De-Mail auf der Übertragungsstrecke zwischen dem De-Mail-Provider des Absenders und dem des Empfängers verschlüsselt übertragen. De-Mail-Postfächer können sowohl durch natürliche Personen als auch durch juristische Personen, wie Unternehmen oder öffentliche Stellen, betrieben werden. Für die Eröffnung eines Benutzerkontos bei einem De-Mail-Provider müssen sich die Nutzer zunächst bei ihrem Anbieter registrieren und v. a. identifizieren lassen. Diese Identifizierung bewirkt die Authentifizierung, welche wiederum für die Einbeziehung der De-Mail in den Kreis der prozessrechtlichen sog. sicheren Übermittlungswege[190] bedeutsam ist. Der Absender kann zur Schriftformwahrung mittels De-Mail allerdings nur auf die qualifizierte elektronische Signatur verzichten, wenn sie als sog. absenderauthentifizierte De-Mail gem. § 4 f. De-MailG versandt wurde und der Absender sicher angemeldet war. Ausschließlich in dieser Versandform wird die Authentizität des elektronischen Dokuments durch die Verknüpfung mit einem Identitätsnachweis abgesichert. Die De-Mail ist derzeit allerdings noch kaum gebräuchlich.
- Zudem kann die Schriftform durch **sonstige sichere Verfahren** ersetzt werden, welche den Datenübermittler authentifizieren und die Integrität des elektronisch übermittelten Datensatzes sowie die Barrierefrei-

189 Das Gesetz zur Förderung der elektronischen Verwaltung (E-Government-Gesetz) des Bundes und die zwischenzeitlich ergangenen E-Government-Gesetze der Länder sollen der Allgemeinheit dazu dienen, die Dienste der öffentlichen Verwaltung auch elektronisch in Anspruch nehmen zu können. Umgesetzt werden diese Digitalisierungsbestrebungen in der Kommunikation durch den Portalverbund aufgrund des Onlinezugangsgesetzes (OZG). Dieses dient der Umsetzung des Beschlusses. Hauptziel ist, den elektronischen Kontakt mit der Behörde unkompliziert und sicher zu gestalten. Gem. § 1 OZG sind Bund und Länder verpflichtet, Verwaltungsleistungen auch elektronisch über Verwaltungsportale anzubieten.

190 *Müller*, NZS 2018, 207.

heit gewährleisten. Diese Verfahren werden durch Rechtsverordnung der Bundesregierung mit der Zustimmung des Bundesrates festgelegt. Von der Rechtsverordnung gem. § 36 a Abs. 2 Satz 4 Nr. 4 SGB I hat der Gesetzgeber (bislang) keinen Gebrauch gemacht.

- Zuletzt kann die Schriftform zukünftig auch dann ersetzt werden, wenn ein **sicherer Übermittlungsweg** i. S. d. § 65 a Abs. 4 SGG genutzt wird, wie bspw. das besondere elektronische Anwaltspostfach (beA). Das Verwaltungsverfahren wird dem gerichtlichen Prozessrecht angeglichen, wodurch zukünftig das Prozessrecht der Gerichte und das Verfahrensrecht der Behörden aneinander angeglichen ist. Es entsteht jedoch eine neue Friktion zu § 371 a Abs. 1 ZPO, da Dokumenteneingänge aus einem sicheren Übermittlungsweg beweisrechtlich nicht einer Urkunde gleichgestellt werden.

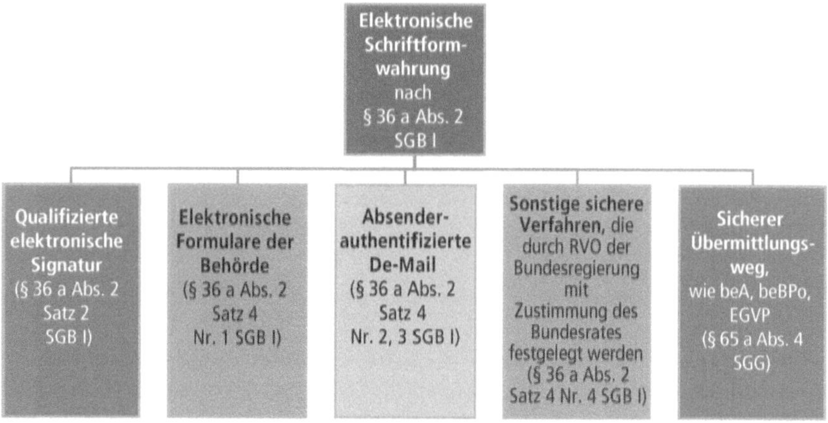

Abb. 40 Möglichkeiten für die Wahrung der elektronischen Schriftform nach § 36 a Abs. 2 SGB I

4. Der elektronische Posteingang der Behörde

Der ERV **mit der Verwaltung** ist im Verfahrensrecht nur angelegt. § 36 a Abs. 1 SGB I erfordert – anders als beim kraft Gesetzes eröffneten ERV mit den Gerichten – zusätzlich noch die „Eröffnung eines elektronischen Zugangs".[191] § 36 a Abs. 1 SGB I normiert die in *Abbildung 41* dargestellten Voraussetzungen an die Zugangseröffnung:

1. Unter dem **Zugang** ist die tatsächliche Bereitstellung der technischen Empfangseinrichtung zu verstehen.

191 Siehe auch: https://ervjustiz.de/elektronischer-rechtsverkehr-mit-behoerden.

2. Die Eröffnung dieses Zugangs erfolgt durch **Widmung**. Hierbei handelt es sich um die – ausdrückliche oder konkludente – Signalisierung der **Bereitschaft und Fähigkeit zur elektronischen Kommunikation** gegenüber dem (potenziellen) Kommunikationspartner. Die hieraus folgende Rechtsunsicherheit wird dadurch verstärkt, dass das Verfahrensrecht die Übermittlungswege nicht vorgibt, sondern sie der Verwaltung zur freien Auswahl überlässt. Ferner fehlt es an der Privilegierung einzelner Übermittlungswege; sichere Übermittlungswege wie in § 65 a SGG kennt das Verwaltungsverfahrensrecht nicht. Im Gegensatz zum Prozessrecht ist deshalb auch der ERV mit einfacher E-Mail denkbar.

Die mittlerweile überwiegende Auffassung schließt aus dem Wortlaut des § 70 Abs. 1 VwGO/§ 84 Abs. 1 SGG, dass Behörden eine Pflicht zur Eröffnung eines elektronischen Übermittlungswegs für das **Widerspruchsverfahren** haben.[192]

Wesentlicher Inhalt des § 36 a Abs. 1 SGB I ist, dass der **ERV mit der Verwaltung** – im Gegensatz zum ERV mit den Gerichten – nicht kraft Gesetzes, sondern durch **Willensakt** eröffnet wird. Die Behörden haben damit grundsätzlich ein **Entschließungs- und Auswahlermessen** hinsichtlich der Eröffnung elektronischer Zugänge und Übermittlungswege. Die sich hieraus ergebenden **organisatorischen Folgen** für die Verwaltung sind erheblich, denn sämtliche explizit oder konkludent eröffneten elektronischen Übermittlungswege müssen überwacht werden.

Die technische Bereitstellung des Zugangs ist ausschließlich im Hinblick auf dessen Außenwirkung zu bewerten:

„Tatsächlich bereitgestellt ist der Zugang, wenn ein elektronisches Postfach oder ein digitales Portal/Formular durch eine andere Person erreichbar oder adressierbar ist."

Ob dessen Funktionalität im Übrigen gegeben ist, spielt dagegen keine Rolle, da dies für den Absender nicht erkennbar ist. Für die Praxis ist daher wesentlich, dass die Erreichbarkeit bzw. Adressierbarkeit des Zugangs – im Rahmen seiner Einführung – der letzte Umsetzungsakt sein muss.

Anders als im ERV mit Gerichten gibt es beim ERV mit Behörden keinen feststehenden, beschränkten Katalog in Betracht kommender Übermittlungswege.

192 Überzeugend: *Schnitzer*, RDi 2021, 158, 160; siehe auch LSG Niedersachsen-Bremen, Beschluss vom 09.09.2021 – L 13 As 345/21 B ER.

In Betracht kommt deshalb **jeder elektronische Übermittlungsweg.** Von praktischer Relevanz sind zunächst die **behördlichen Übermittlungswege,** die für den ERV mit der Justiz eingerichtet wurden, bspw. das besondere elektronische Behördenpostfach (beBPo), das elektronische Gerichts- und Verwaltungspostfach (EGVP) oder die De-Mail. Hinzukommen die Verwaltungsportale nach dem Onlinezugangsgesetz (OZG) sowie darüber hinaus die **einfache E-Mail** und datenschutzrechtlich bedenkliche Übermittlungswege, die ggf. zu anderen Zwecken eingerichtet worden sind.

Beispiel

Direktnachrichten über soziale Netzwerke, wie Facebook, Instagram, Twitter und TikTok.

Profile auf sozialen Netzwerken wurden regelmäßig aus Gründen der Öffentlichkeitsarbeit eingerichtet und nicht mit dem behördlichen Ziel, hierüber elektronische Anträge oder Widersprüche entgegenzunehmen. Trotzdem ist bei der Einrichtung eines Profils mit einer Direktbenachrichtigungsmöglichkeit die „Einrichtung" des elektronischen Übermittlungswegs geschehen; eine Einschränkung ist dann nur über die Verhinderung einer Widmung möglich. Soll eine rechtsverbindliche Kommunikation mittels E-Mail oder über Direktnachrichten aus sozialen Medienprofilen nicht stattfinden, lässt sich die Zugangseröffnung (nur) durch einen ausdrücklichen, einfach verständlichen **Disclaimer** verhindern.

Beispiel

„Eine rechtsverbindliche Kommunikation mittels E-Mail oder Profilen in sozialen Medien ist nicht zugelassen."

Ein nachträglicher individueller Hinweis an den Widerspruchsführer reicht zur Auflösung des Rechtsscheins nicht aus, da auf eine abstrakte Betrachtungsweise vor Einlegung des Rechtsbehelfs abzustellen ist. Zudem ist unerheblich, ob eine unrichtige Rechtsbehelfsbelehrung konkret ursächlich für ein Fristversäumnis ist.[193]

Mit einer auf analoge Zugangswege beschränkten Rechtsbehelfsbelehrung dokumentiert die Behörde gerade nicht konkludent, dass sie die Widerspruchseinlegung durch elektronische Dokumente (noch) nicht eröffnet hat,[194] da dies über die Vornahme oder das Fehlen einer Widmung keine Aussage trifft.

---

193 SG Hildesheim, Urteil vom 03.09.2020 – S 12 AS 13/19.

194 So aber SG Berlin, Urteil vom 13.08.2020 – S 37 AS 4462/19 Rn. 29.

Sonderregelungen bei schriftformbedürftigen Schreiben

Eine gesetzlich angeordnete Schriftform wird in der elektronischen Kommunikation nur unter Einhaltung der weiteren Voraussetzungen des § 36 a Abs. 2 SGB I ersetzt. Aus Sicht des Bürgers ist insbesondere die **Einlegung eines Widerspruchs schriftformbedürftig** (§ 84 Abs. 1 Satz 1 SGG). Es sind daher die Voraussetzungen des § 36 a Abs. 2 SGB I einzuhalten.

Schriftformdürftig sind laut § 56 SGB X die Willenserklärungen zum Abschluss **öffentlich-rechtlicher Verträge.** Es ist streitig, ob sich die in § 56 SGB X geforderte Schriftform nach § 36 a Abs. 2 SGB I richtet oder ob über § 61 Satz 2 SGB X auf § 126 a BGB zurückgegriffen werden kann bzw. muss.[195] Für den Abschluss öffentlich-rechtlicher Verträge empfiehlt sich deshalb, stets die elektronische Form mit qualifizierter elektronischer Signatur zu wählen, da diese nach beiden Ansichten ausreichend wäre.

Ausgangspunkt und Regelfall der Schriftformwahrung im ERV mit Behörden ist die Nutzung eines beliebig eröffneten elektronischen Übermittlungswegs mit einem elektronischen Dokument, welches mit einer qualifizierten elektronischen Signatur versehen ist.

Prüfung von Formmängeln

In Bezug auf den elektronischen Posteingang der Behörde ist hinsichtlich des Widerspruchs- oder Abhilfebescheids zu beachten, dass die Rechtsprechung den Behörden erlaubt, nach freiem Ermessen – trotz eines Formmangels – den Widerspruch auf seine Begründetheit hin zu prüfen. Als **„Herrin des Vorverfahrens“** kann die Widerspruchsbehörde trotz der Unzulässigkeit des Widerspruchs über einen Formmangel hinweggehen, indem sie sich in der Sache auf den Widerspruch einlässt und damit dem rechtsstaatlichen Interesse an der materiell-rechtlichen Richtigkeit der behördlichen Entscheidung den Vorrang gibt.[196]

Im Hinblick auf den ERV ist insoweit zu beachten, dass trotz des Formmangels keine Zweifel an der Identität und Authentizität des Widerspruchs bestehen dürfen.

---

195 Vgl. *Nielsson*, in: Schlegel/Voelzke, jurisPK-SGB X, § 56 SGB X Rn. 54.

196 BSG, Urteil vom 03.03.1994 – 1 RK 17/93; BSG, Urteil vom 12.10.1979 – 12 RK 19/78; BVerwG, Beschluss vom 28.10.1982 – 2 C 4/80; BVerwG, Urteil vom 21.03.1979 – 6 C 10/78; BVerwG, Urteil vom 27.02.1963 – V C 105/61; vgl. ferner SG Chemnitz, Urteil vom 17.10.2012 – S 14 AS 640/12; a. A. *Geis*, in: NK-VwGO, VwGO, § 68 VwGO Rn. 42; *Schütz*, NJW 1981, 2786 ff.; *Becker*, in: BeckOGK § 84 SGG Rn. 29.

Für den elektronischen Posteingang besteht ein Zusammenhang mit Normen des materiellen öffentlichen Rechts sowie denen des Verwaltungsverfahrensrechts, welche die Schriftform anordnen, da § 36 a Abs. 2 SGB I die Modalitäten zur Ersetzung der Schriftform enumerativ aufzählt. Die Schriftform ist im SGB X im Vergleich zum (L)VwVfG selten; sie ist bspw. für den Abschluss eines öffentlich-rechtlichen Vertrags gem. § 56 SGB X oder für die Zusicherung gem. § 34 Abs. 1 Satz 1 SGB X vorgesehen.

5. Der elektronische Postausgang der Behörde

Gem. § 36 a Abs. 1 SGB I ist die **Übermittlung elektronischer Dokumente an die Verwaltung** zulässig, wenn der Empfänger – also der Bürger – hierfür einen **Zugang eröffnet** hat. Die Zugangseröffnung setzt sich, wie *Abbildung 41* aufzeigt, zusammen aus der technischen Bereitstellung des Zugangs als Vorbereitungsakt und der Widmung dieses Zugangs für die Nutzung im (rechtsverbindlichen) ERV.[197]

1. Die **technische Zugangsbereitstellung** ist als erste Voraussetzung, wie beim Posteingang, ausschließlich im Hinblick auf deren Außenwirkung zu bewerten. Ob die Funktionalität im Übrigen gegeben ist, spielt keine Rolle. Dies ist für den Absender nicht erkennbar.
2. Die eigentliche Zugangseröffnung für die rechtsverbindliche Nutzung erfolgt ebenfalls durch **Widmung**. Ausdrücklich wird der Zugang dadurch eröffnet, dass die Behörde explizit auf die Möglichkeit der rechtsverbindlichen Nutzung eines Kommunikationswegs verweist. Im Gegensatz zu Behörden gilt das **Freiwilligkeitsprinzip** gem. § 36 a Abs. 1 SGB I für den Bürger. Grundsätzlich ist erforderlich, dass der Bürger einen elektronischen Zugang für Übermittlungen durch Behörden ausdrücklich eröffnet. Tritt der Bürger gegenüber einer Behörde jedoch selbst unter Nutzung eines elektronischen Übermittlungswegs auf **(vorbehaltlose Nutzung),** ist dies ausreichend, damit die Behörde auf diesem Übermittlungsweg antworten darf.[198] Sie darf dann – muss aber nicht – auf gleichem Wege antworten.[199] Dies gilt jedenfalls dann, wenn der Bürger nicht eindeutig eine elektronische Rückantwort ausschließt.

197 Wie hier: SG Darmstadt, Gerichtsbescheid vom 22.09.2021 – S 33 AS 252/21 sowie SG Darmstadt, Urteil vom 12.04.2021 – S 13 KR 325/16.

198 VG Berlin, Beschluss vom 07.10.2020 – 3 L 307/20.

199 VG Frankfurt am Main, Urteil vom 20.12.2022 – 5 K 2697/22.F.

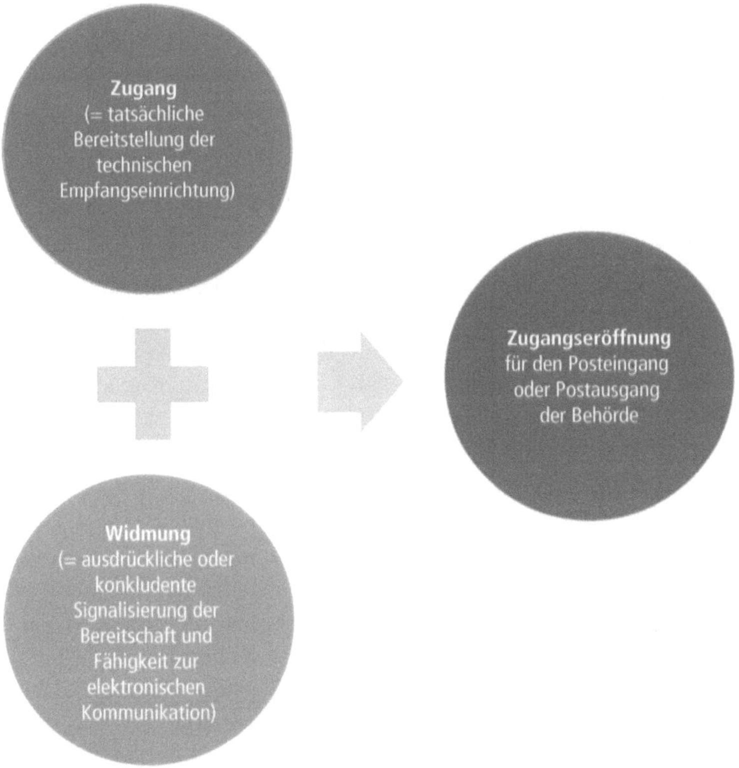

Abb. 41 Voraussetzungen für die Zugangseröffnung des behördlichen Posteingangs und Postausgangs

Sonderregelungen für schriftformbedürftige Verwaltungsakte

Für schriftformbedürftige Verwaltungsakte stellt das Gesetz besondere Anforderungen an die elektronische Form (§ 36 a Abs. 2 SGB I, § 33 Abs. 3 SGB X). Schriftformbedürftig sind insbesondere **Widerspruchsbescheide**, § 85 Abs. 3 Satz 1 SGG, und die **Zusicherung**, § 34 Abs. 1 Satz 1 SGB X.

Wie im elektronischen Posteingang der Behörde ist der Regelfall der Schriftformwahrung im elektronischen Postausgang die Nutzung eines beliebig eröffneten elektronischen Übermittlungswegs mit einem elektronischen Dokument, welches mit einer qualifizierten elektronischen Signatur versehen ist. Gem. § 36 a Abs. 2 Satz 2 Nr. 3 SGB I kann ferner auch eine absenderauthentifizierte **De-Mail** zur Schriftformersetzung verwendet werden, sofern der Bürger über ein De-Mail-Postfach verfügt.

Auch für den elektronischen Postausgang existiert keine Privilegierung der prozessrechtlichen sicheren Übermittlungswege gem. § 65 a Abs. 4 SGG. Die Behörde kann deshalb auch dann **nicht** auf die qualifizierte elektronische Signatur verzichten, wenn sie ihr **beBPo** zur Kommunikation nutzt; § 65 a SGG gilt nicht im Verwaltungsverfahren, sondern nur in der Kommunikation mit der Justiz. Die Regelung des § 36 a Abs. 2 SGB I ist abschließend.

6. Exkurs: Der elektronische Widerspruchsbescheid

§ 85 Abs. 3 SGG bestimmt, dass der Widerspruchsbescheid schriftlich zu erlassen ist. Eine elektronische Form des Widerspruchsbescheids wird hierdurch allerdings nicht ausgeschlossen. Es sind lediglich die zusätzlichen Voraussetzungen des § 36 a Abs. 2 SGB I über die **Schriftformersetzung** zu beachten.

Zur Schriftformersetzung mit einer elektronischen Form sieht § 36 a Abs. 2 SGB I mehrere Möglichkeiten vor, von welchen für den Widerspruchsbescheid letztlich aber nur die folgenden Varianten nutzbar gemacht werden können:

- nach § 36 a Abs. 2 Satz 2 SGB I durch die Übermittlung des Widerspruchsbescheids auf einem eröffneten elektronischen Übermittlungsweg mit qualifizierter elektronischer Signatur bzw. zukünftig mit qualifiziertem elektronischem Siegel,
- gem. § 36 a Abs. 2 Satz 4 Nr. 3 SGB I durch die Übermittlung über ein De-Mail-Postfach mit absenderauthentifizierter De-Mail. Wie bereits erläutert, verliert die De-Mail aufgrund der Aufgabe dieser Technik durch die Kommunikationsanbieter zunehmend an Bedeutung.

Ist ein elektronischer Widerspruchsbescheid nicht unter Beachtung der zusätzlichen Anforderungen des § 36 a Abs. 2 SGB I erstellt worden, so leidet dieser unter einem **Formmangel.** Ob dieser Formmangel aber auch die Aufhebbarkeit des Widerspruchsbescheids nach sich zieht, richtet sich nach § 42 SGB X. Die Aufhebung eines Verwaltungsakts, welcher nicht nach § 40 SGB X nichtig ist, kann nicht allein deshalb beansprucht werden, wenn er unter einer Verletzung von Vorschriften über das Verfahren, die Form oder die örtliche Zuständigkeit zustande gekommen ist und dabei offensichtlich ist, dass die Verletzung die Entscheidung in der Sache nicht beeinflusst hat. Insofern ist der Verfahrensfehler unbeachtlich, wenn trotz des Fehlers offensichtlich dieselbe Sachentscheidung getroffen worden wäre. Es muss folglich jeglicher Zweifel ausgeschlossen sein, dass die Verwaltung ohne den Verfahrensfehler die Entscheidung genauso getroffen hätte.[200] Die objektive Beweis-

200 BVerwG, Urteil vom 09.02.2017 – 7 A 2/15 Rn. 33.

last trägt diesbezüglich die Behörde. Für den typischen Formfehler im elektronischen Widerspruchsverfahren, dass die qualifizierte elektronische Signatur versäumt wurde, dürfte dies regelmäßig anzunehmen sein, da ein inhaltlicher Bezug zur Entscheidung kaum herstellbar sein dürfte.

7. Rechtsbehelfsbelehrungen der Behörde

§ 66 Abs. 1 SGG beinhaltet eine **Regelung zum Fristbeginn:** die Rechtsbehelfsfrist beginnt nur dann zu laufen, wenn eine ausreichende Rechtsbehelfsbelehrung erteilt worden ist.

Daneben enthält Abs. 1 den Adressaten („der Beteiligte") der Rechtsbehelfsbelehrung und umreißt den erforderlichen Belehrungsinhalt. Hierbei ist allerdings die entsprechende Ausformung des Norminhalts durch die sozialgerichtliche Rechtsprechung zu beachten. § 66 Abs. 1 SGG enthält dagegen nicht die Pflicht zur Rechtsbehelfsbelehrung; diese ist im SGG bei den jeweiligen Entscheidungen geregelt. § 66 Abs. 2 Satz 1 SGG enthält die Rechtsfolgen bei einer unterbliebenen oder unrichtigen Rechtsbehelfsbelehrung. Grundsätzlich beträgt die Rechtsbehelfsfrist dann ein Jahr.

Die Rechtsbehelfsbelehrung soll dem Betroffenen aufzeigen, mit welchem Mittel er sich, wo und bei wem innerhalb welcher Frist gegen eine Entscheidung zur Wehr setzen kann **(sog. Wegweiserfunktion).**

Die Wegweiserfunktion ist dann erfüllt, wenn die Rechtsbehelfsbelehrung dem Beteiligten ermöglicht, ohne Gesetzeslektüre, die ersten Schritte zur fristgerechten Rechtswahrnehmung zu ergreifen. Im Verständnis der Sozialgerichtsbarkeit soll er zudem über die wesentlichen Formvorschriften belehrt sein.

Der notwendige Inhalt der Rechtsbehelfsbelehrung ergibt sich aus ihrem Sinn und Zweck, letztlich der Wegweiserfunktion. Wesentlich hierfür ist, dass die Rechtsbehelfsbelehrung klar und eindeutig ist.[201] Hiermit einher geht ein **Überfrachtungsverbot.** Es kommt deshalb nur auf die ersten Schritte zur Einlegung des Rechtsbehelfs an, um die Einlegungsfrist zu wahren.[202] Das BSG betont,[203] dass eine darüber hinausgehende Darstellung über die weiteren (insbesondere elektronischen) Voraussetzungen allein aufgrund ihres Umfangs geeignet wäre, den weniger erfahrenen Rechtsuchenden zu verwirren oder von vornherein abzuschrecken. Eine überfrachtete Beleh-

201 VGH Mannheim, Urteil vom 04.05.2023 – 5 S 1951/22.
202 VGH Mannheim, Beschluss vom 21.05.2021 – 6 S 2181/20.
203 BSG, Beschluss vom 09.03.2023 – B 4 AS 104/22 BH.

rung verkehre den mit § 66 Abs. 1 SGG verfolgten Zweck, die Ermöglichung der fristgerechten Rechtswahrnehmung, ins Gegenteil.

Ob hierzu ebenfalls eine Belehrung über die Formvoraussetzungen gehört, wird in den öffentlich-rechtlichen Gerichtsbarkeiten uneinheitlich angenommen. Die **Sozialgerichtsbarkeit** hält überwiegend eine Belehrung über die einzuhaltende Form für zwingend.[204] Dies beinhaltet naturgemäß die kraft Gesetzes zulässigen Formen – schriftlich oder zur Niederschrift –, ferner die elektronische Form. Das BSG lässt offen,[205] ob die elektronische Form nicht auch als Unterfall der Schriftform gesehen werden kann.

Inhaltlich gilt in Bezug auf den ERV, dass jedenfalls nähere technische Ausführungen mit Blick auf die Funktion unterbleiben können. Erforderlich ist allerdings, wie *Abbildung 42* auflistet, eine Belehrung über:

- die Möglichkeit der Nutzung des ERV,
- die nutzbaren elektronischen Übermittlungswege,
- die möglichen Mittel der Identifizierung (d.h. die Anforderungen des § 65 a Abs. 3 SGG in der Rechtsmittelbelehrung des Widerspruchsbescheids bzw. die des § 36 a Abs. 2 SGB I in der Rechtsmittelbelehrung des Ausgangsbescheids)
- sowie ggf. weitere Anforderungen bspw. an das Dateiformat.

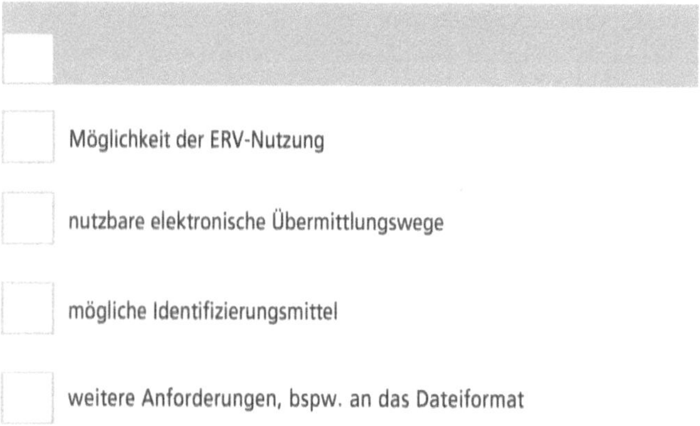

Abb. 42 Vier Inhalte der Rechtsbehelfsbelehrung zum ERV

---

204 BSG, Urteil vom 16.06.1982 – 10 RKg 35/81; BSG, Urteil vom 09.02.1995 – 7 RAR 56/94; BSG, Urteil vom 14.03.2013 – B 13 R 19/12 R; LSG Berlin-Brandenburg, Beschluss vom 25.11.2010 – L 5 AS 1773/10 B PKH; LSG Darmstadt, Urteil vom 13.04.2012 – L 5 R 154/11; ferner LAG Baden-Württemberg, Beschluss vom 09.05.2018 – 4 TaBV 7/17; VGH Mannheim, Beschluss vom 05.02.2018 – A 11 S 192/18; SG Darmstadt, Beschluss vom 23.05.2018 – S 19 AS 309/18 ER; *Mink*, in: BeckOK SozR, SGG, § 66 SGG Rn. 2.

205 BSG, Beschluss vom 09.03.2023 – B 4 AS 104/22 BH.

VIII. Elektronischer Rechtsverkehr (ERV) im Gerichtsverfahren

Kernstück der **„aktiven Nutzungspflicht“** oder des **„verpflichtenden elektronischen Rechtsverkehrs“** ist das ERV-FördG bzw. eJustice-Gesetz (Gesetz zur Förderung des elektronischen Rechtsverkehrs mit den Gerichten).[206] Zweck dieses Gesetzes ist nicht nur die Abschaffung unterschiedlicher Erreichbarkeiten der Gerichte, sondern auch die Verpflichtung der „professionellen“ Verfahrensbeteiligten, wie bspw. Rechtsanwälte, Behörden und juristische Personen des öffentlichen Rechts, zur ausschließlich elektronischen Eingabe von Dokumenten. Hierdurch sollen nicht nur die elektronische Kommunikation, welche auf freiwilliger Basis bis dahin kaum genutzt wurde, gefördert werden, sondern auch die Einführung elektronischer Gerichtsakten – durch die Verminderung von Scanaufwänden in den Gerichten – erleichtert werden. Rechtsgrundlage für die **Einführung der aktiven Nutzungspflicht in der Sozialgerichtsbarkeit,** welche kraft Gesetzes am 01.01.2022 an sämtlichen deutschen Sozialgerichten für alle drei Instanzen eintrat, ist § 65 d SGG.[207]

Bereits **seit dem 01.01.2018** können vorbereitende Schriftsätze und deren Anlagen, schriftlich einzureichende Anträge und Erklärungen der Parteien sowie schriftlich einzureichende Auskünfte, Aussagen, Gutachten, Übersetzungen und Erklärungen **als elektronisches Dokument bei Gericht eingereicht** werden. Das elektronische Dokument muss allerdings mit einer qualifizierten elektronischen Signatur der verantwortenden Person versehen sein oder von der verantwortenden Person signiert und auf einem sicheren Übermittlungsweg eingereicht werden.

1. Anwendungsbereich der aktiven Nutzungspflicht des ERV

§ 65 d SGG bestimmt, dass vorbereitende Schriftsätze und deren Anlagen sowie schriftlich einzureichende Anträge und Erklärungen, welche durch einen Rechtsanwalt, eine Behörde oder juristische Person des öffentlichen Rechts einschließlich der von ihr zur Erfüllung ihrer öffentlichen Aufgaben gebildeten Zusammenschlüsse eingereicht werden, als elektronisches Dokument zu übermitteln sind. Gleiches gilt für die nach § 73 Abs. 2 Nr. 3–9

206 Dies und das Folgende vgl. *Müller*, in: Horn/Pfeffer/Müller, Das Sozialgerichtsverfahren 2024, S. 133ff.

207 Das Bundesland Bremen hat für die Sozialgerichtsbarkeit in der ersten Instanz die aktive Nutzungspflicht durch Landesrechtsverordnung vorgezogen. Dort galt die aktive Nutzungspflicht bereits ab 01.01.2021.

SGG vertretungsberechtigten Personen, für die ein sicherer Übermittlungsweg nach § 65 a Abs. 4 Satz 1 Nr. 2 SGG zur Verfügung steht.

Ab **01.01.2026** verweist § 65 d Satz 2 SGG auf § 65 a Abs. 4 Satz 1 Nr. 4 SGG (bis dahin nur Nr. 2), sodass von diesem Zeitpunkt an fast **alle nach dem SGG vertretungsberechtigten Personen zur Nutzung des ERV verpflichtet** sind. § 65 d SGG entspricht letztlich den Regelungen über die aktive Nutzungspflicht der übrigen Prozessordnungen. Lediglich in § 130 d ZPO fehlt eine Norm, die dem § 65 d Satz 2 SGG entspricht, sodass sich im Zivilprozess die aktive Nutzungspflicht stets nur auf Rechtsanwälte, Behörden und Körperschaften des öffentlichen Rechts erstreckt.

Der **persönliche Anwendungsbereich** der aktiven Nutzungspflicht erfasst ab 01.01.2022 zunächst Rechtsanwälte, Behörden und juristische Personen des öffentlichen Rechts einschließlich der von ihr zur Erfüllung ihrer öffentlichen Aufgaben gebildeten Zusammenschlüsse. Die in der Arbeits- und Sozialgerichtsbarkeit häufig als Prozessvertreter auftretenden Verbände und Gewerkschaften, Rentenberater sowie nicht anwaltlich vertretene Bürger und privatrechtliche Unternehmen (bspw. als Arbeitgeber in der Arbeitsgerichtsbarkeit) sind von dieser aktiven Nutzungspflicht nicht erfasst. Gleiches gilt für weitere Personen im Umfeld eines Gerichtsverfahrens, bspw. Dolmetscher, Sachverständige oder ehrenamtliche Richter.

> Erst zum 01.01.2026 weitet sich die aktive Nutzungspflicht auch auf viele andere professionelle Verfahrensbeteiligte aus. Die entsprechenden Regelungen hierzu finden sich in den jeweiligen Fachgerichtsordnungen.

In der Sache betrifft die aktive Nutzungspflicht gem. § 65 d Satz 1 SGG **vorbereitende Schriftsätze und deren Anlagen sowie schriftlich einzureichende Anträge und Erklärungen.** Insofern gilt die aktive Nutzungspflicht insbesondere für die bei den (Sozial-)Gerichten eingereichten Schriftsätze selbst. Anlagen zu den Schriftsätzen sind ebenfalls von der aktiven Nutzungspflicht erfasst, wenn diese erläuternden, substanziierenden Charakter haben, wie bspw. Übersichten, tabellarische Aufstellungen etc. Solche Anlagen, welche letztlich inhaltlich Teil des Schriftsatzes – also des Sach- oder Rechtsvortrags – sind, müssen allerdings abgegrenzt werden von den dem Nachweis dienenden Anlagen, welche dem Beweisrecht zuzuordnen sind.

Die aktive Nutzungspflicht **gilt nämlich nicht für diese Beweismittel.** Für den Beweisantritt sieht § 371 Abs. 1 Satz 2 ZPO, der im sozialgerichtlichen Verfahren gem. § 118 SGG anwendbar ist, zwei Varianten vor. Der Beweisführer, Prozessgegner oder vorlagepflichtige Dritte haben die Möglichkeit, die Datei nach ihrer Wahl entweder

1. vorzulegen

oder

2. zu übermitteln.

In beiden Varianten muss die Datei dem Gericht in der Weise zur Verfügung gestellt werden, dass es die beweiserhebliche Datei mit der üblichen technischen Ausstattung wahrnehmen kann. Regelfall der Vorlage elektronischer Dokumente ist die **Vorlage im Wege des ERV,** folglich die **Übermittlung.** Die Voraussetzungen der ERVV (Elektronischer-Rechtsverkehr-Verordnung), insbesondere die Begrenzung auf bestimmte Dateiformate, gilt freilich nicht für das Beweisrecht und den Beweisantritt durch Übermittlung, da der Beweiswert einer Datei höher ist, wenn sie in ihrem elektronischen „Originalzustand" in Augenschein genommen werden kann. Elektronische Beweismittel sind stets in dem Dateiformat vorzulegen, in dem sie (ursprünglich) zur Verfügung stehen *(Grundsatz der Formattreue).* Das Beweismittel verliert ggf. durch eine Formatwandlung an Beweiskraft. Dies gilt erst recht bei elektronisch signierten Dateien, da die Signatur nach einer Dateiformatwandlung als ungültig erscheint.

Kommt es zu Störungen des ERV, sieht das Gesetz eine **Ersatzeinreichung** vor (vgl. § 65 d Satz 3–4 SGG). Die Einreichung kann auf einem beliebigen anderen prozessrechtlich vorgesehenen Wege erfolgen – per Post, Fax oder Bote. Die Störung muss nach dem Wortlaut der Norm sowie deren Sinn und Zweck allerdings von vorübergehender Natur sein.

2. Klageerhebung mittels ERV im sozialgerichtlichen Verfahren

Der ERV mit Behörden laut § 3 a (L)VwVfG bzw. § 36 a SGB I unterliegt anderen Formvoraussetzungen als der ERV mit der Justiz gem. § 65 a SGG. Diese Vorschrift entspricht dem zivilprozessualen § 130 a ZPO. Die **elektronische Form der Klageerhebung** ist nicht in § 90 SGG, sondern speziell in **§ 65 a SGG** geregelt. Daher ist die Klageerhebung mittels qualifiziert elektronisch signierter E-Mail – vgl. § 3 a Abs. 2 (L)VwVfG bzw. § 36 a Abs. 2 SGB I – auch unter der Nutzung von Umwegen über andere Behörden nicht möglich. Zwingend erforderlich ist im ERV, dass die andere Stelle dem Gericht konkrete Informationen zum Übermittlungsweg mitteilt.[208]

208 SG Stuttgart, Urteil vom 01.06.2021 – S 6 AL 734/21.

§ 65 a SGG gilt nur für das Prozessrecht; nicht für das Verwaltungsverfahren einschließlich des Widerspruchsverfahrens. Insofern sind von dieser Regelung über die Klageerhebung hinaus alle formgebundenen Schriftsätze im Klageverfahren und von sämtlichen Verfahrensbeteiligten betroffen. § 65 a SGG gilt jedoch nicht für nicht-formbedürftige Dokumente, insbesondere nicht für eingereichte Beweismittel, wie bspw. die gem. § 104 SGG beizuziehende Behördenakte.

Die Prüfung der Formvorschrift des ERV gliedert sich in die Prüfung

1. der **Authentizität** des elektronischen Dokuments (§ 65 a Abs. 3 SGG), also die Identität des Urhebers und die Verantwortungsübernahme für das Dokument durch eine bestimmte Person einschließlich der Verbindlichkeit des Inhalts im Rechtsverkehr über einen zugelassenen elektronischen Übermittlungsweg

sowie

2. der **Bearbeitbarkeit** des Dokuments für die empfangende Stelle (§ 65 a Abs. 2 SGG).

Zugelassene elektronische Übermittlungswege

Die zugelassenen Übermittlungswege für den ERV mit den Gerichten werden **bundeseinheitlich unmittelbar durch das Prozessrecht bestimmt** (vgl. § 65 a Abs. 2 Satz 2 SGG durch die ERVV). Sichere Übermittlungswege enthalten bereits ein Identifikationsmerkmal, den sog. vertrauenswürdigen Herkunftsnachweis (vHN), sodass auf die qualifizierte elektronische Signatur verzichtet werden kann. Die weiteren zugelassenen Übermittlungswege enthalten gem. § 65 a Abs. 2 Satz 2 SGG kein (verlässliches) Identifikationsmerkmal, sodass dort eine qualifizierte elektronische Signatur zur Feststellung der Authentizität als Identitätsnachweis zwingend notwendig ist.

Zugelassene Übermittlungswege sind

- laut § 4 Abs. 1 Nr. 1 ERVV die **in § 65 a Abs. 4 SGG genannten sicheren Übermittlungswege,** wobei es bei Verwendung einer qualifizierten elektronischen Signatur zulässig ist, dass der Versandprozess auf dem sicheren Übermittlungsweg auch von einer anderen Person als dem Postfachinhaber selbst angestoßen wird; bspw. von dem Rechtsanwaltssekretariat oder einem Vertreter

sowie

- nach § 4 Abs. 1 Nr. 2 ERVV das **Elektronische Gerichts- und Verwaltungspostfach (EGVP)** für dessen Nutzung ein zugelassener EGVP-Client (registriertes Drittprodukt für den OSCI-gestützten elektronischen Rechtsverkehr) erforderlich ist.

2.1 Elektronisches Gerichts- und Verwaltungspostfach (EGVP)

Hinter EGVP verbirgt sich eine **elektronische Kommunikationsinfrastruktur für die verschlüsselte Übertragung von Dokumenten und Akten zwischen authentifizierten** Teilnehmern. Seit Dezember 2004 können diese sicher, doppelt verschlüsselt und rund um die Uhr an alle teilnehmenden Gerichte und Behörden übermittelt werden. EGVP etablierte sich als elektronischer Übermittlungsweg für die Justiz seit dem Formvorschriftenanpassungsgesetz von 2001.

> In der Verwaltung verbreitete sich das EGVP – bedingt durch das E-Government-Gesetz des Bundes und die Landes-E-Government-Gesetze, welche auf andere elektronische Übermittlungswege abstellen – deutlich weniger.

EGVP ist durch eine **Ende-zu-Ende-Verschlüsselung** vom EGVP-Client des Absenders bis zum EGVP-Client des Empfängers hochgesichert, sodass das Abfangen von Nachrichten bei ihrer Übertragung oder deren Veränderung nahezu ausgeschlossen ist. Inhalts- und Nutzungsdaten werden nach dem sog. **„OSCI-Standard"** mithilfe einer **doppelten Verschlüsselung** streng voneinander getrennt und kryptografisch unterschiedlich behandelt. Hierdurch werden Vertraulichkeit, Integrität und Authentizität der Nachrichten gewährleistet.

Zentraler Nachrichtenaustauschpunkt und Mittler zwischen Sender und Empfänger ist ein Server namens *„Intermediär"*. Dieser ist zumeist pro Bundesland einmal zentral eingerichtet, empfängt sowie versendet OSCI-Nachrichten und ist damit die Empfangseinrichtung des Gerichts gem. § 65 a Abs. 5 Satz 1 SGG. Dieser Umstand ist zentral für die **Fristprüfung** im ERV.

2.2 Sichere Übermittlungswege

§ 65 a Abs. 4 SGG benennt mit Wirkung ab 01.01.2022 bzw. 01.08.2022 insgesamt sieben gesetzlich definierte sichere Übermittlungswege:

- die absenderauthentifizierte **De-Mail** (§ 130 a Abs. 4 Nr. 1 ZPO),
- das **besondere elektronische Anwaltspostfach** (beA),
- das **besondere elektronische Notarpostfach** (beN), i. V. m. § 78 n Abs. 1 Bundesnotarordnung (BNotO),
- das **besondere elektronische Steuerberaterpostfach** (beSt), i. V. m. §§ 86 d, 86 e Steuerberatungsgesetz (StBerG), § 130 a Abs. 4 Nr. 2 ZPO,

- das **besondere elektronische Behördenpostfach** (beBPo), § 130 a Abs. 4 Nr. 3 ZPO i. V. m. Kapitel 3 der ERVV,
- das besondere **elektronische Bürger- und Organisationenpostfach** (eBO), § 130 a Abs. 4 Nr. 4 ZPO i. V. m. Kapitel 4 der ERVV und
- die **Nutzerkonten** gem. § 2 Abs. 5 OZG bzw. **„Mein Justizpostfach"** (MJP), § 130 a Abs. 4 Nr. 5 ZPO. Das MJP pilotiert den Zugang zur Justiz unter der Nutzung der BundID/DeutschlandID.

Diese bereits vom Gesetz definierten sicheren Übermittlungswege sind kraft Gesetzes zulässig, wie der Umkehrschluss aus § 65 a Abs. 4 Nr. 6 SGG zeigt, und bedürfen keiner zusätzlichen Rechtsverordnung.

§ 65 a Abs. 3 Satz 1 Var. 2 SGG schreibt vor, dass es bei Nutzung eines sicheren Übermittlungswegs zulässig ist, das elektronische Dokument statt mit einer qualifizierten elektronischen Signatur bloß mit einer *einfachen Signatur* zu versehen und von der verantwortenden Person selbst auf einem sicheren Übermittlungsweg gem. § 65 a Abs. 4 SGG zu versenden. Diesem Identitätsnachweis über den Übermittlungsweg dienen die folgenden zwei Prinzipien:

1. Nur gegen einen Identitätsnachweis kann ein elektronisches Postfach eines sicheren Übermittlungswegs gem. § 65 a Abs. 4 SGG eingerichtet werden.
2. Der Postfachinhaber ist verpflichtet, den Postfachzugang so zu schützen, dass nur er selbst (bzw. beim beBPo und dem eBO nur Berechtigte) den Versand auf dem sicheren Übermittlungsweg vornehmen kann.[209]

Die Voraussetzungen des § 65 a Abs. 3 Satz 1 Var. 2 SGG bedürfen:

- eines **sicheren Übermittlungswegs** gem. § 65 a Abs. 4 SGG,
- der Initiierung des Versands durch den **Postfachinhaber** selbst (bzw. beim beBPo und dem eBO durch eine berechtigte Person) und
- einer **einfachen Signatur** des Postfachinhabers (bzw. beim beBPo und dem eBO einer berechtigten Person) für das elektronische Dokument. Hierunter ist lediglich die Angabe des Urhebers oder Absenders mittels des maschinenschriftlichen Namenszugs oder einer entzifferbaren eingescannten Unterschrift zu verstehen. Der Zweck der einfachen Signatur

209 Für das beA ist dieses Prinzip in § 26 Abs. 1 RAVPV (Verordnung über die Rechtsanwaltsverzeichnisse und die besonderen elektronischen Anwaltspostfächer), für das beBPo in § 8 Abs. 2 Satz 2 ERVV und für die De-Mail in § 10 Abs. 2 De-Mail-Gesetz speziell geregelt. Für das eBO wird dieses Prinzip in § 11 ERVV vorausgesetzt.

liegt darin, dass sie einen Vergleich zwischen der verantwortenden und absendenden Person des Dokuments ermöglicht.

a) Das besondere elektronische Anwaltspostfach (beA)

Alle Rechtsanwälte erhalten **aufgrund ihrer Zulassung,** also kraft Gesetzes, ein persönliches, sicheres elektronisches Postfach mit der EGVP-Infrastruktur als technischer Basis: das sog. besondere elektronische Anwaltspostfach (beA). Rechtsgrundlage ist § 65 a Abs. 4 Nr. 2 SGG i. V. m. § 31 a BRAO (Bundesrechtsanwaltsordnung).

Zwar müssen sich die Rechtsanwälte individuell für das Postfach freischalten (sog. Erstregistrierung), das Postfach ist aber – unabhängig von dieser Freischaltung – faktisch durch die Gerichte adressierbar, sobald der entsprechende Eintrag im Gesamtverzeichnis von der zuständigen Rechtsanwaltskammer vorgenommen worden ist.

Die Bundesrechtsanwaltskammer stellt als Betreiber des beA über ihren technischen Dienstleister einen Webclient zur Nutzung zur Verfügung. Daneben ist die beA-Nutzung über eine Kanzleisoftware möglich, welche über eine Schnittstelle mit dem beA verbunden ist. Hierbei ist das beA nach § 31 a Abs. 1 Satz 1 BRAO **an die Person des einzelnen Rechtsanwalts mit dessen anwaltlicher Zulassung** gebunden, ohne dass es auf die Zugehörigkeit zu einer bestimmten Kanzlei ankommt. Der Rechtsanwalt nimmt sein Postfach daher auch bei einem Kanzleiwechsel mit. Nach Zulassungswiderruf oder Tod des Rechtsanwalts wird laut § 31 a Abs. 4 BRAO das Postfach zunächst deaktiviert und nach Ablauf einer angemessenen Zeit gelöscht.

b) Versand durch die verantwortende Person selbst

Der Wortlaut des § 65 a Abs. 3 Satz 1 Var. 2 SGG spricht dafür, dass die verantwortende Person und die einreichende Person identisch sein müssen.

> Der Sinn und Zweck des sicheren Übermittlungswegs untermauern diese Notwendigkeit, denn die Nutzung des konkret auf eine natürliche Person zurückführbaren beA soll gerade die fehlende technische Absicherung der einfachen Signatur ergänzen und damit die verantwortende Person hinreichend sicher identifizieren.

Nur deshalb ist bei der Nutzung eines sicheren Übermittlungswegs eine qualifizierte elektronische Signatur als Identitätsnachweis entbehrlich: deren technische Sicherung wird durch das persönliche Postfach ersetzt. Zwischenzeitlich ist es – jedenfalls für die personenbezogenen sicheren Übermittlungswege – gesicherte Rechtsprechung und allgemeine Meinung, dass ein elektronisches Dokument, das bspw. aus einem beA versandt wird und nicht mit einer qualifiziert elektronischen Signatur versehen ist, nur dann die Formvoraussetzungen wahrt, wenn die das Dokument signierende und damit verantwortende Person mit der des tatsächlichen Versenders übereinstimmt.[210] Dies **gilt jedoch nicht für die nicht personenbezogenen sicheren Übermittlungswege** – also insbesondere für das beBPo.

Im Rahmen der personenbezogenen sicheren Übermittlungswege ist beim Dokumentenversand in Vertretungssituationen des Rechtsanwalts dafür zu sorgen, dass sich die einfache Signatur des versendenden Kollegen auf dem Dokument befindet. Anderenfalls ist die qualifizierte elektronische Signatur des abwesenden Rechtsanwalts erforderlich, da dann als Fall des § 65 a Abs. 3 Satz 1 Var. 1 SGG die sendende Person unerheblich ist.

c) Elektronische Übermittlung mittels qualifizierter elektronischer Signatur

Neben der Übermittlung über einen sicheren Übermittlungsweg sieht § 65 a Abs. 3 SGG (bspw. das beBPo) auch **eine an dem zu übermittelnden Dokument angebrachte qualifizierte elektronische Signatur als Identitätsnachweis des Absenders** – entsprechend einer handschriftlichen Unterschrift – vor (§ 65 a Abs. 3 Satz 1 Var. 1 SGG). Beide Varianten des Abs. 3 stehen gleichberechtigt nebeneinander. Es genügt die Einhaltung nur einer der beiden Formvarianten.[211]

Die qualifizierte elektronische Signatur **ersetzt** gem. § 65 a Abs. 3 Satz 1 Var. 1 SGG **im ERV die Unterschrift des Dokumentenurhebers.**[212] Jeder zugelassene Übermittlungsweg ist laut § 4 Abs. 1 ERVV nutzbar. Gesetzliche Grundlage der zuvor in § 2 Nr. 3 SigG (Signaturgesetz) geregelten qualifizierten elektronischen Signatur ist mittlerweile die eIDAS-Verordnung über elektronische Identifizierung und Vertrauensdienste.[213]

Die qualifizierte elektronische Signatur ist **nicht unmittelbar sichtbar.** Es handelt sich vielmehr um ein Meta-Datum im signierten Dokument bzw. um eine eigene Datei. Nach der früheren Rechtsprechung der obersten Bundesgerichte waren alle Arten von elektronischen Signaturen zugelassen.[214]

---

210 Vgl. BGH, Urteil vom 30.03.2022 – XII ZB 311/21; BVerwG, Urteil vom 12.10.2021 – 8 C 4/21; BSG, Urteil vom 18.11.2020 – B 1 KR 1/20 B; BAG v. 05.06.2020 – 10 AZN 53/20; BAG, Urteil vom 14.09.2020 – 5 AZB 23/20; *Müller*, FA 2019, 170, 172; OLG Oldenburg, Urteil vom 09.12.2020 – 6 W 68/20; *Keller*, jurisPR-SozR 9/2021 Anm. 4.

211 OLG Bamberg, Urteil vom 17.02.2022 – 2 UF 8/22; OVG Sachsen-Anhalt, Urteil vom 07.06.2021 – 3 M 110/21; *Bruns*, ZMR 2021, 566.

212 *Müller*, NJW 2015, 822.

213 Verordnung (EU) Nr. 910/2014; beachte aber *Kranz/Hildebrandt/Müller*, NVwZ 2019, 1495.

214 BGH, Urteil vom 14.05.2013 – VI ZB 7/13; BFH, Urteil vom 18.10.2006 – XI R 22/06 m. zust. Anm. *Viefhues*, juris PR-ITR 2/2007 Anm. 5; a. A. *Müller*, NJW 2013, 3758

Seit 01.01.2018 gilt gem. § 4 Abs. 2 ERVV, dass mehrere elektronische Dokumente nicht mit einer gemeinsamen qualifizierten elektronischen Signatur übermittelt werden dürfen. **Zulässige Signaturarten** sind damit v. a. noch

1. die **PDF-Inlinesignatur** (die qualifizierte elektronische Signatur ist Teil einer PDF-Datei)

und

2. die „**detached signature**" (= angefügte Signatur, d. h., die qualifizierte elektronische Signatur befindet sich in einer zweiten Datei neben dem Dokument).

Die Art der qualifizierten elektronischen Signatur ist regelmäßig am Transfer- oder Prüfvermerk zu erkennen.[215]

2.3 Anforderungen an die Bearbeitbarkeit

Es besteht nach § 65 a Abs. 2 Satz 2 SGG zwar noch immer eine Verordnungsermächtigung zum Erlass der ERVV, diese regelt nun aber die *„technischen Rahmenbedingungen für die Übermittlung und Eignung zur Bearbeitung durch das Gericht"*. Bis zum 31.12.2021 lautet die Formulierung *„Rahmenbedingung zur Bearbeitbarkeit"*. Mit der neuen Funktion der ERVV wird bezweckt, keine verbindlichen Regelungen im Sinne von Formatvorgaben mehr zu enthalten, sondern lediglich Voraussetzungen zu formulieren, bei deren Einhaltung sich der Einreicher eines Dokuments im Sinne einer **Garantie der Bearbeitbarkeit** darauf verlassen kann, dass diese bei jedem Gericht im Anwendungsbereich gegeben ist.

Die Bundesregierung gibt gem. § 5 Abs. 1 ERVV spezifische technische Standards für die Übermittlung und Eignung zur Bearbeitung elektronischer Dokumente im Bundesanzeiger und im Internet bekannt.[216]

Durch die Änderung der ERVV und die ERVB (Elektronische-Rechtsverkehr-Bekanntmachung) im Jahre 2022 stellt der Gesetzgeber im Sinne der bisherigen Mindermeinung klar, dass es bei den Dateiformatvorgaben **nicht um eine rein formale Prüfung** geht. Erst wenn im konkreten Fall der Verstoß dazu führt, dass eine Bearbeitung durch das Gericht nicht möglich ist, soll Formunwirksamkeit eintreten. Demgegenüber führen rein formale Verstöße gegen die ERVV nicht zur Formunwirksamkeit des Eingangs, wenn das Gericht das elektronische Dokument dennoch bearbeiten kann. Nach der Rechtsprechung

215 *Müller*, eJustice-Praxishandbuch, 8. Aufl. 2023, S. 109ff.

216 Vgl. https://justiz.de/elektronischer_rechtsverkehr/index.php

des BAG ist dies stets dann der Fall, wenn das Gericht noch mit Papiergerichtsakten arbeitet und ein Ausdruck möglich war.[217]

Die nunmehr noch erforderliche Differenzierung zwischen bearbeitbaren und nicht bearbeitbaren Dokumenten ergibt sich seit 01.01.2022 explizit teilweise auch aus der ERVV selbst, die neben Mussvorschriften auch Soll-Bestimmungen enthält (bspw. § 2 Abs. 2 ERVV, § 3 ERVV). Durch die sprachliche Neufassung der Verordnungsermächtigung möchte der Gesetzgeber bereits in den Prozessordnungen selbst die Maßgeblichkeit der Eignung zur gerichtlichen Bearbeitung klarstellen. Korrespondierende und diesbezüglich eindeutigere Ergänzungen enthalten § 2 ERVV und § 5 ERVV. Wille des Gesetzgebers ist, dass es **maßgeblich allein auf die konkrete Eignung zur Bearbeitung durch das Gericht ankommt.**

> Die technischen Rahmenbedingungen sollen daher nur noch insoweit verbindlich vorgegeben werden, als dies für die Bearbeitung durch das Gericht notwendig ist.

Zwingend ist demnach nur noch die **Übermittlung im Format „PDF"** bzw. in Ausnahmefällen, wenn bspw. bildliche Darstellungen im Dateiformat PDF nicht verlustfrei wiedergegeben werden können, **im Format TIFF.**

§ 2 Abs. 2 ERVV nimmt die technischen Standards in Bezug (Verweis auf die nach § 5 Nr. 1 und 6 ERVV bekannt gemachten Standards in den ERVB) und ist als „Soll-Vorschrift" ausgestaltet, sodass das Gericht – wenn die Eignung zur Bearbeitung sichergestellt ist –, das Dokument zulassen muss, auch wenn die Standards nicht eingehalten werden. Allerdings schließt die Erfüllung der Standards nicht aus, dass das Gericht die Einreichung im Einzelfall aufgrund anderer technischer Defekte zurückweisen kann.

§ 65 a SGG und die ERVV formulieren **keine explizite Sanktion bei Verstößen.** Naheliegend ist jedoch, dass nicht bearbeitbare elektronische Dokumente eine prozessrechtlich oder materiell-rechtlich vorgesehene Schriftform nicht wahren. Kann das Gericht den elektronischen Eingang aber überhaupt nicht – auch keine Teile des Dokuments – inhaltlich zur Kenntnis nehmen, darf es den Eingang vollständig ignorieren. Es wird folglich zunächst die Hinweispflicht gem. § 65 a Abs. 6 SGG ausgelöst.

Die Vorgaben des § 65 a Abs. 2 SGG i. V. m. der ERVV und der ERVB sind **nicht auf Beweismittel anwendbar.** Anders als vom Wortlaut des § 65 a Abs. 1 SGG nahegelegt, beziehen sich die Formvoraussetzungen aus § 65 a Abs. 2

217 BAG, Urteil vom 25.04.2022 – 3 AZB 2/22.

SGG i. V. m. der ERVV ausnahmslos auf den einzureichenden Schriftsatz selbst. Auf Anlagen zu Schriftsätzen sind die Formvoraussetzungen nach dem Sinn und Zweck der Norm nur teilweise anwendbar.[218]

Das wichtigste Beweismittel im sozialgerichtlichen Verfahren stellt die **Behördenakte** dar. Unter Berücksichtigung der oben dargestellten Grundsätze gilt:

1. Ist eine **papiergebundene** Behördenakte führend, wird sie (trotz aktiver Nutzungspflicht) in Papierform vorgelegt. Sie muss nicht für das Gericht eingescannt werden.
2. Ist dagegen eine **elektronische** Behördenakte führend, wird sie stets elektronisch und idealerweise nicht formatgewandelt vorgelegt. Sie muss insbesondere nicht für das Gericht ausgedruckt werden.

2.4 Rechtsfolgen bei Formverstößen und Heilung gem. § 65 a Abs. 6 SGG

Die Heilung formwidriger Einreichungen ist nach **den allgemeinen Wiedereinsetzungsregeln** oder aufgrund der **Eingangsfiktion des § 65 a Abs. 6 SGG** möglich. Ausgehend vom Wortlaut des § 65 a Abs. 6 SGG („bearbeitbar“) betrifft die Eingangsfiktion nur Formfehler, die nicht nur die „Übermittlung“ betreffen. Hierdurch ist auch die gerichtliche Hinweispflicht klar eingegrenzt.

Eine mangelnde Bearbeitbarkeit wird demzufolge insbesondere dann vorliegen, wenn die übermittelte Datei beschädigt, kennwortgeschützt ohne bekannt gegebenes Kennwort oder virenverseucht ist.

§ 65 a Abs. 6 SGG steht als rein privilegierende Regelung für den ERV neben den allgemeinen Wiedereinsetzungsregeln.[219] Da § 65 a Abs. 6 ZPO verschuldensunabhängig ist, dürften dessen Voraussetzungen grundsätzlich leichter zu erfüllen sein. Die Eingangsfiktion dient nach dem ausdrücklichen Willen des Gesetzgebers primär der **Stärkung des Nutzervertrauens.**[220] Denn auch dieser geht davon aus, dass insbesondere bei falscher Formatwahl i. d. R. vom Verschulden des Absenders auszugehen ist, sodass eine Wiedereinsetzung aus diesem Grund nicht in Betracht kommt. Den Prozessparteien dürfte aber nach der Rechtsprechung des Bundesverfassungsgerichts[221] der Zugang zu den Gerichten durch Anforderungen des formellen Rechts, wie etwa Formatvorgaben, nicht in unverhältnismäßiger Weise erschwert werden. Da-

---

218 So auch unter Hinweis auf Abs. 3 Satz 2: LG Ulm, Urteil vom 29.05.2020 – 2 O 276/19; siehe auch *Windau*, RDi 2021, 419.

219 Siehe zur Abgrenzung *Müller*, NZA 2019, 1120, 1122.

220 BT-Drs. 17/12634, S. 26.

221 Vgl. BVerfG, Beschluss vom 22.10.2004 – 1 BvR 894/04.

her dürfe ein Formatfehler, wenn er unverzüglich korrigiert werde, nicht zum Rechtsverlust einer Partei führen, sofern diese durch Vorlage eines Papierausdrucks den Inhalt des nicht bearbeitungsfähigen Dokuments und die Übereinstimmung mit dem nachträglich im richtigen Format eingereichten Dokument glaubhaft macht.[222] Die Fiktion des früheren Eingangs gilt auch für die Rechtswirkungen des Eingangs in § 167 ZPO.

Gem. § 65 a Abs. 6 Satz 2 SGG gilt das elektronische Dokument als zum Zeitpunkt der früheren Einreichung eingegangen. Eine ggf. laufende Frist ist hierdurch also gewahrt. Dies betrifft auch materiell-rechtliche Fristen.[223]

2.5 Fristwahrung

§ 65 a Abs. 5 Satz 1 SGG bestimmt zur Feststellung der Fristwahrung, dass das elektronische Dokument im Gericht eingegangen ist, sobald die für den Empfang bestimmte Einrichtung des Gerichts es abgespeichert hat. Das **Risiko des rechtzeitigen Zugangs trägt** auch im ERV der **Nachrichtenabsender.** Dabei hat dieser auch den Zeitbedarf zwischen der Absendung des elektronischen Dokuments und der Aufzeichnung auf der für den Empfang bestimmten Einrichtung zu bedenken. Selbst wenn Fristen grundsätzlich voll ausgeschöpft werden dürfen, sind übliche Verzögerungen einzukalkulieren.[224]

Es kommt auf den Zeitpunkt des Eingangs bei dem zuständigen Gericht an.

Aus gerichtsinternen Versäumnissen dürfen für den Einreicher keine Verfahrensnachteile erwachsen. Es kommt insbesondere *nicht* auf den gerichtlichen Eingangsstempel an. § 65 a Abs. 5 Satz 2 SGG regelt, dass dem Absender eine automatisierte Bestätigung über den Zeitpunkt des Eingangs zu erteilen (Eingangsbestätigung) ist. Hierdurch kann im ERV auch im Nachhinein noch der genaue Zeitpunkt ermittelt werden, in welchem das elektronische Dokument im Machtbereich des Empfängers eingegangen ist.

222 LAG Stuttgart, Urteil vom 04.03.2021 – 3 Sa 45/20 – juris Rn. 59.
223 Vgl. LAG Berlin-Brandenburg, Urteil vom 07.11.2019 – 5 Sa 134/19.
224 VG Gelsenkirchen, Urteil vom 07.12.2021 – 18 K 3240/20 – juris Rn. 45.

IX. Der Verwaltungsakt

Sofern sich das Verwaltungsverfahren nicht auf sonstige Weise erledigt, endet es mit dem Erlass eines Verwaltungsakts. Hierbei handelt es sich nach der Legaldefinition des § 31 Satz 1 SGB X, wie *Abbildung 43* aufzeigt, um

- jede Verfügung, Entscheidung oder andere hoheitliche Maßnahme,
- die eine Behörde
- zur Regelung eines Einzelfalles
- auf dem Gebiet des öffentlichen Rechts trifft und
- die auf unmittelbare Rechtswirkung nach außen

gerichtet ist. Der Verwaltungsakt ist die bedeutendste Handlungsform der Verwaltung, die durch ihre Verwaltungsaktbefugnis – aufgrund einer gesetzlichen Ermächtigungsgrundlage nach außen sowie bezogen auf den jeweiligen Einzelfall – eine Entscheidung trifft. Dies kann einschneidende Folgen für den Adressaten mit sich bringen.

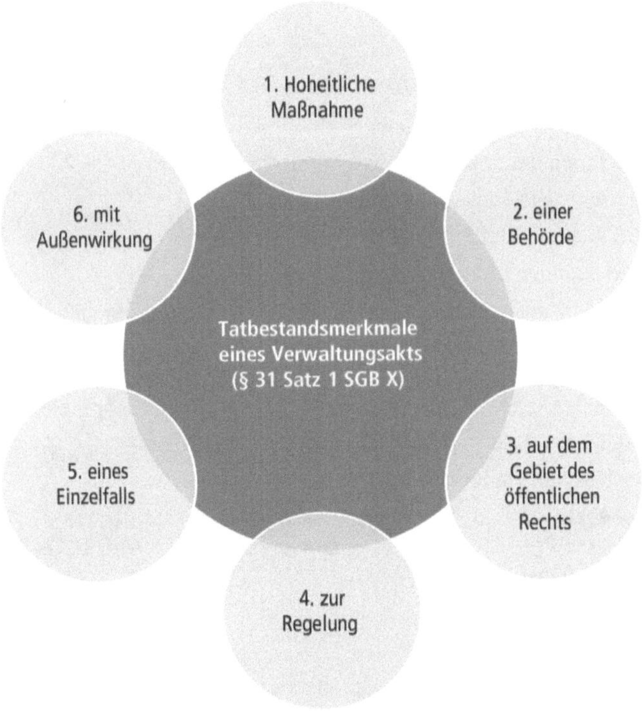

Abb. 43 Tatbestandsmerkmale eines Verwaltungsakts gem. § 31 Satz 1 SGB X

Bspw. führt die **Bindungswirkung** (materielle Bestandskraft) des Verwaltungsakts dazu, dass auch ein **rechtswidriger Verwaltungsakt**, wenn er nicht rechtzeitig angegriffen wird, vollstreckt werden kann.

Gleichzeitig eröffnen (nur) Verwaltungsakte – auf Veranlassung des Adressaten hin – die Überprüfungsmöglichkeit von Recht- und Zweckmäßigkeit der Entscheidung im Vorverfahren (§§ 78 Abs. 1 Satz 1, 83 SGG).

Liegen die vorgenannten materiell-rechtlichen Voraussetzungen des § 31 Satz 1 SGB X vor, handelt es sich um einen Verwaltungsakt. Dies ist unabhängig davon, ob nach der **äußeren Form** ein Verwaltungsakt gegeben ist, also bspw. eine **Rechtsbehelfsbelehrung** beigefügt ist.[225] Erweckt im umgekehrten Fall eine behördliche Erklärung nach ihrer Form den Anschein eines Verwaltungsakts, welchem es allerdings an den materiell-rechtlichen Voraussetzungen mangelt (formeller Verwaltungsakt), kann sich der Bürger mit dem Widerspruch und der Anfechtungsklage zur Wehr setzen. Nachfolgend findet sich ein Schema zur Prüfung des Widerspruchs. Der Adressat ist in diesem Fall allein schon durch die Existenz eines **Anscheinsverwaltungsakts** beschwert. Demgemäß ist der „Verwaltungsakt" aufzuheben.[226]

§§ 78 ff. SGG: Widerspruchsverfahren

I. Zulässigkeit des Widerspruchs

1. Eröffnung des Sozialrechtswegs (§ 51 SGG analog)
2. Statthaftigkeit des Widerspruchs (§ 78 SGG)
3. Widerspruchsbefugnis (§ 54 Abs. 1 Satz 2 SGG)
4. Widerspruchsfrist und -form (§ 84 Abs. 1 SGG);
   - grundsätzlich gilt die Ein-Monats-Frist; Berechnung gem. § 26 SGB X i. V. m. §§ 187 ff. BGB
   - aber gem. § 66 Abs. 2 SGG gilt: *die fehlende oder unzureichende Rechtsbehelfsbelehrung verlängert die Frist auf 1 Jahr (§ 36 SGB X)*
5. Beteiligten- und Handlungsfähigkeit (§§ 11 f. SGB X)
6. Rechtsschutzbedürfnis

Zwischenergebnis: Widerspruch ist zulässig oder unzulässig; wenn er unzulässig ist, kann ggf. eine Umdeutung (entsprechend § 16 Abs. 3 SGB I) in einen Antrag gem. § 44 SGB X erfolgen.

225 *Littmann*, in: Hauck/Noftz, SGB X, 3. EL 2023, § 31 Rn. 18.
226 BSG, Urteil vom 20.12.2001 – B 4 RA 50/01 R.

II. Begründetheit des Widerspruchs

1. Formelle Rechtmäßigkeit des Verwaltungsakts
   a. Zuständigkeit der Ausgangsbehörde (§§ 18ff. SGB I – jeweils Abs. 2)
   b. ordnungsgemäßes Verwaltungsverfahren (Bestimmtheit des Verwaltungsakts, § 33 SGB X; Begründung des Verwaltungsakts, § 35 SGB X; Anhörung erforderlich und erfolgt/Anhörung nicht erforderlich; Verwaltungsakt nicht nichtig, § 40 SGB X; ggf. Heilung, § 41 SGB X)
   c. Form
2. Materielle Rechtmäßigkeit des Verwaltungsakts
   a. Rechtsgrundlage
   b. Tatbestandsvoraussetzungen
   c. Rechtsfolge (gebundene Entscheidung oder Ermessen)
   d. ggf. Ermessensfehler

Zwischenergebnis: Der Widerspruch ist materiell rechtmäßig oder rechtswidrig.

Ergebnis: Der Widerspruch ist …

Für die Auslegung von Verwaltungsakten gelten die Vorschriften des bürgerlichen Rechts über die **Auslegung** von Willenserklärungen (§§ 133, 157 BGB) entsprechend.[227]

Maßgeblich für den Regelungsgehalt des Verwaltungsakts ist demzufolge, wie ihn der Empfänger der Erklärung bei verständiger Würdigung nach den Umständen des Einzelfalles objektiv verstehen muss.[228]

Wiederholt die Behörde lediglich einen bereits ergangenen Verwaltungsakt **(wiederholende Verfügung)**, so liegt hierin keine erneute Regelung. Dies hat zur Folge, dass ein (neuer) Verwaltungsakt nicht gegeben ist.[229] Anders ist dies zu sehen, wenn ein sog. **„Zweitbescheid"** vorliegt. Hierfür ist ausreichend, dass die Behörde in eine erneute inhaltliche Sachprüfung eingetreten ist.[230] Nicht erforderlich ist hingegen, dass mit dem Bescheid eine inhaltliche Änderung der vorherigen Entscheidung verbunden ist.[231]

227 BSG, Urteil vom 31.05.1989 – 4 RA 19/88.
228 *Engelmann*, in: Schütze, SGB X, 9. Aufl. 2020, § 31 Rn. 43.
229 BSG, Urteil vom 28.10.2008 – B 8 SO 22/07 R.
230 Vgl. BSG, Urteil vom 20.11.2003 – B 13 RJ 43/02 R.
231 Vgl. BSG, Urteil vom 23.01.2008 – B 10 LW 1/07 R.

1. Bekanntgabe

Damit ein Verwaltungsakt wirksam wird, ist dessen Bekanntgabe (§ 37 SGB X) gegenüber demjenigen, für den er bestimmt oder der von ihm betroffen ist, erforderlich (§ 39 Abs. 1 Satz 1 SGB X). *Abbildung 44* gibt einen Überblick zu den Wirksamkeitsvoraussetzungen im Vergleich zu denen der Rechtmäßigkeit sowie Unanfechtbarkeit. Von entscheidender Bedeutung ist der **Bekanntgabezeitpunkt** für den Lauf von Rechtsmittelfristen und die einschlägige Rechtsgrundlage zur Aufhebung von Verwaltungsakten (§§ 44–47 SGB X oder § 48 SGB X).

Die Behörde ist bei der **Form der Bekanntgabe** i. d. R. frei, sodass auch eine einfache Bekanntgabe ohne Zustellnachweis möglich ist. Zu Beweissicherungszwecken ist die Bekanntgabe mittels einer Zustellung sinnvoll. In den meisten Bundesländern hat die Behörde diesbezüglich die freie Wahl unter den bestehenden Möglichkeiten.

In Hessen gilt bspw. die Zustellung durch Postzustellungsurkunde (§ 65 Abs. 2 SGB X i. V. m. § 1 Abs. 1 HessVwZG i. V. m § 3 VwZG).

In Fällen der einfachen Bekanntgabe kann sich die Behörde auf die **Zustellungsfiktion** des § 37 Abs. 2 SGB X berufen. Hiernach gilt sowohl ein schriftlicher Verwaltungsakt, der im Inland durch die Post übermittelt wird, als auch ein Verwaltungsakt, der elektronisch übermittelt wird, am **vierten Tag nach der Aufgabe zur Post bzw. Absendung** als bekannt gegeben. Wann der Verwaltungsakt zur Post aufgegeben wurde, ist jedoch stets in den Akten zu vermerken; ansonsten greift die Zugangsfiktion nicht.[232] Bei einem nachweislich späteren Zugang ist vom tatsächlichen Zugangszeitpunkt auszugehen.[233]

2. Rechtsbehelfsbelehrung

Fehlt die Rechtsbehelfsbelehrung in einem Bescheid, hat dies **keine Auswirkungen auf die Wirksamkeit der Bekanntgabe.**[234] Ob das Fehlen einer Rechtsbehelfsbelehrung auch zur Rechtswidrigkeit des Verwaltungsakts führt, ist umstritten und wird von der wohl herrschenden Meinung ab-

232 BSG, Urteil vom 03.03.2009 – B 4 AS 37/08 R.
233 BSG, Urteil vom 06.05.2010 – B 14 AS 12/09 R.
234 *Pattar*, in: Schlegel/Voelzke, jurisPK-SGB X, 2. Aufl., § 37 Rn. 69 (Stand: 21.12.2020).

Wirksamkeit	Rechtmäßigkeit	Unanfechtbarkeit
• beginnt mit der **Bekanntgabe** des VA (§ 39 Abs. 1 Satz 1 SGB X) • endet mit der Aufhebung oder **sonstigen Erledigung** (bspw. Zeitablauf) des VA (§ 39 Abs. 2 SGB X)	• Erlass durch die **zuständige Behörde** • ggf. **Schriftform** (aber: Grundsatz der Formfreiheit), => dann Begründung erforderlich • ordnungsgemäßes **Verwaltungsverfahren**, bspw. Anhörung des Betroffenen • **Ermächtigungsgrundlage** • **Verhältnismäßigkeitsgrundsatz** gewahrt	• formelle Bestandskraft durch **Ablauf der Rechtsbehelfsfristen** oder Rechtsbehelfe nicht gegeben • VA **hat trotz evtl. Rechtswidrigkeit** dauerhaften Bestand (Vertrauens-/Bestandsschutz)

Abb. 44 Voraussetzungen zur Wirksamkeit, Rechtmäßigkeit und Unanfechtbarkeit eines Verwaltungsakts

gelehnt.[235] Hierfür spricht ebenfalls § 66 Abs. 2 Satz 1 SGG, wonach sich in den Fällen unrichtiger und unterbliebener Belehrung die **Rechtsbehelfsfrist um ein Jahr verlängert.** Unerheblich ist hierbei, ob der Adressat des Verwaltungsakts die zutreffende Rechtsmittelfrist kannte.[236] Geht aus der Entscheidung unrichtigerweise hervor, ein Rechtsmittel sei nicht gegeben, läuft keine Frist; auch nicht die Jahresfrist.[237] In diesen Fällen kommt lediglich eine **Verwirkung** in Betracht.[238] Nur in dem Fall, dass die Einlegung des Rechtsbehelfs infolge höherer Gewalt nicht innerhalb der Jahresfrist möglich war, ist eine **Wiedereinsetzung in den vorigen Stand** denkbar (§ 66 Abs. 2 Satz 2 SGG i. V. m. § 67 Abs. 2 SGG analog).

3. Bestandskraft

Wird der gegen einen Verwaltungsakt bestimmte Rechtsbehelf nicht oder erfolglos eingelegt, so ist der Verwaltungsakt für die Beteiligten in der Sache **bindend**, soweit durch Gesetz nichts anderes bestimmt ist (§ 77 SGG). Voraussetzung für die Bestandskraft ist zunächst das Vorliegen eines wirksamen Verwaltungsakts, u. a. also mit ordnungsgemäßer Bekanntgabe und seiner Unanfechtbarkeit **(formelle Bestandskraft).** Die Bestandskraft tritt nur

235 *Mutschler*, in: BeckOGK, SGB X, § 36 Rn. 22; *Engelmann*, in: Schütze, SGB X, 9. Aufl. 2020, § 36 Rn. 25.

236 *Grube*, in: Schlegel/Voelzke, jurisPK-SGB X, 2. Aufl., § 36 Rn. 42 (Stand: 10.01.2018).

237 BSG, Urteil vom 14.12.2006 – B 4 R 19/06 R.

238 Vgl. näher: *H. Müller*, in: Ory/Weth, jurisPK-ERV Band 3, § 66 SGG Rn. 42 ff. (Stand: 04.10.2023).

dann nicht ein, wenn form- und fristgerecht Widerspruch eingelegt wurde. Wird der Widerspruch verfristet eingelegt, wird demgemäß auch ein rechtswidriger Verwaltungsakt bindend.[239]

Nichtige Verwaltungsakte (§ 40 SGB X) leiden indes an einem besonders schweren materiell-rechtlichen oder formell-rechtlichen Fehler und können daher keine Bindungswirkung entfalten. Die Bindungswirkung entfällt zudem, wenn ein Widerspruch zwar verspätet eingelegt wurde, die Behörde jedoch trotz Verfristung in eine Sachprüfung eingetreten ist.[240]

Mit der Formulierung „soweit durch Gesetz nichts anderes bestimmt ist" geht der wichtigste Anwendungsfall zum Entfallen der Bindungswirkung für den Bereich der rechtswidrigen belastenden Verwaltungsakte einher. Hierbei handelt es sich um das sog. **Zugunstenverfahren** nach § 44 SGB X. Im Ergebnis wird die formelle Bindungswirkung zugunsten der materiellen Rechtmäßigkeit unterbrochen.

4. Verfahrens- und Formfehler

In der Praxis kommt es häufig zu Verfahrens- oder Formfehlern. Diese führen in den meisten Fällen allerdings nicht zur **Nichtigkeit des Verwaltungsakts**, sondern nur zu dessen formeller Rechtswidrigkeit. Darüber hinaus sieht § 41 SGB X umfassende Heilungsmöglichkeiten vor. Diese führen dazu, dass der Fehler zwar gerügt werden kann, im Ergebnis jedoch keine abweichende Entscheidung ergehen wird. Wie auch im Falle des Zugunstenverfahrens (§ 44 SGB X) beruhen die weitreichenden **Heilungsmöglichkeiten** auf dem Grundgedanken, dass der materiellen Rechtmäßigkeit Vorrang vor der formellen Rechtmäßigkeit einzuräumen ist. Im Vordergrund steht die inhaltliche Richtigkeit des Verwaltungshandelns.[241] Überaus relevant in der Praxis sind die Heilungsmöglichkeiten der nachgeholten Anhörung, Antragstellung oder Begründung des Verwaltungsakts (§ 41 Abs. 1 Nr. 1 bis 3 SGB X).

Fehlt einem Verwaltungsakt bspw. die Begründung oder entspricht diese nicht den Erfordernissen des § 35 SGB X, ist er formell rechtswidrig. Gleichzeitig kann ein solcher Verwaltungsakt jedoch auch materiell rechtswidrig sein, bspw. wenn die Behörde von einem unrichtigen Sachverhalt ausgegangen oder ein **Ermessensfehler** eingetreten ist.

---

239 *Luthe*, in: Schlegel/Voelzke, jurisPK-SGB X, 2. Aufl., § 31 Rn. 25 (Stand: 07.10.2021).
240 *Giesbert*, in: Schlegel/Voelzke, jurisPK-SGG, 2. Aufl., § 77 Rn. 83 (Stand: 15.06.2022).
241 BSG, Urteil vom 17.12.2013 – B 1 KR 52/12 R.

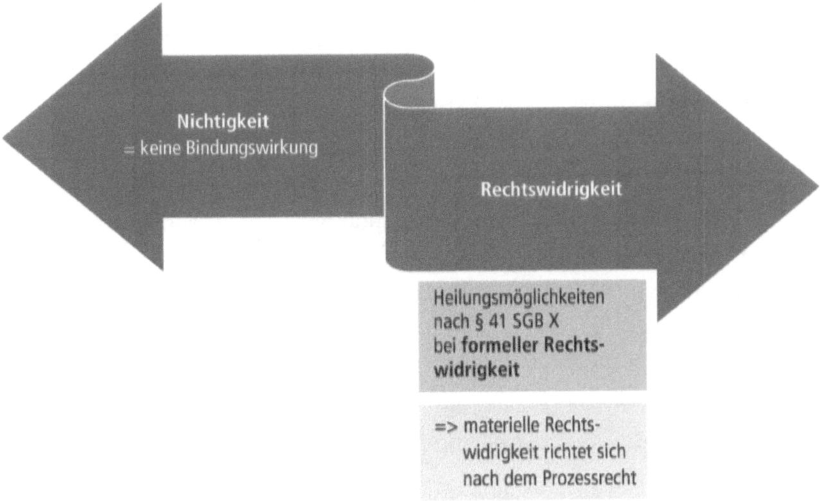

Abb. 45 Fehlermöglichkeiten eines Verwaltungsakts

Die Heilungsmöglichkeit des § 41 SGB X bezieht sich, wie *Abbildung 45* darstellt, nur auf die **formelle Rechtswidrigkeit** des Begründungsfehlers, nicht jedoch auf die materielle Rechtswidrigkeit. Die Frage, ob die Behörde einen Ermessensfehler noch nachträglich im Laufe des Verfahrens beseitigen kann, richtet sich vielmehr allein nach dem Prozessrecht.[242] Möchte die Behörde **die unterlassene Begründung** nachholen oder einen anderen in § 41 Abs. 1 Nr. 2–6 SGB X genannten Fehler durch Nachholung berichtigen, so kann sie dies gem. § 41 Abs. 2 SGB X bis zur letzten Instanz des sozialgerichtlichen Verfahrens erledigen. In diesem Rahmen findet häufig sogar ein **Austausch der Ermächtigungsgrundlage** statt.

Im Nachgang der Heilung stellt sich regelmäßig die Frage zur Erstattung der (Vor-)Verfahrenskosten. Nach § 63 Abs. 1 Satz 2 SGB X hat die Behörde dem Widerspruchsführer die **Kosten des Vorverfahrens** zu erstatten, wenn der Widerspruch nur deshalb keinen Erfolg hat, weil die Verletzung einer Verfahrens- oder Formvorschrift nach § 41 SGB X unbeachtlich ist. Dem Wörtchen „nur" kommt dabei entscheidende Bedeutung zu, denn wenn der Widerspruch auch nach Heilung des Verfahrens- oder Formmangels aus anderen Gründen keinen Erfolg hat, bspw. wird auch eine andere Sachentscheidung begehrt, die letztlich aber nicht ergeht, findet eine Kostenerstattung

242 *Schneider-Danwitz/Baumeister*, in: Schlegel/Voelzke, jurisPK-SGB X, 2. Aufl., § 41 Rn. 22 (Stand: 17.02.2023).

über § 63 SGB X nicht statt. Erfolgt die Heilung erst im Klageverfahren, so ist indes eine andere Beurteilung möglich, da i.R.d. § 193 SGG kein Klageerfolg erforderlich ist, sondern auch Berücksichtigung finden kann, wer Anlass zur Klageerhebung gegeben hat.[243]

5. Umdeutung

Ein fehlerhafter Verwaltungsakt kann nach § 43 Abs. 1 SGB X in einen anderen Verwaltungsakt umgedeutet werden, wenn

1. er auf das gleiche Ziel gerichtet ist,
2. von der erlassenden Behörde in der praktisch erfolgten Verfahrensweise und Form rechtmäßig hätte erlassen werden können und
3. die Voraussetzungen für dessen Erlass erfüllt sind.

Vor der Umdeutung sind die Betroffenen gem. § 43 Abs. 4 i.V.m. § 24 SGB X anzuhören.

6. Aufhebung von Verwaltungsakten

Ein einmal erlassener Verwaltungsakt bleibt, wie *Abbildung 46* grafisch darstellt, **wirksam**, soweit er **nicht zurückgenommen, widerrufen, anderweitig aufgehoben oder durch Zeitablauf oder auf andere Weise erledigt ist** (§ 39 Abs. 2 SGB X). Die Wirksamkeit eines Bescheids beginnt mit seiner Bekanntgabe (§ 39 Abs. 1 SGB X).

> Wird ein Leistungsbescheid nicht aufgehoben, bleibt der darin gewährte Anspruch auch bei Rechtswidrigkeit des Bescheids bestehen. Die Wirksamkeit eines Verwaltungsakts steht damit nach § 39 Abs. 2 SGB X unter dem Vorbehalt seiner späteren Aufhebung.

Das SGB X eröffnet der Verwaltung grundsätzlich die Möglichkeit – durch Aufhebung – dem Verwaltungsakt die Wirksamkeit zu nehmen, um bspw. einen nachträglich erkannten Fehler zu korrigieren oder veränderten Umständen Rechnung zu tragen. Hierbei trifft das Korrekturbedürfnis der Verwaltung unter Umständen auf das Bestandsschutzinteresse der Betroffenen. Das SGB X versucht diesen Konflikt – wie das (L)VwVfG – durch **differenzierte Abwägung zwischen Aufhebungs- und Bestandsinteresse** zu lösen.

243 Vgl. zur fehlerhaften Begründung: BSG, Urteile vom 30.08.2001 – B 4 RA 87/00 R und vom 18.07.1989 – 10 RKg 22/88.

Eine Ausnahme bildet § 39 Abs. 3 SGB X: Wenn ein Verwaltungsakt **nichtig ist, ist er unwirksam.** Dies ist dann der Fall, soweit der Verwaltungsakt an einem besonders schwerwiegenden Fehler leidet und dies bei verständiger Würdigung aller in Betracht kommenden Umstände offensichtlich ist.

Beispiel

Obwohl ein erwerbsfähiger Leistungsberechtigter keine Kinder hat, wird ihm Schulbeihilfe nach den Vorschriften des SGB II bewilligt.

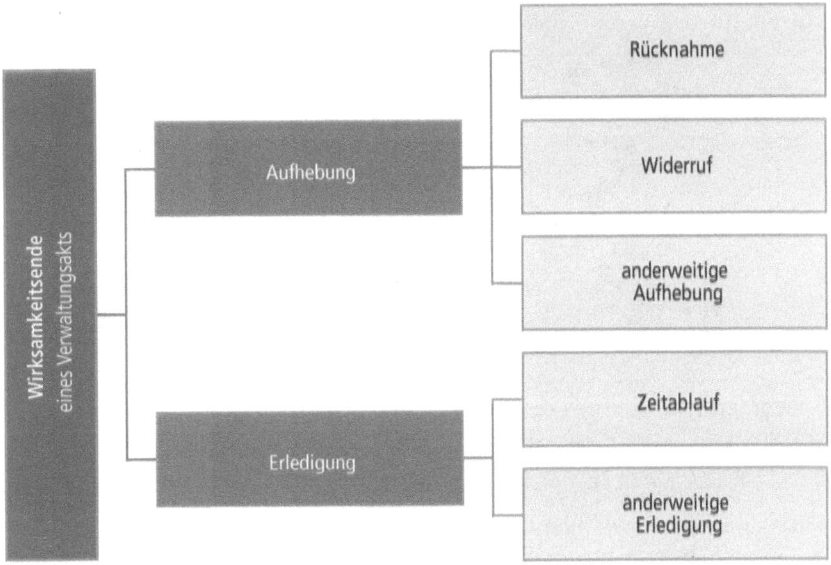

Abb. 46 Wirksamkeitsende eines Verwaltungsakts

Das SGB X regelt, wie *Abbildung 47* grafisch aufzeigt,

- die **Aufhebung** als Oberbegriff für die *Rücknahme* und den *Widerruf*, aber auch für die Aufhebung von Verwaltungsakten mit *Dauerwirkung*,
- die **Rücknahme** für die Aufhebung eines rechtswidrigen Verwaltungsakts,
- den **Widerruf** für die Aufhebung eines rechtmäßigen Verwaltungsakts.

Berichtigung offenbarer Unrichtigkeiten

Im Fall von einfachen **Schreib- oder Rechenfehlern** sowie ähnlichen offensichtlichen Unrichtigkeiten in einem Verwaltungsakt verfügt die Behörde jederzeit gem. § 38 Satz 1 SGB X über eine Berichtigungsmöglichkeit.

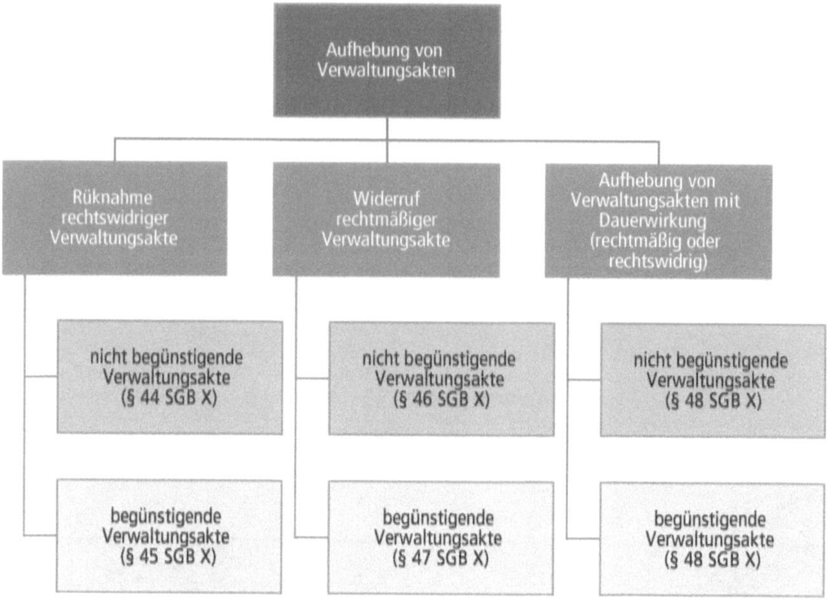

Abb. 47 Aufhebung von Verwaltungsakten

Sollten aufgrund eines solchen Fehlers Leistungen zu Unrecht erbracht worden sein, sind diese nach § 50 Abs. 5 SGB X – unter Anwendung von § 50 Abs. 1 bis 4 SGB X – zu erstatten.

Rücknahme rechtswidriger nicht begünstigender Verwaltungsakte

Bei **unrichtiger Anwendung des Rechts,** bspw. der unrichtigen Subsumierung eines zutreffenden Sachverhalts unter die einschlägigen Vorschriften, oder bei der **Zugrundelegung eines Sachverhalts,** welcher sich nachträglich als unrichtig erweist, handelt es sich um einen rechtswidrigen Verwaltungsakt. Dieser ist (*ohne Ermessen*) nach § 44 Abs. 1 SGB X mit Wirkung für die Vergangenheit aufzuheben, sofern

1. er bereits zum Erlasszeitpunkt rechtswidrig ist,
2. nicht begünstigend ist, indem er in eine Rechtsstellung oder geschützte Rechtsposition des Betroffenen eingreift,
3. und aufgrund dessen Sozialleistungen – trotz Leistungsanspruch – nicht oder nur teilweise erbracht oder Beiträge zu Unrecht erhoben worden sind.

Rechtswidrige Verwaltungsakte kollidieren mit dem verfassungsrechtlichen Gebot des gesetzmäßigen Verwaltungshandelns (Art. 20 Abs. 3 GG) und stehen nicht mit dem anzuwendenden Recht formell oder materiell im Einklang. Sie sind aber, soweit sie nicht nichtig sind (§ 40 SGB X), grundsätzlich wirksam. Für die Beurteilung, ob ein Verwaltungsakt rechtswidrig ist, kommt es auf den **Kenntnisstand zum Überprüfungszeitpunkt** (Aufhebungszeitpunkt) an. Die damalige Sach- und Rechtslage wird insofern aus „heutiger" Sicht beurteilt.

Dies gilt nicht, wenn der Leistungsberechtigte **vorsätzlich** in wesentlicher Beziehung **unrichtige oder unvollständige Angaben** gemacht hat und aufgrund dieser Angaben der Verwaltungsakt erlassen wurde (vgl. § 44 Abs. 1 Satz 2 SGB X). Dann ist der Verwaltungsakt nicht mit Wirkung für die Vergangenheit zurückzunehmen, sondern für die Zukunft aufzuheben.

Die Überprüfung einer Entscheidung gem. § 44 SGB X kann zum einen durch einen Antrag des Betroffenen eingeleitet werden oder von Amts wegen erfolgen, wenn sich bei der Fallbearbeitung ein konkreter Anhaltspunkt für eine mögliche Aufhebung ergibt.

Bei § 44 Abs. 2 SGB X handelt es sich um einen **Auffangtatbestand** für die Fälle, welche nicht die Voraussetzungen des § 44 Abs. 1 SGB X erfüllen und in denen ein rechtswidriger nicht begünstigender Verwaltungsakt erlassen wurde.

Liegen die Voraussetzungen des § 44 Abs. 1 oder 2 SGB X vor, müssen der rechtswidrige, nicht begünstigende Bescheid aufgehoben und (ggf.) Leistungen nachgezahlt werden. Gem. § 44 Abs. 4 SGB X werden Sozialleistungen längstens für einen Zeitraum bis zu vier Jahren vor der Rücknahme des Verwaltungsakts erbracht.

Aufgabe

Die hilfebedürftige Frau Müller beantragte mit Schreiben vom 03.06.2024 Sozialhilfeleistungen. Das zuständige Sozialamt verweigerte ihr diese allerdings mit Bescheid vom 27.06.2024 zu Unrecht.

Mittlerweile ist die Widerspruchsfrist abgelaufen. Würde Frau Müller die Leistungen im Nachhinein noch erhalten?

Lösung

Nach § 44 Abs. 1 SGB X wäre der Bescheid, bei welchem es sich um einen Verwaltungsakt handelt, mit Wirkung für die Vergangenheit zurückzunehmen. Hierbei besteht kein Ermessen der Behörde, sofern die Ablehnung nicht auf vorsätzlich unrichtigen oder unvollständigen Angaben der Hilfeempfängerin beruhte. In diesem Fall wäre laut § 44 Abs. 2 SGB X eine Ermessensentscheidung zu treffen.

Ein förmlicher Antrag ist hierfür nicht erforderlich, in der Praxis ist dieser aber i. d. R. notwendig, um die Behörde auf die Rechtswidrigkeit des Bescheids aufmerksam zu machen.

Das Sozialamt hat sodann eine Nachzahlung der Leistungen für einen Zeitraum von bis zu einem Jahr vor Rücknahme bzw. des Antrags zu leisten (vgl. § 116 a SGB XII, § 40 Abs. 1 Satz 2 SGB II).

Die Rücknahme rechtswidriger belastender Verwaltungsakte nach § 44 SGB X kollidiert mit dem ansonsten geltenden Grundsatz *„Keine Hilfe für die Vergangenheit!“*. Dies ist aufgrund von § 40 Abs. 1 Satz 2 SGB II und § 116 a SGB XII nunmehr unstrittig und daher für Leistungen nach dem SGB II und SGB XII anwendbar.

§ 44 SGB X: Rücknahme eines rechtswidrigen belastenden Verwaltungsakts

I. **Voraussetzungen**
   1. Rechtswidriger Verwaltungsakt – Prüfung des materiellen Rechts
   2. Folgen des Grundverwaltungsakts
      a. Sozialleistungen wurden zu Unrecht nicht erbracht oder
      b. Beträge zu Unrecht nicht erhoben (§ 44 Abs. 1 Satz 1 SGB X)

II. **Rechtsfolge**
   1. Fälle des § 44 Abs. 1 Satz 1 SGB X:
      a. Anspruch auf Rücknahme für die Vergangenheit
      b. Einhaltung der Frist des § 44 Abs. 4 SGB X
   2. Fälle des § 44 Abs. 1 Satz 1 SGB X:
      a. Rücknahme für die Zukunft = Anspruch auf Rücknahme gem. § 44 Abs. 2 Satz 1 SGB X
      b. Rücknahme für die Vergangenheit
      aa. Anspruch auf ermessensfehlerfreie Entscheidung gem. § 44 Abs. 2 Satz 2
      bb. Einhaltung der Frist des § 44 Abs. 4 SGB X

Rücknahme rechtswidriger begünstigender Verwaltungsakte

Soll ein

1. bereits zum Erlasszeitpunkt rechtswidriger
2. begünstigender Verwaltungsakt

aufgehoben werden, so ist hierfür § 45 SGB X als Rechtsgrundlage heranzuziehen. Ein Verwaltungsakt ist **begünstigend,** wenn er dem Betroffenen ein Recht oder einen rechtlich erheblichen Vorteil verschafft, bspw. ein Bewilligungsbescheid (§ 45 Abs. 1 Satz 1 SGB X). Nach § 45 SGB X darf (Ermessen der Behörde) eine derartige Regelung, auch nachdem sie unanfechtbar geworden ist, nur unter den Einschränkungen der § 45 Abs. 2 bis 4 SGB X zum **Vertrauensschutz** ganz oder teilweise mit Wirkung für die Zukunft oder für die Vergangenheit zurückgenommen werden.

Der Sinn und Zweck des § 45 SGB X ist der Schutz des Vertrauens des Bürgers in die Bestandskraft eines Verwaltungsakts.

Der rechtswidrige begünstigende Verwaltungsakt darf gem. § 45 Abs. 2 SGB X nicht zum Nachteil des Betroffenen zurückgenommen werden, soweit der Betroffene auf seinen **Bestand vertraut hat** und sein **Vertrauen unter Abwägung mit dem öffentlichen Interesse schutzwürdig** ist. Diese beiden Voraussetzungen müssen *kumulativ* vorliegen, damit der Verwaltungsakt in seinem Bestand nicht angetastet wird. Das Vertrauen des Betroffenen wird in aller Regel allein durch den Erlass eines Verwaltungsakts begründet.

Dieses ist nach § 45 Abs. 2 Satz 2 SGB X in der Regel schutzwürdig, wenn der Begünstigte die von der Verwaltung erbrachten Leistungen verbraucht oder eine Vermögensdisposition getroffen hat, die er nicht mehr oder nur unter unzumutbaren Nachteilen rückgängig machen kann. Sind Leistungen noch nicht erbracht – wertmäßig aufgezehrt – oder Vermögensdispositionen nicht getroffen worden, überwiegt stets das öffentliche Interesse an der Herstellung der wahren Rechtslage für die Zukunft.

In den **Fällen des § 45 Abs. 2 Satz 3 Nr. 1–3 SGB X** kann sich der Begünstigte nicht auf Vertrauen berufen:

1. der Verwaltungsakt wurde durch arglistige Täuschung, Drohung oder Bestechung erwirkt,
2. der Verwaltungsakt beruht auf Angaben, die der Begünstigte vorsätzlich oder grob fahrlässig in wesentlicher Beziehung unrichtig oder unvollständig gemacht hat,
3. der Begünstigte verfügte über Kenntnis bzw. grob fahrlässige Unkenntnis über die Rechtswidrigkeit des Bescheids.

Gemäß der Legaldefinition in § 45 Abs. 2 Satz 3 Nr. 3 SGB X liegt grobe Fahrlässigkeit dann vor, wenn der Begünstigte die erforderliche Sorgfalt in besonders schwerem Maße verletzt hat. Maßgeblicher Zeitpunkt für die Kenntnis bzw. grob fahrlässige Unkenntnis ist die Bekanntgabe (§ 37 SGB X) des Bescheids.

Liegen die genannten Voraussetzungen vor, hat der Leistungsberechtigte einen **Anspruch auf eine ermessensfehlerfreie Entscheidung** hinsichtlich einer etwaigen Rücknahme des rechtswidrigen Verwaltungsakts. Bevor ein Bescheid (teilweise) nach § 45 SGB X zurückgenommen werden kann, ist der Leistungsberechtigte anzuhören, vgl. § 24 SGB X.

Die zeitlichen Grenzen für die Rücknahme eines rechtswidrigen begünstigenden Verwaltungsakts regeln § 45 Abs. 3 und 4 SGB X.

Aufgabe

Das zuständige Sozialamt bewilligte mit Bescheid vom 23.09.2024 der hilfebedürftigen Rentnerin Frau Bauer Leistungen zur Hilfe zur Pflege. Im Nachhinein stellte sich jedoch heraus, dass das Sozialamt diese Leistungen nicht hätte bewilligen dürfen.

Darf das Sozialamt die Leistungen nun zurückfordern?

Lösung

Die Voraussetzungen für eine Rückforderung sind in § 45 SGB X geregelt:

- Ein rechtswidriger begünstigender Verwaltungsakt.
- Das Überwiegen des öffentlichen Interesses an der Rücknahme gegenüber dem Vertrauensschutz. Vertrauensschutz fehlt in Fällen des § 45 Abs. 2 Satz 3 SGB X. Wenn die Leistung zum Lebensunterhalt verbraucht wird, liegt der Vertrauensschutz i. d. R. vor (vgl. § 45 Abs. 2 Satz 2 SGB X).
- Die Fristen nach § 45 Abs. 3 und 4 SGB X dürften noch nicht abgelaufen sein.

Als Folge ist der Verwaltungsakt nur in den Fällen des § 45 Abs. 2 Satz 3 SGB X mit Wirkung für die Vergangenheit zurückzunehmen. Hierbei handelt es sich grundsätzlich um eine Ermessensentscheidung der Behörde, allerdings nicht, wenn es sich um Leistungen nach dem SGB II handelt (vgl. § 40 Abs. 2 Nr. 3 SGB II i. V. m. § 330 Abs. 2 SGB III).

§ 50 SGB X regelt die Erstattung von erbrachten Leistungen sowie deren Verzinsung und die Verjährung.

§ 45 SGB X: Rücknahme eines rechtswidrigen begünstigenden Verwaltungsakts

I. **Voraussetzungen**

1. Rechtswidriger Verwaltungsakt – Prüfung des materiellen Rechts; maßgeblicher Zeitpunkt ist der Erlass des Verwaltungsakts (§ 31 SGB X)
2. Begünstigender Verwaltungsakt – maßgebend ist die Sicht des objektiven Empfängers (§ 45 Abs. 1 SGB X)
3. Vertrauensschutz (§ 45 Abs. 2 SGB X)

   a. Vertrauensausschlussgründe gem. § 45 Abs. 2 Satz 3 Nr. 1 bis 3 SGB X

   aa. Ausschluss des Vertrauensschutzes nach § 45 Abs. 2 Satz 2 und 3 SGB X

   bb. oder Vertrauensschutz nach § 45 Abs. 2 SGB X, aber

   cc. keine Schutzwürdigkeit des Vertrauens bei Abwägung mit dem öffentlichen Interesse nach § 45 Abs. 2 Satz 1 SGB X

   b. Vertrauen des Bürgers (wird unterstellt); Schutzwürdigkeit des Vertrauens (§ 45 Abs. 1 i. V. m. Abs. 2 Satz 1 SGB X)

   aa. Leistungen verbraucht

   bb. Vermögensdisposition

   cc. sonstige Gründe

   Ist das Vertrauen schutzwürdig, kann der Verwaltungsakt nicht zurückgenommen werden und die Prüfung ist beendet. Die weitere Prüfung erfolgt nur in solchen Fällen, in denen Vertrauensausschlussgründe vorliegen oder das Vertrauen nicht schutzwürdig ist.

4. Einhaltung der Rücknahmefristen

   a. Verwaltungsakt ohne Dauerwirkung = keine Fristen (§ 45 Abs. 4 Satz 2 SGB X)

   b. Verwaltungsakt mit Dauerwirkung = Fristen des § 45 Abs. 3 und ggf. Abs. 4 Satz 2 SGB X (Handlungsfrist)

   aa. Einhaltung der Ausschlussfristen bei Dauerverwaltungsakten (§ 45 Abs. 3 SGB X)

   bb. Einhaltung der Jahresfrist als Entscheidungsfrist (§ 45 Abs. 4 Satz 2 SGB X)

II. **Rechtsfolge**

1. Anspruch auf ermessensfehlerfreie Entscheidung (§ 45 Abs. 1 SGB X)
2. Rücknahmewirkung

   a. Wirkung für die Zukunft = Regelfall; gilt immer, wenn Rücknahme überhaupt möglich ist (Umkehrschluss des § 45 Abs. 4 SGB X)

   b. Wirkung für die Vergangenheit

aa. Fälle des § 45 Abs. 2 Satz 3 oder Abs. 3 Satz 2 SGB X
bb. Rücknahme-Verwaltungsakt eines Jahres nach Kenntnis (§ 45 Abs. 4 Satz 2 SGB X)

3. ggf. Abschmelzen der Leistungen nach § 48 Abs. 3 SGB X

Widerruf von Verwaltungsakten

Ein **rechtmäßiger nicht begünstigender Verwaltungsakt** darf nach § 46 SGB X, auch nachdem er unanfechtbar geworden ist, mit Wirkung für die Zukunft widerrufen werden; es sei denn, dass ein Verwaltungsakt gleichen Inhalts erneut erlassen werden müsste oder aus anderen Gründen ein Widerruf unzulässig ist.

Ein **rechtmäßiger begünstigender Verwaltungsakt** darf nach § 47 SGB X, auch nachdem er unanfechtbar geworden ist, ganz oder teilweise sowohl für die Zukunft als auch für die Vergangenheit widerrufen werden.

Beispiel

In der Praxis betrifft dies neben der Gewährung von einmaligen Leistungen nach § 24 Abs. 3 SGB II v. a. Fälle der Eingliederungsleistungen nach § 16 SGB II i. V. m. den jeweiligen Vorschriften im SGB III.

§ 45 Abs. 1 SGB X regelt, dass ein derartiger Verwaltungsakt **ex nunc**, also für die Zukunft, widerrufen werden kann, wenn er mit einem Widerrufsvorbehalt versehen wurde oder eine Auflage enthielt, welche der Begünstigte nicht (rechtzeitig) erfüllt hat.

Gem. § 45 Abs. 2 SGB X ist auch ein Widerruf des Bescheids **ex tunc**, also rückwirkend, möglich, wenn

1. eine für einen bestimmten Zweck gewährte Leistung nicht (mehr) hierfür verwendet wird oder
2. der Bescheid eine Auflage enthielt, welche der Begünstigte nicht (rechtzeitig) erfüllt hat.

Die **Jahresfrist** des § 45 Abs. 4 Satz 2 SGB X gilt auch für den Widerruf nach § 47 SGB X.

Vor einem beabsichtigten Widerruf ist ein möglicherweise **entgegenstehender Vertrauensschutz** zu prüfen. Dieser entfällt bei Bösgläubigkeit (§ 47 Abs. 2 Satz 4 SGB X).

Aufgabe

Herr Kastner ist nach Abschluss seines zweiten juristischen Staatsexamens arbeitslos und bezieht daher Bürgergeld. Um seine Aussichten auf dem Arbeitsmarkt zu verbessern, möchte ihm das Jobcenter die Teilnahme an einem Fachanwaltslehrgang ermöglichen. Es bewilligt ihm hierzu eine Leistung zur Eingliederung in Arbeit in Höhe von 1.000,00 € und zahlt das Geld auf sein Konto aus. Herr Kastner bemüht sich daraufhin allerdings nicht um die Teilnahme an einem entsprechenden Lehrgang, sondern verspielt das gesamte Geld im Casino.

Darf das Jobcenter von Herrn Kastner die 1.000,00 € zurückfordern?

Lösung

Der Widerruf eines rechtmäßigen begünstigenden Verwaltungsakts mit Wirkung für die Zukunft ist als Ermessensentscheidung nach § 47 Abs. 1 SGB X möglich, wenn

1. der Widerruf im Gesetz oder Verwaltungsakt vorbehalten ist oder
2. eine Auflage des Verwaltungsakts unterlassen oder nicht fristgerecht erfüllt worden ist.

Verwaltungsakte, welche eine Geld- oder Sachleistung zur Erfüllung eines bestimmten Zwecks bewilligen, können nach § 47 Abs. 2 SGB X mit Wirkung für die Vergangenheit zurückgenommen werden, wenn

1. eine Auflage nicht oder nicht fristgerecht erfüllt oder die Leistung zweckentfremdet wird oder
2. der Betroffene keinen Vertrauensschutz genießt, was bei einem gutgläubigen Verbrauch regelmäßig der Fall ist. Kein Vertrauensschutz besteht ebenfalls, wenn der Betroffene die Umstände, die zum Widerruf führten, kannte oder hätte kennen müssen.

In diesem Fall wusste Herr Kastner, dass die anderweitige Verwendung der Leistung zur Eingliederung in Arbeit zweckwidrig ist. Zudem genoss Herr Kastner keinen Vertrauensschutz. Damit liegen die Voraussetzungen für einen Widerruf vor.

§ 50 SGB X regelt die Erstattung von erbrachten Leistungen sowie deren Verzinsung und die Verjährung.

Aufhebung von Verwaltungsakten mit Dauerwirkung bei Änderung der Verhältnisse

Im Unterschied zu § 45 SGB X handelt es sich bei der Rücknahmevorschrift des § 48 SGB X für eine (teilweise) Aufhebung um

1. begünstigende Bescheide
2. mit Dauerwirkung
3. die anfänglich rechtmäßig waren und

4. aufgrund einer wesentlichen Änderung der rechtlichen oder tatsächlichen Verhältnisse
5. nunmehr rechtswidrig geworden sind.

Anders als § 45 SGB X ist § 48 SGB X **keine Ermessensvorschrift.** Ein **Vertrauensschutz ist hier nicht vorgesehen.**

Die **tatsächlichen Verhältnisse** ändern sich, wenn der bei Bewilligung der Leistungen zugrunde liegende Sachverhalt in dieser Form nicht mehr gegeben ist.

Die **rechtlichen Verhältnisse** ändern sich, wenn die maßgebenden Gesetzesvorschriften eine Änderung erfahren, also eine Veränderung der materiellen Rechtslage durch den Gesetzgeber herbeigeführt wird. Die Änderung muss wesentlich sein. Dies ist immer dann der Fall, wenn der ursprüngliche Bescheid aufgrund der geänderten Verhältnisse in seiner anfänglichen Form nicht mehr erlassen werden dürfte.

Liegt eine der Voraussetzungen des § 48 Abs. 1 Satz 2 Nr. 1–4 SGB X vor, so erfolgt die (teilweise) Aufhebung des Bescheids **rückwirkend ab dem Zeitpunkt der Änderung der Verhältnisse.**

Nach § 48 Abs. 2 SGB X ist der Verwaltungsakt im Einzelfall mit Wirkung für die Zukunft auch dann aufzuheben, wenn **der zuständige oberste Gerichtshof des Bundes in ständiger Rechtsprechung nachträglich das Recht anders auslegt** als die Behörde dies bei Erlass des Verwaltungsakts vornahm und sich dieses zugunsten des Berechtigten auswirkt. Diese Fallgestaltung ist von einer Änderung der rechtlichen Verhältnisse gem. § 48 Abs. 1 SGB X abzugrenzen. Letztere erfasst die Fälle, in denen sich das Recht materiell ändert, also Rechtsnormen durch den Gesetzgeber geändert werden.

In den Fällen des § 48 Abs. 2 SGB X dagegen verändert das Bundessozialgericht seine Auslegung des geltenden Rechts.

Sofern diese veränderte Auslegung auf einer zwischenzeitlichen Änderung der

- rechtlichen Grundlagen,
- sozialen, soziologischen oder wirtschaftlichen Rahmenbedingungen oder
- Anschauungen beruht,

ist der Bescheid mit Wirkung für die Zukunft aufzuheben.

Kommt das Bundessozialgericht dagegen zu der Erkenntnis, dass die bisherige höchstrichterlich vertretene Auffassung unzutreffend war, ist für die Aufhebung zugunsten des Betroffenen § 44 SGB X anzuwenden. Dies hat zur Folge, dass auch eine Aufhebung für die Vergangenheit möglich wird (vgl. § 48 Abs. 2 letzter Halbsatz; § 44 SGB X bleibt unberührt).

Aufgabe

Das Jobcenter bewilligt der hilfebedürftigen Frau Hofmann mit Bescheid vom 24.07.2024 Bürgergeld. Während des Bewilligungszeitraums ändern sich allerdings die Voraussetzungen: Frau Hofmann erzielt ab 01.11.2024 ein höheres anrechenbares Einkommen.

Welche Möglichkeiten hat das Jobcenter nun?

Lösung

§ 48 Abs. 1 Satz 1 SGB X bestimmt, dass der Verwaltungsakt in Form des Leistungsbescheids für die Zukunft (also für den Zeitraum ab der Entscheidung über die Aufhebung) aufzuheben ist.

Fälle, in welchen der Verwaltungsakt auch für den Zeitraum ab dem Eintritt der Änderungen in den Voraussetzungen aufgehoben werden soll, nennt § 48 Abs. 1 Satz 2 SGB X:

- Änderungen zugunsten des Betroffenen
- vorsätzliche oder grob fahrlässige Verletzung von Mitteilungspflichten (bspw. § 60 Abs. 1 Satz 1 Nr. 2 SGB I: die Mitteilungspflicht über Änderungen in leistungsrelevanten Tatsachen)
- Erzielung von leistungsminderndem Einkommen oder Vermögen nach Antragstellung oder Bewilligung
- Kenntnis oder grob fahrlässige Unkenntnis des Ruhens oder Wegfalls des Leistungsanspruchs

In diesen Fällen schützt der gutgläubige Verbrauch der Leistungen nicht vor deren Rückforderung durch das Jobcenter. Das Einkommen gilt zu Beginn des jeweiligen Monats als zugeflossen. Das Jobcenter kann den Dauerverwaltungsakt des Bürgergeldes von Frau Hofmann folglich für die Zukunft aufheben.

§ 50 SGB X regelt die Erstattung von erbrachten Leistungen sowie deren Verzinsung und die Verjährung.

§ 48 SGB X: Aufhebung von Dauerverwaltungsakten

I. **Voraussetzungen**
   1. Verwaltungsakt mit Dauerwirkung
   2. Änderung der Sach- und Rechtslage

II. **Rechtsfolge**
   1. Aufhebung für die Zukunft
      a. § 48 Abs. 1 Satz 1 SGB X
      b. kein Ermessen
   2. Aufhebung für die Vergangenheit
      a. Fall des § 48 Abs. 1 Satz 2 SGB X
      b. intendiertes Ermessen („soll")

Abschmelzen der Leistung

§ 48 Abs. 3 SGB X betrifft Fälle, in denen ein Leistungsbewilligungsbescheid von Anfang an rechtswidrig war und ist daher ein **Auffangtatbestand zu § 45 SGB X.** Basiert die Leistungsgewährung

- auf einem anfänglich rechtswidrigen Verwaltungsakt, welcher aus rechtlichen Gründen (bspw. Vertrauensschutz) nicht zurückgenommen werden kann (Satz 1) oder
- einem rechtmäßigen Verwaltungsakt, dem ein anfänglich rechtswidriger begünstigender Verwaltungsakt zugrunde liegt, welcher nicht zurückgenommen werden kann (Satz 2),

beschränkt § 48 Abs. 3 Satz 1 SGB X die Höhe der neu festzusetzenden Leistung in einem bestimmten Umfang.

Einerseits soll hierdurch sichergestellt werden, dass der Leistungsberechtigte nicht weniger erhält, als ihm nach dem bisherigen rechtswidrigen, aber bestandskräftigen Verwaltungsakt zusteht. Andererseits soll damit bezweckt werden, dass er bei der Änderung der Verhältnisse auch nicht mehr erhält, als ihm ohne Bestandskraft zustünde.

Mit der sog. **„Abschmelzung"** soll vermieden werden, dass die unrechtmäßige Begünstigung vergrößert wird. Eine Erhöhung der Leistung infolge von „Zugunstenänderungen" ist in den aufgeführten Fällen so lange und so weit ausgeschlossen, bis der Inhalt der Leistungsbewilligung wieder mit der wahren Sach- und Rechtslage übereinstimmt.

In Bezug auf den weiter zu zahlenden Leistungsbetrag ist Folgendes zu beachten:

1. Zunächst ist festzustellen, in welcher Höhe dem Berechtigten Leistungen bei richtiger Rechtsanwendung zugestanden hätten.
2. Von diesen Verhältnissen ausgehend ist zu berechnen, um welchen Betrag es sich bei dem Leistungsanspruch ab Änderung der Verhältnisse handeln würde.
3. Ist dieser Betrag höher als die bislang gezahlte Leistung, verbleibt es bei der bisherigen Leistungshöhe. Ist der rechtmäßige Leistungsanspruch dagegen höher, ist die Leistung neu auf diesen Betrag festzusetzen.

Die **Jahresfrist des § 45 Abs. 4 Satz 2 SGB X** gilt hier – nach dem Verweis in § 48 Abs. 4 Satz 1 SGB X – ebenfalls. Eine Ausnahme bezieht sich auf begünstigende Änderungen des Bescheids. Diese können laut § 48 Abs. 4 Satz 2 SGB X auch nach über einem Jahr, seitdem die Behörde Kenntnis über die (teilweise) Aufhebung der begründenden Tatsachen erlangt hat, vorgenommen werden.

§ 49 SGB X regelt, dass die § 45 Abs. 1 bis 4, §§ 47 und 48 nicht gelten, wenn

1. ein begünstigender Verwaltungsakt, der von einem Dritten angefochten worden ist,
2. während des Vorverfahrens oder während des sozial- oder verwaltungsgerichtlichen Verfahrens aufgehoben wird, soweit dadurch dem Widerspruch abgeholfen oder der Klage stattgegeben wird.

Beispiel

Herr Peter bekam fälschlicherweise zu viele Kosten der Unterkunft bewilligt. Die überzahlten Beträge in Höhe von insgesamt 60,00 € können von ihm jedoch aufgrund von Vertrauensschutzregelungen nicht zurückgefordert werden.

Nun erhöht sich während des Bewilligungszeitraums die Angemessenheitsgrenze mit der Folge, dass Herr Peter künftig rechtmäßig mehr Unterkunftskosten in Höhe von monatlich 30,00 € zustehen.

Gem. § 48 Abs. 3 SGB X sind Herrn Peter nun erst ab dem dritten Monat diese Kosten auch tatsächlich zu bewilligen, da erst jetzt rechnerisch die rechtmäßige Rechtslage wiederhergestellt ist.

7. Erstattung zu Unrecht erfolgter Leistungen gem. § 50 SGB X

Gem. § 50 Abs. 1 SGB X sind **bereits erbrachte Leistungen zu erstatten,** soweit ein Verwaltungsakt aufgehoben worden ist. Sach- und Dienstleistungen sind in Geld zu erstatten. Die Erstattungsforderung stellt einen eigenen Verwaltungsakt dar, welcher entsprechend zu verfügen ist. Nach § 50 Abs. 3 SGB X ist die **zu erstattende Leistung durch schriftlichen Verwaltungsakt festzusetzen.** Die Festsetzung der zu erstattenden Leistung soll, sofern die Leistung aufgrund eines Verwaltungsakts erbracht worden ist, mit dessen Aufhebung verbunden werden.

§ 50 Abs. 4 SGB X zufolge **verjährt der Erstattungsanspruch** nach Ablauf des Kalenderjahres, in dem der Aufhebungs- und Erstattungsbescheid nach § 50 Abs. 3 SGB X unanfechtbar geworden ist.

Mit Ablauf des Kalenderjahres, in dem der Erstattungsbescheid unanfechtbar geworden ist, beginnt die Frist zu laufen.

Die Verjährungsfrist beginnt nicht bereits mit Entstehung des Erstattungsanspruchs, sondern erst dann, wenn die Rückforderung durch einen Verwaltungsakt ausgesprochen wurde.

Bis zum Erlass des Aufhebungs- und Erstattungsbescheids kann der Anspruch auf Erstattung folglich nicht verjähren.

Für Bescheide nach den §§ 45, 48 SGB X gilt – für die Zeit vor Erlass des Aufhebungs- und Erstattungsbescheids – die Jahresfrist des § 45 Abs. 4 Satz 2 SGB X. Hiernach hat die Behörde ein Jahr ab Kenntnis der Tatsachen, welche die Rücknahme des begünstigenden Bescheids für die Vergangenheit rechtfertigen, Zeit zur entsprechenden Verfügung.

H. Sozialgerichtsverfahren (SGB X)

I. Einleitung

Die nicht zur sog. ordentlichen Gerichtsbarkeit gehörenden Gerichte enthalten in ihrem Namen eine **Umschreibung ihres Sachgebiets:**

1. Arbeitsgericht,
2. Verwaltungsgericht,
3. Finanzgericht und
4. Sozialgericht.

Abbildung 48 gibt einen Überblick über das deutsche Gerichtswesen mit der ordentlichen sowie den vier besonderen Gerichtsbarkeiten, mit Ausnahme der Verfassungsgerichtsbarkeit.

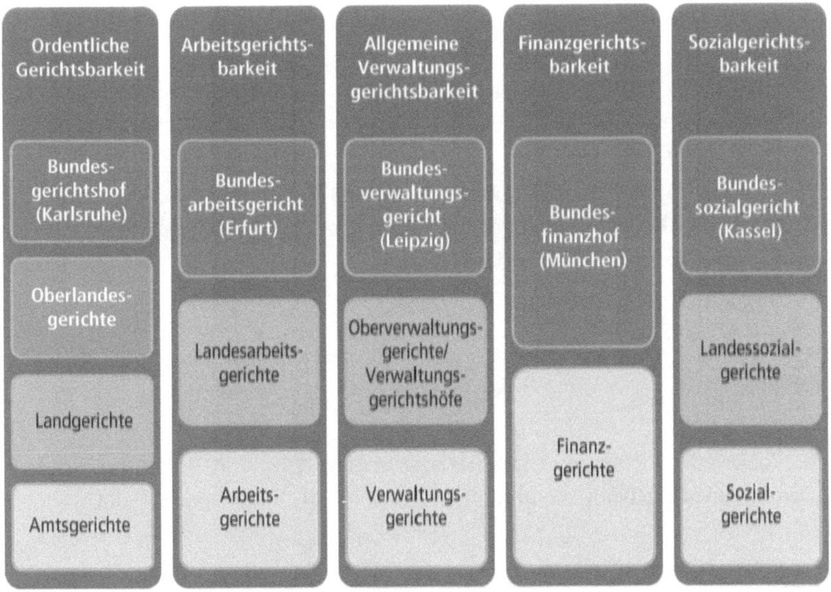

Abb. 48 Aufbau des deutschen Gerichtswesens

Die Bezeichnung „Sozialgericht" ist zumindest irreführend, da der Begriff „sozial" auf den Ausgleich sowie die Verträglichkeit von wirtschaftlichen und gesellschaftlichen Unterschieden abzielt. Eine Angleichung der Situation von Bemittelten und Unbemittelten postuliert der Art. 20 Abs. 1 GG.[244] Für weite Teile der Bevölkerung ist der Rechtsschutz in sozialrechtlichen Streitigkeiten besonders wichtig, da in diesen Verfahren vielfach Fragen von existenzieller Bedeutung für den Einzelnen zu entscheiden sind.

Immer wieder wird in Literatur und Rechtsprechung auf die **Gegensätze zwischen den Garantien des Sozialstaats und denen des Rechtsstaats** hingewiesen.[245] In Anbetracht dessen werden die Sozialgerichte oft als „soziale" Gerichte eingeordnet, die unter gewisser Hintanstellung von formellem und materiellem Recht Partei für die Bevölkerungskreise, welche sich als finanziell bedürftig ansehen, ergreifen und ihnen durch soziale Gesetzesauslegung Hilfestellung leisten. Insbesondere unvertretene Kläger oder Antragsteller nehmen oftmals die Haltung ein, dass ein Sozialgericht nicht über Recht und Unrecht zu entscheiden, sondern den wirtschaftlich Schwachen – auf Kosten der öffentlichen Finanzen[246] – konkret zu helfen habe. Diese Auffassung wird stets durch höchstrichterliche Entscheidungen bestärkt, die sich eindeutig jeweils an dem sozialpolitisch passenden Ergebnis orientieren. Das Rechtsanwendungsprinzip von sozialer Großzügigkeit ist dabei in manchen Fällen nicht zu übersehen.[247]

II. Kompetenz

Der Verfassungsauftrag des Art. 95 Abs. 1 GG sieht zur Gewährleistung von größerer Sachkompetenz für das Gebiet der Sozialgerichtsbarkeit die Errichtung eines **Bundessozialgerichts** vor.[248]

> Die Errichtung des Bundessozialgerichts schließt sich an historische Vorgaben an, wie bspw. das Reichsversicherungsamt von 1884 als besonderes Verwaltungsgericht.

Im Vollzug des Verfassungsauftrags erging am 03.09.1953 das **Sozialgerichtsgesetz (SGG)**, welches im Jahr 1954 die Sozialgerichtsbarkeit als

244 So schon BVerfG, Beschluss vom 22.01.1959 – 1 BvR 154/55.

245 Dazu *Huber/Voßkuhle/Sommermann*, GG, Art. 20 Rn. 107–112.

246 Art. 120 Abs. 1 GG.

247 Bis zum BVerfG, siehe Beschluss vom 19.10.2023 – 1 BvL 3/21; auch BSG, Urteil vom 30.03.2023 – B 2 U 3/21 R, hierzu *Schlaeger/Linder*, SGB 2023, 667, 672: Einzelfallentscheidung, die der Praxis Rätsel aufgibt.

248 Der historische Hintergrund des Sozialrechts wird ausführlich in Kapitel B erläutert.

unabhängige, von den Verwaltungsbehörden getrennte sowie **besondere – in einen dreistufigen Instanzenzug aufgegliederte – Verwaltungsgerichtsbarkeit** (§ 1 SGG) einrichtete.[249] Für deren – in der heutigen Zeit zugewiesene – Rechtsgebiete existierten zuvor keine selbstständigen Gerichte.

Die Sozialgerichte haben dabei einen durch § 51 SGG aus der allgemeinen verwaltungsgerichtlichen Generalklausel (§ 40 VwGO) **ausgegliederten Zuständigkeitsbereich. § 51 Abs. 1 SGG** weist den Sozialgerichten die nachfolgend aufgeführten und in nachfolgender *Abbildung 49* dargestellten öffentlich-rechtlichen Streitigkeiten zu:

- Angelegenheiten der gesetzlichen Rentenversicherung einschließlich der Alterssicherung der Landwirte (Nr. 1),
- Angelegenheiten der gesetzlichen Rentenversicherung und der sozialen Pflegeversicherung (SGB XI), auch soweit durch diese Angelegenheiten Dritte betroffen werden; dies gilt nicht für Streitigkeiten in Angelegenheiten nach § 110 SGB V aufgrund einer Kündigung von Versorgungsverträgen, die für Hochschulkliniken oder Plankrankenhäuser (§ 108 Nr. 1 und 2 SGB V) gelten (Nr. 2),
- Angelegenheiten der gesetzlichen Unfallversicherung mit Ausnahme der Streitigkeiten aufgrund der Überwachung von Maßnahmen zur Prävention durch die Träger der gesetzlichen Unfallversicherung (Nr. 3),
- Angelegenheiten der Arbeitsförderung einschließlich der übrigen Aufgaben der Bundesagentur für Arbeit (Nr. 4),
- Angelegenheiten der Grundsicherung für Arbeitsuchende (Nr. 4 a),
- sonstige Angelegenheiten der Sozialversicherung (Nr. 5),
- Angelegenheiten des Sozialen Entschädigungsrechts (Nr. 6),
- Angelegenheiten der Sozialhilfe einschließlich der Angelegenheiten nach Teil 2 des SGB IX und des Asylbewerberleistungsgesetzes (Nr. 6 a),
- die Feststellung von Behinderungen und ihrem Grad sowie weiterer gesundheitlicher Merkmale, ferner die Ausstellung, Verlängerung, Berichtigung und Einziehung von Ausweisen nach § 152 SGB IX (Nr. 7),
- Angelegenheiten, für die durch Gesetz der Rechtsweg vor diesen Gerichten eröffnet wird (Nr. 10).

249 BGBl. 1953 I 1239.

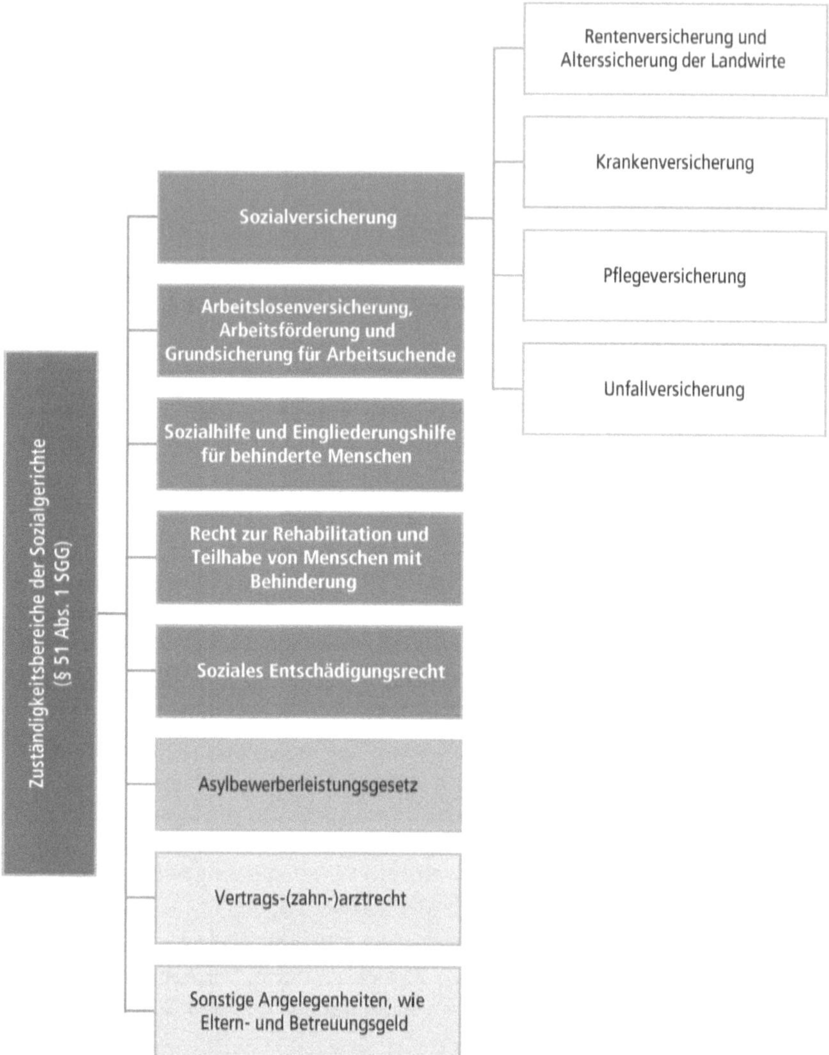

Abb. 49 Zuständigkeitsbereiche der Sozialgerichte nach § 51 Abs. 1 SGG

Zudem entscheiden die Gerichte der Sozialgerichtsbarkeit **ausnahmsweise** nach § 51 Abs. 2 Satz 1 SGG auch über

1. privatrechtliche Streitigkeiten in Angelegenheiten der Zulassung von Trägern und Maßnahmen durch fachkundige Stellen nach dem 5. Kapitel des SGB III und

2. Angelegenheiten der gesetzlichen Krankenversicherung, auch soweit durch diese Angelegenheiten Dritte betroffen werden. Dies gilt nach § 51 Abs. 2 Satz 2 SGG ebenfalls für die soziale Pflegeversicherung sowie die private Pflegeversicherung (SGB XI).

Ausgenommen von der Zuständigkeit der Gerichte der Sozialgerichtsbarkeit sind Streitigkeiten in **Verfahren nach dem Gesetz gegen Wettbewerbsbeschränkungen**, die Rechtsbeziehungen nach § 69 SGB V betreffen (§ 51 Abs. 3 SGG). Vergleichbar mit dem verwaltungsrechtlichen Folgenbeseitigungsanspruch hat die Rechtsprechung des BSG einen **sozialrechtlichen Herstellungsanspruch** entwickelt, welcher auf die Korrektur von Auskunfts- und Beratungsfehlern abzielt sowie die Verweisung auf das Staatshaftungsrecht und den Zivilrechtsweg vermeidet.[250]

Die Zulässigkeit des Sozialrechtswegs soll hier nicht differenzierter dargestellt werden. Allerdings ist zu bemerken, dass einige Materien, welche dem Sozialrechtsweg zugeordnet werden könnten, **nicht den Sozialgerichten zugewiesen** sind. So gehören bspw. zum öffentlichen Recht der Verwaltungsgerichtsbarkeit

- die Zulässigkeit einer kommunalrechtlichen Gebühr für eine Auskunft des Einwohnermeldeamtes an eine Berufsgenossenschaft,[251]
- Streitigkeiten zwischen Krankenkassen und Krankenhäusern sowie den für die Krankenhausplanung zuständigen Landesbehörden,[252]
- Klagen von Pflegediensten gegen den Sozialhilfeträger auf die Vergütungszahlung für die häusliche Pflege eines Sozialhilfeberechtigten,[253]
- Streitigkeiten über Hausverbote, die für die Räume eines Jobcenters gegenüber dem Empfänger von Leistungen der Grundsicherung für Arbeitsuchende erlassen werden[254]
- und Streitigkeiten von Krankenkassen gegen Auskunftsbeschlüsse des Bundeskartellamtes wegen der angeblich abgestimmten Erhebung von Zusatzbeiträgen.[255]

---

250 Im Einzelnen dazu BeckOGK/*Spellbrink*, SGB I, § 2 Rn. 25–27 unter Hinweis auf die erste Entscheidung des BSG, Urteil vom 14.06.1962 – 4 RJ 75/60.

251 BSG, Urteil vom 31.08.1983 – 2 RU 29/82.

252 BSG, Beschluss vom 24.04.1995 – 3 BS 1/94.

253 BSG, Beschluss vom 01.08.2002 – B 3 SF 1/02 R.

254 OVG Bremen, Beschluss vom 25.03.2013 – 1 B 33/13.

255 BSG, Beschluss vom 28.09.2010 – B 1 SF 1/10 R.

III. Verfahren

Das Verfahren nach dem SGG weist **weitgehende Parallelen zur allgemeinen Verwaltungsgerichtsbarkeit** auf. So entspricht die Beurteilung der Frage, ob es sich um eine öffentlich-rechtliche Streitigkeit handelt, den allgemeinen Grundsätzen nach **§ 40 VwGO.**[256] Ebenso wie nach § 86 VwGO gilt der **Amtsermittlungsgrundsatz** unter Heranziehung der Beteiligten (§§ 103, 106 SGG). Es existiert **keine Beweisführungslast;** bei Unaufklärbarkeit des Sachverhalts verbleibt die objektive Beweislast beim Anspruchsteller oder bei der eingreifenden Behörde.[257]

Die Abweichungen des Sozialgerichtsverfahrens vom Verwaltungsgerichtsprozess sind den Besonderheiten des materiellen Sozialrechts geschuldet.

Das **Vorverfahren** ist zwar nicht Teil des Gerichtsverfahrens, jedoch **Sachurteilsvoraussetzung** der Anfechtungsklage (§ 78 Abs. 1 Satz 1 SGG) und **in Sonderfällen** der Verpflichtungsklage (§ 78 Abs. 3 SGG). Das Vorverfahren kann – sofern dies möglich ist – nachgeholt werden.[258]

Die in *Abbildung 50* dargestellten **Klagearten des sozialgerichtlichen Verfahrens** entsprechen jenen der VwGO mit der

- Anfechtungsklage,
- Verpflichtungsklage,
- (negativen und positiven) allgemeinen Leistungsklage,
- Feststellungsklage,
- Fortsetzungsfeststellungsklage und
- Untätigkeitsklage.

Sonderfall des Sozialgerichtsverfahrens und zugleich häufigste Klageart[259] ist die **unechte Leistungsklage** (§ 54 Abs. 4 SGG). Mit dieser wird – neben der Anfechtung eines Verwaltungsakts, der eine Leistung betrifft und auf den ein Rechtsanspruch besteht (Anfechtungsklage) – gleichzeitig die Leistung – nicht ein Bewilligungsbescheid – verlangt (allgemeine Leistungsklage, nicht Verpflichtungsklage). Die Unterschiede von Anfechtungs- und

256 BeckOK SozR/*Mink*, SGG, § 51 Rn. 1–3.
257 *Horn*, ASR 2024, 15, 21.
258 *Schmidt*, in: Meyer-Ladewig/Keller/Schmidt, SGG, 14. Aufl. 2023, § 78 Rn. 3.
259 BeckOK SozR/*Mink*, SGG, § 54 Rn. 19.

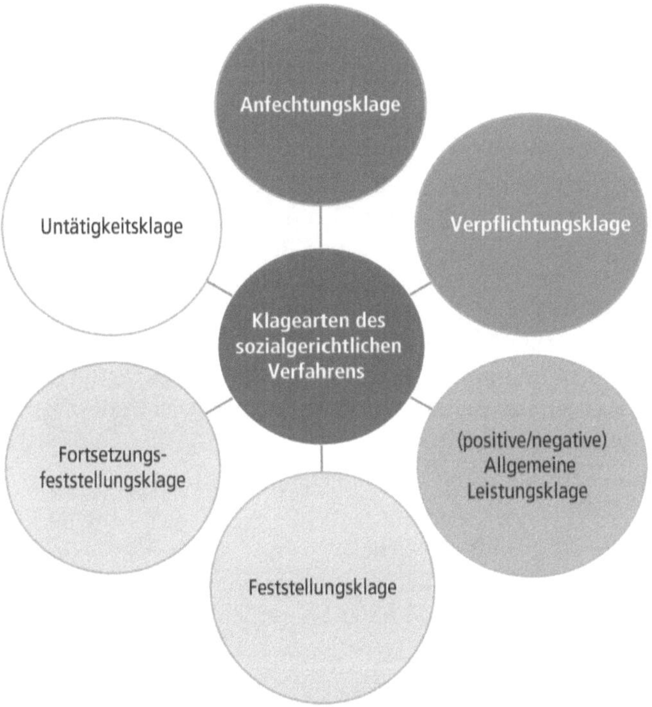

Abb. 50 Mögliche Klagearten innerhalb des sozialgerichtlichen Verfahrens

Verpflichtungsklage sind damit verschwommen. Der eine Sozialleistung ablehnende Verwaltungsakt wird als belastender Verwaltungsakt angesehen, den es anzufechten gilt. Dass es sich bei der Ablehnung eines begünstigenden Verwaltungsakts nicht um einen belastenden Verwaltungsakt handelt, hat das SGG nicht mit aufgenommen. Daher ist jeweils eine **kombinierte Anfechtungs- sowie Verpflichtungsklage** zu erheben, obwohl eine Verpflichtungsklage eigentlich völlig ausreichend wäre. Aufgrund der Tatsache, dass über Leistungsansprüche der Kläger regelmäßig durch einen Verwaltungsakt entschieden wird, ist jede Klage auf eine Leistung zugleich auch eine Anfechtungsklage.

Mit der **Feststellungsklage** (§ 55 SGG) kann dagegen über den möglichen Inhalt der Klage hinaus auch die Feststellung der haftungsausfüllenden Kausalität (§ 55 Abs. 1 Nr. 3 SGG) sowie der Zuständigkeit des Versicherungsträgers begehrt werden.

Der typische im Gesetz angesprochene Fall der **Fortsetzungsfeststellungsklage** (§ 131 Abs. 1 Satz 3 SGG) betrifft die Erledigung des Verwaltungsakts zwischen Erhebung der Anfechtungsklage und der Urteilsfindung. Zudem kommt sie nach der h. M. auch bei der Erledigung vor einer Klageerhebung als Rechtswidrigkeitsfeststellungsklage in Betracht.

Das SGG normiert daneben eine vom Verständnis der VwGO abweichende Form der **Untätigkeitsklage** (§ 88 SGG): In Fällen, in welchen kein Bescheid erteilt worden ist, muss der Antragsteller Klage auf die Erteilung eines ablehnenden Bescheids erheben. Erhält er diesen Bescheid, dann ist damit der Rechtsstreit erledigt. Gegen den neuen Bescheid ist, sofern der Kläger mit diesem nicht einverstanden ist, eine weitere Klage zu erheben.[260] Diese Verfahrensweise widerspricht der ständigen Rechtsprechung der Finanz- und Verwaltungsgerichte.[261] Damit verfügt die Untätigkeitsklage nach § 88 SGG über keinen materiell-rechtlichen Streitgegenstand, hat kein vollstreckbares Urteil zum Ergebnis und läuft auf eine Dienstaufsicht der Sozialgerichte über die Leistungsträger hinaus.

Für die Widerspruchs- und Klageerhebung existiert die sog. **Irrläuferklausel**, wonach Widersprüche oder Klagen fristwahrend bei jeder deutschen Behörde eingereicht werden können.

Jeder am Verfahren Beteiligte muss selbst **prozessfähig** oder **durch einen Prozessfähigen vertreten** sein. Fehlt es hieran, darf eine Entscheidung in der Hauptsache nicht ergehen.[262]

Wer Prozesshandlungen selbst oder durch selbst bestellte Vertreter wirksam vornehmen und entgegennehmen kann, ist prozessfähig.

§ 71 SGG knüpft in Abs. 1 zunächst an die **Geschäftsfähigkeit** an.[263] Nach § 72 Abs. 2 Satz 1 SGG sind auch Minderjährige in eigenen Sachen prozessfähig, wenn sie bzgl. des Streitgegenstandes vom Gesetz als geschäftsfähig angesehen werden. Diese **beschränkte Prozessfähigkeit** ergibt sich aus § 36 SGB I, wonach das Recht zur Antragstellung auf Sozialleistungen bereits mit Vollendung des 15. Lebensjahres besteht. Demgemäß muss auch die Prozessfähigkeit mit Beginn dieses Alters anerkannt werden. Bei prozessunfähigen Klägern ist von Amts wegen die **Beiordnung eines besonderen Vertreters** zu prüfen (§ 72 Abs. 1 SGG).

Wendet sich ein Kläger irrtümlich gegen einen unzuständigen Leistungsträger, dann soll das Gericht **von Amts wegen die Zuständigkeiten klären**

---

260 *Binder*, in: Berchtold, SGG, 6. Aufl. 2021, § 88 Rn. 4.
261 BeckOK VwGO/*Peters*, VwGO, § 75 Rn. 2.
262 BSG, Urteil vom 16.12.2009 – B 7 Al 9/08 R.
263 Wie §§ 52 ZPO, 62 VwGO und 58 FGO.

und den zuständigen Versicherungsträger beiladen. Eine Klageabweisung allein aufgrund des Klägerirrtums über die behördliche Kompetenz ist zu vermeiden. An dieser Stelle zeigt sich die praktische Fürsorgepflicht der Sozialgerichte für die Kläger. Soweit die Rechtswegkompetenz gewahrt ist, kann auch ein beigeladener Versicherungsträger zur Leistung verurteilt werden (§ 75 SGG).

Die §§ 86, 96 SGG regeln, dass bei der Abänderung oder dem Ersatz des angefochtenen Verwaltungsakts nach einer Widerspruchs- oder Klageerhebung automatisch der neue Verwaltungsakt Gegenstand des Verfahrens wird.

Die Anwendung dieser Vorschrift wird in der sozialgerichtlichen Praxis sehr ausgedehnt. Alle möglichen Verwaltungsakte, die während des Verfahrens ergehen, gelten als mitangefochten, um einerseits den Kläger vor der Versäumung erneuter Widerspruchsfristen zu bewahren und andererseits die Überprüfung des gesamten Versicherungsverhältnisses aus Gründen der Prozessökonomie zu ermöglichen.[264]

Obwohl die Vorschrift über die **Wiedereinsetzung in den vorigen Stand** (§ 67 SGG) mit den Regelungen anderer Prozessordnungen (§ 60 VwGO, § 56 Finanzgerichtsordnung – FGO) weitestgehend identisch ist, weicht die Praxis bei der Frage des Verschuldens an der Fristversäumnis voneinander ab. Nach der sozialgerichtlichen Rechtsprechung sind Verfahrensvorschriften nicht Selbstzweck, sondern dienen der Wahrung der materiellen Rechte der Prozessbeteiligten.[265] Rechtsbehelfsfristen dienen jedoch der Rechtssicherheit, da nach Fristablauf die Rechtslage geklärt ist. An dem dadurch eingetretenen Rechtsfrieden besteht ein öffentliches Interesse, welches bei der Abwägung zu berücksichtigen ist. Im Zweifel soll nach der Rechtsprechung des BSG[266] die Abwägung so vorgenommen werden, dass eine Entscheidung über die materielle Rechtslage ermöglicht wird.

Eine Besonderheit der **Beweiserhebung** ist **§ 109 SGG.** Aufgrund der Tatsache, dass in den meisten Sozialgerichtsverfahren im Bereich der Sozialversicherung über medizinische Fragen gestritten wird, hat der Kläger das Recht, einen Gutachter seiner Wahl zu benennen. Die Kosten für diese Begutachtung sind regelmäßig von dem Kläger zu tragen, können aber auf Antrag und nach Abschluss des Verfahrens der Staatskasse auferlegt werden.

264 *Berchtold/Richter*, Prozesse in Sozialsachen, 3. Aufl. 2024, § 6 Rn. 107–109.
265 Vgl. dazu BSG, Beschluss vom 14.06.1988 – 7 BAr 58/88.
266 BSG, Urteil vom 23.01.1997 – 7 RAr 102/95.

Nach § 141 SGG sind die **Urteile der Sozialgerichte der Rechtskraft fähig.** § 141 SGG stellt klar, dass auch sozialgerichtlichen Urteilen materielle Rechtskraft zukommt, wenn sie formell rechtskräftig, d.h. unanfechtbar, geworden sind. Die materielle Rechtskraft lässt grundsätzlich keine neue Sachentscheidung über denselben Streitgegenstand zu; eine neue Klage ist unzulässig.[267] Die materielle Rechtskraft hat allerdings im Sozialgerichtsverfahren – ebenso wie die Bindungswirkung nach § 77 SGG wegen der sozialgerichtlichen Besonderheit des § 44 SGB X – nur eingeschränkte Bedeutung. Danach muss ein Leistungsträger einen rechtswidrigen Verwaltungsakt, durch den Sozialleistungen zu Recht nicht gewährt oder Beiträge zu Unrecht erhoben worden sind (§ 44 Abs. 1 SGB X), auch dann zurücknehmen, wenn dieser unanfechtbar geworden ist. Dieser Rücknahmepflicht steht der Umstand, dass der Verwaltungsakt durch rechtskräftiges Urteil bestätigt worden ist, nicht entgegen. Der Verwaltungsakt ist grundsätzlich auch mit Wirkung für die Vergangenheit zurückzunehmen, es sei denn, dass er auf Angaben beruht, die der Betroffene vorsätzlich, in wesentlicher Beziehung, unrichtig oder unvollständig gemacht hat (§ 44 Abs. 1 Satz 2 SGB X).

Die nachfolgenden Prüfungsschemata geben einen Überblick über die Voraussetzungen der Zulässigkeit einer Klage vor dem Sozialgericht sowie über deren Begründetheit.

Rechtsschutz vor den Sozialgerichten

I. Zulässigkeit einer Klage vor dem Sozialgericht

1. Rechtswegeröffnung (§ 51 SGG)

a. Öffentlich-rechtliche Streitigkeit

   = wenn die streitentscheidende Norm einen Hoheitsträger besonders berechtigt oder verpflichtet.

b. Nichtverfassungsrechtlicher Art

   - keine doppelte Verfassungsunmittelbarkeit; d. h. kein Streit über Verfassungsrecht;
   - keine staatlichen Verfassungsorgane in ihrer Eigenschaft als solche beteiligt

c. Sachmaterie aus § 51 Abs. 1 Nr. 1–10 SGG

2. Ordnungsgemäße Klageerhebung (§§ 90, 92 SGG)

- Klageerhebung: schriftlich oder zur Niederschrift des Urkundsbeamten der Geschäftsstelle (§ 90 SGG)

267 BSG, Urteil vom 12.12.2013 – B 4 AS 17/13 R.

- Klageschrift: Bezeichnung des Klägers, Beklagten, Gegenstand des Klagebegehrens (§ 92 Abs. 1 Satz 1 SGG)

3. Partei- und Prozessfähigkeit (§§ 70f. SGG)

a. Parteifähigkeit, § 70 SGG
   - natürliche/juristische Personen (Nr. 1);
   - nicht rechtsfähige Personenvereinigungen (Nr. 2);
   - Behörden, sofern das Landesrecht dies bestimmt (Nr. 3);
   - gemeinsame Entscheidungsgremien von Leistungserbringern und Krankenkassen oder Pflegekassen (Nr. 4)

b. Prozessfähigkeit (§ 71 SGG)

   = die Fähigkeit, Verfahrenshandlungen selbst vorzunehmen. Nach § 71 Abs. 1 SGG ist derjenige prozessfähig, wer sich durch Verträge verpflichten kann. Besonderheiten sind in den Abs. 2–5 geregelt.

4. Zuständiges Gericht (§§ 8, 29 Abs. 2–4, 39 Abs. 2, 57ff. SGG)

In der Regel der Wohnsitz einer natürlichen Person, unabhängig davon, ob diese Kläger oder Beklagte ist.

5. Richtige Klageart (§§ 54f., 131 Abs. 1 Satz 3 SGG) – geordnet nach ihrer Häufigkeit in der Praxis

a. Unechte Leistungsklage, § 54 Abs. 4 SGG:

   Aufhebung eines Verwaltungsakts und Begehren einer Leistung (kombinierte Anfechtungs- und Leistungsklage)

b. Anfechtungsklage, § 54 Abs. 1 Satz 1, 1. und 2. Fall SGG:

   Aufhebung oder Abänderung eines Verwaltungsakts

   (Def.: § 31 Satz 1 SGB X)

c. Verpflichtungsklage, § 54 Abs. 1 Satz 1, 3. und 4. Fall SGG:

   Erlass eines abgelehnten oder unterlassenen Verwaltungsakts

d. Echte Leistungsklage, § 54 Abs. 5 SGG:

   Begehren einer Leistung

e. Feststellungsklage, § 55 SGG:

   Begehren einer Feststellung in den Fällen der Nrn. 1–4

f. Fortsetzungsfeststellungsklage, § 131 Abs. 1 Satz 3 SGG:

   Feststellung der Rechtswidrigkeit eines erledigten Verwaltungsakts

g. Untätigkeitsklage, § 88 SGG:

   Erlass eines Bescheids oder Widerspruchsbescheids; keine Klagemöglichkeit vor Ablauf von sechs Monaten seit der Antragstellung bzw. drei Monaten seit dem Widerspruch (§ 88 Abs. 1 und 2 SGG)

6. Klagebefugnis/Feststellungsinteresse (§§ 54 Abs. 1 Satz 2, 55 Abs. 1 a. E.; 131 Abs. 1 Satz 3 a. E. SGG)

a. Klagebefugnis, § 54 Abs. 1 Satz 2 SGG

- bei Anfechtungs- und Verpflichtungsklagen § 54 Abs. 1 Satz 2 SGG direkt
- bei Leistungsklagen und Feststellungsklagen (str.) § 54 Abs. 1 Satz 2 SGG analog

  Es muss möglich erscheinen, dass der Kläger durch den Verwaltungsakt in seinen Rechten verletzt ist (Anfechtungssituation) oder dass das Bestehen des vom Kläger geltend gemachten Anspruchs möglich ist, d. h., es darf nicht offensichtlich und nach jeglicher Betrachtungsweise ausgeschlossen sein, dass dem Kläger der behauptete Anspruch zusteht (Verpflichtungssituation), Möglichkeitstheorie.

  Bei einem Adressaten eines ihn belastenden Verwaltungsakts kann eine Rechtsverletzung aus Art. 2 Abs. 1 GG nie ausgeschlossen sein (Adressatenformel).

b. Feststellungsinteresse (§§ 55 Abs. 1 a. E.; 131 Abs. 1 Satz 3 a. E. SGG)

- nur zu prüfen bei Feststellungsklagen (§ 55 Abs. 1 a. E. SGG) und Fortsetzungsfeststellungsklagen (§ 131 Abs. 1 Satz 3 a. E. SGG)
- jedes nach vernünftigen Erwägungen durch die Sachlage gerechtfertigte schutzwürdige Interesse *rechtlicher* (Wiederholungsgefahr), *ideeller* (Rehabilitationsinteresse) und *wirtschaftlicher* (Vorbereitung eines Amtshaftungsprozesses) Art

7. Vorverfahren (§§ 78 ff. SGG)

- Vorverfahren = Widerspruchsverfahren vor der zuständigen Verwaltungsbehörde
- gilt nicht bei Leistungs- und Feststellungsklagen
- entbehrlich in den Fällen des § 78 Abs. 1 Satz 1 Nr. 1–3 SGG

8. Klagefrist (§§ 87, 89, 91 SGG)

- bei Anfechtungsklagen: ein Monat nach Bekanntgabe des Verwaltungsakts oder des Widerspruchsbescheids (§ 87 Abs. 1 und 2 SGG)
- aber: § 91 SGG (!) zu beachten

9. Rechtsschutzbedürfnis

kein einfacherer Weg zum Klagebegehren; kein Verzicht; keine Verwirkung; kein Missbrauch

(10. Klagehäufung, § 56 SGG)

(11. Beiladung, § 75 SGG)

II. Begründetheit einer Klage vor dem Sozialgericht

1. Kombinierte Anfechtungs- und Leistungsklage (§ 54 Abs. 4 SGG)

Die Anfechtungs- und Leistungsklage als häufigste Klageart ist begründet, wenn der Kläger gegenüber dem Beklagten einen Rechtsanspruch auf die begehrte Leistung hat (bspw. Zahlung einer Rente, von Bürgergeld, Krankengeld usw.).

2. Isolierte Anfechtungsklage (§ 54 Abs. 1 Satz 1 SGG)

Die Anfechtungsklage ist begründet, wenn die Beteiligten sachlegitimiert sind und der angefochtene Verwaltungsakt rechtswidrig ist.

Rechtmäßigkeitsvoraussetzungen eines Verwaltungsakts:

a. Formelle Rechtmäßigkeit

aa. sachliche und örtliche Zuständigkeit (Verbandskompetenz, § 2 SGB X)

bb. Verfahren (bspw. Anhörung gem. § 24 SGB X)

cc. Form (§ 33 SGB X), Begründung (§ 35 SGB X), Bekanntgabe (§ 37 SGB X)

- *beachte: Fehlen der Rechtsbehelfsbelehrung führt nur dazu, dass die Rechtsbehelfsfrist nicht läuft (§ 66 SGG)*
- formelle Fehler sind evtl. heilbar (§ 41 SGB X) oder unbeachtlich (§ 42 Satz 1 SGB X)

b. Materielle Rechtmäßigkeit

aa. Ermächtigungsgrundlage (Befugnisnorm)

Verwaltungsakte bedürfen zumindest im Bereich der eingreifenden Verwaltung der gesetzlichen Ermächtigung (Vorbehalt des Gesetzes).

Die Ermächtigungsvorschrift muss ihrerseits mit höherrangigem Recht, insbesondere Verfassungsrecht, vereinbar sein (Vorrang des Gesetzes).

In Betracht zu ziehen:

- Spezialvorschriften (bspw. § 31 a SGB II, § 330 SGB III)
- SGB X (bspw. §§ 32, 45, 48)

Zu prüfen jeweils:

- Voraussetzungen
- Rechtsfolge; insbesondere bei Leistungsbescheiden: VA-Befugnis, Leistungspflicht

bb. Richtiger Adressat (bspw. § 38 Abs. 1 SGB II)

cc. Bestimmtheit (§ 37 SGB X)

Bei Geboten oder Verboten: keine rechtliche oder tatsächliche Unmöglichkeit (vgl. § 40 Abs. 2 Nr. 3, 4 SGB X: bspw. Betretungs- und Prüfungsrecht nach § 7 Abs. 3 AÜG, das sich auf nicht mehr bestehende Geschäftsräume bezieht).

dd. Verhältnismäßigkeit (bspw. bei der Erhebung von Sozialdaten, § 67 a SGB X):

- *geeignet* zur Erreichung des bezweckten Erfolgs
- *erforderlich* (notwendig, Übermaßverbot), d.h., es darf kein milderes Mittel zur Erreichung des Zwecks vorhanden sein
- *angemessen* (Verhältnismäßigkeit im engeren Sinne), d.h. vernünftige Zweck-Mittel-Relation. Daran fehlt es, wenn das angewandte Mittel zu einem größeren Nachteil führt, als Schaden abgewendet werden soll

ee. Ermessen: Kein Ermessensfehler.

Prüfungsschema bei Ermessensvorschrift:

- Ist die Voraussetzung der Vorschrift gegeben?

  Wenn die Rechtsfolge im Ermessen gegeben ist, dann ist die Maßnahme rechtswidrig, falls ein Ermessensfehler vorliegt. Anwendbar sind meist die §§ 39 SGB I, 44ff. SGB X.

  Die Prüfung findet zweckmäßigerweise wie folgt statt:
- Gesetzliche Grenzen des Ermessens eingehalten?

  Wenn nicht: Ermessensüberschreitung. Diese liegt vor, wenn die Behörde eine gesetzlich nicht zugelassene Rechtsfolge gewählt hat. Welche Rechtsfolgen gesetzlich zugelassen oder ausgeschlossen sind, ergibt sich in erster Linie aus der Rechtsfolge der Ermessensvorschrift selbst sowie aus den anderen Vorschriften, v.a. aus den Grundrechten.
- Ermessensausübung entsprechend dem Zweck der Ermächtigung?

  Wenn nicht: Ermessensfehlgebrauch.

  Wichtigste Fallgruppen:
- sachfremde Erwägungen,
- Begründungsmängel (bspw. Begründung widersprüchlich oder wesentliche Gesichtspunkte außer Acht gelassen),
- Nichtgebrauch des Ermessens wegen vermeintlich bestehender Bindung,
- Zugrundelegen von falschen Fakten

  Sonderfall: Das Ermessen ist praktisch ausgeschlossen, wenn wegen besonderer Umstände des Einzelfalles alle Ermessensentscheidungen bis auf eine ermessensfehlerhaft wären = **Ermessensreduzierung auf Null.**

3. **Kombinierte Anfechtungs- und Verpflichtungsklage (§ 54 Abs. 4 SGG)**

   Beachte: Die Unterschiede von Anfechtungs- und Verpflichtungsklage sind verwischt. Der eine Sozialleistung ablehnende Verwaltungsakt wird als belastender Verwaltungsakt angesehen, den es anzufechten gilt; dass die Ablehnung eines begünstigenden Verwaltungsakts kein belastender Verwaltungsakt ist, hat keinen Eingang in das SGG gefunden. Es muss also jeweils eine kombinierte Anfechtungs- und Verpflichtungsklage erhoben werden, obwohl eine Verpflichtungsklage völlig ausreichen würde (§ 54 Abs. 4 SGG). Da über Leistungsansprüche regelmäßig durch Verwaltungsakt entschieden wird, ist jede Klage auf eine Leistung zugleich auch eine Anfechtungsklage.

   a. Die Klage ist begründet, wenn der Kläger einen Anspruch auf Erlass des begehrten Verwaltungsakts hat (bspw. Vormerkung von rentenrechtlichen Zeiten, § 149 SGB VI).

   b. Die Klage ist (auch) dann begründet, wenn der Kläger Anspruch auf Aufhebung des negativen Zugunsten-Bescheids (§ 44 SGB X), auf Rücknahme des Ursprungsbescheids und auf die begehrte Leistung hat (kombinierte Anfechtungs- und Verpflichtungsklage i. V. m. einer Leistungsklage).

4. **Isolierte echte Leistungsklage (§ 54 Abs. 5 SGG)**

   Die echte Leistungsklage ist begründet, wenn der Kläger einen materiellrechtlichen Anspruch auf die Leistung hat.

5. **Feststellungsklage (§ 55 SGG)**

   Die Feststellungsklage ist begründet, wenn die Voraussetzungen der begehrten Feststellung erfüllt sind. Maßgeblicher Zeitpunkt für die Beurteilung der Sach- und Rechtslage ist, ebenso wie regelmäßig bei der Verpflichtungs- oder Leistungsklage, der Zeitpunkt der letzten mündlichen Verhandlung der Tatsacheninstanz.

   Bei der Nichtigkeitsfeststellungsklage nach § 55 Abs. 1 Nr. 4 SGG erschöpft sich die Begründetheit in der Überprüfung, ob die Voraussetzungen des § 40 SGB X gegeben sind.

6. **Fortsetzungsfeststellungsklage (§ 131 Abs. 1 Satz 3 SGG)**

   Im Rahmen der Begründetheit ist zu prüfen, ob der Verwaltungsakt rechtswidrig war. Zudem muss eine subjektive Rechtsverletzung vorliegen. War der Verwaltung bei Erlass des Verwaltungsakts Ermessen oder ein Beurteilungsspielraum eingeräumt, setzt die Begründetheit der Fortsetzungsfeststellungsklage voraus, dass der Kläger anderweitig zu bescheiden war.

7. **Untätigkeitsklage (§ 88 SGG)**

   Die Untätigkeitsklage ist begründet, wenn die beklagte Behörde den Antrag/Widerspruch ohne zureichenden Grund nicht in einem angemessenen Zeitraum beschieden hat.

Sowohl die Einlegung des Widerspruchs als auch die Anfechtungsklage gegen den Widerspruchsbescheid haben **aufschiebende Wirkung** (§ 86 a Abs. 1 SGG); der Leistungsträger darf die Vollziehung des Bescheids nicht vornehmen.[268]

Die aufschiebende Wirkung entfällt in den in § 86 a Abs. 2 SGG genannten Fällen, wozu insbesondere Bescheide über

- Versicherungs-, Beitrags- und Umlagepflichten sowie
- die Anforderung von Beiträgen, Umlagen und sonstigen öffentlichen Abgaben einschließlich der darauf entfallenden Nebenkosten gehören.

Nach § 86 b Abs. 2 SGG kann das Gericht der Hauptsache – auf Antrag – eine **einstweilige Anordnung zur Regelung eines vorläufigen Zustands in Bezug auf ein streitiges Rechtsverhältnis** treffen, wenn eine solche Regelung zur Abwendung wesentlicher Nachteile notwendig erscheint *(Sicherungs- oder Regelungsanordnung bei Leistungs- und Feststellungsklagen)*. Der Erlass einer einstweiligen Anordnung setzt

1. das Bestehen eines **Anordnungsanspruchs** – das Vorliegen eines materiellen Anspruchs, für den vorläufiger Rechtsschutz begehrt wird – sowie
2. das Vorliegen eines **Anordnungsgrunds** – die Unzumutbarkeit, bei Abwägung aller betroffenen Interessen die Entscheidung in der Hauptsache abzuwarten – voraus.

Anordnungsanspruch und Anordnungsgrund bzw. die besondere Eilbedürftigkeit sind glaubhaft zu machen (§ 86 b Abs. 2 Satz 4 SGG i. V. m. § 920 Abs. 2 ZPO). *Abbildung 51* stellt den einstweiligen Rechtsschutz im sozialgerichtlichen Verfahren prägnant zusammengefasst gegenüber, während die *Abbildungen 52 und 53* die Voraussetzungen des § 86 b SGG aufgliedern.

268 Zum vorläufigen Rechtsschutz insgesamt *Horn*, in: Horn/Pfeffer/Müller, Das Sozialgerichtsverfahren 2024, S. 241 ff.

Bereich innerhalb der aufschiebenden Wirkung (§ 86 b Abs. 1 SGG)	Bereich außerhalb der aufschiebenden Wirkung (§ 86 b Abs. 2 SGG)
• Anordnung der **sofortigen Vollziehung** oder • Anordnung der **aufschiebenden Wirkung** von Widerspruch/Klage • Voraussetzungen: 1. angefochtener VA greift in bestehende Rechtsposition ein + 2. Antrag • aufgrund der **Spezialität** vorrangig zu § 86 b Abs. 2 SGG	• gilt als **Auffangtatbestand** nicht für Fälle des § 86 b Abs. 1 SGG • § 86 b Abs. 2 Satz 1 SGG = **Sicherungsanordnung** zur **Sicherung** des bestehenden Zustands • § 86 b Abs. 2 Satz 2 SGG = **Regelungsanordnung** zur **Veränderung** des bestehenden Zustands (Regelfall) • Voraussetzungen: 1. Anordnungsanspruch (summarische Prüfung) + 2. Anordnungsgrund (Eilbedürftigkeit) + 3. Glaubhaftmachung durch den Antragsteller 4. Antrag

Abb. 51 Einstweiliger Rechtsschutz im sozialgerichtlichen Verfahren laut § 86 b Abs. 1 und Abs. 2 SGG

§ 86 b SGG: zwei Arten des Eilrechtsschutzes	
§ 86 b Abs. 1 SGG	§ 86 b Abs. 2 SGG
↓	↓
Wiederherstellung oder Anordnung der aufschiebenden Wirkung von Widerspruch und Klage	**einstweilige Anordnung**
↓	↓
= unmittelbarer Eingriff in eine bestehende Rechtsposition, gegen den ein Widerspruch/eine Klage keine aufschiebende Wirkung hat	= der Leistungsberechtigte begehrt eine Rechtsposition, welche er bislang noch nicht innehatte

Abb. 52 Fälle des Eilrechtsschutzes gem. § 86 b SGG

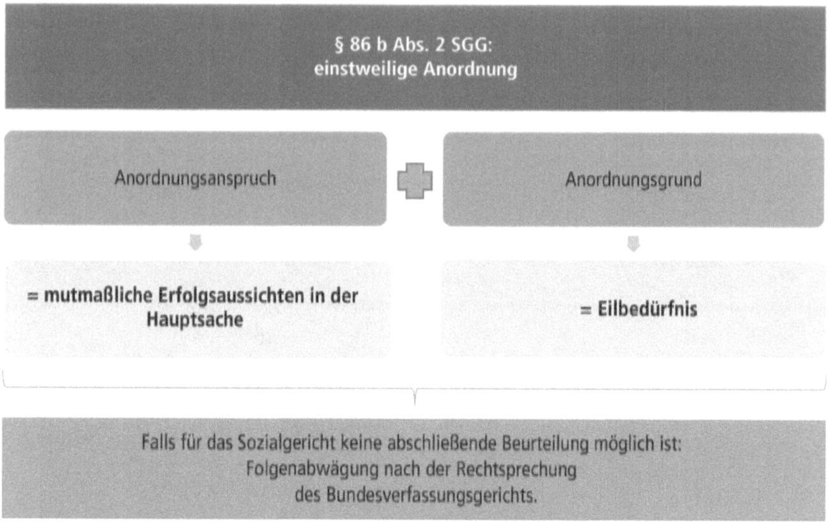

Abb. 53 Voraussetzungen des Eilrechtsschutzes nach § 86 b Abs. 2 SGG

Kein Rechtsschutz besteht, wenn der Antragsteller zunächst keinen Leistungsantrag bei der Verwaltung gestellt und eine angemessene Bearbeitungszeit abgewartet hat.[269] Ist das Vorliegen des Anordnungsanspruchs nicht definitiv geklärt, dann nehmen die Gerichte eine Folgenabwägung vor. Hierbei vergleichen sie

1. die Situation, in der dem Antrag stattgegeben wird, später die Klage jedoch abgewiesen wird,
2. mit der Situation, in der der Antrag jetzt scheitert, später aber im Hauptsacheverfahren der Anspruch bejaht wird.

Die **grundrechtlichen Belange des Antragstellers** müssen in der Abwägung berücksichtigt werden.[270]

Die nachfolgenden Prüfungsschemata geben einen Überblick über die Sachentscheidungsvoraussetzungen sowie Begründetheit von Anträgen nach § 86 b Abs. 1 SGG sowie § 86 b Abs. 2 SGG.

269 *Horn*, in: Horn/Pfeffer/Müller, Das Sozialgerichtsverfahren 2024, S. 255.
270 *Horn*, ZFSH/SGB 2023, 259, 265.

Einstweiliger Rechtsschutz in Anfechtungssachen (§ 86 b Abs. 1 SGG)

Allgemein

In § 86 b Abs. 1 SGG wird der einstweilige Rechtsschutz bei der aufschiebenden Wirkung angeordnet. In diesem Fall geht es um den Anfechtungswiderspruch sowie die Anfechtungsklage, also den Fall, dass die Behörde mit einem belastenden Verwaltungsakt in bereits bestehende Rechtspositionen des Antragstellers eingegriffen hat. Antragsziel ist, die Anordnung oder Wiederherstellung der aufschiebenden Wirkung des dagegen eingelegten Rechtsbehelfs oder die Anordnung der sofortigen Vollziehung zu erreichen. Laut § 86 b Abs. 1 Satz 4 SGG kann das Gericht der Hauptsache auf Antrag die Maßnahmen, welche getroffen wurden, jederzeit ändern oder aufheben.

Zuständig für die Entscheidungen ist das Gericht der Hauptsache. Vor Klageerhebung ist es das Gericht, welches für die Klage zuständig wäre; danach das Gericht, welches sich mit der Sache befasst.

1. **Gegenstände des § 86 b Abs. 1 SGG**

   a) **Anordnung des Sofortvollzugs** nach § 86 b Abs. 1 Satz 1 Nr. 1 SGG

   Das Gericht der Hauptsache kann auf Antrag in den Fällen, in denen Widerspruch oder Anfechtungsklage aufschiebende Wirkung haben, die sofortige Vollziehung ganz oder teilweise anordnen. Relevant ist die Nr. 1 nur bei Verwaltungsakten mit Drittwirkung. Begünstigt ein Verwaltungsakt den Adressaten, belastet gleichzeitig jedoch einen Dritten und legt der Dritte einen Rechtsbehelf mit aufschiebender Wirkung ein, kann das Gericht auf Antrag des Begünstigten die sofortige Vollziehung anordnen. Umgekehrt gilt das Gleiche.

   b) **Anordnung der aufschiebenden Wirkung** nach § 86 b Abs. 1 Satz 1 Nr. 2 SGG

   In den Fällen, in denen Widerspruch oder Anfechtungsklage keine aufschiebende Wirkung haben, kann das Gericht der Hauptsache die aufschiebende Wirkung ganz oder teilweise anordnen; Hauptanwendungsfeld des § 86 b Abs. 1 SGG. Die Regelung entspricht § 80 Abs. 5 VwGO.

   c) **Wiederherstellung der sofortigen Vollziehung** nach § 86 b Abs. 1 Satz 1 Nr. 3 SGG

   Erfasst hiervon sind die Fälle, in denen der Rechtsbehelf keine aufschiebende Wirkung hatte, die Behörde aber nach § 86 a Abs. 3 SGG die sofortige Vollziehung ausgesetzt hat. Nach § 86 a Abs. 3 SGG kann die Stelle, welche den Verwaltungsakt erlassen oder die über den Widerspruch zu entscheiden hat, die sofortige Vollziehung ganz oder teilweise aussetzen. Die Aussetzung der Vollziehung soll erfolgen, wenn ernstliche Zweifel an der Rechtmäßigkeit des angegriffenen Verwaltungsakts bestehen oder wenn die Vollziehung für den Abgaben- oder Kostenpflichtigen eine unbillige, nicht durch überwiegende öffentliche Interessen gebotene Härte zur Folge hätte.

d) **Anordnung der Aufhebung der Vollziehung** nach § 86 b Abs. 1 Satz 2 SGG

Hierbei handelt es sich um die Rückgängigmachung der erfolgten Vollziehungshandlungen oder deren unmittelbarer Folgen.

e) **Sonderfall: Feststellung der aufschiebenden Wirkung** („faktischer Vollzug")

Wenn ein Antrag auf Anordnung der aufschiebenden Wirkung gestellt wird, obwohl Widerspruch oder Klage bereits aufschiebende Wirkung hatte, diese von der Behörde jedoch nicht beachtet wurde, muss durch Beschluss die aufschiebende Wirkung festgestellt werden. Wegen der aufschiebenden Wirkung des Widerspruchs/der Klage kommt es auf die Rechtmäßigkeit des Bescheids nicht mehr an.

2. **Sachentscheidungsvoraussetzungen**

a) **Sozialrechtsweg** (§ 86 b Abs. 1 Satz 1 SGG)

= Gericht der Hauptsache, also in der Hauptsache Sozialrechtsweg gem. § 51 SGG.

b) **Statthafte Antragsart**

Abgrenzung zum Verfahren nach § 86 b Abs. 2 SGG: Ein Antrag auf vorläufigen Rechtsschutz nach § 86 b Abs. 1 ist statthaft, wenn die Klage in der Hauptsache eine Anfechtungsklage ist oder wäre. Der Antragsteller muss sich gegen den Vollzug eines bereits erlassenen belastenden VA wenden, welcher nach § 86 a Abs. 2 Nr. 1–5 SGG sofort vollziehbar ist.

c) **Antragsbefugnis** (§ 54 Abs. 1 Satz 2 SGG analog)

Nach dem Adressatengedanken ist die Antragsbefugnis gegeben, wenn der Antragsteller Adressat eines belastenden Verwaltungsakts ist, da zumindest eine Verletzung von Art. 2 Abs. 1 GG möglich ist.

d) **Antragsgegner** (§ 92 SGG analog)

Rechtsträgerprinzip: Antragsgegner ist der Rechtsträger der Behörde, die den Verwaltungsakt erlassen und im Falle des § 86 a Abs. 2 Nr. 5 SGG dessen sofortige Vollziehung angeordnet hat.

e) **Frist**

Es ist keine Frist zu einzuhalten.

f) **Antragsfähigkeit** (§§ 69 ff. SGG analog)

Es bestehen keine Besonderheiten gegenüber § 54 Abs. 1 SGG.

g) **Ordnungsgemäßer Antrag** (§§ 90, 92 SGG analog)

§ 90 SGG ist zu beachten; in besonders eiligen Fällen, in denen Rechtsschutz schnell erforderlich ist, gilt eine Ausnahme. In Eilfällen ist auch ein telefonisch gestellter Antrag oder ein Antrag per E-Mail zuzulassen. Ein schriftlicher Antrag muss jedoch nachgereicht werden.

h) Rechtsschutzbedürfnis

Es besteht kein Rechtsschutzbedürfnis, wenn die Hauptsache verfristet und der Verwaltungsakt damit bestandskräftig (§ 77 SGG) geworden ist. Das Rechtsschutzbedürfnis liegt vor, wenn die Anfechtungsklage nicht offensichtlich unzulässig ist; das Gericht hat zu prüfen, ob die Frist nach §§ 84, 87 SGG schon verstrichen ist. Ob das Rechtsschutzbedürfnis voraussetzt, dass vor Antragstellung nach § 86 b Abs. 1 SGG ein Antrag nach § 86 a Abs. 3 Satz 1 SGG auf Aussetzung der Vollziehung an die Behörde gestellt wurde, ist umstritten. Die h. M. lehnt dies ab.[271]

3. Notwendige Beiladung (§ 75 Abs. 2 SGG analog)

Im Rahmen des Verfahrens nach § 86 b Abs. 1 SGG muss wegen der Eigenständigkeit dieses Verfahrens ebenfalls eine Beiladung nach § 75 Abs. 2 SGG analog erfolgen, wenn durch die Entscheidung des Gerichts in Rechte eines Dritten eingegriffen wird.

4. Begründetheit des Antrags

Ausschlaggebend sind die Erfolgsaussichten des Rechtsbehelfs in der Hauptsache.[272]

Dies ergibt den folgenden Prüfungsaufbau:

a) Begründetheit des Antrags nach § 86 b Abs. 1 Satz 1 Nr. 2 SGG

aa. Interessenabwägung

- Sachentscheidungsvoraussetzungen im Hauptsacheverfahren (für Antrag nach § 86 b Abs. 1 Satz 1 SGG erforderlich)
- Begründetheit der Hauptsache
- Rechtsgrundlage
- formelle Rechtmäßigkeit
- materielle Rechtmäßigkeit

bb. besonderes öffentliches Vollzugsinteresse

b) Begründetheit des Antrags nach § 86 b Abs. 1 Satz 1 Nr. 3 SGG

aa. formelle Rechtmäßigkeit der Sofortvollzugsanordnung

- Zuständigkeit
- Verfahren
- Form

271 *Keller*, in: Meyer-Ladewig/Keller/Schmidt, SGG, 14. Aufl. 2023, § 86 b Rn. 7 a m. w. N.
272 *Horn*, in: Horn/Pfeffer/Müller, Das Sozialgerichtsverfahren, 2024, S. 248.

bb. Interessenabwägung

cc. Sachentscheidungsvoraussetzungen in Hauptsacheverfahren (für Antrag nach § 86 b Abs. 1 Satz 1 SGG erforderlich)

dd. Begründetheit in der Hauptsache
- Rechtsgrundlage
- formelle Rechtmäßigkeit
- materielle Rechtmäßigkeit

ee. Besonderes öffentliches Vollzugsinteresse

Hinweis:

Die Möglichkeit der gerichtlichen Vollziehbarkeitsanordnung nach § 86 b Abs. 1 Satz 1 Nr. 1 SGG ist allein für Verwaltungsakte mit Drittwirkung von Bedeutung.

Ist der Verwaltungsakt im Zeitpunkt der Entscheidung im Verfahren des einstweiligen Rechtsschutzes schon vollzogen, kann das Gericht die Aufhebung der Vollziehung anordnen (§ 86 b Abs. 2 Satz 2 SGG; Folgenbeseitigungsanspruch, gerichtet auf Rückgängigmachung der erfolgten Vollziehungshandlungen und der sich daraus unmittelbar ergebenden Folgen).

Einstweiliger Rechtsschutz nach § 86 b Abs. 2 SGG

Einstweiliger Rechtsschutz bei Verpflichtungs-, Leistungs-, Unterlassungs- und Feststellungsklagen wird durch Erlass einer einstweiligen Anordnung gewährt. Es wird zwischen Sicherungsanordnung und Regelungsanordnung unterschieden.

1. Sachentscheidungsvoraussetzungen

a) Sozialrechtsweg (§ 86 b Abs. 2 Satz 1 SGG i. V. m. § 51 Abs. 1 SGG)

b) Statthafte Antragsart

Kein Fall des § 86 b Abs. 1 SGG, d. h. keine Anfechtungssache. § 86 b Abs. 2 SGG findet nur in Vornahmesachen Anwendung, also wenn in der Hauptsache die mit einer Anfechtungsklage kombinierte Verpflichtungs- oder Leistungsklage statthaft ist.

c) Antragsbefugnis (§ 54 Abs. 1 Satz 2 SGG analog)

Der Antragsteller muss geltend machen können, dass er durch das behördliche Handeln oder Unterlassen ggf. in eigenen Rechten verletzt oder gefährdet ist.

d) Antragsgegner

Richtiger Antragsgegner ist der richtige Beklagte des Hauptsacheverfahrens.

e) Keine Frist

f) Allgemeine Sachentscheidungsvoraussetzungen (§§ 69 ff. SGG)

§§ 90, 92 SGG werden entsprechend herangezogen.

g) Rechtsschutzbedürfnis

Es ist grundsätzlich erforderlich, dass der Antragsteller sich an die Verwaltung gewandt hat, bevor gerichtlicher Eilrechtsschutz in Anspruch genommen wird.

2. Begründetheit des Antrags

Der Antrag nach §§ 86 b Abs. 2 Satz 4 SGG, 920 Abs. 2 ZPO ist begründet, wenn der Anordnungsanspruch und Anordnungsgrund glaubhaft gemacht sind. Das Gericht hat die materielle Rechtslage grundsätzlich summarisch zu prüfen. In Ausnahmefällen kommt statt einer summarischen Prüfung eine reine Folgenabwägung in Betracht. Maßgeblicher Zeitpunkt ist der der gerichtlichen Entscheidung.

a) Anordnungsanspruch

= ein materiell-rechtlicher Anspruch, also eine Rechtsposition, deren Durchsetzung im Hauptsacheverfahren beabsichtigt wird.

b) Anordnungsgrund

= die besondere Eilbedürftigkeit der begehrten vorläufigen Regelung, also wenn dem Antragsteller die Änderung des bisherigen Zustands oder dessen Aufrechterhaltung in der Zeit bis zur Entscheidung in der Hauptsache nicht zugemutet werden kann.

c) Glaubhaftmachung

Das Gericht darf den Beschluss aufgrund eines nur glaubhaft gemachten Sachverhalts treffen (§§ 920 Abs. 2, 294 ZPO). Die Glaubhaftmachung betrifft Anordnungsanspruch, Anordnungsgrund und die rechtliche Situation.

d) Gerichtliches Ermessen hinsichtlich des „Wie“

Nur hinsichtlich der Auslegung des einstweiligen Rechtsschutzes („Wie“) besteht ein Ermessen des Gerichts, nicht hinsichtlich des „Ob“. Überzeugungsmaßstab für das Gericht ist die richterliche Überzeugung vom Vorliegen eines Anordnungsanspruchs und Anordnungsgrunds. Im Hauptsacheverfahren kommt es auf die volle Überzeugung an. Im einstweiligen Anordnungsverfahren genügt die Überzeugung, dass Anordnungsanspruch und Anordnungsgrund überwiegend wahrscheinlich sind:

- ausnahmsweise kann aufgrund einer Folgenabwägung entschieden werden,
- grundsätzlich darf die Hauptsache nicht vorweggenommen werden (Ausnahme: Fallkonstellationen, in denen effektiver Rechtsschutz ohne Vorwegnahme der Hauptsache nicht gewährt werden kann).

Zusammenfassend wird das sozialgerichtliche Verfahren von den folgenden allgemeinen **Verfahrensgrundsätzen** bestimmt:[273]

- Dispositionsmaxime (Rechtsschutz auf Antrag),
- Grundsatz des Amtsbetriebs (Verfahrensleitung und Verfahrensbeschleunigung durch das Gericht, nicht durch Parteibetrieb),
- Inquisitionsmaxime (Erforschung des Sachverhaltes von Amts wegen),
- Mitwirkungspflicht der Verfahrensbeteiligten,
- Grundsätze der Wahrheitspflicht, Mündlichkeit (§ 124 Abs. 1 SGG) und Unmittelbarkeit (§§ 117, 129 SGG) sowie der
- Konzentrationsmaxime (§ 106 SGG).

IV. Gerichtskosten

Das Sozialgerichtsverfahren ist **für den** in § 183 Satz 1 SGG aufgeführten **– privilegierten – Personenkreis kostenfrei.** Außergerichtliche Kosten müssen die Beteiligten jedoch zunächst selbst aufbringen. Auf Antrag können die Beteiligten Prozesskostenhilfe erhalten. Daneben bieten Gewerkschaften und Sozialverbände ihren Mitgliedern Rechtsschutz an. Aufwendungen der Behörden sind nicht erstattungsfähig (§ 193 Abs. 4 SGG).

Die Vorschrift über **Verschuldenskosten** ist als prozessualer Schadensersatzanspruch konzipiert und soll im weiteren Sinne eine missbräuchliche Inanspruchnahme der Sozialgerichtsbarkeit verhindern (§ 192 Abs. 1 SGG). Außer dem Verschuldens- und Missbrauchstatbestand nach § 192 Abs. 1 SGG normiert § 192 Abs. 4 SGG einen Ermittlungsausfalltatbestand, wonach das Gericht der Behörde ganz oder teilweise die Kosten auferlegen kann, welche dadurch verursacht werden, dass die Behörde erkennbare und notwendige Ermittlungen im Verwaltungsverfahren unterlassen hat, die im Gerichtsverfahren nachgeholt wurden.

Gehören weder der Kläger noch der Beklagte zu den in § 183 SGG genannten – privilegierten – Personen, haben diese für jede Streitsache eine **Pauschalgebühr** zu zahlen, sobald die Streitsache anhängig geworden ist (§ 184 SGG). Die Höhe der Gebühr liegt zwischen 150,00 € (Sozialgerichte) und 300,00 € (Bundessozialgerichte).

Bei Erstattungsstreitigkeiten zwischen Sozialleistungsträgern oder Streitigkeiten zwischen Sozialleistungsträgern und Arbeitgebern gehören re-

273 Dazu *Harks*, JuS 2021, 511 f.

gelmäßig weder der Kläger noch der Beklagte zu den im § 183 SGG genannten Personenkreis. Hierfür werden **Gerichtskosten nach den Vorschriften des GKG** unter Berücksichtigung des Streitwertes erhoben (§ 197 a SGG). Das Gericht entscheidet beim Verfahrensende von Amts wegen, in welchem Umfang die Beteiligten die Gerichtskosten zu tragen haben.

V. Gerichtsverfassung

Die Sozialgerichtsbarkeit verfügt über einen dreistufigen Aufbau, welcher i.R.d. Klage- sowie der Berufungs-/Beschwerdeverfahren zu durchlaufen ist. Nachfolgende *Abbildung 54* gibt einen Überblick über den Instanzenzug.

In **erster Instanz** ist das Sozialgericht, welches mit einem Berufsrichter als Kammervorsitzenden und zwei ehrenamtlichen Richtern als Beisitzern besetzt ist, für alle Klagen zuständig (§ 12 Abs. 1 Satz 1 SGG). Das Landessozialgericht ist **zweitinstanzlich** als Berufungs- und Beschwerdeinstanz je Senat mit einem Vorsitzenden, zwei beisitzenden Berufsrichtern sowie zwei ehrenamtlichen Richtern besetzt. Letztere werden gem. § 14 SGG auf Vorschlag von Vereinigungen, Organisationen oder Behörden aus dem Kreis der Versicherten sowie Arbeitgeber ausgewählt und für fünf Jahre Amtsdauer vom zuständigen (Justiz-)Ministerium berufen. § 38 Abs. 1 i.V.m. § 39 SGG bestimmt, dass das in Kassel angesiedelte Bundessozialgericht als **dritte Instanz** – in gleicher Besetzung wie die Landessozialgerichte – über das Rechtsmittel der Revision entscheidet.

Entsprechend den in § 51 SGG aufgeführten Materien gliedert sich die **funktionelle Zuständigkeit der Kammern** der Sozialgerichte und der Senate der Landessozialgerichte nach Sachgebieten (§§ 10, 31 SGG). Die Senate des BSG folgen ebenfalls diesem Modell (§ 40 Satz 1 SGG).

Gegen die Urteile der Sozialgerichte ist die **Berufung zum Landessozialgericht** zulässig, soweit sie nicht nach den typisierten Bagatellfällen der §§ 144 Abs. 1 Satz 1 Nr. 1 und 2 SGG ausgeschlossen ist oder auch in diesen Fällen durch das Sozialgericht zugelassen wird (§ 144 Abs. 2 SGG).

Die Revision ist nur in Form der **Zulassungsrevision** möglich (§ 160 SGG). Außer in den Fällen der Grundsätzlichkeit und der Divergenz erfolgt die Zulassung durch Erklärung des Landessozialgerichts im Berufungsurteil oder – auf Nichtzulassungsbeschwerde (§ 160 a SGG) hin – durch das Bundessozialgericht. Unter bestimmten Voraussetzungen ist eine **Sprungrevision** unter Umgehung der Berufungsinstanz möglich (§ 161 SGG).

Das Rechtsmittel der **Beschwerde (Devolutiv- und Suspensiveffekt)** ist gegen Beschlüsse der Sozialgerichte gegeben (§ 172 Abs. 1 SGG). Bei Entscheidungen der Landessozialgerichte oder deren Vorsitzenden ist eine Beschwerde oder sind weitere Beschwerden nicht vorgesehen (§ 177 SGG).

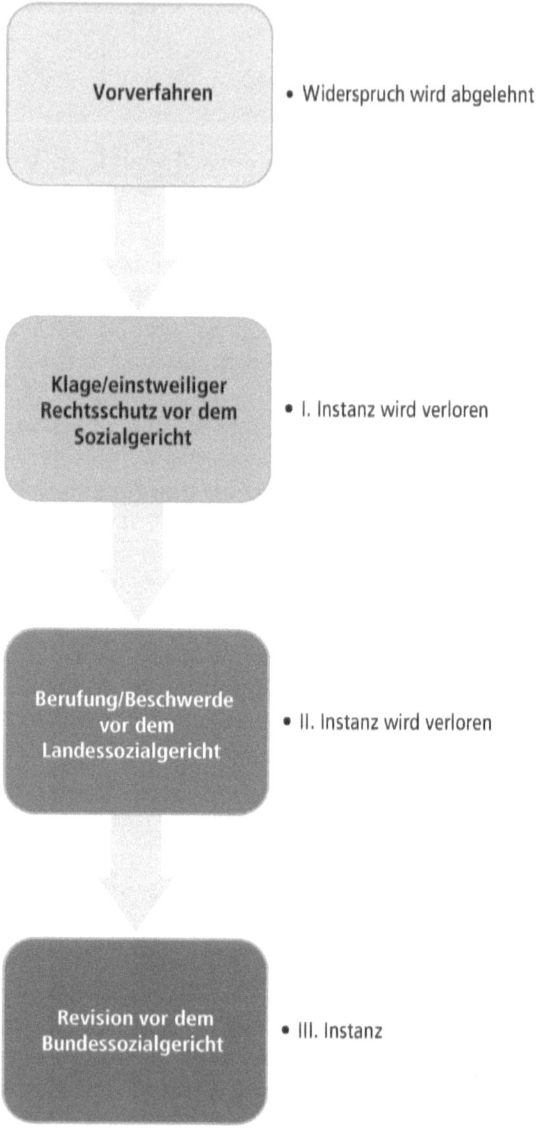

Abb. 54 Instanzenzug nach einem abgelehnten Widerspruch im sozialgerichtlichen Verfahren

I. Prüfungsklausuren

Klausur 1: Sozialversicherungsrecht – Not eines „Handlungsreisenden“

Der nachfolgende Fall behandelt das besonders praxisrelevante Thema der Sozialversicherungspflicht. Er enthält insbesondere einen Überblick über die Leistungsvoraussetzungen nach SGB VII (Unfallversicherung) und SGB VI (Rentenversicherung).

Sachverhalt

Der gesetzlich krankenversicherte A ist als „Interviewer“ für die RBF (Forschungsinstitut für Markt- und Systemforschung GmbH) tätig. A erhält für seine Tätigkeit einen Monatslohn von 2.500,00 € zuzüglich Spesenersatz. Bei seiner Tätigkeit hat A die Vorgaben eines Leitfadens für Interviewer zu beachten.

Auf Veranlassung der RBF unternimmt A eine mehrtägige Interviewerreise, wobei er – wie immer – für Unterkunft und Verpflegung selbst sorgen muss. Nachdem er mit dem Firmenwagen das erste Hotel erreicht hat, beschließt er, das Abendessen in einem nahegelegenen Restaurant einzunehmen und bei dieser Gelegenheit auch das Arbeitsprogramm des ersten Tages aufzulisten. Gegen Ende der Aufzeichnungsarbeiten – außer A befindet sich kein Gast mehr in dem Restaurant – dringt der maskierte R in den Gastraum ein und verlangt vom Wirt W das vorhandene Bargeld. In einem unbeobachteten Moment will W den R überwältigen und setzt zum Sprung an. R bemerkt dies und feuert mit einer Waffe in den Raum, wobei er A trifft. A ist durch die Schüsse des R querschnittsgelähmt und nahezu vollständig erblindet. R flieht und kann unerkannt entkommen.

Welche sozialversicherungsrechtlichen Ansprüche hat A?

Gliederung

I. Gesetzliche Unfallversicherung (SGB VII)

1. Versicherungspflicht

Problem: Nichtselbstständigkeit der Beschäftigung des A

2. Versicherungsfall „Arbeitsunfall“

3. Rechtsfolgen

Lösung

I. Gesetzliche Unfallversicherung (SGB VII)

Etwaige Leistungsansprüche des A gegen die für ihn zuständige Berufsgenossenschaft setzen voraus, dass A unfallversichert ist und einen Arbeitsunfall erlitten hat (§ 8 Abs. 1 SGB VII).

1. Versicherungspflicht

A müsste zunächst dem versicherten Personenkreis angehören, also Beschäftigter i. S. d. § 2 Abs. 1 Nr. 1 SGB VII sein. Voraussetzung hierfür ist nach § 7 Abs. 1 Satz 1 SGB IV, dass er nicht selbstständige Arbeit, insbesondere in einem Arbeitsverhältnis, zu leisten hat. Der Begriff der Arbeit ist wirtschaftlich zu verstehen, wobei wirtschaftlich nicht im engeren Sinne von „erwerbswirtschaftlich" gemeint ist. Vielmehr genügt jede Tätigkeit, die der Befriedigung eines fremden Bedürfnisses dient.[274] Bei seiner Befragungstätigkeit setzt A seine Kräfte planmäßig ein, um den Bedarf der RBF an den erfassten Daten zu decken, sodass seine Tätigkeit als Arbeit anzusehen ist.

Darüber hinaus setzt das Vorliegen eines Beschäftigungsverhältnisses voraus, dass diese Arbeit nicht selbstständig, also in persönlicher Abhängigkeit von einem anderen erbracht wird. Demgegenüber kann ein Selbstständiger entsprechend § 84 Abs. 1 Satz 2 HGB seine Tätigkeit frei gestalten und seine Arbeitszeit frei bestimmen. Für die Abgrenzung von nicht selbstständiger Arbeit gegenüber einer selbstständigen Erwerbstätigkeit kommt es nach der Rechtsprechung des

274 *Rolfs*, in: ErfK, SGB IV, 25. Aufl. 2025, § 7 Rn. 5.

BSG darauf an, ob ein persönliches Abhängigkeitsverhältnis eines Arbeitnehmers gegenüber einem Arbeitgeber in Folge der Eingliederung in eine fremde Arbeitsorganisation besteht. Typisches Merkmal des Abhängigkeitsverhältnisses ist die Weisungsbefugnis des Arbeitgebers über Zeit, Dauer und Ort der Ausführung der Tätigkeit.[275] Das Weisungsrecht kann jedoch, insbesondere bei Diensten höherer Art, eingeschränkt und zur „funktionsgerecht dienenden Teilhabe am Arbeitsprozess" verfeinert sein.[276] Die selbstständige Tätigkeit kennzeichnet demgegenüber das eigene Unternehmerrisiko, die Verfügungsmöglichkeit über die eigene Arbeitskraft und die im Wesentlichen frei gestaltete Tätigkeit und Arbeitszeit.[277] Bedeutsam ist dabei, ob eigenes Kapital und/oder die eigene Arbeitskraft – auch mit der Gefahr eines Verlustes – eingesetzt werden, der Erfolg des Einsatzes der sachlichen oder persönlichen Mittel also ungewiss ist.[278] Ob eine Tätigkeit abhängig oder selbstständig verrichtet wird, entscheidet sich letztlich danach, welche Merkmale überwiegen. Alle Umstände des Falles sind zu berücksichtigen, wobei es auf das Gesamtbild der jeweiligen Arbeitsleistung unter Berücksichtigung der Verkehrsanschauung ankommt.[279] Wesentliches Kriterium für das Vorliegen persönlicher Abhängigkeit ist somit die in § 7 Abs. 1 Satz 2 SGB IV genannte Weisungsabhängigkeit in Bezug auf Zeit, Ort und Inhalt bzw. Art der Betätigung.[280]

Im vorliegenden Fall hat die RBF auf Zeit und Zielgebiet der Befragungsreise von A Einfluss. Sie bestimmt den Zeitpunkt der Reise und macht Vorgaben hinsichtlich der Rahmenbedingungen, in denen die Befragungen stattzufinden haben. In diesem Zusammenhang ist nicht entscheidend, dass noch ein Dispositionsspielraum des A besteht, z.B. wann welche Einzeltätigkeiten vorgenommen werden und welche konkreten Orte zu welchem Zeitpunkt aufgesucht werden. Die Eigenart der Befragungstätigkeit als Interviewer erfordert ein gewisses Maß an selbstständiger Aufgabenerledigung im aufgezeigten Umfang. Hinzu kommt, dass die Reise laut Sachverhalt „wie immer" durchgeführt wird, mithin

---

275 BSGE 13, 196, 197, 201 f.; 35, 20, 21; SG Frankfurt a. M., Urteil vom 20.01.2004 – S 30/9 KR 2810/00 –, n. v.

276 BSGE 16, 289, 294.

277 BSGE 13, 196, 201; 16, 289, 293.

278 Vgl. LSG Niedersachsen-Bremen, Urteil vom 24.10.2024 – L 12 BA 9/23, juris, Rn. 61.

279 BSGE 51, 164, 167.

280 BSGE 45, 199, 200; *Rolfs* (Fn. 274), § 7 Rn. 9; Neumann, NZS 2001, 14, 15.

kennzeichnend für die Tätigkeit des A ist. Somit ist von einer zeitlichen und örtlichen Weisungsgebundenheit auszugehen.

In Bezug auf den Inhalt oder die Art der Tätigkeit ist von klaren Weisungen hinsichtlich der zu befragenden Zielgruppen sowie der zu stellenden Fragen auszugehen. Wenn die Vorgaben eines Leitfadens für Interviewer zu beachten sind, lässt diese Weisungsgebundenheit nur einen geringen Spielraum für A zu. Allerdings lässt sich aus den zu beachtenden Vorgaben eines Leitfadens für Interviewer nicht zwingend auf persönliche Abhängigkeit schließen. Auch ein selbstständiger Auftragnehmer wäre an den Leitfaden gebunden.

Ein weiterer Grund für eine persönliche Abhängigkeit des A kann darin liegen, dass er in organisatorischer Hinsicht in die Arbeitsabläufe der RBF eingegliedert ist. Für eine solche Eingliederung, im Sinne einer Fremdbestimmung der Arbeitsleistung, ist eine feste räumliche Bindung an eine Betriebsstätte nicht erforderlich[281], sodass eine Integration in die Arbeitsabläufe auch für im Außendienst tätige Mitarbeiter möglich ist. Im vorliegenden Fall spricht für eine solche Einbindung neben der sich in der örtlichen und zeitlichen Weisungsgebundenheit ausdrückenden Einbeziehung des A in die Betriebsabläufe der RBF auch, dass ihm seitens der RBF die Arbeitsmittel in Gestalt des Firmenwagens zur Verfügung gestellt werden.

A ist somit zumindest in örtlicher und zeitlicher Hinsicht weisungsabhängig und auch in einem gewissen Rahmen organisatorisch in die Abläufe der RBF eingebunden. Dies spricht ebenfalls für eine persönliche Abhängigkeit des A.

Ein entscheidendes Abgrenzungskriterium dafür, ob eine abhängige oder selbstständige Tätigkeit vorliegt, ist das unternehmerische Risiko. Beim Unternehmerrisiko handelt es sich zum einen um den Einsatz finanzieller Mittel, um einen zum Zeitpunkt des Einsatzes dieser Mittel ungewissen Gewinn zu erzielen, und andererseits um den Einsatz der eigenen Arbeitskraft, wenn offenbleibt, ob der Arbeitende für seine Tätigkeit überhaupt Entgelt erhält.[282] Das Unternehmerrisiko ist dann ein Hinweis auf das Vorliegen einer selbstständigen Tätigkeit, wenn mit diesem Risiko größere Freiheiten in der Gestaltung und Bestimmung des Umfangs beim Einsatz der eigenen Arbeitskraft verbunden sind, dass solche Freiheiten aber nur bei entsprechend erhöhten Verdienstchancen real gesichert erscheinen. Ein Unternehmerri-

281 *Rolfs* (Fn. 274), § 7 Rn. 12.
282 BSG, NZA 1991, 907, 908.

siko kann allerdings bereits darin liegen, dass der Erfolg des Einsatzes der Arbeitskraft ungewiss ist.[283] Gegen ein unternehmerisches Risiko spricht eine feste Entlohnung anstelle einer Gewinnbeteiligung.[284] A wurde für seine Tätigkeit für die RBF mit einem festen Monatseinkommen entlohnt, er trägt also kein Risiko in unternehmerischer Hinsicht; dieses ist vielmehr der RBF zugewiesen. Zudem wurden A die bei Befragungen anfallenden Spesen ersetzt, sodass er auch nicht das Risiko trägt, eigenes Kapital zu verlieren, ohne dabei tatsächlich Einnahmen zu erzielen.

Ob im Hinblick auf die dargestellten Kriterien eine nicht selbstständige Tätigkeit vorliegt, muss im Rahmen einer Gesamtbewertung entschieden werden; keines der angeführten Argumente spricht ausschließlich dafür oder dagegen.[285] A ist in Bezug auf Zeit und Ort seiner Tätigkeit weisungsabhängig und in den Betrieb der RBF in gewissem Umfang organisatorisch eingegliedert. Wie bereits aufgezeigt, ist ein Selbstständiger zwar ähnlichen Vorgaben an seine Tätigkeit ausgesetzt; auch sein Vorgehen musste in organisatorischer Hinsicht in die Arbeitsabläufe der RBF eingefügt werden. Entscheidend ist deshalb die Zusammenschau dieser Einbindung mit dem nicht vorhandenen unternehmerischen Risiko. Hierdurch erhält die Tätigkeit des A im Gesamtbild das Gepräge eines abhängigen Arbeitnehmers. A steht daher in persönlicher Abhängigkeit und ist damit nicht selbstständig tätig.

2. Versicherungsfall „Arbeitsunfall“

Voraussetzung für einen Versicherungsfall i. S. d. § 7 Abs. 1 SGB VII ist ein Arbeitsunfall nach § 8 Abs. 1 SGB VII. Arbeitsunfälle sind Unfälle von Versicherten infolge einer den Versicherungsschutz gem. §§ 2, 3 oder 6 SGB VII begründenden Tätigkeit (versicherte Tätigkeit). Bei der versicherten Tätigkeit muss es sich um eine Tätigkeit handeln, die in einem inneren Zusammenhang mit der Beschäftigung steht.[286] Eine versicherte Tätigkeit liegt vor, wenn sie dem Interesse des Unternehmers zu dienen bestimmt ist. Entscheidend hierfür ist die Handlungstendenz des Beschäftigten.[287] A müsste folglich eine versicherte Tätigkeit verrichtet haben, als er in dem Restaurant von den Schüssen des R getroffen wurde.

283 BeckOGK/*Ziegelmeier*, 15.11.2024, SGB IV § 7 Rn. 133.

284 BSGE 14, 142, 146.

285 BeckOGK/*Ziegelmeier*, 15.11.2024, SGB IV § 7 Rn. 85; zur Gesamtbewertung der Rentenversicherungspflicht eines angestellten GmbH-Gesellschafters vgl. BSG NJW 1994, 2974, 2975.

286 BSGE 61, 127, 128; *Becker*, SGB 2007, 721, 722.

287 Dazu eingehend *Krasney*, NZS 2000, 373; BeckOGK/*Ricke/Kellner*, 15.11.2024, SGB VII § 8 Rn. 19.

Die Einnahme des Abendessens in dem Restaurant fand im Rahmen einer Dienstreise, nämlich der Interviewreise, statt. Tätigkeiten auf Dienst-/Geschäftsreisen sind grundsätzlich zwar Bestandteil der Beschäftigung nach § 2 Abs. 1 Satz 1 SGB VII.[288] Allerdings sind rein private Tätigkeiten und Verhaltensweisen des Arbeitnehmers während einer Dienstreise nicht versichert.[289] Die Nahrungsaufnahme ist grundsätzlich als unversicherte eigenwirtschaftliche Tätigkeit anzusehen.[290] Eine andere Beurteilung könnte jedoch im Hinblick darauf geboten sein, dass der Aufenthalt von A in dem Restaurant von Anfang an nicht nur der Nahrungsaufnahme, sondern auch der Strukturierung des Arbeitsablaufs für den folgenden Tag diente. Zu Beginn des Restaurantbesuches lag während des Essens möglicherweise eine „gemischtwirtschaftliche" Tätigkeit (d.h. Tätigkeiten, bei denen private und betriebliche Interessen zugleich verfolgt werden) vor. Dies kann hier jedoch dahinstehen, da zum Zeitpunkt der Schussabgabe des R keinesfalls eine private Tätigkeit mehr vorlag; die Nahrungsaufnahme war beendet. A hielt sich somit nur noch in dem Restaurant auf, weil seine Arbeitsvorbereitung noch nicht beendet war. Der Aufenthalt selbst steht in einem inneren Zusammenhang mit der Beschäftigung als Interviewer und sollte aus der Sicht des A auch den Interessen der RBF dienen. A kam zum Zeitpunkt des schädigenden Ereignisses demgemäß einer versicherten Tätigkeit nach.

Weiterhin müsste A einen Unfall nach § 8 Abs. 1 Satz 2 SGB VII erlitten haben. Die Vorschrift bezeichnet solche als zeitlich begrenzte, von außen auf den Körper einwirkende Ereignisse, die zu einem Gesundheitsschaden oder zum Tod führen. Die Schüsse des R waren ein solch zeitlich begrenzter Vorfall, der von außen auf den Körper des A einwirkte und Gesundheitsschäden in Form einer Querschnittslähmung und der nahezu vollständigen Erblindung hervorrief.

Der Unfall müsste schließlich durch die versicherte Tätigkeit verursacht worden sein. Diese Voraussetzung bestimmt sich bei der gesetzlichen Unfallversicherung nach der Theorie der wesentlichen Bedingung.[291] Die Theorie der wesentlichen Bedingung beruht ebenso wie die im Zivilrecht geltende Adäquanztheorie auf der naturwissenschaftlich-philosophischen Bedingungstheorie als Ausgangsbasis. Nach die-

---

288 *Ziegler*, in: Becker/Franke/Molkentin/Hedermann, SGB VII, 6. Aufl. 2024, § 8 Rn. 105.

289 *Ziegler* (Fn. 288), § 8 Rn. 107.

290 BeckOGK/*Ricke/Kellner*, 15.11.2024, SGB VII § 8 Rn. 99.

291 *BeckOK SozR/Wietfeld*, SGB VII, 75. Ed. 01.12.2024 § 8 Rn. 112 f.; *Becker*, SGB 2007, 722.

ser ist jedes Ereignis Ursache eines Erfolges, das nicht hinweggedacht werden kann, ohne dass der Erfolg entfiele (conditio sine qua non). Wegen der Unbegrenztheit der naturwissenschaftlich-philosophischen Ursachen für einen Erfolg ist für die praktische Rechtsanwendung die Unterscheidung zwischen solchen Ursachen erforderlich, die rechtlich für den Erfolg verantwortlich gemacht werden oder denen der Erfolg zugerechnet wird, und den anderen, für den Erfolg rechtlich unerheblichen Ursachen. Nach der Theorie der wesentlichen Bedingung werden als kausal und rechtserheblich nur solche Ursachen angesehen, die wegen ihrer besonderen Bedeutung für den Erfolg an dessen Eintritt wesentlich mitgewirkt haben. Welche Ursache wesentlich ist und welche nicht, muss aus der Auffassung des praktischen Lebens über die besondere Beziehung der Ursache zum Eintritt des Erfolgs oder Gesundheitsschadens abgeleitet werden.[292]

Demnach ist die Kausalität der versicherten Tätigkeit für den Eintritt des Unfalls zu bejahen. A hätte sich zum Zeitpunkt des Überfalls nicht mehr in dem Restaurant aufgehalten, wenn der Aufenthalt bereits beendet gewesen wäre. Die versicherte Tätigkeit hat damit wesentlich zur Entstehung des Unfalls beigetragen. A ist durch die Schüsse des R querschnittsgelähmt und fast vollständig erblindet. Demzufolge liegt Kausalität im Sinne der Theorie der wesentlichen Bedingung, die auch hier anzuwenden ist, vor.

3. Rechtsfolgen

a. A hat Anspruch auf Heilbehandlung nach §§ 27 ff. SGB VII wegen der durch die Schüsse verursachten Verletzungen, und zwar in Gestalt ärztlicher Behandlung nach § 28 SGB VII sowie Leistungen zur sozialen Teilhabe und ergänzende Leistungen laut §§ 39 ff. SGB VII.

b. Darüber hinaus hat A gem. § 44 SGB VII ebenfalls Anspruch auf Pflegeleistungen, wenn er infolge des Versicherungsfalls für die gewöhnlichen und regelmäßig wiederkehrenden Verrichtungen im Ablauf des täglichen Lebens in erheblichem Umfang der Hilfe durch andere bedarf. Dies richtet sich im Ergebnis nach den Vorschriften des SGB XI, da sich der Begriff der Hilfebedürftigkeit im Wesentlichen an den Pflegebedürftigkeitsbegriff in §§ 14, 15 SGB XI anlehnt.[293] Auf dessen Kriterien kann deshalb weitgehend zu-

---

292 BSG, Urteil vom 13.11.2012 – B 2 U 119/11 R, NJW 2013, 3676 Rn. 35 ff.; BeckOK SozR/*Wietfeld*, SGB VII, 75. Ed. 01.12.2024 § 8 Rn. 115.

293 BeckOGK/*Feddern*, 15.11.2024, SGB VII, § 44 Rn. 4.

rückgegriffen werden. Nach § 14 Abs. 1 Satz 1 SGB XI ist A pflegebedürftig, wenn er gesundheitlich bedingte Beeinträchtigungen der Selbstständigkeit oder Fähigkeiten aufweist und deshalb der Hilfe durch andere bedarf. § 14 Abs. 1 Satz 2 erweitert das Tatbestandsmerkmal der „gesundheitlich bedingten" Beeinträchtigungen auf körperliche, kognitive und psychische Beeinträchtigungen. Im Einzelnen bestimmt § 14 Abs. 2 SGB XI sechs Bereiche, für die ihrerseits pflegefachliche Kriterien festgelegt werden.

Die Querschnittslähmung des A ist von § 14 Abs. 2 Nr. 1 SGB XI (Mobilität) erfasst, die nahezu vollständige Erblindung als Funktionsstörung der kognitiven und kommunikativen Fähigkeiten i. S. d. § 14 Abs. 2 Nr. 2 SGB XI eingeordnet.[294] Die nahezu vollständige Erblindung unterfällt auch § 14 Abs. 2 Nr. 4 SGB XI. Im Hinblick auf die Gesundheitsstörungen des A ist davon auszugehen, dass er in den in § 14 Abs. 2 Nr. 1, 2 und 4 SGB XI genannten Bereichen Hilfe benötigt; er ist durch Lähmung und Erblindung bei Mobilität, Erkennen von Personen, örtlicher Orientierung, Ernährung und hauswirtschaftlicher Versorgung in seinen Möglichkeiten stark eingeschränkt. Es ist davon auszugehen, dass die Bedingungen des Pflegegrades 5 – schwerste Beeinträchtigungen der Selbstständigkeit oder der Fähigkeiten – nach § 15 Abs. 3 Satz 4 Nr. 5 SGB XI gegeben sind. A bedarf durchgehend der täglichen Hilfe und ist darüber hinaus zu selbstständiger hauswirtschaftlicher Versorgung nicht im Stande. Dementsprechend ist A nach den Maßstäben des SGB XI pflegebedürftig und damit als hilfebedürftig i. S. d. § 44 SGB VII anzusehen, sodass er Anspruch auf Pflegeleistungen hat.

c. Darüber hinaus kommt ein Anspruch auf Zahlung von Verletztengeld nach §§ 45 ff. SGB VII in Betracht. Voraussetzung hierfür ist zusätzlich, dass A unmittelbar vor dem schädigenden Ereignis Anspruch auf Arbeitsentgelt hatte (§ 45 Abs. 1 Nr. 2 SGB VII). Mangels entgegenstehender Angaben im Sachverhalt ist hiervon auszugehen. Weitere Voraussetzung für die Verletztengeldzahlung ist, dass der Verletzte infolge des Versicherungsfalls arbeitsunfähig ist. Arbeitsunfähigkeit liegt vor, wenn der Versicherte seiner bisher ausgeübten Tätigkeit überhaupt nicht oder nur auf die Gefahr hin, dass sich sein

294 So ausdrücklich SG Saarbrücken, Urteil vom 30.09.2021 – S 19 P 174/20, BeckRS 2021, 46847.

Gesundheitszustand verschlimmert, nachgehen kann.[295] A ist infolge seiner Gesundheitsbeeinträchtigungen nicht mehr in der Lage, als Interviewer zu arbeiten.

Der Anspruchsbeginn für Verletztengeld ist in § 46 SGB VII normiert. Nach dessen Abs. 1 beginnen die Leistungen an dem Tag, an dem die Arbeitsunfähigkeit des A ärztlich festgestellt wird, und enden regelmäßig nach § 46 Abs. 3 Satz 2 Nr. 3 SGB VII mit Ablauf der 78. Woche ab Feststellung der Arbeitsunfähigkeit. Laut § 52 Abs. 1 SGB VII wird das Arbeitsentgelt des A in Form seines Anspruchs gem. § 3 Abs. 1 Satz 1 EFZG gegen die RBF angerechnet.

d. Nach § 56 SGB VII hat A, wenn dessen Erwerbsfähigkeit infolge des Versicherungsfalls über die 26. Woche nach dem Versicherungsfall hinaus um wenigstens 20,00 % gemindert ist, Anspruch auf Rente. Bei Verlust der Erwerbsfähigkeit wird Vollrente, bei einer Minderung der Erwerbsfähigkeit (MdE) Teilrente geleistet. Sie wird in Höhe des „vom Hundertsatzes der Vollrente“ festgesetzt, der dem Grad der MdE entspricht (§ 56 Abs. 3 Satz 2 SGB VII). Bei einer beidseitigen Erblindung oder einem Augenverlust beträgt die MdE 100,00 %.[296] Querschnittslähmungen werden je nach Umfang der Schädigung mit einer MdE von 80,00 bis 100,00 % beurteilt.[297] Hat ein Arbeitsunfall mehrere selbstständige Gesundheitsstörungen – vorliegend fast vollständige Erblindung und Querschnittslähmung – bewirkt, kann die gesamte unfallbedingte MdE, die sog. Gesamt-MdE, nicht ohne Weiteres durch Addition der für die einzelnen Gesundheitsschäden maßgebenden MdE-Sätze (sog. Einzel-MdE-Werte) ermittelt werden. Entscheidend ist vielmehr eine Gesamtschau, in welchem Maß die Summe aller Auswirkungen der entschädigungspflichtigen Gesundheitsbeeinträchtigungen die Erwerbsfähigkeit des Betroffenen vermindert.[298]

Im vorliegenden Fall ergibt diese Gesamtschau in jedem Fall einen vollständigen Verlust der Erwerbsfähigkeit des A, sodass dieser auch Anspruch auf Zahlung einer Rente wegen Erwerbsminderung in Höhe von zwei Dritteln seines Jahresarbeitsverdienstes hat. Die Rente wird von dem Tag an gezahlt, der auf den Tag folgt, an dem der Anspruch des A auf Zahlung von Verletztengeld endet (§ 72 Abs. 1 Nr. 1 SGB VII).

---

295 BSGE 61, 66, 71.

296 *Scholz*, in: Schlegel/Voelzke, jurisPK-SGB VII, 3. Aufl. 2022, § 56 SGB VII Rn. 51.

297 BeckOGK/*Ricke/Kellner*, 15.11.2024, SGB VII § 56 Rn. 66.

298 BSG, Urteil vom 15.03.1979 – 9 RVs 6/77, juris Rn. 16ff.

II. Gesetzliche Krankenversicherung (SGB V)

A könnte darüber hinaus einen Anspruch auf Leistungen aus der gesetzlichen Krankenversicherung (SGB V) haben. Wie bereits dargestellt, hat A Ansprüche auf Heilbehandlung und Leistungen zur Rehabilitation nach §§ 26 ff. SGB VII. Laut § 11 SGB V besteht kein Anspruch auf Leistungen aus der gesetzlichen Krankenversicherung, wenn diese als Folge des Arbeitsunfalls oder einer Berufskrankheit im Sinne der gesetzlichen Unfallversicherung zu erbringen sind. Diese Vorschrift schließt somit bei Arbeitsunfällen einen Anspruch aus der gesetzlichen Krankenversicherung zugunsten der Zuständigkeit des Unfallversicherungsträgers aus, d. h. wenn der gesundheitliche Schaden durch einen unfallversicherungsrechtlichen Tatbestand verursacht worden ist.[299] Da A Ansprüche nach den Vorschriften des SGB VII gegen den zuständigen Unfallversicherungsträger hat, scheiden Ansprüche gegen den Träger der gesetzlichen Krankenversicherung aus.

III. Soziale Pflegeversicherung (SGB XI)

Auch hinsichtlich möglicher Ansprüche des A gegen die soziale Pflegeversicherung stellt sich die Frage nach dem Verhältnis dieser Ansprüche zu denjenigen aus der gesetzlichen Unfallversicherung, da A Anspruch auf Zahlung von Leistungen gem. § 44 SGB VII hat. Nach § 13 Abs. 1 Nr. 2 SGB XI gehen die Entschädigungsleistungen wegen Pflegebedürftigkeit aus der gesetzlichen Unfallversicherung den Leistungen der Pflegeversicherung vor. Dies stellt für den Versicherten keinen Nachteil dar, weil die Entschädigungsleistungen aus der gesetzlichen Unfallversicherung aufgrund gesetzlich geregelter Unfallversorgung in der Regel umfassender sind als die der Höhe nach beschränkten Leistungen der Pflegeversicherung.[300]

Somit hat A auch keinen Anspruch auf Leistungen aus der gesetzlichen Pflegeversicherung.

IV. Rehabilitation und Teilhabe von Menschen mit Behinderungen (SGB IX)

Ansprüche auf Leistungen nach dem SGB IX stehen A ebenfalls nicht zu. Die Zuständigkeit und die Voraussetzungen für die Leistungen zur Teilhabe richten sich nach den für den jeweiligen Rehabilitationsträger geltenden Leistungsgesetzen (§ 7 Abs. 1 Satz 1 SGB IX).

---

299 LSG Hessen, Urteil vom 26.06.2009 – L 8 KR 271/07, BeckRS 2009, 69501.

300 *Vgl. Knickrehm/Roßbach/Waltermann/Philipp*, 8. Aufl. 2023, SGB XI § 13 Rn. 3, 5.

V. Gesetzliche Rentenversicherung (SGB VI)

Daneben könnten Ansprüche aus der gesetzlichen Rentenversicherung (SGB VI) herangezogen werden. Ansprüche auf Leistungen zur Teilhabe und Rehabilitation kommen vorliegend allerdings nicht in Betracht. Nach § 9 Abs. 1 Satz 1 Nr. 1 SGB VI ist das Ziel der Rehabilitationsleistungen, den Auswirkungen einer Krankheit oder körperlichen, geistigen oder seelischen Behinderung auf die Erwerbsfähigkeit des Versicherten vorzubeugen, entgegenzuwirken oder sie zu überwinden.[301] Die Wiederherstellung der Erwerbsfähigkeit kann bei A nicht mehr erreicht werden. In Betracht kommt deshalb ein Anspruch auf Rente wegen verminderter Erwerbsfähigkeit gemäß § 43 SGB VI. Die Renten wegen Erwerbsminderung bezwecken, einen Ausgleich wirtschaftlicher Einbußen zu gewähren, wenn die Fähigkeit, am Arbeitsleben teilzunehmen, eingeschränkt ist.[302]

1. Versicherter Personenkreis

Aufgrund seines Beschäftigungsverhältnisses bei der RBF ist A gem. § 1 Abs. 1 Satz 1 Nr. 1 SGB VI pflichtversichert in der gesetzlichen Rentenversicherung.

2. Versicherungsfall „Erwerbsminderung"

Hier kommt der Versicherungsfall der vollen Erwerbsminderung (§ 43 Abs. 2 SGB VI) in Betracht. Voll erwerbsgemindert sind nach der gesetzlichen Regelung Versicherte, die wegen Krankheit oder Behinderung auf nicht absehbare Zeit außerstande sind, unter den üblichen Bedingungen des allgemeinen Arbeitsmarktes mindestens drei Stunden täglich erwerbstätig zu sein (§ 43 Abs. 2 Satz 2 SGB VI). Maßgeblich ist vorliegend, ob mit dem verbliebenen Leistungsvermögen noch Tätigkeiten des allgemeinen Arbeitsmarktes verrichtet werden können.[303] Für blinde, querschnittsgelähmte Versicherte existiert kein allgemeiner Arbeitsmarkt, denn üblich sind die Bedingungen nur, wenn Arbeitsverhältnisse zumindest in einer beachtlichen Anzahl abgeschlossen oder entsprechende Tätigkeiten ausgeübt werden.[304] Die Einschränkungen des gesundheitlichen Leistungsvermögens müssten zudem auf nicht absehbare Zeit vorliegen. Hierunter ist gem.

---

301 Kreikebohm/Roßbach SGB VI/*Zabre*, 6. Aufl. 2021, SGB VI § 9 Rn. 2: „Die Vorschrift enthält den Grundsatz ‚Rehabilitation vor Rente', nach dem Rentenzahlungen möglichst durch Gewährung von Leistungen zur Teilhabe und Rehabilitation vermieden werden sollen."

302 Kreikebohm/Roßbach SGB VI/*Kolakowski*, 6. Aufl. 2021, SGB VI § 43 Rn. 4.

303 BeckOK SozR/*Jassat* SGB VI, 75. Ed. 01.12.2024, § 43 Rn. 18.

304 BSG, Urteil vom 30.05.1984 – 5a RKn 18/83, SozR 2200 § 1247 Nr. 43.

§ 101 Abs. 1 SGB VI mindestens ein Zeitraum von sechs Monaten zu verstehen. Vorliegend ist davon auszugehen, da die bei A vorliegenden Gesundheitsstörungen irreversibel sind. A ist dementsprechend voll erwerbsgemindert laut § 43 Abs. 2 SGB VI.

3. Besondere Voraussetzungen für Rentenleistungen im Fall voller Erwerbsminderung

Wie bereits dargestellt, ist A voll erwerbsgemindert i. S. d. § 43 Abs. 2 Nr. 1 SGB VI. Darüber hinaus müsste er vor Eintritt der Erwerbsminderung die allgemeine Wartezeit erfüllt haben (§ 43 Abs. 2 Satz 1 Nr. 3 SGB VI). Die allgemeine Wartezeit beträgt nach § 50 Abs. 1 Satz 1 Nr. 2 SGB VI fünf Jahre. Dem Sachverhalt ist nicht zu entnehmen, ob A bereits fünf Jahre pflichtversichert ist und somit die Wartezeit zurückgelegt hat. Dies kann jedoch dahinstehen, denn laut § 53 Abs. 1 Satz 1 Nr. 1 SGB VI ist die allgemeine Wartezeit vorläufig erfüllt, wenn Versicherte wegen eines Arbeitsunfalls oder einer Berufskrankheit vermindert erwerbsfähig geworden sind. Dies ist hier der Fall.

Ob A nach § 43 Abs. 2 Satz 1 Nr. 2 SGB VI in den letzten fünf Jahren vor Eintritt der Erwerbsminderung Pflichtbeiträge für eine versicherte Beschäftigung oder Tätigkeit entrichtet hat, geht aus dem Sachverhalt ebenfalls nicht hervor, dies kann jedoch wiederum dahinstehen. Nach § 43 Abs. 5 SGB VI ist die Pflichtbeitragszeit von drei Jahren für eine versicherte Beschäftigung oder Tätigkeit nicht erforderlich, wenn die Erwerbsminderung aufgrund eines Tatbestands eingetreten ist, durch den die allgemeine Wartezeit vorzeitig erfüllt ist. Diese Voraussetzung ist aufgrund des Arbeitsunfalls des A ebenfalls erfüllt.

§ 99 Abs. 1 Satz 1 SGB VI bestimmt, dass die Rente von dem Kalendermonat an geleistet wird, zu dessen Beginn die Voraussetzungen vorliegen, wenn sie rechtzeitig beantragt wird. Nach § 43 Abs. 2 Satz 1 SGB VI wird die Rente bis zum Erreichen der Regelaltersgrenze gewährt. Laut § 115 Abs. 3 SGB VI ist regelmäßig eine Regelaltersrente zu leisten. Auch im Rentenversicherungsrecht gilt das Antragsprinzip (§ 115 Abs. 1 Satz 1 SGB VI). Mithin ist ein Antrag des A erforderlich; das Leistungsfeststellungsverfahren wird grundsätzlich nicht von Amts wegen eingeleitet.[305]

305 *BeckOK SozR/Kuszynski,* SGB VI, 75. Ed. 01.12.2024, § 115 Rn. 3: „Ein Verfahren wird von Amts wegen eröffnet, wenn sich aufgrund von Änderungen der tatsächlichen oder rechtlichen Verhältnisse der Rentenanspruch vermindert."

4. Verhältnis zu den Leistungen des SGB VII

Besteht für denselben Zeitraum Anspruch auf eine Rente aus der gesetzlichen Unfallversicherung, so wird die Rente nach § 43 Abs. 2 SGB VI insoweit nicht geleistet, als die Summe der zusammentreffenden Rentenbeträge vor Einkommensanrechnung den jeweiligen Grenzbetrag übersteigt (§ 93 Abs. 1 Nr. 1 SGB VI). Grund hierfür ist die Vermeidung der Überversorgung oder Doppelleistung.[306]

VI. Ergebnis

A hat gem. § 43 Abs. 2 SGB VI Anspruch auf Zahlung einer Rente im vorstehend dargestellten Umfang.

306 *Fichte*, in: Hauck/Noftz SGB VI, 4. EL 2024, § 93 SGB VI Rn. 10.

Klausur 2: Gesetzliche Krankenversicherung – Ungewöhnliche Heilbehandlung

Der Fall macht den Leser mit den Grundstrukturen des in der Praxis außerordentlich wichtigen Gebiets der gesetzlichen Krankenversicherung (allein im Jahr 2023 betrugen die Gesamtausgaben 306,4 Mrd. €) vertraut. Trotz der auf den ersten Blick unübersichtlich erscheinenden Rechtsprechung zu Grundsatz- und Spezialproblemen zeigt der Fall, dass sich die in der Aufgabe aufgeworfenen Probleme mit soliden Kenntnissen in juristischer Methodik und sozialgerichtlicher Rechtsprechung lösen lassen.

Sachverhalt

Der in Gießen bei einem Autohaus als Kraftfahrzeugfachverkäufer beschäftigte A unternahm eine mehrwöchige Wanderung durch Südamerika. Nach Rückkehr von der Reise beklagte er Magen- und Darmbeschwerden. A begab sich in die Behandlung verschiedener zur vertragsärztlichen Versorgung zugelassener Internisten, die alle keine medizinische Erklärung für die Gesundheitsbeeinträchtigungen des A und auch keine wirksame Therapie finden konnten. Schließlich suchte A den ebenfalls zur vertragsärztlichen Versorgung zugelassenen Endokrinologen Dr. M auf, welcher feststellte, dass A an einer äußerst seltenen Viruserkrankung litt, die bisher nur in entlegenen Gegenden Südamerikas nachgewiesen wurde. Deren Ursachen sind nach der medizinischen Wissenschaft unbekannt. Für die Behandlung existiert noch keine anerkannte Therapie. Dr. M behandelte A mit in Deutschland zugelassenen Arzneien, die er jedoch aus Südamerika einfliegen ließ und Kosten in Höhe von 1.000,00 € verursachten. Darüber hinaus wies er A in die nicht in die vertragsärztliche Versorgung einbezogene Privatklinik von Prof. Dr. B für die Dauer von vier Wochen ein. Hierfür fielen Kosten in Höhe von 10.000,00 € an. Erst nachdem Dr. M operativ ein Teilstück des Magens entfernte, in welchem er den Krankheitsherd vermutete, war A geheilt. Die Kosten für diese Operation beliefen sich auf 10.000,00 €.

A ist bei der AOK Hessen gesetzlich krankenversichert und nahm für die Begleichung der Kosten ein Darlehen in Höhe von insgesamt 22.000,00 € auf, da sich die AOK Hessen weigerte, diese Kosten zu übernehmen.

Zur Begründung berief sich die AOK darauf, dass nach den von den zuständigen Ausschüssen erlassenen Richtlinien weder die Arzneimittel noch die Therapie als Versicherungsleistung vorgesehen seien.

Hat A gegen die AOK Hessen Anspruch auf Erstattung der für seine Behandlung aufgewandten Kosten?

Gliederung

I. Anspruchsgrundlage

II. Voraussetzungen des § 13 Abs. 3 Satz 1 SGB V

1. Selbstbeschaffte Leistung
2. Versorgung mit Arzneimitteln und Entfernung eines Teilstücks des Magens
3. Krankenhausbehandlung in der Privatklinik

a. Primäranspruch auf die Sachleistung

Problem: Sachleistungsanspruch des A

b. Anspruch des A auf die Versorgung mit Arzneimitteln

aa. Versicherungspflicht

bb. Versicherungsfall Krankheit

cc. Kausalität

dd. Rechtsfolge: Krankenbehandlung (§ 27 Abs. 1 Satz 1 und 2 SGB V)

ee. Anwendungsbezogenheit der Arzneimittel

Problem: Indikationsgerechte Anwendung oder Off-Label-Use

- Einschränkbarkeit durch Richtlinien

  Problem: Verfassungsrechtliche Bedenken gegen die normative Wirkung der Richtlinien

- Richtlinie zu Untersuchungs- und Behandlungsmethoden der vertragsärztlichen Versorgung
- Richtlinie über die Verordnung von Arzneimitteln in der vertragsärztlichen Versorgung
- Zulässigkeit eines Off-Label-Use

  Problem: Voraussetzungen zulasten der GKV bei nicht akut lebensbedrohlicher Erkrankung

c. Anspruch des A auf Krankenhausbehandlung

d. Anspruch des A auf ärztliche Behandlung

4. Systemversagen

III. Anspruchsumfang

1. Anspruch aus Geschäftsführung ohne Auftrag
2. Anspruch aus § 812 Abs. 1 Satz 1 Var. 1 BGB

IV. Ausnahme?

V. Ergebnis

Lösung

I. Anspruchsgrundlage

Als Anspruchsgrundlage für die Lösung des vorliegenden Falls kommt (nur) § 13 Abs. 3 Satz 1 SGB V in Betracht. Als Sondervorschrift im Bereich der gesetzlichen Krankenversicherung regelt § 13 Abs. 3 Satz 1 SGB V die Rechtsfolgen der Nichterfüllung des primären Sachleistungsanspruchs abschließend. Dies folgt aus dem Wortlaut des § 13 Abs. 1 SGB V *(„darf … Kosten nur erstatten, soweit")* und entspricht der Gesetzesbegründung, wonach in anderen Fällen der selbstbeschafften Leistungen keine Leistungspflicht der Krankenkasse besteht.[307]

II. Voraussetzungen des § 13 Abs. 3 Satz 1 SGB V

§ 13 Abs. 3 Satz 1 SGB V regelt zwei Tatbestände der Kostenerstattung, deren gemeinsames Merkmal ist, dass die Krankenkasse den Anspruch des Versicherten auf die ihm zustehende Sach- oder Dienstleistung nicht erfüllte. In der ersten Variante erbrachte die Krankenkasse eine unaufschiebbare Leistung nicht rechtzeitig. Hierbei handelt es sich um den klassischen Fall des sog. Systemmangels. In der zweiten Variante ist dieser Situation der Fall gleichgestellt, dass die Krankenkasse eine Sach- oder Dienstleistung rechtswidrig ablehnte. Sowohl das Unvermögen der Krankenkasse zur rechtzeitigen Leistungserbringung als auch die rechtswidrige Weigerung berechtigt den Versicherten jeweils, sich die Leistung in Durchbrechung des Sachleistungsprinzips (§ 2 Abs. 2 SGB V) selbst zu beschaffen. Dabei tritt der sekundäre Kostenerstattungsanspruch nach § 13 Abs. 3 Satz 1 SGB V an die Stelle des primären Sachleistungsanspruchs.[308]

1. Selbstbeschaffte Leistung

§ 13 Abs. 3 SGB V verlangt zunächst, dass sich der Versicherte die Leistung selbst beschafft hat, d. h. also, dass er die Leistung außerhalb der für Sachleistungen gesetzlich vorgesehenen Weise erlangt hat.[309] Das Recht der gesetzlichen Krankenversicherung sieht zwei Wege vor, auf denen der Versicherte die ihm zustehenden Sachleistungen in Anspruch nehmen kann. Diese Wege sind in § 15 Abs. 2–4 SGB V vorgegeben. Der Versicherte kann sich zum einen die Leistung unmittelbar bei einem zur vertragsärztlichen Versorgung zugelassenen Leis-

---

307 BT-Drs. 11/2237, S. 167.

308 BSG, NZS 1994, 507, 508: Verschuldensunabhängiger Schadensersatzanspruch aus Garantiehaftung des Krankenhausträgers.

309 BeckOGK/*Schieferdecker*, SGB V, 15.11.2024, § 13 Rn. 109.

tungserbringer bei Vorlage der elektronischen Gesundheitskarte beschaffen, ohne dass es eines Antrags bei der Krankenkasse nach § 19 Abs. 1 SGB IV bedarf. Zum anderen sind Leistungen, für die nicht die unmittelbare Beschaffung bei dem Leistungserbringer nach § 15 Abs. 2–4 SGB V vorgesehen ist, nur aufgrund eines bei der Krankenkasse gestellten Antrags zu gewähren.

2. Versorgung mit Arzneimitteln und Entfernung eines Teilstücks des Magens

Dr. M rechnete seine Leistungen nicht mit der AOK Hessen als der zuständigen Krankenkasse des A ab, sondern stellte die erbrachten Leistungen dem A unmittelbar in Rechnung. Hieraus folgt, dass Dr. M keine vertragsärztliche Behandlung vornehmen wollte, sodass er die Leistungen auch nicht als Vertragsarzt erbrachte. A verließ – anders als bei der Diagnose – damit den gesetzlich vorgesehenen Weg der gesetzlichen Krankenversicherung. Hierbei kommt es nicht darauf an, ob er mit der privatärztlichen Behandlung einverstanden war, ob er überhaupt davon wusste oder ob eine wirksame Vergütungsvereinbarung für eine privatärztliche Behandlung vorlag.[310]

3. Krankenhausbehandlung in der Privatklinik

Fraglich ist weiter, ob A mit der Inanspruchnahme der Krankenhausbehandlung in der Privatklinik von Prof. Dr. B den für das Sachleistungssystem vorgesehenen Weg nicht einhielt. Nach § 19 Satz 1 SGB IV erfordert die Krankenhausbehandlung als Leistung der gesetzlichen Krankenversicherung grundsätzlich einen Antrag des Versicherten, da die Krankenhausbehandlung aus dem System der unmittelbaren Beschaffung der Leistung beim Leistungserbringer gem. § 15 Abs. 2–4 SGB V herausfällt.[311] Der Leistungsantrag ist zwar keine materiell-rechtliche Anspruchsvoraussetzung, hat aber eine vergleichbare Wirkung, obwohl der Krankenhausbehandlungsanspruch nicht erst mit Antragstellung entsteht, sondern bereits vorher entstanden sein kann (vgl. § 40 Abs. 1 SGB I). Eine rückwirkende Leistungsgewährung ist nämlich nicht möglich. Dies folgt aus dem Naturalleistungsprinzip, § 2 Abs. 2 SGB V, wonach rein tatsächlich Sach- und Dienstleistungen nicht für die Vergangenheit erbracht werden können.

A stellte bei der AOK Hessen weder einen Antrag auf Bewilligung der Krankenhausbehandlung bei Prof. Dr. B noch wartete er eine solche

310 BSG, NJW 2002, 1365 f.

311 Vgl. GK-SRB/*Dubil/Kracke*, 3. Aufl. 2023, SGB V § 15 Rn. 4.

Bewilligung ab. Somit beschaffte sich A auch die Krankenhausbehandlung in der Klinik von Prof. Dr. B i. S. d. § 13 Abs. 3 SGB V selbst.

a. Primäranspruch auf die Sachleistung

Der Kostenerstattungsanspruch nach § 13 Abs. 3 Satz 1 SGB V hat in beiden Regelungsvarianten einen Sach- oder Dienstleistungsanspruch des Versicherten gegen seine Krankenkasse zur Grundvoraussetzung.[312] Dies begründet sich damit, dass der Erstattungsanspruch den durch Zweckerreichung erloschenen Sach- und Dienstleistungsanspruch ersetzt.[313] Der Primäranspruch selbst folgt grundsätzlich aus dem materiellen Leistungs- und Leistungserbringerrecht des SGB V, wobei der Anspruch auch auf verwaltungsrechtlichem Vertrag oder Verwaltungsakt beruhen kann.[314]

Zu prüfen ist somit, ob die AOK Hessen zur Versorgung des A mit den Arzneimitteln, zur Krankenhausbehandlung und zur Leistung der durchgeführten Operation am Magen verpflichtet gewesen wäre, ob also die Voraussetzungen der jeweiligen (Sach-)Leistungen vorlagen.

b. Anspruch des A auf die Versorgung mit Arzneimitteln

A könnte gem. §§ 27 Abs. 1 Satz 2 Nr. 3, 31 Abs. 1 Satz 1 SGB V einen Anspruch auf die Versorgung mit den Arzneimitteln gehabt haben.

aa. Versicherungspflicht

Zunächst müsste A versicherungspflichtig[315] sein, also dem versicherten Personenkreis angehören. Der Personenkreis der in der gesetzlichen Krankenversicherung versicherten Personen ergibt sich aus §§ 5 ff. SGB V, wozu auch A laut § 5 Abs. 1 Nr. 1 SGB V gehört.

bb. Versicherungsfall Krankheit

Als Versicherungsfall setzen Leistungen der gesetzlichen Krankenversicherung das Vorliegen einer Krankheit bei A voraus. Mangels gesetzlicher Regelung definiert die höchstrichterliche Rechtsprechung Krankheit als regelwidrigen Körper- und Geisteszustand, der ärztlicher Behandlung bedarf und bzw. oder Arbeitsunfähigkeit zur Folge hat.[316] Die Regelwidrigkeit ist gegeben, wenn

312 BSG, NZS 2008, 147 f. m. w. N.; BeckOGK/*Schieferdecker*, SGB V, 15.11.2024, § 13 Rn. 75.
313 BSGE 81, 240, 241; 73, 271, 276.
314 BSGE 73, 271, 276.
315 Vgl. zur Versicherungspflicht *Horn*, JuS 2011, 241, 242.
316 BSGE 35, 10, 15, BSG, Urteil vom 19.10.2004 – B 1 KR 3/03 R, BeckRS 2005 41108.

der Zustand des Versicherten vom Leitbild des gesunden Menschen abweicht.[317]

A litt nach seiner Reiserückkehr an Magen- und Darmbeschwerden, die seine normalen Körperfunktionen beeinträchtigten, wobei sich auch nach mehreren Arztbesuchen keine Besserung einstellte. Damit erschien eine Linderung der Beschwerden ohne ärztliche Hilfe unwahrscheinlich, sodass Behandlungsbedürftigkeit bestand.

cc. Kausalität

Die Behandlungsbedürftigkeit müsste durch den regelwidrigen Körper- oder Geisteszustand hervorgerufen worden sein. Die insbesondere für die gesetzliche Unfallversicherung und die soziale Entschädigung entwickelte Lehre von der wesentlichen Bedingung gilt in allen Bereichen des Sozialversicherungsrechts, also auch in der Krankenversicherung.[318]

Der durch die Viruserkrankung hervorgerufene regelwidrige körperliche Zustand stellt die alleinige Bedingung für die Behandlungsbedürftigkeit des A dar, sodass die Kausalität nach der Theorie der rechtlich wesentlichen Bedingung besteht.

Der Versicherungsfall der Krankheit war insofern gegeben.

dd. Rechtsfolge: Krankenbehandlung (§ 27 Abs. 1 Satz 1 und Satz 2 SGB V)

Die „Krankenbehandlung“ nach § 27 Abs. 1 SGB V verfügt über eine zweifache rechtliche Bedeutung. Zum einen ist ihre Notwendigkeit Anspruchsvoraussetzung (Satz 1)[319], zum anderen ist der Anspruch auf Krankenbehandlung Rechtsfolge (Satz 2). Welche Behandlungsmaßnahmen vom Begriff der Krankenbehandlung erfasst werden, bestimmte der Gesetzgeber durch § 27 Abs. 1 Satz 2 SGB V abschließend. Andere Behandlungsmaßnahmen können nur vom Gesetzgeber neu eingeführt werden.[320] Bei den von A eingenommenen „Arzneien“ i. S. d. § 27 Abs. 1 Satz 2 Nr. 3 SGB V muss

---

317 BSG, NZS 2004, 140 m. w. N.

318 BSGE 33, 202, 204; BeckOGK/*Nolte*, SGB V, 01.03.2021, § 27 Rn. 17; vgl. zur Kausalität im Sozialversicherungsrecht *Horn*, JuS 2011, 241, 243.

319 Krankenbehandlung ist notwendig, wenn der regelwidrige Körper- oder Geisteszustand die körperlichen oder geistigen Funktionen in einem so erheblichen Maße beeinträchtigt, dass ihre vollständige oder teilweise Wiederherstellung der ärztlichen Behandlung bedarf; BSGE 48, 258, 265.

320 Amtliche Begründung zum Entwurf des Gesundheits-Reformgesetzes (GRG), BT-Drs. 11/2337, S. 170.

es sich um Arzneimittel gem. § 31 Abs. 1 SGB V gehandelt haben. Die Rechtsprechung definiert das Arzneimittel nach § 31 Abs. 1 SGB V als eine Substanz, deren bestimmungsgemäße Wirkung darin liegt, Krankheitszustände zu heilen, zu bessern oder i. R. d. Diagnose körperliche oder seelische Zustände oder Funktionen erkennen zu lassen.[321] Die Substanz muss nach ihrem allgemeinen Verwendungszweck das Ziel verfolgen, Behandlungsziele gemäß § 27 Abs. 1 SGB V zu erreichen, was sich nach den Zielen richtet, die mit der Herstellung und dem Inverkehrbringen objektiv verfolgt werden.[322] Der Sachverhalt bietet keinen Anhaltspunkt dafür, dass die von A eingenommenen Medikamente diesen Anforderungen nicht genügten. Somit handelte es sich um Arzneimittel i. S. d. § 31 Abs. 1 SGB V.

Darüber hinaus müssten die Arzneimittel apothekenpflichtig gewesen sein, da sich der Anspruch nach § 31 Abs. 1 Satz 1 SGB V i. V. m. § 4 Abs. 1 AM-RL ausschließlich auf die Versorgung mit apothekenpflichtigen Arzneimitteln erstreckt, soweit die Arzneimittel nicht durch Gesetz, Rechtsverordnung oder die AM-RL von der Versorgung ausgeschlossen sind.

Somit müsste es sich § 43 Abs. 1 Satz 1 AMG zufolge bei den von A eingenommenen Arzneimitteln um Fertigarzneimittel nach § 2 Abs. 1 AMG gehandelt haben. Diese dürften nicht nach § 44 Abs. 1 AMG oder durch eine Rechtsverordnung gem. § 45 Abs. 1 AMG von der Apothekenpflicht ausgenommen gewesen sein. Bei Fertigarzneimitteln handelt es sich um alle im Voraus und nicht für den Einzelfall hergestellten Arzneimittel, die sich in einer zur Abgabe an einen Patienten bestimmten Packung befinden.[323]

Vorliegend wurden die Medikamente nicht aufgrund der Bestellung des Dr. M hergestellt, sodass die Arzneimittel im Voraus gefertigt wurden und sich auch in einer zur Abgabe bestimmten Verpackung befanden. Hinweise auf einen Ausschluss nach § 45 Abs. 1 AMG oder § 44 Abs. 1 AMG gibt es nicht, sodass die von A eingenommenen Arzneimittel apothekenpflichtig i. S. v. § 43 Abs. 1 AMG i. V. m. § 31 Abs. 1 SGB V waren.

---

321 BSGE 46, 179, 182; BSG, NZS 1998, 477, 478; BeckOGK/*Müller-Götzmann*, SGB V, 15.11.2024, § 31 Rn. 10.

322 BeckOK SozR/*Bischofs*, SGB V, 75. Ed. 01.09.2024, § 31 Rn. 2; BSG, Urteil vom 16.07.1968 – 9 RV 1070/65, BeckRS 1968, 304 17703.

323 *Rehmann*, 5. Aufl. 2020, AMG § 4 Rn. 1.

ee. Anwendungsbezogenheit der Arzneimittel

Fraglich ist, ob die aus Südamerika eingeflogenen Arzneimittel indikationsgerecht angewendet wurden oder ob sich die Anwendung auf ein die Zulassung überschreitendes Anwendungsgebiet bezog. Soll ein Präparat außerhalb der Anwendung eingesetzt werden, für die es den Charakter als Arzneimittel trägt, so wird von Off-Label-Use gesprochen.[324] Die eingeflogenen Arzneimittel sind zwar in Deutschland zugelassen (§ 21 Abs. 1 AMG); diese Zulassung erstreckt sich aber nur auf das vom Hersteller beantragte Anwendungsgebiet (§ 22 Abs. 1 Nr. 6 AMG). Unter dem Anwendungsgebiet sind die Leiden, Krankheiten, Körperschäden oder Krankheitsbeschwerden zu verstehen, für die i.R.d. Zulassungsverfahrens die Wirksamkeit des Arzneimittels für eines der Behandlungsziele nach § 27 SGB V bewiesen werden soll. Die Anwendungsgebiete sind klar voneinander abzugrenzen, wobei die Angabe von Einzelsymptomen grundsätzlich nicht ausreichend ist.[325] Ein reines Abstellen auf allgemeine Magen- und Darmbeschwerden, an denen A litt, ist für die Benennung des Anwendungsgebiets unzulässig. Dies ergibt sich aus § 22 Abs. 2 Nr. 3 AMG, wonach dem Antrag auf Zulassung auch die Ergebnisse der klinischen Prüfungen oder sonstigen ärztlichen Erprobungen vorzulegen sind. Dies gilt jedoch nur für die betreffende Indikation. Demgegenüber existiert für die Viruserkrankung des A keine anerkannte Behandlungsmethode. Daher kann auch keine klinische Prüfung auf die Erkrankung, von der A betroffen war, stattgefunden haben bzw. liegt kein wissenschaftlicher Wirksamkeitsnachweis vor. Es gibt für die Viruserkrankung weder eine anerkannte Therapie noch sind deren Ursachen bekannt. Somit liegt keine Zulassung gem. § 21 Abs. 1 Satz 1 AMG für die Indikation bei der fraglichen Viruserkrankung des A vor. Der Einsatz der Arzneimittel überschreitet daher den zugelassenen Anwendungsbereich, sodass ein Off-Label-Use gegeben ist.

Zu prüfen ist daher, ob die Arzneimittel gleichwohl zulasten der AOK Hessen verordnungsfähig waren. Dies könnte sich aus §§ 13 Abs. 3, 27 Abs. 1 Satz 2 Nrn. 1, 2 SGB V ergeben und richtet sich danach, ob die Arzneimittel nach den von den zuständigen Ausschüssen erlassenen Richtlinien als Versicherungsleistung vorgesehen sind.

---

324 *Pitz*, in: Schlegel/Voelzke, jurisPK-SGB V, 4. Aufl. 2020, § 31 SGB V Rn. 71f.; *Neumann*, SGB 2006, 2, 5.

325 Vgl. BSG, Urteil vom 20.03.2024 – B 1 KR 24/22 R, juris Rn. 12 zur Versorgung mit Cannabisblüten.

– **Einschränkbarkeit durch Richtlinien**

Zunächst stellt sich die Frage, ob die Richtlinien der Bundesausschüsse in rechtlicher Hinsicht den gesetzlichen Anspruch des A überhaupt beschränken könnten. Dies hängt davon ab, welche Rechtsqualität den Richtlinien zukommt und ob sie verfassungsgemäß sind. Das BSG vertrat in seiner Entscheidung vom 20.03.1996 die Auffassung, dem Bundesausschuss sei als Anstalt des öffentlichen Rechts Satzungsautonomie verliehen worden. Die Mitglieder des Bundesausschusses seien hinreichend demokratisch legitimiert. Art. 80 GG werde hinsichtlich von Inhalt, Zweck und Ausmaß der dem Bundesausschuss erteilten Ermächtigung zur Normsetzung genüge getan, denn dem Gesetz lasse sich ein hinreichend dichtes Normprogramm entnehmen.[326]

Die Rechtsentwicklung zeigt, dass die Auffassung des BSG von der normativen Wirkung der Richtlinien vom Gesetzgeber übernommen wurde.[327] Der Gesetzgeber folgt darüber hinaus den Forderungen der Rechtsprechung nach engmaschigeren Gesetzesvorhaben.[328] Seit Inkrafttreten des Gesetzes zur Modernisierung der gesetzlichen Krankenversicherung (GMG)[329] steht fest, dass dem gemeinsamen Bundesausschuss die Kompetenz als untergesetzlicher Normgeber eingeräumt worden ist, seine Richtlinien Normcharakter aufweisen und insbesondere für die Versicherten verbindlich sind. Das BSG folgerte aus der Rechtsprechung des BVerfG – eine höchstrichterliche Stellungnahme des BVerfG zu dieser Frage steht noch aus –, es müsse bei der bisherigen Rechtsprechung verbleiben.[330] Folgt man der Auffassung des BSG, setzen die Richtlinien unmittelbar verbindliches, nach außen wirkendes Recht und geben den Rahmen vor, außerhalb dessen der Versicherte keinen Leistungsanspruch gegen die Krankenkasse hat.

---

326 BSG, Urteil vom 20.03.1996 – 6 RKa 62/94, BeckRS 1996, 307 60740; vgl. zur Problematik insgesamt *Engelmann*, NZS 2000, 1ff. und 76ff.; ob der G-BA einer der anerkannten rechtsfähigen Organisationsstrukturen des öffentlichen Rechts zuzuordnen ist oder ob er eine Organisation „sui generis“ darstellt, ist umstritten, vgl. BeckOGK/*Roters*, SGB V, 15.08.2023, § 91 Rn. 7.

327 Siehe etwa §§ 91 Abs. 6, 92 Abs. 1 Satz 1 Halbsatz 3 SGB V.

328 Amtliche Begründung zu den Ergänzungen von § 92 Abs. 1 SGB V durch das GMG-BT-Drs. 15/1525.

329 Gesetz vom 14.11.2003, BGBl. I S. 2190.

330 BSG, Beschluss vom 09.11.2006 – B 10 KR 3/06 R, BeckRS 2013, 65230, unter Bezugnahme auf BVerfG, NJW 2006, 891, 893 – Bioresonanztherapie –, m. Bespr. von *Kingreen*, NJW 2006, 877.

- **Richtlinie zu Untersuchungs- und Behandlungsmethoden der vertragsärztlichen Versorgung**

  Der Ausschluss der Verordnungsfähigkeit des von Dr. M eingesetzten Arzneimittels könnte aus der Richtlinie zu Untersuchungs- und Behandlungsmethoden der vertragsärztlichen Versorgung[331] nach §§ 92 Abs. 1 Satz 2 Nr. 5, 135 Abs. 1 SGB V folgen. Demnach bedürfen neue Untersuchungs- und Behandlungsmethoden einer positiven Beurteilung durch die Bundesausschüsse der Ärzte und Krankenkassen. Voraussetzung hierfür ist jedoch, dass die Arzneimitteltherapie unter den Begriff der Behandlungsmethode fällt.

  Es stellt sich somit die Frage, ob eine Empfehlung des Bundesausschusses der Ärzte und Krankenkassen auch für eine Behandlung mit zugelassenen Arzneimitteln im Off-Label-Use erforderlich ist, da das Krankenversicherungsrecht bei der Arzneimittelversorgung – anders als bei den übrigen Leistungen der Krankenbehandlung (§§ 135–139 e SGB V) – weitgehend auf eigene Vorschriften der Qualitätssicherung verzichtet. Nach Auffassung des BSG gilt der Erlaubnisvorbehalt des § 135 Abs. 1 SGB V jedoch nur, soweit es sich um die Anwendung von Rezepturarzneien oder anderen Arzneimitteln handelt, die im Einzelfall auf besondere Anforderung hergestellt werden. Da solche Präparate keine Zulassung nach dem AMG benötigen, bliebe die Qualitätskontrolle in der ambulanten vertragsärztlichen Versorgung lückenhaft, wenn ihre Wirksamkeit und Unbedenklichkeit weder nach dem Arzneimittelrecht noch nach dem Krankenversicherungsrecht geprüft würden.

  Dieser Rechtsprechung des BSG ist zuzustimmen. Eine Arzneimitteltherapie mag zwar bei der Behandlung einer Krankheit den Zielen des § 27 SGB V dienen; bereits nach dem Wortsinn kann dies jedoch keine Behandlungsmethode sein. Bei einem Arzneimittel handelt es sich nämlich um ein medizinisches Produkt. Erst durch die Verabreichung durch den Vertragsarzt wird das Arzneimittel zum Bestandteil der ärztlichen Behandlung. Das BSG wies in diesem Zusammenhang weiter zu Recht darauf hin, dass die Zulassungsvorschriften nach dem AMG zu einem erheblichen Teil ihre Bedeutung verlieren würden, wenn in der gesetzlichen Krankenversicherung eine Erweiterung der Anwendungsgebiete eines Arz-

331 In der Fassung vom 17.01.2006, BAnz Nr. 48, S. 1523 vom 09.03.2006, in der Fassung vom 19.09.2024, BAnz AT 19.11.2024 B 2 am 19.11.2024 in Kraft getreten am 20.11.2024.

neimittels ohne Zulassung im Verfahren nach § 135 Abs. 1 SGB V erreicht werden könnte. Der Hersteller könnte sich den Aufwand und die Kosten eines neuen Zulassungsverfahrens ersparen und stattdessen abwarten, bis sich der zulassungsüberschreitende Einsatz in der Praxis etabliert und von dritter Seite eine Anerkennung durch den Bundesausschuss beantragt wird. Ebenso wäre der Hersteller von der Haftung für etwaige gesundheitliche Schäden nach § 84 AMG frei. Die Anwendungsbezogenheit der arzneimittelrechtlichen Zulassung stünde nur noch auf dem Papier.[332] Demzufolge finden beim Off-Label-Use die Richtlinien der Bundesausschüsse der Ärzte und Krankenkassen gem. §§ 192 Abs. 1 Satz 2 Nr. 5, 135 SGB V keine Anwendung.

– **Richtlinie über die Verordnung von Arzneimitteln in der vertragsärztlichen Versorgung**

  Der Ausschluss der Verordnungsfähigkeit könnte sich aus §§ 92 Abs. 1 Satz 2 Nr. 6, 135 SGB V i. V. m. § 30 Abs. 1 der Richtlinie über die Verordnung von Arzneimitteln in der vertragsärztlichen Versorgung (AM-RL)[333] ergeben. § 30 AM-RL legt die Verordnungsvoraussetzungen fest. Danach ist die Verordnung von zugelassenen Arzneimitteln in nicht zugelassenen Anwendungsgebieten nur zulässig, wenn die Expertengruppen nach § 35 c Abs. 1 SGB V mit Zustimmung des pharmazeutischen Unternehmens eine positive Bewertung zum Stand der wissenschaftlichen Erkenntnis über die Anwendung dieser Arzneimittel in den nicht zugelassenen Indikationen oder Indikationsbereichen als Empfehlung abgegeben haben, der gemeinsame Bundesausschuss die Empfehlung in diese Richtlinie übernommen (Anlage VI Teil A) sowie das pharmazeutische Unternehmen den bestimmungsgemäßen Gebrauch für die zulassungsüberschreitende Anwendung eines Arzneimittels anerkannt hat und dieses pharmazeutische Unternehmen in der Anlage VI Teil A wirkstoff- und indikationsbezogen aufgeführt ist. Es fehlt vorliegend bereits an einer positiven Bewertung i. S. d. § 30 Abs. 1 Nr. 1 AM-RL mit der Folge des Leistungsausschlusses.

332 Zum Ganzen BSGE 89, 184, 190 ff.; BSG, Urteil vom 13.12.2016 – B 1 KR 1/16 R, juris Rn. 16 ff.

333 In der Fassung vom 18.12.2008/22.01.2009, BAnz Nr. 49 a (Beilage) vom 31.03.2009, in Kraft getreten am 01.04.2009, zuletzt geändert am 22.11.2024, BAnz AT 15.01.2025 B 2 in Kraft getreten am 16.01.2025.

– **Zulässigkeit eines Off-Label-Use**

Der Leistungsanspruch des A zulasten der gesetzlichen Krankenversicherung könnte sich jedoch aufgrund eines ausnahmsweise zulässigen Off-Label-Use ergeben. Nachdem lange unklar war, wie die Verordnung von Arzneimitteln innerhalb der gesetzlichen Krankenversicherung im Zusammenhang mit arzneimittelrechtlichen Fragestellungen umgesetzt werden soll, entwickelte das BSG im Urteil vom 19.03.2002[334] Kriterien für den Off-Label-Use von Arzneimitteln zulasten der gesetzlichen Krankenversicherung in eng begrenzten Ausnahmefällen. Hintergrund hiervon ist, dass das BSG die geltenden Regelungen des Arzneimittelrechts insoweit als unzureichend ansah. Im AMG fehlen nämlich Vorkehrungen, die eine Patientenversorgung auch dann ermöglichen, wenn das zugelassene Arzneimittel sich in weiteren Anwendungsgebieten als therapeutisch nützlich erwies, der pharmazeutische Unternehmer aber – möglicherweise nur aus Kostengründen – keinen Antrag auf Neuzulassung stellt oder wenn über die beantragte Erweiterung der Zulassung noch nicht entschieden wurde.

Mit den Vorgaben des SGB V lässt sich das Problem nicht lösen. Nach Ansicht des BSG kann vor dem Hintergrund dieses Defizits die Leistungspflicht der Krankenkasse für einen Off-Label-Use nicht vollständig ausgeschlossen werden. Daher kommt die – ausnahmsweise – Verordnung eines Arzneimittels in einem von der Zulassung nicht umfassten Anwendungsgebiet nur in Betracht, wenn

- es um die Behandlung einer schwerwiegenden (lebensbedrohlichen oder die Lebensqualität auf Dauer nachhaltig beeinträchtigenden) Erkrankung geht,
- keine andere Therapie verfügbar ist und
- aufgrund der Datenlage die begründete Aussicht besteht, dass mit dem betreffenden Präparat ein Behandlungserfolg (kurativ oder palliativ) erzielt werden kann.

Damit Letzteres angenommen werden könne, müssten dem BSG zufolge Forschungsergebnisse vorliegen, welche erwarten ließen, dass das Arzneimittel für die betreffende Indikation zulassungsfähig sei. Eine verfassungskonforme Auslegung der einschlägigen gesetz-

334 B 1 KR 37/00 R, NZS 2002, 646ff.

lichen Regelungen sei nur gerechtfertigt, wenn eine notstandsähnliche Situation im Sinne einer in einem gewissen Zeitdruck zum Ausdruck kommenden Problematik vorliege, wie sie für einen zur Lebenserhaltung bestehenden akuten Behandlungsbedarf typisch sei. Nach den konkreten Umständen des vorliegenden Falls müsste daher bereits drohen, dass sich der voraussichtlich tödliche Krankheitsverlauf innerhalb eines kürzeren, überschaubaren Zeitraums mit großer Wahrscheinlichkeit verwirklichen würde. Ähnliches könne für den ggf. gleichzustellenden, akut drohenden und nicht kompensierbaren Verlust eines wichtigen Sinnesorgans oder einer herausgehobenen Körperfunktion gelten.[335]

A litt durch die unbekannte Viruserkrankung zwar an Magen- und Darmbeschwerden; dass er jedoch dauerhaft unter großen Schmerzen leidet, ein Sinnesorgan oder eine herausgehobene Körperfunktion im Sinne eines Verlustes beeinträchtigt sein könnte, ist allerdings nicht ersichtlich. Damit erfüllt A die Voraussetzungen der Kriterien des BSG für eine ausnahmsweise verordnungsfähige Off-Label-Use-Therapie zulasten der Krankenkasse nicht.

Somit hat A keinen Anspruch auf die Versorgung mit den eingeflogenen Arzneimitteln gem. §§ 27 Abs. 1 Satz 2 Nr. 3, 31 Abs. 1 SGB V zulasten der gesetzlichen Krankenversicherung.

c. Anspruch des A auf Krankenhausbehandlung

Fraglich ist, ob A einen Primäranspruch auf Krankenhausbehandlung in der Privatklinik von Prof. Dr. B gem. §§ 27 Abs. 1 Satz 2 Nr. 5, 39 Abs. 1 SGB V hatte.

A ist pflichtversichert, bei ihm liegt eine behandlungsbedürftige Krankheit vor und mindestens zwei der Behandlungsziele des § 27 Abs. 1 Satz 1 SGB V werden verfolgt, sodass es auf die Voraussetzungen des § 39 Abs. 1 SGB V ankommt.

Entsprechend dem Sachleistungsprinzip wird eine Krankenhausbehandlung ebenfalls grundsätzlich als Naturalleistung gewährt.[336] Hierfür stellen die Krankenkassen den Versicherten die nach § 108 SGB V zugelassenen Krankenhäuser zur Verfügung. Die stationäre Krankenhausbehandlung kann somit nur durch zugelassene Krankenhäuser gewährt werden.[337]

---

335 Zum Ganzen BSG, Urteil vom 27.03.2007 – B 1 KR 17/08 R, BeckRS 2007, 44843.

336 BSG, Urteil vom 24.04.1979 – 3 RK 32/77, BeckRS 1979, 311 43836; BeckOGK/*Gampert*, SGB V, 01.09.2017, § 39 Rn. 75.

337 BeckOGK/*Gampert*, SGB V, 01.09.2017, § 39 Rn. 27.

Die Privatklinik von Prof. Dr. B ist nicht zur vertragsärztlichen Versorgung zugelassen. Die fehlende Zulassung der Privatklinik ist nur unbeachtlich, wenn ein Notfall i. S. d. § 76 Abs. 1 Satz 2 SGB V vorliegt. Es bestehen keine Anhaltspunkte dafür, dass eine rechtzeitige Krankenhausbehandlung in einem zur vertragsärztlichen Behandlung zugelassenen Krankenhaus nicht möglich gewesen wäre.

A hatte somit keinen Primäranspruch auf die Krankenhausbehandlung in der Privatklinik von Prof. Dr. B gem. §§ 27 Abs. 1 Satz 2 Nr. 5, 39 Abs. 1 SGB V zulasten der gesetzlichen Krankenversicherung.

d. Anspruch des A auf ärztliche Behandlung

A könnte jedoch gemäß §§ 27 Abs. 1 Satz 2 Nr. 1, 28 Abs. 1 SGB V einen Anspruch auf ärztliche Behandlung gehabt haben. § 28 SGB V definiert in Abs. 1 die ärztliche Behandlung. Demzufolge ist unter einer ärztlichen Behandlung zu verstehen, dass ein Arzt tätig geworden ist, dass diese Tätigkeit mindestens ein Behandlungsziel des § 27 Abs. 1 SGB V verfolgt und dass diese Tätigkeit nach den Regeln der ärztlichen Kunst ausreichend und zweckmäßig ist.[338] Die Ansprüche auf ärztliche Behandlungen sind durch Richtlinien des gemeinsamen Bundesausschusses regelmäßig auf der Grundlage von § 92 SGB V sowie durch Regelungen der Bundesmantelvertragsparteien näher bestimmt.[339]

Die Operation durch Dr. M könnte gegen § 1 der Richtlinie zu Untersuchungs- und Behandlungsmethoden der vertragsärztlichen Versorgung verstoßen. Bei der Richtlinie handelt es sich um ein Verbot mit Erlaubnisvorbehalt; die Anwendung einer neuen Behandlungsmethode zulasten der gesetzlichen Krankenversicherung muss zunächst durch eine Entscheidung des Bundesausschusses empfohlen werden.

An einer entsprechenden Empfehlung fehlt es jedoch; hierauf bezieht sich die AOK Hessen. Da die Entfernung eines Teilstücks des Magens für die Viruserkrankung des A keine bekannte Behandlungsmethode ist, ist sie auch nicht in der Anlage 1 – anerkannte Untersuchungs- oder Behandlungsmethoden – zu § 1 der Richtlinien aufgeführt.

Die von Dr. M erbrachte Leistung der Arzneimittelversorgung, der Operation sowie die Krankenhausbehandlung bei Prof. Dr. B ent-

338 So schon BGH, Urteil vom 27.11.1952, VI ZR 25/52, BGHZ 8, 138, 140.

339 *Fahlbusch*, in: Schlegel/Voelzke, jurisPK-SGB V, 4. Aufl. 2020, § 28 SGB V Rn. 13; Bundesmanteltarifvertrag-Ärzte vom 01.01.2025 gem. § 82 Abs. 1 SGB V.

sprechen ihrer Art nach nicht dem Leistungsumfang der gesetzlichen Krankenversicherung. Somit liegen die Voraussetzungen eines Kostenerstattungsanspruchs – Primäranspruch – gem. § 13 Abs. 3 SGB V nicht vor.

4. Systemversagen

§ 13 Abs. 3 SGB V erfasst beim Fehlen eines Primäranspruchs einen weiteren Fall des Systemversagens des Leistungserbringerrechts. Der Rechtsprechung des BSG zufolge handelt es sich dogmatisch um einen verschuldensunabhängigen Schadensersatzanspruch aus der Garantiehaftung des Krankenversicherungsträgers.[340]

Das BSG nimmt ein Systemversagen, das der Versicherungsträger sich zurechnen lassen muss, an, wenn der ärztliche Leistungserbringer (Vertragsarzt) den Versicherten bei Verordnung der Fremdleistung nicht ausreichend unterrichtet. Der Versicherte, welcher krankenversicherungsrechtlich zulässig einen zugelassenen Leistungserbringer aufsucht, dürfe grundsätzlich darauf vertrauen, dass dieser ihm nur zugelassene Naturalleistungen im Rahmen des gesetzlichen Naturalleistungssystems, d.h. durch zugelassene Leistungserbringer, verordne oder verschaffe. Zu den öffentlich-rechtlichen Amtspflichten des ärztlichen Leistungserbringers, also des Vertragsarzts, gehöre insbesondere die dem Schutz der Versichertengemeinschaft und des Versicherten – u.a. vor Belastungen aus unter Umständen objektiv ungerechtfertigten Fremdleistungen – dienende Aufklärungs- und Informationspflicht darüber, dass eine Leistung veranlasst werden solle, die der Versicherte grundsätzlich selbst bezahlen müsse. Der ärztliche Leistungserbringer müsse den Versicherten oder die Krankenkasse rechtzeitig darüber unterrichten, dass er eine Fremdleistung an-/verordnen oder beschaffen wolle.

Dr. M erbrachte zwar mit der Diagnosestellung zunächst eine vertragsärztliche Leistung, hinsichtlich der streitigen Leistungen wurde er aber als Privatarzt tätig. Anhaltspunkte dafür, dass er den A, welcher bei der AOK Hessen pflichtversichert ist und mit ihm einen zur vertragsärztlichen Versorgung zugelassenen Arzt aufsuchte, darüber aufgeklärt hat, dass er eine Leistung erbringen wollte, die nicht vom Leistungsumfang der gesetzlichen Krankenversicherung gedeckt ist, fehlen. Somit hat Dr. M gegen seine öffentlich-rechtliche Informationspflicht verstoßen.

---

340 BSG, NJW 1997, 1661f.; BeckOK SozR/*Joussen*, SGB V, 75. Ed. 01.12.2024, § 13 Rn. 12, 14.

Dass sich A in die Behandlung eines zur vertragsärztlichen Versorgung zugelassenen Leistungserbringers begab, spricht dafür, dass er i.R.d. vertragsärztlichen Versorgung behandelt werden wollte. Auch hier liegen keine Hinweise dafür vor, dass Dr. M seiner Aufklärungspflicht nachkam. Somit wusste A nicht, dass Dr. M ihm gegenüber privatärztlich tätig werden wollte. Dr. M setzte vielmehr den Rechtsschein, dass die Leistungen im Rahmen einer vertragsärztlichen Versorgung erfolgten. A bemühte sich des Weiteren bei mehreren zur vertragsärztlichen Versorgung zugelassenen Ärzten um die Sachleistung, sodass er alles unternahm, um Sachleistungen der gesetzlichen Krankenversicherung zu erhalten.

Somit erfüllt A die Voraussetzungen des § 13 Abs. 3 Satz 1 Var. 1 SGB V.

III. Anspruchsumfang

Der Anspruch ist auf Kostenerstattung gerichtet. Dieser umfasst sämtliche bei der Beschaffung der Leistung entstandenen „notwendigen" Kosten. Hierunter sind nur die Kosten zu verstehen, auf die ein wirksamer Vergütungsanspruch besteht; die Erstattung von Kosten, die dem Versicherten aufgrund rechtsgrundloser Leistung entstehen, kommt nicht in Betracht.[341]

Fraglich ist, ob A die Zahlung von 22.000,00 € ohne Rechtsgrund leistete. Das wäre nicht der Fall, wenn Dr. M und Prof. Dr. B einen Vergütungsanspruch gegen A hätten.

1. Anspruch aus Geschäftsführung ohne Auftrag

Ein Anspruch von Dr. M/Prof. Dr. B aus §§ 670, 683 BGB setzt voraus, dass eine Behandlung als Privatpatient mit der Verpflichtung, die entsprechenden Kosten selbst zu tragen, dem wirklichen oder mutmaßlichen Willen des A oder seinem Interesse entsprochen hätte.[342] A wollte sich jedoch gerade nicht als Privatpatient behandeln lassen, sodass eine solche Behandlung nicht in seinem Interesse lag. Ein Anspruch des Dr. M/Prof. Dr. B gegen A gem. §§ 670, 683 BGB scheidet somit aus.

2. Anspruch aus § 812 Abs. 1 Satz 1 Var. 1 BGB

Dr. M/Prof. Dr. B könnten jedoch einen Anspruch auf die Zahlung von 22.000,00 € gegen A nach § 812 Abs. 1 Satz 1 Var. 1 BGB haben. Dazu

341 BSG, NZS 2001, 198, 199.
342 BSG, NJW 2002, 1365 f.

ist erforderlich, dass A etwas durch Leistung ohne Rechtsgrund erlangte. Dr. M/Prof. Dr. B behandelten A medizinisch. Für eine solche Krankenbehandlung ist im Regelfall ein Entgelt zu entrichten. Daher erlangte A einen Vermögensvorteil, also ein „Etwas". Dieses „Etwas" erlangte A jedoch nicht durch Leistung von Dr. M/Prof. Dr. B. Es bestand also in Bezug auf die in Rede stehende Behandlung kein Leistungsverhältnis. In einem Mehrpersonenverhältnis ist Leistender derjenige, welcher aus der Sicht eines verständigen Empfängers – sog. objektiver Empfängerhorizont – die Leistung gewährt.[343] Das war hier die AOK Hessen. Sie schuldete dem A die von Dr. M und Prof. Dr. B für erforderlich gehaltene privatärztliche Behandlung als Sachleistung.

Somit leisteten nicht Dr. M oder Prof. Dr. B. Im Recht der gesetzlichen Krankenversicherung ist nicht der Leistungserbringer der Leistende im Sinne des Bereicherungsrechts; der zuständige Krankenversicherungsträger bedient sich des Leistungserbringers, um seiner eigenen Leistungsverpflichtung gegenüber dem Versicherten nachzukommen.[344] Diese Deutung folgt nicht zuletzt aus § 1 SGB V, wonach die Krankenversicherung – nicht der Leistungserbringer – als Solidargemeinschaft die Aufgabe hat, die Gesundheit der Versicherten zu erhalten, wiederherzustellen oder ihren Gesundheitszustand zu bessern.

Eine Leistungsbeziehung zwischen Dr. M/Prof. Dr. B und A liegt insofern nicht vor. Ein bereicherungsrechtlicher Anspruch besteht folglich nicht.

Damit waren die Kosten nicht „notwendig" i.S.d. § 13 Abs. 3 Satz 1 SGB V.

IV. Ausnahme?

Fraglich ist, ob es im Lichte eines Systemversagens – Informationspflichtverletzung durch den Leistungserbringer – eines wirksamen Anspruchs von Dr. M/Prof. Dr. B bedarf, damit A einen Kostenerstattungsanspruch nach § 13 Abs. 3 SGB V hat.

Der Leistungserbringer ist grundsätzlich auf das Innenverhältnis zur Krankenkasse verwiesen, wenn er Leistungen erbringt, von denen der Versicherte annehmen darf, dass sie auf Kosten der gesetzlichen Krankenversicherung erbracht werden und der Leistungserbringer nach Maßgabe der Rahmenverträge mit der Krankenversicherung abrech-

343 BSG, NJW 2002, 1365f.

344 *Eichenhofer*, SGB 2003, 365, 367.

net.[345] Stellt er dem Versicherten eine Leistung in Rechnung, obwohl er dazu nicht berechtigt ist, so handelt er pflichtwidrig.[346] Dem A sind von den Leistungserbringern Leistungen in Rechnung gestellt worden, obwohl sie keinen zivilrechtlichen Anspruch gegen A hatten. Hieraus folgt, dass A einen öffentlich-rechtlichen Anspruch auf Freistellung gegenüber der Forderung von Dr. M/Prof. Dr. B hat, es sei denn, er führt mit den Leistungserbringern einen bereicherungsrechtlichen Zivilrechtsstreit bezüglich seiner Leistungspflicht. In dieser Ausgestaltung des Systemversagens – Verletzung der öffentlich–rechtlichen Informationspflicht – stellt sich das Problem, ob A zugemutet werden kann, in einen Zivilrechtsstreit mit den Leistungserbringern verwickelt zu werden.[347]

Dagegen spricht zum einen, dass der Leistungserbringer das im Gesetz nicht näher definierte Rahmenrecht nach §§ 27 ff. SGB V konkretisiert.[348] Erst daraus folgt der Anspruch des Versicherten. Der zur vertragsärztlichen Versorgung zugelassene Leistungserbringer verfügt insoweit über öffentlich-rechtliche Rechtsbefugnis. Er stellt den Versicherungsfall Krankheit fest und entscheidet über die ausreichende, zweckmäßige und wirtschaftlich notwendige (§ 12 Abs. 1 Satz 1 SGB V) Behandlung des Versicherten. Die Krankenkasse kann nachträgliche Einwendungen nur im Verhältnis zum Leistungserbringer geltend machen, auch wenn dieser die Krankenkasse nicht über den gesetzlichen (Leistungs-)Rahmen hinaus verpflichten darf. Die Krankenkasse muss sich das Verhalten des Leistungserbringers im Verhältnis zum Versicherten wegen eines Systemversagens – einer Informationspflichtverletzung – zurechnen lassen.[349]

Für einen Kostenerstattungsanspruch des A spricht außerdem, dass er als medizinischer Laie gegenüber dem Arzt keinen Einfluss auf dessen Behandlung hat. Es ist vielmehr angezeigt, dass eine Klärung des Rechtsverhältnisses zwischen Krankenkasse und Leistungserbringer erfolgt, ansonsten würde der einflusslose Versicherte das Risiko des Versagens der Kontrollmechanismen der Krankenkassen tragen.[350]

Schließlich wäre es ein Widerspruch, dem Versicherten einerseits einen Anspruch wegen Systemversagens des Leistungserbringerrechts – Vertrauensschutz wegen Informationspflichtverletzung des Leistungserbrin-

345 BSG, NZS 1997, 322, 323.
346 Dazu *Meydam*, SGB 1997, 101, 102.
347 *Meydam*, SGB 1997, 101, 102.
348 BSG, NJW 1997, 1657, 1658.
349 BSG, Urteil vom 24.09.1996 – 1 RK 26/95, BeckRS 1996, 30420803.
350 Rechtsprechungsübersicht in: NZS 2007, 133.

gers – zuzubilligen und diesen Anspruch andererseits dann wegen dessen Pflichtwidrigkeit entfallen zu lassen. Denn dieser Verstoß des Leistungserbringers hindert das Entstehen eines wirksamen Vergütungsanspruchs (§ 18 Abs. 8 BMV-Ä, § 21 EKV) und damit auch das Entstehen des Kostenerstattungsanspruchs des Versicherten nach § 13 Abs. 3 Satz 1 SGB V. In diesem Fall des Systemversagens bedarf es keines wirksamen Vergütungsanspruchs von Dr. M/Prof. Dr. B gegen A.

V. Ergebnis

A hat gegen die AOK Hessen einen Anspruch auf Erstattung der für seine Behandlung aufgewendeten Kosten i. H. v. 22.000,00 €.

Klausur 3: Gesetzliche Unfallversicherung – Verfolgungsfahrt im Dienstwagen

Der Fall betrifft – eingebettet in den Regress des Sozialversicherungsträgers aufgrund von übergegangenen Ansprüche nach § 116 Abs. 1 SGB X – verschiedene zivilrechtliche Haftungsprobleme sowie Fragen des Haftungsausschlusses i. R. d. gesetzlichen Unfallversicherung nach SGB VII.

Sachverhalt

A ist als Monteur im Außendienst bei der S-GmbH beschäftigt und gesetzlich unfallversichert. Er fährt mit einem Firmenwagen, welcher ihm auch zur privaten Nutzung überlassen ist, von seiner Wohnung zu seiner Arbeitsstätte. Auf dem Weg dorthin unterbricht A die Fahrt und macht an seinem auf dem Weg zur Arbeit liegenden Stammkiosk des W halt, um sich mit Getränken zu versorgen. Plötzlich dringt der mit einer Pistole bewaffnete R in den Innenraum des Kiosks ein und verlangt vom Betreiber das vorhandene Bargeld heraus. Als R das Geld einsteckt, hält A die Gelegenheit für günstig und stürzt sich auf R. Dieser feuert mit seiner Pistole allerdings in den Raum und trifft A mit einem Streifschuss, wobei dieser nur leicht verletzt wird. R flieht mit einem Motorrad. A nimmt die Verfolgung des R mit dem Firmenfahrzeug auf, um R festzunehmen.

Als A mit hoher Geschwindigkeit den R verfolgt und dabei alle Geschwindigkeitsbeschränkungen ignoriert, versagen in einer Kurve die Bremsen seines Firmenwagens. Deren Wartung durch den Mitarbeiter M der firmeneigenen Fahrzeugwerkstatt war unzureichend. A erleidet infolgedessen einen Unfall, bei welchem er sich einen komplizierten Schienbeinbruch sowie mehrere leichte Verletzungen zuzieht. Die Folgen der Beinfraktur können nur durch eine Reihe von Operationen behoben werden.

Bestehen Regressansprüche des Unfallversicherungsträgers, der Leistungen in gesetzlichem Umfang erbrachte?

Aufbauhinweis

Regelmäßig wird in den methodischen Hinweisen zur Falllösung im Zivilrecht empfohlen, vertragliche vor deliktischen Anspruchsgrundlagen zu prüfen. Davon sollte im vorliegenden Fall abgewichen werden. Ausgehend vom Sachverhalt ist zu fragen, wie die dort mitgeteilten Tatsachen rechtlich einzuordnen sind, d. h. welchem materiell-rechtlichen Rechtsverhältnis der geschilderte Lebensvorgang entspricht. Hier ist R die tat- und handlungsnächste Person. Gegen ihn kommen vertragliche Ansprüche offensichtlich nicht in Betracht, sodass mit deliktischen Ansprüchen von A gegen R zu beginnen ist.

Gliederung

I. Ansprüche des Unfallversicherungsträgers aus übergegangenem Recht gem. § 116 Abs. 1 SGB X

II. Bestehen von Ansprüchen des Versicherten

1. Schadensersatzansprüche des A nach §§ 823 ff. BGB

a. Anspruch gegen R aus § 823 Abs. 1 BGB

aa. Körper- und Gesundheitsverletzung

bb. Verletzungshandlung

cc. Kausalität und Zurechnung

Problem: Zurechnung in Verfolgungsfällen

dd. Rechtswidrigkeit

ee. Verschulden

ff. Ergebnis

b. Anspruch gegen M aus § 823 Abs. 1 BGB

aa. Körper- und Gesundheitsverletzung

bb. Verletzungshandlung

cc. Kausalität und Zurechnung

dd. Bestehen einer Verkehrssicherungspflicht

Problem: Verkehrssicherungspflicht des Arbeitnehmers

ee. Schutzbereich der Verkehrssicherungspflicht

ff. Rechtswidrigkeit

gg. Verschulden

hh. Haftungsausschluss gem. § 105 Abs. 1 SGB VII

ii. Ergebnis

c. Haftung der S-GmbH nach § 831 Abs. 1 BGB

2. Schadensersatzanspruch nach § 7 Abs. 1 StVG

3. Schadensersatzansprüche wegen Vertragsverletzung

a. Anspruch gegen die S-GmbH aus §§ 280 Abs. 1, 618 Abs. 1, 278 BGB

aa. Schuldverhältnis

bb. Pflichtverletzung

cc. Kausalität und Zurechnung des Schadens

Problem: Erfassung der privaten Nutzung eines Firmenfahrzeugs vom Schutzzweck des § 618 Abs. 1 BGB

dd. Vertretenmüssen

Lösung

I. Ansprüche des Unfallversicherungsträgers aus übergegangenem Recht gem. § 116 Abs. 1 SGB X

Der zuständigen Berufsgenossenschaft als Trägerin der Arbeitnehmer-Unfallversicherung[351] könnten möglicherweise Regressansprüche wegen der von ihr zu erbringenden Leistungen aus den auf sie übergegangenen Schadensersatzansprüchen des A gegenüber Dritten zustehen. Diese könnten für die von A erlittenen gesundheitlichen Schäden – zivilrechtlich – haften. Die einzige in Betracht kommende Rechtsgrundlage für den Anspruchsübergang stellt § 116 Abs. 1 Satz 1 SGB X dar. Danach gehen privatrechtliche Schadensersatzforderungen im Wege einer Legalzession auf den Versicherungsträger über; es handelt sich insoweit um einen abgeleiteten und keinen originären Anspruch.[352]

Die Geltendmachung von Schadensersatzansprüchen des A durch die Berufsgenossenschaft setzt voraus, dass solche Ansprüche zugunsten des A entstanden und wegen sachlicher sowie zeitlicher Kongruenz mit den zu erbringenden Leistungen der gesetzlichen Unfallversicherung auf den Versicherungsträger übergegangen sind.

II. Bestehen von Ansprüchen des Versicherten A

1. Schadensersatzansprüche des A nach §§ 823 ff. BGB

a. Anspruch gegen R aus § 823 Abs. 1 BGB

A könnte gegen R einen Anspruch auf Schadensersatz aus § 823 Abs. 1 BGB haben, wenn R durch seine Flucht zurechenbar und schuldhaft die Körper- und Gesundheitsverletzungen des A verursachte.

351 Ansprüche der für A zuständigen Krankenkasse entfallen wegen § 11 Abs. 5 SGB V.

352 *Fuchs*, Zivilrecht und Sozialrecht, 1992, S. 182.

aa. Körper- und Gesundheitsverletzung

A zog sich bei dem Unfall einen komplizierten Schienbeinbruch zu. Die erforderliche Rechtsgutverletzung liegt damit vor.

bb. Verletzungshandlung

Dem R wird die Verletzung eines Rechtsguts des A dann zugerechnet, wenn sie auf seinem Handeln beruht. Das Handeln umfasst das positive Tun und das – pflichtwidrige – Unterlassen, welches zu einer nachteiligen Beeinträchtigung führt.[353] Eine solche Handlung ist hier in der Flucht des R mit einem Motorrad bei überhöhter Geschwindigkeit zu sehen.

cc. Kausalität und Zurechnung

Die Gesundheitsbeeinträchtigungen des A müssten durch das Verhalten des R auch kausal und zurechenbar verursacht worden sein.

R ist auf einem Motorrad geflohen und veranlasste den A dadurch, ihn zu verfolgen, sodass das Handeln des R für die bei dieser Verfolgung eingetretene Körperverletzung kausal wurde. Seine Flucht ist eine conditio sine qua non für die Körperverletzung. Somit ist die Flucht des R kausal im Sinne der Äquivalenztheorie[354] für die Verletzungen des A. Vom Standpunkt des optimalen Beobachters war die Flucht des R nach der Lebenserfahrung generell dazu geeignet, den A zur Verfolgung zu veranlassen und dessen Verletzung herbeizuführen. Insoweit verursachte R die Körperverletzung adäquat kausal.[355]

Des Weiteren müsste der durch das schädigende Ereignis eingetretene Verletzungserfolg vom Schutzzweck des § 823 Abs. 1 BGB erfasst werden. Grundsätzlich reicht es zur Feststellung der Tatbestandsmäßigkeit zwar aus, dass die Rechtsgutverletzung adäquat kausal auf dem Handeln des Anspruchsgegners beruht. Es ist aber nicht in jedem Fall sachgerecht, allein aufgrund dieser adäquaten Kausalität dem Anspruchsgegner die Rechtsgutverletzung zuzurechnen. Der Schaden ist hier nicht unmittelbar durch eine Handlung des Schädigers – die Flucht – verursacht worden, sondern nur mittelbar. Ohne die hinzugetretene Verfolgungshandlung wäre der Erfolg nicht eingetreten. Da alle mit der Rechtsverletzung im inneren Zusammenhang stehenden Nachteile, deren Eintritt nach dem

353 BGHZ 39, 103, 106; MüKoBGB/*Wagner*, 9. Aufl. 2024, BGB § 823 Rn. 66.

354 Vgl. *Körber/Effer-Uhe*, JuS 2006, 1003, 1005; *Eleftheriadou*, JuS 2009, 434, 439.

355 *Vgl. Körber/Effer-Uhe*, JuS 2006, 1003, 1005; *Eleftheriadou*, JuS 2009, 434, 439.

Sinn und Zweck der haftungsbegründenden Norm verhindert werden soll, auszugleichen sind, sind grundsätzlich auch die mittelbaren Schäden auszugleichen. Die Haftung des Anspruchsgegners kann allerdings dann unbillig sein, wenn der Anspruchsteller selbst die Verletzungshandlung unmittelbar vornahm und der Anspruchsgegner nur mittelbar, wenn auch adäquat kausal, daran beteiligt war.

A nahm die Verfolgung des R aufgrund eines frei gefassten und selbstständigen Entschlusses auf. Somit hätte allein die Flucht des R die Verletzung bei A nicht herbeigeführt. Fraglich ist daher, ob dem R die Verletzung des A nur wegen der adäquaten Kausalität zuzurechnen ist.

Nach allgemeiner Meinung kann in den sog. Verfolgungsfällen[356] die objektive Zurechnung nur aufgrund einer weiteren wertenden Betrachtung erfolgen. Im Einzelnen gilt dafür: Der Verfolgte muss den Verfolgenden zum Eingreifen geradezu herausgefordert haben,[357] d.h. für ihn erkennbar durch seine Flucht – ohne Notwendigkeit – in zurechenbarer Weise eine Lage erhöhter Verletzungsgefahr für den Verfolger geschaffen haben, indem er die mit dem Gesetz in Einklang stehende Verfolgung durch den Verfolger herausforderte, obwohl er die nicht unerhebliche Gefährdung voraussehen und vermeiden konnte.[358] Der Verfolger muss sich zu seiner Reaktion herausgefordert fühlen dürfen.[359] Er muss durch die im Ansatz billigenswerte hervorgerufene Motivation[360] annehmen können, er sei zum Handeln verpflichtet oder er handle wenigstens in Wahrnehmung berechtigter Interessen.

Zudem muss der Grundsatz der Verhältnismäßigkeit gewahrt sein, d.h., zwischen dem Zweck der Verfolgung und deren erkennbaren Risiken muss ein angemessenes Verhältnis bestehen.[361]

Schließlich muss die Rechtsgutverletzung durch die mit der Verfolgung verbundenen Risiken eingetreten sein. Verwirklicht sich da-

---

356 Grundlegend BGH, Urteil vom 13.07.1971, NJW 1971, 1980, 1981; BeckOK BGB/*Flume*, BGB, 72. Ed. 01.05.2024, § 249 Rn. 317.

357 BGH, NJW 1996, 1533.

358 BGH, NJW 1996, 1533.

359 BGH, NJW 1996, 1533.

360 BGH, NJW 1996, 1533.

361 MüKoBGB/*Oetker*, 9. Aufl. 2022, BGB § 249 Rn. 171.

gegen bei der Verfolgung nur das allgemeine Lebensrisiko, so wird die Handlung dem mittelbaren Verursacher nicht zugerechnet.[362]

Auf den Fall bezogen bedeutet dies, dass R durch sein Verhalten bei A eine billigenswerte Motivationslage hervorgerufen haben müsste. Die billigenswerte Motivationslage ist in den begangenen Straftaten der räuberischen Erpressung gemäß §§ 253, 255 StGB zum Nachteil des W und der vorsätzlichen Körperverletzung gemäß § 223 Abs. 1 StGB zum Nachteil des A zu sehen. Wegen dieser Straftaten liegen auch die Voraussetzungen für das jedermann und somit auch A zustehende Festnahmerecht nach § 127 Abs. 1 Satz 1 StPO vor. Die Rechtsprechung erkannte eine billigenswerte Motivationslage für den Fall an, dass sich Polizeibeamte zur Erfüllung ihrer hoheitlichen Aufgaben zu einer Verfolgung herausgefordert fühlen und zu Schaden kommen.[363] Für die jedermann zustehende Festnahmebefugnis nach § 127 Abs. 1 Satz 1 StPO gilt nichts anderes angesichts der gesetzgeberischen Wertung, Verfolgern von Straftätern i. R. d. gesetzlichen Unfallversicherung nach § 2 Abs. 1 Nr. 13 c SGB VII für Gesundheitsschäden und nach § 13 SGB VII darüber hinaus sogar für Sachschäden Ersatz zu leisten. Nach dem Willen des Gesetzgebers soll der sonst in der gesetzlichen Unfallversicherung ausgeschlossene Sachschadens- und Aufwendungsersatz den im Gesetz genannten Helfern aufgrund ihres besonderen uneigennützigen Einsatzes zugestanden werden.[364] Danach dürfte sich A zur Verfolgung des R herausgefordert fühlen.

Fraglich ist, ob auch ein angemessenes Verhältnis zwischen dem Zweck der Verfolgung und deren erkennbaren Risiken gewahrt ist.[365] Hierbei sind alle Umstände zu berücksichtigen.

Im vorliegenden Fall war die Verfolgung des R für A zwar gefährlich, gleichwohl folgt aus dem Grundsatz der Verhältnismäßigkeit nicht, dass jedes gefährliche Verhalten des Verfolgers allein wegen seiner Gefahren eine Zurechnung ausschließt. Ein derartiges Alles-oder-nichts-Prinzip ließe keinen Raum für eine Abwägung nach § 254 BGB, sondern würde vielmehr eine differenzierende Abwägung erschweren oder sogar verhindern. Somit bestand hier – zwischen dem Risiko eines Unfalls und dem

362 BGH, NJW 1996, 1533.
363 BGH, NJW 1996, 1533.
364 Vgl. BGH, NJW 2012, 1951, 1952.
365 MüKoBGB/*Oetker*, 9. Aufl. 2022, BGB § 249 Rn. 172.

Zweck der Verfolgung bei sehr hoher Geschwindigkeit angesichts der Schwere der dem R zu Last fallenden Delikte – kein Missverhältnis. R musste damit rechnen, dass A ihm mit dem Firmenwagen folgen würde. Es fehlen hier auch schutzwürdige Interessen des R an seiner Flucht. Nach den gegebenen Umständen steht das Risiko der Verfolgung nicht außer Verhältnis zu seinem Zweck.

Fraglich ist allerdings, ob sich der Schadenseintritt nicht deswegen dem persönlichen Lebensbereich des A – und nicht dem Handeln des R – zuordnen lässt, da A ein wegen der mangelhaft gewarteten Bremsen nicht voll funktionstüchtiges Fahrzeug einsetzte und die Ursache des Schadens damit aus seiner Sphäre herrührt. Für eine derartige Sichtweise ließe sich anführen, dass der Schaden letztlich auch bei ausschließlich privater oder dienstlicher Nutzung des Fahrzeugs durch A eingetreten wäre und es vor diesem Hintergrund zweifelhaft erscheint, dem A einen Anspruch zuzusprechen, nur weil sich der Unfall zufälligerweise während einer Verfolgungsfahrt und nicht während einer privaten oder dienstlichen Fahrt ereignete.

Dem ist jedoch entgegenzutreten. Das Unfallrisiko ist nicht allein deswegen, weil der Unfall letztlich auf einem technischen Defekt des eingesetzten Fahrzeugs oder gar auf einem persönlichen Fehlverhalten des A beruht, dessen persönlichen Lebensbereich zuzuordnen. Damit wird die durch das jedermann zustehende Festnahmerecht nach § 127 Abs. 1 Satz 1 StPO veranlasste Fahrt des A nicht zur Dienst- oder Privatfahrt.

Der durch die Flucht des R mittelbar verursachte Schaden wird demgemäß vom Schutzzweck des § 823 Abs. 1 BGB umfasst und kann dem R zugerechnet werden.

dd. Rechtswidrigkeit

Die durch die Flucht des R verursachte Körper- und Gesundheitsverletzung ist rechtswidrig.

ee. Verschulden

Hinsichtlich des Verletzungserfolgs müsste R fahrlässig gehandelt haben. R missachtete bei seiner Flucht mit Höchstgeschwindigkeit die Regeln der StVO und handelte damit sorgfaltspflichtwidrig. Für R war auch vorhersehbar, dass es bei einer durch ihn provozierten Verfolgungsjagd mit einem hohen Tempo zu Schädigungen bei ihm als Verfolger – gerade durch die besonderen Bedingungen einer solchen Verfolgung – kommen konnte. R hätte dieses Risiko vermeiden können, indem er eine geringere Geschwindigkeit gewählt hätte. Damit handelte R in Bezug auf die Verursachung der Körper- und Gesundheitsschäden des A auch fahrlässig.

ff. Ergebnis

A hat einen Anspruch nach § 823 Abs. 1 BGB gegen R. Dieser richtet sich auf Ersatz der Heilungskosten nach § 249 Satz 2 BGB, auf ein angemessenes Schmerzensgeld gem. § 253 Abs. 2 BGB sowie auf Ausgleich der Erwerbsnachteile gem. § 842 BGB.

b. Anspruch gegen M aus § 823 Abs. 1 BGB

A könnte einen Anspruch auf Ersatz seiner Schäden aus § 823 Abs. 1 BGB haben, wenn M durch die mangelhafte Wartung der Bremsen die Körper- und Gesundheitsverletzungen des A schuldhaft in zurechenbarer Weise verursachte.

aa. Körper- und Gesundheitsverletzungen

A erlitt durch den Unfall die beschriebenen Gesundheitsbeeinträchtigungen.

bb. Verletzungshandlung

Als Verhalten des M, welches die Körper- und Gesundheitsverletzungen des A verursachte, ist das Unterlassen der ordnungsgemäßen Wartung der Bremsen des Firmenfahrzeugs zu sehen.

cc. Kausalität und Zurechnung

Durch dieses Unterlassen des M müssten die Gesundheitsbeeinträchtigungen des A in kausaler und zurechenbarer Weise verursacht worden sein.

Die Durchführung der ordnungsgemäßen Wartung der Bremsen durch M hätte das Bremsversagen in der Kurve bei hoher Geschwindigkeit und damit die Entstehung des Schadens verhindert. Somit liegt Kausalität im Sinne der Äquivalenztheorie vor.

Aufgrund der Tatsache, dass die Ursächlichkeit im Sinne der Bedingungstheorie nicht ausreicht, muss ein adäquater Kausalzusammenhang bestehen. Ursächlich nach der Adäquanztheorie sind solche Bedingungen, die im Allgemeinen und nicht nur unter besonders eigenartigen, unwahrscheinlichen und nach dem gewöhnlichen Lauf der Dinge außer Betracht zu lassenden Umständen geeignet sind, einen Erfolg dieser Art herbeizuführen.[366] Dabei sind nach höchstrichterlicher Rechtsprechung zum einen alle Umstände zu berücksichtigen, die für den optimalen Beobachter zum Zeitpunkt des Eintritts des Ereignisses erkennbar waren und zum anderen auch die, welche dem Handelnden bekannt waren.[367]

Im vorliegenden Fall ist ein adäquater Kausalzusammenhang zu bejahen, denn das Unterlassen der mangelfreien Bremsenwartung ist dem Grunde nach dazu geeignet, deren Versagen herbeizuführen. Demzufolge ist M die adäquate Verursachung des schädigenden Ereignisses zuzurechnen.

Für eine endgültige Zurechnung der Schädigung reicht dies jedoch noch nicht aus. Der Schutzzweck des § 823 Abs. 1 BGB umfasst zwar auch mittelbar verursachte Schäden.[368] Vorliegend sind darüber hinaus aber die Folgen des Unterlassens zu werten. Dieses Unterlassen, die Bremsen ordnungsgemäß zu warten, ist nur dann ein tatbestandsmäßiges Handeln, wenn für M eine Rechtspflicht zum Handeln bestand, denn ohne eine solche Pflicht ist das Unterlassen als solches rechtlich ohne Bedeutung.[369]

M müsste also eine Verkehrssicherungspflicht verletzt haben, als er die Bremsen des Firmenfahrzeugs mangelhaft wartete.

dd. Bestehen einer Verkehrssicherungspflicht

Zunächst müsste M eine Verkehrssicherungspflicht obliegen. Diese Pflicht kann hier unter dem Aspekt der Übernahme einer Aufgabe[370] infrage kommen. Wer eine bestimmte Aufgabe übernimmt, trägt die Verantwortung für deren ordnungsgemäße Erfüllung. Hierdurch entstehen Obhutspflichten im Hinblick auf diejenigen Rechtsgüter, welche bei Nichterfüllung der Aufgabe gefährdet sind. Grundgedanke dieser Haftung ist, dass derjenige, der eine Aufgabe übernimmt, das Vertrauen erweckt, die Aufgabe ordnungsgemäß zu erfüllen.[371]

M oblag die Aufgabe, als Mitarbeiter einer Werkstatt, den Firmenwagen der S-GmbH zu warten. Hierdurch übernahm er die bestehende Verkehrssicherungspflicht der S-GmbH als Fahrzeughal-

---

366 BGH, NJW 1975, 168, 169.

367 So bereits BGHZ 3, 261, 267 f.

368 HK-BGB/*Staudinger*, 12. Aufl. 2023, BGB § 823 Rn. 16.

369 S. o. Fn. 6.

370 BGHZ 110, 114, 121; 142, 227, 233.

371 Dazu *Raab*, JuS 2002, 1041, 1044.

terin. Damit erweckt M Vertrauen im Hinblick auf den ordnungsgemäßen Zustand des Fahrzeugs, ebenso seitens der S-GmbH. Denn auch der an sich Verkehrssicherungspflichtige bleibt nach der Übertragung der Aufgabe verkehrssicherungspflichtig. Seine eigene Verkehrssicherungspflicht wandelt sich in eine Überwachungspflicht um bzw. verringert sich bei Inanspruchnahme abhängig Beschäftigter, ohne sie völlig zu beseitigen.[372]

Nach Auffassung des BGH besteht eine eigene Verkehrssicherungspflicht jedoch nur bei Personen, die beruflich oder im gewerblichen Leben eine gewisse selbstständige Stellung erlangt oder ihre beruflichen oder gewerblichen Dienste der Allgemeinheit anbieten und die damit kraft ihres Berufs oder Gewerbes eine besondere Verantwortlichkeit der Allgemeinheit gegenüber übernommen haben. Wer lediglich als Arbeitnehmer den Weisungen seines Arbeitgebers nachkommt und ihm gegenüber Aufsichtspflichten zu erfüllen hat, kann demzufolge – bei mangelhafter Erfüllung seiner Dienstpflichten – nicht unter dem Gesichtspunkt, er habe seinen Beruf schlecht ausgeübt, von einem dadurch betroffenen Dritten auf Schadensersatz in Anspruch genommen werden. Ansonsten würde der Anwendungsbereich der Schadensersatzvorschriften wegen unerlaubter Handlung in sachlich ungerechtfertigter und nahezu schrankenloser Weise ausgedehnt werden. Die außervertragliche Haftung wegen Verletzung beruflicher Verkehrssicherungspflichten sei deshalb auf Unternehmer mit einer gewissen Selbstständigkeit zu begrenzen.[373]

Dementsprechend entfiele eine Gefahrvermeidungspflicht des M. Das schädigende Ereignis könnte ihm nicht zugerechnet werden.

Einer solchen Ansicht steht hier jedoch entgegen, dass die Übernahme der Verkehrssicherungspflicht nicht auf einer Weisung der S-GmbH, sondern auf dem Arbeitsvertrag zwischen M und der S-GmbH beruht. Hinzu kommt, dass M aufgrund seines Fachwissens eine gewisse Weisungsfreiheit genießt. Daher lässt sich aus diesem Aspekt nichts gegen die Annahme einer Verkehrssicherungspflicht des M herleiten.

Folglich hatte M die Pflicht, eine Gefährdung durch mangelhafte Fahrzeugwartung zu vermeiden.

---

372 *Raab*, JuS 2002, 1041, 1045.

373 BGH, NJW 1982, 2187, 2188.

ee. Schutzbereich der Verkehrssicherungspflicht

Etwas anderes ergibt sich auch nicht daraus, dass A mit der Verfolgung möglicherweise den Rahmen der von der S-GmbH vertraglich eingeräumten Nutzungsbefugnis überschritt (wobei allerdings an eine Rechtfertigung entsprechend § 904 BGB zu denken wäre). Denn der Verkehrssicherungspflichtige muss ein naheliegendes Fehlverhalten Dritter berücksichtigen.[374] Gerade bei einem Firmenwagen liegt eine eventuelle bestimmungswidrige Nutzung nahe. Somit bestand in jedem Fall eine Verkehrssicherungspflicht, in deren Schutzbereich A einbezogen ist. Damit ist M die Rechtsgutverletzung zuzurechnen.

ff. Rechtswidrigkeit

Das Verhalten des M war auch rechtswidrig.

gg. Verschulden

M müsste die Verursachung der Gesundheitsbeeinträchtigungen des A auch verschuldet haben. Als Verschuldensmaßstab kommt hier Fahrlässigkeit i. S. d. § 276 Abs. 1 Satz 1 BGB in Betracht. Fahrlässig handelt, wer die im Verkehr erforderliche Sorgfalt außer Acht lässt (§ 276 Abs. 2 BGB). Hierbei gilt ein auf die allgemeinen Verkehrsbedürfnisse ausgerichteter objektiv-abstrakter Sorgfaltsmaßstab, da sich im Rechtsverkehr jeder grundsätzlich darauf verlassen dürfen muss, dass der andere die für die Erfüllung seiner Pflichten erforderlichen Fähigkeiten und Kenntnisse besitzt.[375] Bei einem Werkstattmitarbeiter, dessen Aufgabe darin besteht, Fahrzeuge zu warten und instand zu setzen, umfasst die objektiv zu erwartende Sorgfalt eine korrekte Wartung der Bremsen. Damit liegt eine Sorgfaltspflichtverletzung des M vor.

Der zu den Gesundheitsbeeinträchtigungen des A führende Kausalverlauf war für den M ebenfalls vorhersehbar. Dass mangelhaft gewartete Fahrzeuge extremen Fahrbedingungen nicht gewachsen sind, ist nicht außergewöhnlich. Schließlich war die Sorgfaltspflichtverletzung auch individuell durch eine sorgfältige Wartung der Bremsen vermeidbar, sodass M im Hinblick auf die Rechtsgutverletzung fahrlässig handelte.

---

374 BGH, NJW 1987, 2510, 2511.

375 BGH, Beschluss vom 14.06.1982 – III ZR 129/81, BeckRS 1982, 303 97301.

hh. Haftungsausschluss gem. § 105 Abs. 1 SGB VII

Dem Schadensersatzanspruch des A könnte § 105 Abs. 1 SGB VII entgegenstehen. Danach sind Personen, welche durch eine betriebliche Tätigkeit einen Versicherungsfall von Versicherten desselben Betriebs verursachen, diesen zum Ersatz des Personenschadens nur verpflichtet, wenn sie den Versicherungsfall vorsätzlich oder auf einem nach § 8 Abs. 2 SGB VII versicherten Weg herbeigeführt haben. Der Normzweck dieser Bestimmung besteht darin, dass ein Arbeitnehmer, welcher durch eine betriebliche Tätigkeit einem Dritten einen Schaden zufügt, diesem zwar nach allgemeinen Grundsätzen zum Ersatz verpflichtet ist, von seinem Arbeitgeber aber nach Maßgabe des innerbetrieblichen Schadensausgleichs Freistellung wegen dieser Ansprüche verlangen kann. Im wirtschaftlichen Ergebnis würde der Arbeitgeber dann nicht nur die Kosten des Unfallversicherungsschutzes des Geschädigten tragen (§ 150 Abs. 1 SGB VII), sondern hätte auch für den darüber hinausgehenden Schadensersatz einzustehen. Damit würde die von der gesetzlichen Unfallversicherung bezweckte Haftungsersetzung durch Versicherungsschutz unterlaufen.[376]

M führte zwar eine betriebliche Tätigkeit aus, indem die Wartung des Fahrzeugs unmittelbar dem Betriebszweck diente.[377] Die Anwendung des Haftungsausschlusses entfällt im vorliegenden Fall jedoch, da der Versicherungsschutz für die Hilfeleistung gemäß § 2 Abs. 1 Nr. 13 c SGB VII eingreift. A erlitt zwar einen Arbeitsunfall i.S.d. § 8 Abs. 1 Satz 1 SGB VII; sein Versicherungsschutz ist jedoch nicht aus seiner Beschäftigung bei der S-GmbH abzuleiten, sondern nach § 2 Abs. 1 Nr. 13 c SGB VII aus seiner Eigenschaft als bei der Strafverfolgung tätige Person im Rahmen der unechten Unfallversicherung. Bei einer Hilfeleistung i.S.v. § 2 Abs. 1 Nr. 13 c SGB VII ergibt sich die Unfallversicherung kraft Gesetzes und nicht etwa daraus, dass der Versicherte einem Unternehmen zur Hilfe kommt. Der Versicherte A leistete Hilfe im Sinne dieser Vorschrift und half somit der Allgemeinheit. Daraus resultiert, dass dieser Versicherungsschutz nicht zur Anwendung des Haftungsausschlusses gemäß § 105 Abs. 1 Satz 1 SGB VII führt. A handelte nicht als Beschäftigter des Betriebs i.S.d. § 2 Abs. 1 Nr. 1 SGB VII,

376 *ErfK/Rolfs*, 25. Aufl. 2025, SGB VII § 105 Rn. 1.
377 *ErfK/Rolfs*, 25. Aufl. 2025, SGB VII § 105 Rn. 3.

sondern setzte sich persönlich bei der Verfolgung einer Person ein, die einer Straftat verdächtig war (§ 2 Abs. 1 Nr. 13 c SGB VII).

Ein Haftungsausschluss nach § 105 SGB VII zugunsten des M liegt nicht vor.

ii. Ergebnis

A hat einen Anspruch laut § 823 Abs. 1 BGB gegen M. Dieser Anspruch richtet sich auf Ersatz der Heilungskosten nach § 249 Satz 2 BGB, auf angemessenes Schmerzensgeld gem. § 253 Abs. 2 BGB und auf Ausgleich der Erwerbsnachteile i. S. d. § 842 BGB.

c. Haftung der S-GmbH gem. § 831 Abs. 1 BGB

Voraussetzung hierfür ist zunächst, dass ein Verrichtungsgehilfe handelte. Verrichtungsgehilfe ist, wer mit Wissen und Wollen des Geschäftsherrn in dessen Interesse tätig wird und von dessen Weisungen abhängig ist. Das Weisungsrecht braucht nicht ins Einzelne zu gehen. Ob hier – wie bei dem Besitzdiener nach § 855 BGB – ein soziales Abhängigkeitsverhältnis erforderlich ist, kann dahinstehen.[378] Erforderlich und ausreichend ist, dass der Geschäftsherr die Tätigkeit des Handelnden beschränken, entziehen oder nach Zeit und Umfang bestimmen kann. Diese Voraussetzungen sind im Verhältnis der S-GmbH zu M gegeben.

Der Verrichtungsgehilfe muss eine tatbestandsmäßige und rechtswidrige unerlaubte Handlung begangen haben; schuldhaftes Handeln ist nicht erforderlich.[379] Im vorliegenden Fall erfüllte M objektiv und rechtswidrig die Voraussetzungen des § 823 Abs. 1 BGB, da er den Körper des A verletzte.

Darüber hinaus muss der Verrichtungsgehilfe in Ausführung der Verrichtung und nicht nur bei Gelegenheit gehandelt haben. Das ist der Fall, wenn zwischen der übertragenen Verrichtung und schädigenden Handlung ein innerer Zusammenhang besteht.[380] Im vorliegenden Fall gehören die Wartung sowie Instandsetzung der Firmenfahrzeuge und damit der Bremsen des von A benutzten Fahrzeugs zu dem M übertragenen Arbeitsbereich. Auch der unmittelbare Zusammenhang zwischen Verrichtung und schädi-

378 NK-BGB/*Katzenmeier*, 4. Aufl. 2021, BGB § 831 Rn. 16.
379 BeckOGK/*Seidel*, BGB, 01.09.2024, § 831 Rn. 175; BGH, NJW 1996, 3205, 3207.
380 BGH, NJW-RR 1989, 723, 725.

gender Verhaltensweise besteht; die mangelhafte Wartung erfolgte in Ausübung der dem M obliegenden Tätigkeit für die S-GmbH.

Eine Haftung tritt gem. § 831 Abs. 2 Satz 1 BGB nicht ein, wenn der Geschäftsherr den Entlastungsbeweis führen kann. Die Ersatzpflicht entfällt, wenn der Geschäftsherr bei der Auswahl des Verrichtungsgehilfen die im Verkehr erforderliche Sorgfalt beobachtet hat. Dabei sind die an die Auswahl zu stellenden Sorgfaltsanforderungen umso höher, je größer die mit der Verrichtung verbundenen Gefahren und die damit verbundene Verantwortung sind.[381] Die Pflicht zur sorgfältigen Auswahl wird in ergänzender Auslegung des Wortlauts des § 831 Abs. 1 Satz 2 BGB erweitert durch eine Pflicht zur Überwachung. Dies ergibt sich daraus, dass es auf die Zuverlässigkeit des Gehilfen zur Zeit der jeweiligen konkreten Verrichtung ankommt.[382]

Ist der Entlastungsbeweis nach § 831 Abs. 1 Satz 2 Halbsatz 1 BGB nicht geführt, so besteht ein Anspruch auch dann nicht, „wenn der Schaden auch bei Anwendung dieser Sorgfalt entstanden sein würde“ (§ 831 Abs. 1 Satz 2 Halbsatz 2 BGB). Die Kausalitätsvermutung wird durch den Nachweis widerlegt, dass der Schaden auch bei Bestellung einer zuverlässigen Person und bei deren Überwachung eingetreten wäre. Dieser Nachweis ist erbracht, wenn sich der Verrichtungsgehilfe verkehrsrichtig verhalten hat; denn auch ein sorgfältig ausgesuchter und überwachter Gehilfe kann sich nicht besser als verkehrsrichtig verhalten.[383]

Für eine Exkulpation ist dem Sachverhalt jedoch nichts zu entnehmen. Insoweit ist eine Haftung der S-GmbH nach § 831 Abs. 1 Satz 1 BGB anzunehmen. A hat damit auch gegen die S-GmbH einen Schadensersatzanspruch im dargelegten Umfang.

2. Schadensersatz gegen die S-GmbH aus Gefährdungshaftung nach § 7 StVG

Die Voraussetzungen des § 7 StVG liegen vor: A wurde körperlich verletzt. Die Vorschriften des § 7 StVG gelten aber nicht, wenn der Verletzte bei dem Betrieb des Kraftfahrzeugs tätig war (§ 8 Nr. 2 StVG). Zu

---

381 BeckOGK/*Seidel*, BGB, 01.09.2024, § 831 Rn. 40; OLG Köln, NJW-RR 1997, 471.

382 BeckOGK/*Seidel*, BGB, 01.09.2024, § 831 Rn. 41, 42.

383 Vgl. BeckOK BGB/*Förster*, 72. Ed. 01.11.2024, BGB, § 831 Rn. 39, 72 f.

diesem Personenkreis gehört in erster Linie der Fahrer.[384] A führte das Firmenfahrzeug, sodass ein Anspruch nicht in Betracht kommt.

3. Schadensersatzansprüche wegen Vertragsverletzung

a. Anspruch gegen die S-GmbH aus §§ 280 Abs. 1, 618 Abs. 1, 278 BGB aufgrund von mangelhafter Wartung des Firmenfahrzeugs

aa. Schuldverhältnis

Zwischen A und der S-GmbH liegt ein Schuldverhältnis in Form eines Arbeitsvertrags nach § 611 BGB vor.

bb. Pflichtverletzung

Hier kommt eine Verletzung der Pflicht zu Schutzmaßnahmen nach § 618 Abs. 1 BGB in Frage. Danach ist der Arbeitgeber verpflichtet, Arbeitsmittel, wozu auch Beförderungsmittel zählen,[385] so zu unterhalten, dass dem Arbeitnehmer keine Schäden entstehen. Die S-GmbH verletzte ihre Pflicht, den dem A zur Verfügung gestellten Firmenwagen in einem Zustand zu erhalten, in dem A keine Gefahr drohte, objektiv. Da § 618 BGB eine erfolgsbezogene Pflicht enthält, reicht es für die Feststellung der Pflichtverletzung aus, dass die S-GmbH hinter dem vertraglich Geschuldeten objektiv zurückbleibt; eine Vermögens- oder Verschuldenszurechnung ist auf dieser Stufe nicht nötig.

cc. Kausalität und Zurechnung des Schadens

Ohne die Pflichtverletzung der S-GmbH wären die Gesundheitsbeeinträchtigungen des A nicht entstanden. Die Pflichtverletzung war somit im Sinne der Äquivalenztheorie kausal. Des Weiteren ist die Zurechnung im Sinne der Adäquanztheorie zu bejahen, da die mangelhafte Wartung für die Entstehung eines solchen Schadens generell geeignet war.

Fraglich ist jedoch, ob auch die private Nutzung des Firmenfahrzeugs durch A vom Schutzzweck des § 618 Abs. 1 BGB erfasst ist. Bei der sich aus § 618 Abs. 1 BGB ergebenden Pflicht handelt es sich um eine Teilausprägung der allgemeinen Fürsorgepflicht des Arbeitgebers gegenüber seinen Arbeitnehmern. Bereits aus dem Wortlaut der Norm ergibt sich, dass der Arbeitnehmer vor Gefahren des Arbeitsmittels geschützt werden soll, da er diesen infolge der Arbeit im Gefahrenbereich des Arbeitgebers ausgesetzt ist.

---

384 BGH, Urteil vom 12.01.2021 – VI ZR 662/20, BeckRS 2021, 931.

385 *ErfK/Roloff*, 25. Aufl. 2025, BGB § 618 Rn. 9.

Vorliegend ist das Arbeitsmittel – also das Firmenfahrzeug – der privaten Nutzung zugänglich. Demzufolge ist die Schadenszurechnung auch bei der privaten Nutzung gerechtfertigt. Insbesondere bei Firmenwagen, welche gerade im Rahmen einer Dienstreise auch privat genutzt werden (müssen), ist die Schadenszurechnung insoweit gerechtfertigt. Weiterhin dürfte für die Einbeziehung der privaten Nutzung des Fahrzeugs in den Schutzbereich des § 618 Abs. 1 BGB ebenso die allgemeine Fürsorgepflicht des Arbeitgebers gem. §§ 611 ff. BGB sprechen.[386] Die Fürsorgepflicht des Arbeitgebers ist neben den §§ 617–619 BGB durch das Schuldrechtsmodernisierungsgesetz in § 241 Abs. 2 BGB normiert. Unter § 241 Abs. 2 BGB fällt vor allem die Schutzpflicht, d.h. die Pflicht, sich bei Abwicklung des Schuldverhältnisses so zu verhalten, dass Körper, Leben, Eigentum und sonstige Rechtsgüter des anderen Teils – hier des Arbeitnehmers – nicht verletzt werden.[387] In jedem Fall würde die allgemeine Fürsorgepflicht die S-GmbH als Arbeitgeberin verpflichten, A vor Rechtsgutbeeinträchtigungen durch ein verkehrsunsicheres Fahrzeug zu schützen, einschließlich der Gefahren aus einer zwar nicht erlaubten, aber doch zumindest naheliegenden Nutzung.

Folglich wird der konkrete Schaden vom Schutzzweck des § 618 Abs. 1 BGB erfasst.

dd. Vertretenmüssen

Wie bereits festgestellt wurde, ist die Pflichtverletzung auf das fahrlässige Verhalten des M zurückzuführen. Dessen Verschulden – in Form eines fahrlässigen Handelns – ist der S-GmbH zuzurechnen, wenn M Erfüllungsgehilfe der S-GmbH i.S.v. § 278 BGB ist und in Erfüllung der Verbindlichkeit handelte. Erfüllungsgehilfe ist, wer mit Wissen und Wollen des Schuldners in dessen Pflichtenkreis als Hilfsperson tätig wird.[388] In Erfüllung einer Verbindlichkeit handelt der Erfüllungsgehilfe, wenn seine Handlung noch in einem inneren Zusammenhang mit der übernommenen Tätigkeit steht.[389]

Vorliegend wurde M mit Wissen und Wollen der S-GmbH tätig. Dieser ist das festgestellte Verschulden ihres Erfüllungsgehilfen M nach § 278 Satz 1 BGB zuzurechnen. Somit hat die S-GmbH die objektive Pflichtverletzung zu vertreten.

---

386 Dazu *Jauernig/Mansel*, 19. Aufl. 2023, BGB, § 611 Rn. 38–42 a.

387 HK-BGB/*Schulze*, 12. Aufl. 2023, BGB § 241 Rn. 6.

388 BGH, NJW 2017, 2608, 2612.

389 BeckOK BGB/*Lorenz*, BGB, 72. Ed. 01.11.2024, § 278 Rn. 44.

ee. Haftungsausschluss nach § 104 Abs. 1 SGB VII

Nach § 104 Abs. 1 Satz 1 SGB VII sind Unternehmer den Versicherten, die für ihre Unternehmen tätig sind oder zu ihren Unternehmen in einer sonstigen, die Versicherung begründenden Beziehung stehen, zum Ersatz des Personenschadens, den ein Versicherungsfall verursacht hat, verpflichtet, sofern sie den Versicherungsfall vorsätzlich oder auf einem nach § 8 Abs. 2 SGB VII versicherten Weg herbeigeführt haben.

Vom Haftungsausschluss betroffen sind Versicherte, die für das Unternehmen tätig sind, d. h. Versicherte, deren Tätigkeit mit dem Unternehmen in einem rechtlich wesentlichen Zusammenhang steht und dem Unternehmen wesentlich dient.[390] Das ist hier jedoch nicht der Fall. Vielmehr wird der Versicherungsschutz des Verfolgers durch die Leistung der Verfolgung begründet und ergibt sich unmittelbar aus § 2 Abs. 1 Nr. 13 c SGB VII, wird also gerade nicht durch die Beziehung zu einem Unternehmen begründet, wie § 104 SGB VII dies voraussetzt. Dies gilt auch für den Fall, dass die Hilfeleistung einem Unternehmen zugutekommt.[391] Demzufolge entfällt hier ein Haftungsausschluss.

A war nicht wegen seiner Tätigkeit nach § 2 Abs. 1 Satz 1 SGB VII gesetzlich unfallversichert, sondern i. R. d. unechten Unfallversicherung des § 2 Abs. 1 Nr. 13 c SGB VII. Der Haftungsausschluss nach § 104 SGB VII greift vorliegend somit nicht.

ff. Ergebnis

A hat gegen die S-GmbH einen Anspruch auf Schadensersatz aus §§ 280 Abs. 1, 618 Abs. 1, 278 Satz 1 BGB nach §§ 249 ff. BGB. Der Anspruch richtet sich auf Ersatz der Heilungskosten nach § 249 Abs. 2 Satz 1 BGB. Des Weiteren richtet sich der Anspruch nach § 253 Abs. 2 BGB auf angemessenes Schmerzensgeld und auf Ausgleich der Erwerbsnachteile gem. § 842 BGB.

b. Anspruch gegen die S-GmbH aus §§ 280 Abs. 1, 618 Abs. 1, 328 Abs. 1 BGB

Ein unmittelbarer Anspruch von A gegen die S-GmbH ist insoweit nur dann gegeben, wenn M und die S-GmbH einen Vertrag zu seinen Gunsten, also einen Vertrag zugunsten Dritter, abgeschlossen

---

390 BeckOK SozR/*Stelljes*, SGB VII, 75. Ed. 01.09.2024, § 104 Rn. 8.
391 Schmidt SGB VII/*Jochem Schmidt*, 4. Aufl. 2009, SGB VII, § 104 Rn. 11.

haben. Dann müssten sich M und die S-GmbH darüber geeinigt haben, dass der A berechtigt sein soll, die mit dem Vertragsschluss entstehenden Ansprüche geltend zu machen. Hiervon kann nicht ausgegangen werden. Der zwischen M und der S-GmbH geschlossene Arbeitsvertrag ist kein Vertrag zugunsten Dritter.

A könnte jedoch in den Schutzbereich des zwischen M und der S-GmbH geschlossenen Arbeitsvertrags einbezogen sein. Dafür müsste es sich bei dem Arbeitsvertrag zwischen M und der S-GmbH um einen Vertrag mit Schutzwirkung für A handeln. Im vorliegenden Fall kann indes dahinstehen, ob die Voraussetzungen der Einbeziehung eines Dritten in den Schutzbereich des Vertrags zwischen M und der S-GmbH überhaupt vorliegen. Denn es fehlt in jedem Fall an der Schutzbedürftigkeit des A. Diese ist nicht gegeben, wenn dem Dritten aus der Schädigung vertragliche Ansprüche gegen den Gläubiger des Hauptvertrags zustehen.[392] A hat gegen die S-GmbH als Gläubigerin des M einen eigenen Schadensersatzanspruch. Es fehlt somit an der Schutzbedürftigkeit des A. Die Voraussetzungen eines Vertrags mit Schutzwirkung zugunsten des A liegen somit nicht vor.

III. Gesamtergebnis

A verfügt über deliktische Ansprüche gegen R aus § 823 Abs. 1 BGB sowie gegen M aus § 823 Abs. 1 BGB und gegen die S-GmbH aus § 831 Abs. 1 Satz 1 BGB. Als Gesamtschuldner haften R, M und die S-GmbH nach § 840 Abs. 1 BGB.

Außerdem hat A gegen die S-GmbH einen Schadensersatzanspruch gem. §§ 280 Abs. 1 Satz 1, 618 Abs. 1 BGB.

IV. Übergang der Ansprüche

Voraussetzung des Anspruchsübergangs laut § 116 Abs. 1 Satz 1 SGB X ist die sachliche und zeitliche Kongruenz von Schaden und Leistung.[393]

1. Sachliche Kongruenz

Sachliche Kongruenz liegt vor, wenn die Sozialleistung der Behebung eines artgleichen Schadens dient.[394] Dies trifft zunächst für das Verhältnis der dem A zustehenden Ansprüche auf Heilbehandlung nach § 27 Abs. 1 SGB VII und den Anspruch auf Heilungskos-

---

392 BGH, NJW 2006, 1592, 1593.

393 BGH, NJW 1996, 2927, 2929; s.a. Bayer, JuS 1996, 437, 438.

394 BeckOGK/*Kater*, SGB X, 15.11.2024, § 116 Rn. 143.

ten nach Deliktsrecht gegen R, die S-GmbH sowie M zu. Sachliche Kongruenz besteht auch in Bezug auf den Anspruch auf Verletztengeld nach §§ 45 ff. SGB VII sowie die Ansprüche nach § 842 BGB auf Ersatz des Erwerbsschadens.[395]

Schließlich besteht sachliche Kongruenz hinsichtlich des Schadensersatzanspruchs nach §§ 280 Abs. 1 Satz 1, 618 Abs. 1, 278 Satz 1 BGB.[396] Sachliche Kongruenz besteht jedoch nicht in Bezug auf das dem A zustehende Schmerzensgeld, da die gesetzliche Unfallversicherung kein Schmerzensgeld gewährt.

2. Zeitliche Kongruenz

Die Leistungen des Sozialversicherungsträgers müssten sich auf denselben Zeitraum beziehen, für welchen Schadensersatzansprüche bestehen.[397] Die Ansprüche des A auf Leistungen gegen die Berufsgenossenschaft und seine zivilrechtlichen Ansprüche beruhen auf demselben Lebenssachverhalt und gleichen die Schäden aus, die durch das schädigende Ereignis hervorgerufen wurden. Damit liegt die erforderliche zeitliche Kongruenz ebenfalls vor.

Im Ergebnis gehen die o.g. Ansprüche des A auf die Berufsgenossenschaft wegen ihrer an A erbrachten Leistungen über.

395 *Langheid/Wandt/Car,* 3. Aufl. 2024, SGB X, § 116 Rn. 20–29.

396 Vgl. BeckOGK/*Kater,* SGB X, 15.11.2024, § 116 Rn. 50.

397 *Schütze/Bieresborn,* 9. Aufl. 2020, SGB X, § 116 Rn. 29, 30.

Schlusswort

Das vorliegende Werk setzt sich intensiv mit den vielschichtigen Aspekten des deutschen Sozialrechts auseinander. Es dient als Kompass der generellen Orientierung in diesem umfangreichen Rechtsgebiet. Neben den grundlegenden Prinzipien, rechtlichen Rahmenbedingungen sowie den praktischen Herausforderungen werden auch die neusten Entwicklungen sowie Perspektiven des Sozialrechts beleuchtet. Hierbei wird deutlich, dass es sich bei dem Sozialrecht nicht nur um einen zentralen Bestandteil des deutschen Rechtssystems handelt, sondern dieses auch eine fundamentale Rolle im sozialen Gefüge unserer Gesellschaft einnimmt.

Die Relevanz des Sozialrechts manifestiert sich in dessen Funktion als Garant für soziale Gerechtigkeit und Chancengleichheit. Es schützt die Schwächsten der Gesellschaft und stellt sicher, dass grundlegende, existenzielle menschliche Bedürfnisse wie Nahrung, Unterkunft, Krankenversorgung, Bildung und soziale Sicherheit gewahrt bleiben. In Anbetracht der bereits eingetretenen, aber auch zukünftigen Entwicklungen in Deutschland wird die Relevanz des Sozialrechts in den kommenden Jahren weiter zunehmen. Demografische Veränderungen durch die Alterung der Gesellschaft werden zu einer steigenden Belastung der sozialen Sicherungssysteme führen. Deren Nachhaltigkeit wird ebenfalls breit diskutiert. Die Finanzierung der Leistungen aus der gesetzlichen Renten- sowie Krankenversicherung und anderer Sozialleistungen ist zunehmend kritisch zu betrachten, insbesondere im Hinblick auf die zukünftigen Generationen. Zudem wird die Rolle des deutschen Sozialstaats im Kontext der europäischen Integration und globalen Entwicklungen, wie Migration und Klimawandel, immer wichtiger. Ökonomische Herausforderungen, welche sich durch die Globalisierung und fortschreitende Digitalisierung ergeben, verändern den deutschen Arbeitsmarkt und die Beschäftigungsstrukturen. Zur Bewältigung dessen bedarf es nicht nur einer kontinuierlichen Anpassung sowie Weiterentwicklung der rechtlichen Rahmenbedingungen, sondern auch Flexibilität, Reaktionsgeschwindigkeit, Weitsicht und visionärer Initiativen.

Diese Herausforderungen bieten zugleich jedoch Chancen, um gestärkt in die Zukunft schreiten zu können. Für das Sozialrecht bedeutet dies, die jeweiligen theoretisch wie praktisch gelagerten Schwächen durch innovative Ansätze und Reformen zu modifizieren, um den Bedürfnissen einer zunehmend diversifizierten Gesellschaft gerecht zu werden und die Balance zwischen sozialer Gerechtigkeit und ökonomischer Effizienz zu wahren. Die Integration neuer Technologien, die Berücksichtigung von Nachhaltigkeitsaspekten und die Stärkung der Partizipation der Betroffenen sind nur einige der Themen, welche in den kommenden Jahren an Bedeutung gewinnen werden. Daneben stellen insbesondere die Komplexität der Regelungen sowie die oft nur unzureichende Zugänglichkeit für die Beteiligten zentrale Aspekte dar, welche einer Überarbeitung bedürften. Dies bedingt zugleich die Förderung von sozialer Teilhabe sowie Integration im unverzichtbaren Rahmen des Sozialrechts. Schließlich geht dessen Nutzen über die individuelle Ebene hinaus und trägt zur Stabilität und Kohäsion der deutschen Gesellschaft als Ganzes bei. Die Fähigkeit, sich an veränderte gesellschaftliche und wirtschaftliche Rahmenbedingungen anzupassen, wird entscheidend dafür sein, wie der deutsche Sozialstaat in Zukunft gestaltet und welche Rolle er in der Gesellschaft spielen wird.

Für Studierende, zukünftige Juristen und bereits in der Praxis tätige Personen der Allgemeinen und Sozialen Verwaltung ist es von entscheidender Bedeutung, sich mit diesen Entwicklungen auseinanderzusetzen und aktiv an der Gestaltung eines gerechten wie auch zukunftsfähigen Sozialrechts mitzuwirken. Nur so kann es auch in Zukunft seiner zentralen Rolle als Fundament einer solidarischen Gesellschaft gerecht werden.

Dr. Robert Horn und Angelina Gorr, B. A.

Stichwortverzeichnis